风从海上来

[纪实文集]

容子 著

文汇出版社

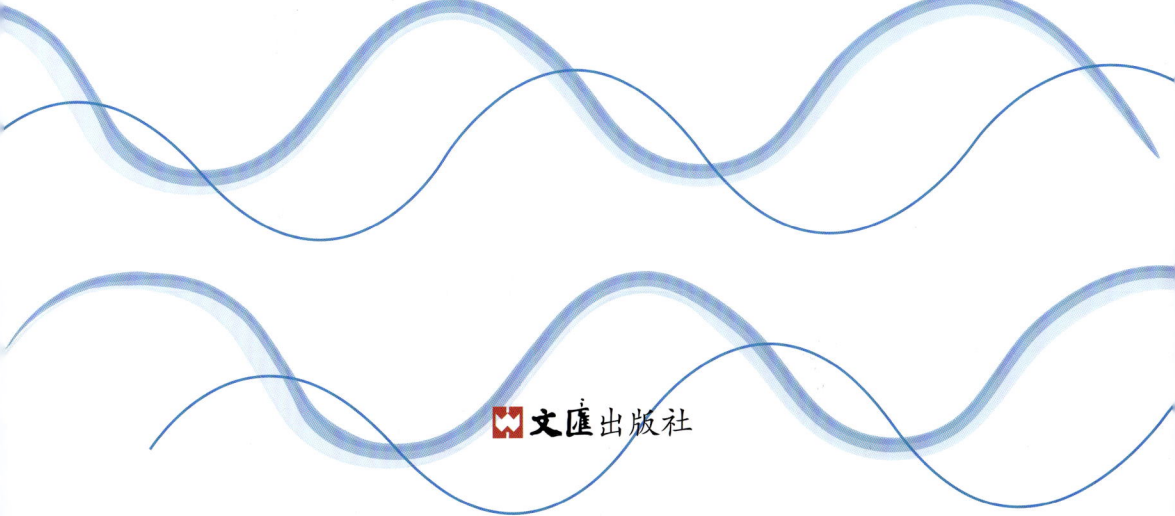

▲ 作者1986年5月于上海

▲ 作者1992年春于上海（获所在单位"先进工作者"称号）

作者 2012 年 9 月于南非濠特湾

◀ 作者1997年4月在某中日合资公司成立典礼上作翻译

▶ 作者2003年2月接待瑞典驻沪领事馆商务处人员

◀ 作者1997年3月在某中日合资公司成立仪式上作翻译（右1：原信息产业部副部长奚国华）

1. 作者2010年4月出访英国，于伦敦时政大街
2. 作者2011年5月于俄罗斯莫斯科阿尔巴特大街
3. 作者2005年8月与德国司机合影于汉诺威
4. 作者2007年4月出访美国圣安东尼奥（与San Jose的吹笛人）

▲ 作者(前排右1)2005年8月随团访问雅典。希腊奥委会大厅内左侧雕像为古代奥运会创始人伊菲图斯;右侧雕像为"现代奥林匹克之父"顾拜旦。

▲ 作者(前左1)2005年8月随团出访日本爱知世博会

▶ 作者(右2)2006年3月出访埃及,与阿拉伯姑娘合影于亚历山大城

1. 作者 2007 年 4 月出访美国，于纽约联合国大厦前

2. 作者 2005 年 8 月出访法国，于巴黎卢浮宫前

3. 作者 2009 年 4 月出访芬兰，于赫尔辛基（背景：白色大教堂）

4. 作者 2002 年 4 月出访新加坡（背景：新加坡歌剧院）

◀ 作者2006年2月与土耳其导游合影于伊斯坦布尔（背景：博斯普鲁斯海峡）

▶ 作者2006年2月于以色列耶路撒冷老城门（与站岗的士兵合影）

◀ 作者2014年秋在上海外事译协沙龙介绍以色列见闻

海上风来笔犹健
——序《风从海上来》

我是2021年7月21日在普陀区文化馆参加《星火沪西》一书首发式时,结识作家容子的。那天活动结束时,她悄悄地告诉我,有一本新著将出版,希望我能够为她写个序。

在此之前,我对容子并没有什么印象,虽然在《星火沪西》中读过她写的纪实篇章《烽火与悲歌》,以及她参加上海抗疫文学创作写下的报告文学《召之即来,来之能战》,但在一组"命题作文"中,很难读出每一位作者的个性和特点。因此,我对能否完成容子交给我的任务,并没有多少底气。

今年开春,容子给我寄来一包资料,其中包括她已经出版的两部集子《五色花》和《故乡在何方》,以及一本已经编辑成册的厚厚书稿。未等我展开拜读,突如其来的居家令下达,那些书和书稿就在办公室里"静默"了整整两个月,让我和容子的深度相识莫名地推迟了。复工,在千呼万唤中终于到来,我回到办公室,看着案头和周遭沉寂多时的那些书堆、那些有话无言的朋友,包括放在显眼位置的容子的作品,感慨万千。

我取出了那本厚厚的书稿,把它作为我重返阅读心境的主要依凭之一。已是初夏时分,窗外是渐渐蒸腾起来的热气,而窗内的浏览让我感受到徐徐的清风——我想,这不仅是因为书稿取名颇有寓意的"风从海上来",而且因为我从中读到了容子的人生旅程、她在文学天地跋涉的足印、她与时代偕行的脚步以及她对红色历史的诸多回眸。

我一直觉得,认识一个作家的最好办法,就是阅读他(她)的作品。作品,是作家表达自我的主要方式,而阅读作品是我们抵达其心灵世界的必由之路。

我读《风从海上来》，感觉就其收录作者作品的品类之多、覆盖面之广、时间跨度之长而言，是胜过之前的几部文集的。因此，可以把这本书看作是容子对创作生涯的一次概括和总结，也是她人生体验的一次浓缩和提炼。它能够让我们更好地认识作者本人——或许她的人生更多地像常人那样平凡无奇，却也具有特色。

我从《风从海上来》解读容子，留下几个深刻的印象：

容子是一个有着丰富人生阅历的人。这是她成为一个著作颇丰的创作者的重要基础。容子出身革命军人家庭，在那个动乱的年代，刚刚告别少年、仅仅14岁半，就从温润的南国来到苦寒的北方，红装换戎装，承袭前辈铿锵的血脉。军营磨砺二十载，一朝转业留上海，投身新兴的信息通讯产业，跟着它从草创初开到迅猛发展，又因为担当外事工作，得以频繁走出国门，遍访远方异域。正像舒婷在诗中所说"像南来北去的飞鸿，将道路铺到苍茫的天空"。容子和许多作家一样，以她特殊的经历为写作的主要来源，不仅从中凝练人生的感悟，也透射出时代演进的轨迹。《风从海上来》有多个专辑，集纳的是这一部分内容。

容子是一个有追求且特别勤奋的写作者。这是她能够历时四十载，用数以百万计的文字构筑起属于自己的文学天地的直接原因。文学写作是容子"年轻时的一个梦"，用她的话来说，是"军旅生涯给予我文学营养"。容子年轻时因工作需要毕业于外国语学院，未有机会接受系统性的文学写作培养。然而由于她对文学的喜爱，工作后利用业余时间坚持数年自学，又从电大汉语言文学专业毕业。她的脚步在追梦路上始终未停止，希冀"有这样一个梦陪伴终老"。直到今天，容子对生活的体验、观察和描述仍以很高的频率持续着。《风从海上来》的主要篇章多为近年来新创，反映出她未见枯竭的写作动力；而对一些晚近的旧作，她还做了增补和修改，体现出精益求精的严谨态度。

容子是一个不断开拓视野的作家。她以往的作品，虽有受命动笔的宣传报道类文字，但还是多以个人经历、家庭故事为主要素材的个性化写作。这些个人叙事，并不局限于反映一个小世界，而是能让人从中看到社会的某种变迁，具备了从一个特殊的角度记录时代的基本特征。近年来，容子把目光投射到并不久远的历史，同时更加关注现实的大势，使得纪实类文字逐渐成为她创作的主流，显示了既延续原有散文风格又拓展创作天地的实践。《风从海上来》第一、第二辑中有许多叙述历史风云的作品，对关注容子创作的朋友来说是耳目一新的。

容子还是一位既保有个性又融入群体的人。虽然写作从本质上说是一种个体的精神劳动，作家也需要保持自己的个性和特色，但这不妨碍作家和同道之间相互"抱团取暖"，共同为推进文学事业倾心助力。容子并不沉溺于那种"孤独",在上海市作协和普陀区作协推动的创作行动中,她是一个积极的参加者,并且借此开辟自己的创作新空间。

对于《风从海上来》的出版,我向容子表示衷心祝贺,并祝愿容子凭借文学事业发展的好风,不停下手中的笔,向着更高目标迈进,不断实现自己陪伴终老的文学梦。

上海市作家协会党组书记、副主席
2022年7月22日

2021年7月4日,上海外事译协会员合影于中共一大会址纪念馆新馆外(作者于前排左八)

2017年12月,上海作协采风团人员于浙江诸暨"西施故里"合影(作者于二排左三)

前 言

风,从海上来。上海,是中国共产党的诞生地。

大风在太平洋面聚集,形成强势的风潮。飓风和潮流带着海外的空气从大洋吹向大陆,吹进了中国长江,吹进了上海浦江。

中国革命的航船,从东方启航。

风,从海上来。上海,是新中国朝阳升起的地方。

为了建立新中国,无数革命志士抛头颅、洒热血;无数革命先烈英勇奋战,前仆后继。新中国成立后,大建设、大发展,犹如喷薄而出的红日,在浩瀚的海面冉冉升起。一艘艘航船在时代的风浪中前进,海风托起海面的朝阳。

风,从海上来。上海,是海纳百川的地方。

十九世纪从海外刮来先进的科学技术之风,上海外滩是中国电信业的发祥地。改革开放,浦东开发,上海腾飞。技术融合、网络融合,薰风拂面,香飘万里。新世纪新面貌,拔地而起的高楼大厦,掠过南来北往的世纪风。

风,从海上来。上海,经历了百舸争流的岁月。

四十多年改革开放,四十多年大变迁。国际交流的大潮打开对外合作的大门,海外业务的发展伴随中国船队驶向全球经济的辽阔海洋。新的世界格局、新的多元文化,谱写新的海派华章。海派文化与国际文化汇合,中国元素与世界元素相遇,万船齐发,迎着春风。

风,从海上来。上海,传出了飘向远方的呼唤。

一条大河波浪宽,风吹稻花香两岸。条条大河通海洋,阵阵海风起浪潮。海上升明月,明月照归帆,海上吹来八面风,时代传出新号角。乘风破浪再起航,飞向远方的呼唤,随风荡漾。

本书作者　2021年10月

鸣谢:在我人生道路上,
　　　曾经给予我支持帮助的各位领导及朋友!
鸣谢:在我写作和出版书籍的过程中,
　　　曾经给予指导,为我的书作序的各位老领导!

备注:关于本书各辑"代开篇辞"转摘的序文,是转引几位曾
　　　为本书作者其他著作所作序文之内容,在本书中的先后
　　　顺序是根据内容需要引用并加以编排。
　　　特此说明。

本书作者　2021年12月5日

目 录

海上风来笔犹健(王伟) 1
前言 1

第一辑　大风起兮云飞扬
（历史风云）

代第一辑开篇辞(王伟) 2
孙中山先生与讨袁飞机队(纪念辛亥革命110周年)
　　......3
艰难的旅程(1921年从上海到莫斯科) 8
沪上风云录(记上海早期工人运动) 14
烽火与悲歌(记沪西抗日救亡运动) 20
先锋战士(追忆孙小保烈士) 28
归队(忆父亲跟党走的人生路) 31
仰望星空,寻找那颗星星 34
都市红色之星(延安中路的红色遗址) 36
涅瓦河畔的红色记忆 41
揭开尼科尔斯基之谜(俄语翻译王利亚的故事) 45

第二辑　风展红旗如画
（军旅征程）

代第二辑开篇辞(朱大建) 54
听父亲讲海安花园战斗 55

热血丰碑战淮海 ……57

从叶大村打到吴淞口 ……60

表叔的木刻画（荀汉庭先生的军旅版画）……64

林遵起义和人民海军的诞生 ……82

（附）林遵率队收复南沙群岛纪实 ……89

胜利进军中的悲歌（金门战役回顾） ……101

为什么战旗美如画（开国将军王直朝鲜征战纪实） ……109

百年沧桑　中国航母梦 ……124

难以忘却的花环（读《高山下的花环》） ……132

生命之歌（报告文学） ……135

军旅生涯给予我文学营养 ……147

第三辑　风从海上来

（改革大潮）

代第三辑开篇辞（黄奇帆） ……156

上海电信业发展回眸 ……157

大潮推浪（请进来与走出去） ……166

科学技术的力量 ……172

夸父逐日（电信运营商的战略转型） ……186

势如破竹（电信宽带业务的发展） ……192

借船出海（走出国门拓展海外业务） ……197

非洲工地（海外项目的艰难） ……201

绿色家园（信息园区招商引资） ……207

朱家角古镇通信变迁纪实 ……211

我所亲历的上海世博会（纪念上海世博会十周年） ……220

第四辑　风吹过如歌飘
（外事人生）

代第四辑开篇辞（李肇星） ……228
兑换券的故事 ……229
咖啡伴侣光了 ……233
在日本乘车 ……237
如此保驾护航 ……240
外事工作中的"衣食住行" ……244
境外导游面面观 ……250
生如夏花（外事干部夏永芳的故事） ……254
走向联合国的翻译（英语翻译周晓峰的故事）
　　……260
扶桑归去来（归国华侨日语翻译俞彭年的故事）
　　……264
"沙漠骆驼"的中东之旅（阿拉伯语翻译杨达聪的故事） ……275

第五辑　风吹稻花香两岸
（时代履痕）

代第五辑开篇辞（赵丽宏） ……286
走进赣南红土地 ……287
舌尖上的年货 ……295
大年三十的万家灯火 ……297
"拜年"的时代感 ……299
黄浦江畔浦东情 ……305
聊聊上海的大饭店 ……310
安得广厦千万间 ……316
畅游小洋山深水港 ……321

趣谈"金砖国家"的进口食品 ……323

开学第一天的礼物 ……325

（附）从《天下之利》的剧情结构看人物境界的
　　　升华递进 ……327

守护家园,尽职敬业 ……330

召之即来,来之能战（海军军医大学附属医院
　　驰援武汉纪实片段）……333

2022年的上海春天 ……341

尾　辑　关于《风从海上来》

代尾辑开篇辞（叶良骏）……352

作品品读　值得一读的纪实文集 ……353

读　后　感　感受时代的大风大浪 ……360

编　后　语　2022写在上海 ……368

第一辑 大风起兮云飞扬

【历史风云】

代第一辑开篇辞

王伟

上海的母亲河苏州河,在它通江达海的旅程末端,舒缓地摇曳。于是,一个个妙曼的河湾出现在平衍的大地上。历史的脚步也随之在这里悠悠荡荡。百多年前,在那些曲折的河湾里,渐渐聚集了现代工业文明的庞然大物,连绵的厂房替代了岸边的田园农舍,隆隆的机器声淹没了河上的柔曼桨声。更有无数的穷苦人,为了生存,汇流到这里,在那些工厂和机器旁付出无尽的汗水和血泪,换取只够勉强糊口的酬劳。

从此,苏州河以及它所横贯的沪西地区,进入了一个风起云涌的时代。新生的中国共产党把自己播撒革命星火最初的落脚点放在了苏州河湾,放在了沪西。革命的先行者以殉道者一般的勇毅,投身到在苦难中挣扎的工人阶级当中,启发、动员和组织他们,催生了轰轰烈烈的工人运动,点燃了摧毁旧世界、消灭剥削制度的燎原之火。中国革命因此揭开了崭新的一页,苏州河的历史、上海的历史也因此迎来了辉煌的篇章。

(摘自《星火沪西》序言,2021年4月作于上海)

注:王伟,上海市作家协会党组书记、副主席。

《星火沪西》一书是上海市普陀区作协为庆祝中国共产党成立100周年组织编写的纪实报告文学作品,于2021年7月出版。本书作者参与了此书写作。

本辑辑封图:上海外滩钟楼

孙中山先生与讨袁飞机队

(纪念辛亥革命110周年)

民国初年,袁世凯窃国,孙中山发动"二次革命"讨袁失败,于1913年9日取道台湾转赴日本重组革命力量,重新制定中华革命党的方略,筹划组建军政府,继续策划讨袁工作。孙中山在革命武装建设中,特将飞船(即飞机)、飞艇的编制、装配、制造、修理列于海军部组织条例第六条,正式把培养航空人才和建立航空力量作为国防建设的一个重要内容。

孙中山先生亲创飞行学校

1. 在日本筹建"中华革命党飞行学校"

1915年4月,孙中山先生在日本友人的协助下,于日本滋贺县八日市琵琶湖创办了"中华革命党飞行学校",为组建革命飞机队准备力量,这是孙中山先生亲自创立革命武装力量的发端。

中华革命党飞行学校的创办,是在日本朋友梅屋庄吉的大力协助下促成的。梅屋是中华革命党的顾问,毕生致力于中日友好事业。他特将日本民间航空的创始人山口县柳井的坂本寿一推荐给孙中山先生相识。

孙中山先生宴请了坂本寿一,席间由宋庆龄当翻译,孙先生与坂本就飞机的作用和发展前景进行了深入的探讨。孙先生对坂本说:"怎么样,跟我拉党干吧!我们将在国内杭州修建机场,开办飞机学校,你务必加入我们党,然后做我们的飞行教官。"坂本事后回忆说:"我发现孙先生对飞机的作用有非常深刻的认识,我感到大吃一惊,钦佩不已。"

第二天,梅屋庄吉加入了中华革命党,参加筹建中华革命党飞行学校。当时由于国内战事无法建校,经过梅屋庄吉和坂本寿一两人奔走,多方交涉,将飞行学校设在日本洋贺县近江八日市的郊外,就在当时的陆军学习场用地挂上"中华革命党近江八日市飞行学校"的牌子,开始了紧张的训练。学校一开始就聘请了坂本寿一和吉田安二等3名日籍飞行教导、6名日籍机械员。学习成绩以胡汉贤、李文耀、刘季谋3人最为优异。

孙中山先生在日本创办飞行学校，组建讨袁飞机队，闪烁着他"航空救国"的战略思想和先进的空军军事学术思想。当年的华侨飞行学生胡汉贤回忆这段历史时说："先生讲，现在有华侨捐献飞机3架，以在西京八幡町八日市机场开办本党飞行学校，聘请日本人为教官，委派周彦时、夏重民两人负责该校事务，你可加入学习飞机技术，将来会有用处。"

当时学生有20多名，其中有胡汉贤、刘季谋、李赦、马超俊、李文耀、姚作宾、万杰、陈肆生、韩鲲、马少汉、曾更谟等等，大多为广东籍华侨。孙先生常到该校视察，以"航空救国"的思想激励学员，并阐述飞机在战争中的重要作用和地位，断言"飞机是未来战争决胜的武器"，提高大家对飞机在战争中的地位的认识。

2. 令"中华革命党飞行队"迁回山东参战

1915年12月12日，袁世凯称帝。孙中山决定回国部署讨袁，并着在日本的飞机及各同志速回。同时敦促华侨革命团体"竭力筹捐多购飞机"，称"此时购飞机组织飞机队参战更为重要"。

1916年5月，孙中山先生发出了《第二次讨袁宣言》。蔡锷、李烈钧从云南举兵讨袁，但距北京甚远，军事上对袁的威胁不大，孙中山认为：必须在袁的心腹近膝之地予以军事上的打击，才足以奏效。随即决定在山东半岛组建中华革命党讨袁军，全称为"中华革命军东北军"，委居正为总司令，陈中孚为参谋长，司令部设于青岛。旅居美国、加拿大和日本的华侨也组成"讨袁军华侨敢死先锋队"，于6月初回国进入山东潍县，归中华革命军东北军总司令居正指挥，改编为"中华革命军华侨义勇团"，团长夏重民，副团长胡汉贤、伍横贯。

北洋军阀政府当时在军事上仍处于优势地位，倒行逆施变本加厉，革命党人到处受到迫害。5月18日，北洋军阀在上海刺杀了中华革命党的重要领导人陈其美。孙中山先生对当时的国内局势做了认真分析，指出：如果山东战局失利则第三次革命势将失败，这是革命党的大事，这时派兵支援已来不及，只有派飞机参战最为合适，这将胜过派遣一万兵力。

5月24日，孙中山下令将"中华革命党飞行学校"迁回山东潍县，改编为讨袁飞机队，委任胡汉贤兼任飞机队管理主任，令其"一面续行训练，一面参加作战，以壮起义军势"。正当"中华革命党飞行学校"遵照孙中山先生的指令，积极筹划迁校的过程中，6月6日袁世凯暴毙，黎元洪继任总统，段祺瑞任国务总理，北洋军阀政府对孙中山领导的革命力量继续采取敌对态度。

北洋军阀的反革命行径，使孙中山更加坚定地"以袁之死为契机，给北洋军阀政府沉重的打击"，对飞机参战的要求更加急迫。6月7日，孙先生致电居正："飞行家尾奇同廖仁、谢菘生赴潍与兄商飞行事。"

6月28日，飞行学校全体师生（共87人），飞机3架，乘由日本神户直到青岛的轮船，于7月2日驶抵青岛，随即进驻潍县机场，正式编为"华侨义勇团飞机队"，隶属"中华革命军东北军华侨义勇团"，归居正指挥。

飞机队队长由骑兵队队长吴光梅兼任，飞机队下设三个队：第一队配备美式JN-4飞机1架，由胡汉贤率领；第二队配备美式JN-5飞机1架，由刘季谋率领；第三队配备英式剪风号飞机1架，由李赦率领。

孙中山首次尝试飞机队作战

1. "华侨义勇团飞机队"首次作战

华侨义勇团飞机队迁至山东潍县后，边训练边配合军事行动，多次执行侦察敌情、散发传单、投弹轰炸等任务。飞机队8月初配合地面部队攻打济南，散传单近万张，晓谕敌军弃暗投明，不可附逆。飞机在城内外北洋政府军上空作低空盘旋，散发的传单上印有"快投降，否则就要投炸弹"，引起了敌军恐惧。接着，飞机队对北洋政府的军队实施轰炸，将土炸弹投向敌军阵地，威力有限，但心理威胁甚大。北洋军队的军心动摇，而革命军的士气为之大振。山东督军靳云鹏受斥辞职，由张怀芝继任。后北洋军阀部队派出代表谈判，要求不再轰炸。

孙中山先生在袁世凯死后曾致电黎元洪，提出恢复共和国体，恢复约法，召开国会。黎元洪表示同意将讨袁军改编为国军。随后南方各省取消独立，北洋政府重新任命了各省的督军、省长，并欢迎中华革命军东北军总司令居正到北京和谈，协商改编工作。北京政府同时派出代表曲同丰到潍县与革命军进行谈判，并于9月21日举行了签字仪式。

签字的当天，义勇团飞机队正在潍县上空飞行。当双方代表到城内练兵场校阅双方部队时，飞机队的飞机多次俯冲，低空通过。这是孙中山先生亲创的第一支革命飞机队的最后一次示威飞行。此后中华革命军东北军被改编、遣散。

对华侨义勇团，原北京政府拟将他们编入保定军官学校为学员，飞机队全部设备及人员调往北京南苑航校，称为中华民国飞机学校。但遵照孙中山的指示，除了马超俊投奔北洋军阀外，全团革命同志于11月返回上海，回到中华革命党党部所在地。讨袁飞机队宣告结束。

2. 再创中华革命党强华飞机学校

孙中山先生在和谈签字前就曾电示："华侨义勇团同志全体返上海办实业。"后又亲笔致书义勇团同志（原信存夏重民处），大意是："现在革命尚未达到目的，帝制余孽北洋军阀盘踞要津，随时可以死灰复燃，未来的革命事业依赖华侨之处还多，现在不可混入军阀队伍，助长反革命势力，埋没我华侨之革命正气。

要吸取辛亥革命的教训,当年许多同志,中了袁逆之毒,提倡功成身退,放弃革命,贻患到今,费了偌大的力量,牺牲了多少同志,始有一线曙光,但仍未可乐观。我人今日不是做官时候,还是干革命时期,现在革命工作正系开端,真正的革命,还要肃清一切反革命分子,这有待于后来人继续努力及华侨共同奋斗,要深知缔造共和之艰难,必坚持革命到底……"词意恳切,甚为动人。

由于黎元洪拒绝召开国会,再毁约法,地方军阀又相继割据,1917年7月孙中山乃率领海军从上海乘"海琛号"南下广东护法。拥护孙中山的部分国会议员也相继赴粤,在广州召开非常国会。8月成立护法军政府,选举孙中山先生为护法军政府大元帅,华侨义勇团留在国内的同志追随孙中山到粤,编为大元帅府华侨队,警卫大元帅府。孙中山先生再派胡汉贤等前往加拿大联络华侨,创办中华革命党强华飞机学校,培养飞行人才。

孙中山先生在第一次讨袁失败后,已认识到要完成国民革命,非有自己培养和掌握的革命武装不可。创办飞行学校和用飞机队讨袁,是因为孙中山先生长期游历外国,具有高深的科学文化素养,已认识到航空在革命军事上的重要用途及其广阔的发展前景,提出了航空救国的主张。

孙中山的"航空救国"思想并实践

1. 飞机队在革命战争中的作用

1910年孙中山先生在游历美国并进行革命活动时,产生了运用飞机作为革命武器之用的思想。3月底,孙中山抵达檀香山,致函同盟会会员李绮庵,谈到掌握飞机的重要性,信中说:"飞船(即飞机)练习一事,为吾党人才中不可缺,其为用自有不可预计之处。"

1911年9月14日,孙中山先生致函肖卫汉,谈到飞机与军队机动的关系,称"飞机一物,自是大利于行军"。1911年12月,孙中山致函海外会员敦促成立飞机队,为革命起事之用,信中说:"阮伦兄弟谋设飞机队极合现时之用。务期协力助成以为国家出力。"

辛亥革命爆发,在孙中山先生的号召下,美洲华侨在中国同盟会美洲总支部的领导下,组成华侨革命飞机团,于1911年12月回国参加革命。先行回国的华侨飞行家冯如于10月参加了辛亥革命,被任命为"广东军政府飞机队"队长。

1913年年初,华侨在美设立飞机制造公司,并制成了第一架飞机。孙中山先生电令华侨飞行家谭根准备携带飞机回国,参加革命军讨伐袁世凯。后因"二次革命"失败,此举作罢。但孙中山对利用飞机作战,已见诸行动。

1915年2月20日,孙中山在致南洋同志函时称:"按飞机为近世军用最大利器……于国家前途,吾党前途均至有裨益……希成立学校作育真才。"

2. 孙中山"航空救国"军事思想的价值

直至孙中山逝世,在他的革命军事活动中,始终把建设和使用空军置于重要地位。例如,1917年在大元帅府设航空处;1918年组成援闽粤军飞机队;1920年元帅府航空处扩编为航空局,指挥飞机轰炸广州观音山,驱走广东督军莫荣新;1921年组成广东元帅府"国民党飞机队""中山飞机队",保卫了革命政权;1922年组成北伐飞机队,支援革命战争;1923年兴办飞机制造厂,设计生产了国内第一架军用"乐士文号"飞机,飞机队参加了东征陈炯明,平定内乱,保卫广州的战斗;1926年发表了著名的黄埔军校训示,并按黄埔精神开办广东军事飞机学校,聘请苏联顾问李糜为航空局局长兼校长……这一切都是当年中华革命党飞行学校、华侨义勇飞机队的延伸和发展。

写下"记孙中山先生亲创飞行学校及使用飞机队作战"一文的作者孟力,查阅参考了以下历史文献:胡汉贤的《中华革命党讨袁军美洲华侨敢死先锋队组织始末》《广东航空史略》;台湾文献《国父与空军》;日本资料《国父孙文与梅屋庄吉》《八日市飞行场沿革史》《中国革命军与日本义勇飞行队》等,对孙中山做出这样的评价:"由此说明孙中山先生亲创第一所飞行学校,组建第一个革命飞机队,并首次指挥将飞机服务于革命战争,是孙中山先生航空救国思想,特别是空军军事学术思想在革命战争中的伟大实践,是开创和发展革命空军的发端。"

一百多年过去了,孙中山先生创办第一所飞行学校,组建和使用第一支飞机队,似乎只是历史长河中的一个小小的插曲。然而,正是这点小小的历史火花,宣告了我国的革命军事思想正式进入了航空时代。

(记:本文刊发于2021年12月11日《上海老年报》,纪念孙中山诞辰155周年。参考资料来源:《广东文史资料》第三十六辑)

艰难的旅程

（1921年从上海到莫斯科）

从中国上海去俄罗斯的首都莫斯科，如今不是什么难事，乘飞机七八个小时便可抵达，很方便。可是您知道吗？在20世纪20年代初，有人要从上海去到莫斯科，居然要走三个月时间！为什么要走这么长时间呢？又是哪些人不顾旅程的艰难、艰苦、艰辛，不远万里要去到那里呢？他们去干什么？

1921年春，有一群信仰马克思主义的年轻人，聚集在上海法租界内的霞飞路新渔阳里六号（今淮海中路567弄6号）的"外国语学社"边学习，边等待着前往莫斯科勤工俭学。他们希望到世界上第一个社会主义国家去学习，去寻找真理和救国之道。当时在此学习的有刘少奇、任弼时、萧劲光、罗亦农等人。

4月的一天，外国语学社的负责人杨明斋兴冲冲地跑来："好消息，好消息！"原来，赴俄行程落实了。"去苏俄学习的事已经联系好了，要去的人现在就开始办手续。"杨明斋挥舞着手中的登记表大声说。于是，这批信仰马克思主义的年轻人立即报名。根据以往派人去莫斯科的经验，出发的路线以乘船到海参崴（符拉迪沃斯托克）再坐火车到伯力比较安全，他们决定走这条路线。

1921年5月的一天，这些中国青年登上一艘开往海参崴的邮轮，离开上海，经黄浦江驶向大海。邮轮发出长长的鸣笛，海鸥翩翩追随着轮船，他们站在甲板上眺望大海，心潮起伏，情不自禁地想起陈望道刚刚翻译出版的《共产党宣言》，那本小册子封面上的大胡子马克思肖像给他们留下了深刻印象。他们第一次去莫斯科，去学习，去寻找理想的光明。当时，中国共产党还没有正式成立。

驶向海参崴的轮船在海面上颠簸航行，途中在日本长崎港稍作停留，然后继续航行，终于驶抵俄罗斯远东边城海参崴。

1921年，由于帝国主义国家的武装干涉，列宁领导的苏维埃政权当时还不能控制俄罗斯所有地区，在远东的管辖范围只达伯力（哈巴罗夫斯克），从伯力到海参崴，仍被日本军队统治着，共产党在那一地区处于非法状态。

一行人在海参崴上岸后，到处可见荷枪实弹的日本兵。他们虽有杨明斋写的介绍信,但人地两生,不知道该找谁接头。好在海参崴住着很多中国人,他们很快找到一个中国人开的小旅馆,先住了下来。

安顿下来后,几人结伴在街上溜达打探,意外发现海参崴有专门的中国报纸。几人按着报上的地址,找到这家报社,悄悄地向报社总编辑打听:在哪儿可找到布尔什维克?报社总编看着几个中国青年,心领神会,不问干什么就介绍了一位"熟人"——有着海参崴大学教授公开身份的共产国际远东局工作人员伊凡诺夫。

在报社总编的指点下,这几个中国青年见到了伊凡诺夫,向他出示了杨明斋写的介绍信。伊凡诺夫看了信,神情严肃地对中国青年说:"抓紧乘车去伯力,不要在海参崴久留!"这时海参崴正在闹鼠疫,对流动人口的检查很严格!

伊凡诺夫担心的事还真就发生了。由于他们进进出出旅馆,受到严格检查,一行人的行踪引起了中国军阀政府驻海参崴总领事馆的注意,以为这些年轻人是孙中山的南方革命政府派到俄国来的。一天,几个领事馆人员突然来到他们住的小旅馆,把几个年龄稍大点的带走了。

海参崴有许多来自中国南方的打工青年,大多从事理发、裁缝等手艺活儿。被盘问的青年坚称自己是裁缝,讲的又是满口湖南土话,领事馆人员问不出什么名堂,就把他们放了回去。发生了这事,他们决定尽快离开海参崴这个是非之地。由于集体行动太引人注目,他们便三三两两地分散上车,约定到了伯力再会合。

十几人分组,坐上火车离开海参崴北上。

海参崴和伯力之间的伊曼河,是日本军占领区和苏俄红军控制的分界。这段交界区域是危险地段,盘查很严,一个不当心就会有生命危险。这一点,他们在国内出发前已经知道,所以在车上格外小心。

车过伊曼河时,旅客们要下车一个个接受检查。任弼时那两天正感冒发烧,被怀疑是鼠疫患者而被扣下,其他人都顺利通过检查,准时到达伯力。两天后,任弼时巧妙地通过检查,坐另一趟车赶了过来。伯力已是苏俄红军的天下,任弼时和伙伴们会合后,他们很快找到了红军。

当地红军热情地接待这批来自中国的年轻客人,吃住都免费。在这里,大家不再躲躲藏藏,而是自由自在地活动,一路上那种担惊受怕的心情一扫而光。

从伯力到莫斯科,本来可以坐火车经赤塔直走,那样就比较方便,但由于战争的破坏,铁路很不通畅。一行人在伯力等了一段时间,总等不到他们十几个人能同上一趟火车的出发机会,只得分成两路行动。任弼时、罗亦农等留下继续等车。萧劲光等乘船先到海兰泡,再从海兰泡坐火车去赤塔。

从伯力到海兰泡的这段水路也不安全,船在黑龙江航道上行进,有时走在俄国水域,有时走在中国水域,往往会碰到中国军阀军队的鸣枪恫吓和强令停航检查。到海兰泡后,他们在当地红军安排下稍作休息,便乘上了开往赤塔的火车。

上车不久,他们又在一个小火车站上被扣留了下来。

原来是发生了一件有趣的事:路上碰到一位红军将军,叫卡兰达什,他也坐这趟火车,他的司令部就在列车上。他的部队里有两个朝鲜师和一个中国支队。中国支队的司令看到他们是中国人,又是学生、知识分子,想留他们在中国支队工作。中国青年说他们要到莫斯科去学习,但中国支队的司令无论如何要留下他们。青年们说即便留下来,也总要得到卡兰达什将军批准吧。这个支队司令就带他们去见卡兰达什将军。他们对将军说:我们要去莫斯科,要去学习,我们是青年团员,可中国支队的司令一定要我们加入他的部队。卡兰达什将军还是比较清醒的,他说:"仗已打得差不多了,没什么事了,你们最好还是去莫斯科,去学习吧。"这位将军很热情,见到中国青年就抱着亲,他给这批中国青年挂了一节车厢,把他们打发走了。

赤塔是苏俄远东共和国的首都。中国青年在这里顺利地找到了布尔什维克党组织。在布尔什维克党组织的帮助下,继续乘火车经伊尔库茨克,穿越茫茫的西伯利亚,向莫斯科进发。

最后一段铁路旅行,仍是困难重重。

新生的苏维埃政权和红军刚刚战胜国内反革命势力的武装进攻,大规模战争造成的破坏随处可见。房屋倒塌,道路、桥梁被炸,路旁躺着饿殍,不少城镇和农村了无生气。他们乘坐的是一列冰冷的装货用的闷罐车,吃的是随身带的黑面包。由于没有煤,火车头用木柴火做动力。路轨状况很差,列车前进一段就要停下来修铁路。天寒地冻的林间,红军战士们以钢铁般的意志在抢修铁路,有时会遇到土匪骚扰。旅客经常被修路人员请下车,让他们上山搬运木柴。火车这样走走停停,十几天后才抵达莫斯科。

终于到达莫斯科了,已是初夏的7月。

这一段行程,水路和陆路共7 000多公里,历时近三个月。当时,同行人中有个别人看到这种严酷的场面,经历了这样的困难,对社会主义的信心发生了动摇,而大多数人没有动摇。从上海的外国语学社到莫斯科,1921年的道路坎坷艰辛,这段艰苦旅程记录了早期共产党人寻求真理、追求光明的一段历史。

1921年6月22日至7月12日,共产国际在莫斯科举行第三次代表大会。会前,共产国际邀请中国、日本等还没有成立共产党的东方国家代表出席大会。中国共产主义者派张太雷为代表出席大会。列宁是这次大会的名誉主席,在会上作了报告。列宁站着讲话,身子略向前倾,声音铿锵有力。

图1：1921年6月，列宁在共产国际第三次代表大会上发言

刘少奇、任弼时、萧劲光等是在7月9日到达莫斯科的，共产国际第三次代表大会即将结束。大会把这些新来的中国青年安排在会议代表住的招待所，中国代表张太雷专门到招待所来看望他们。

那几天，来自中国的他们帮助大会做些会务工作，领了入场券去旁听大会。见到主席台上坐着世界无产阶级革命导师列宁，都十分激动。这一幕，深深刻进了这些中国青年的记忆中。大会闭幕时，全场响起《国际歌》，他们觉得自己找到了理想之门和奋斗目标。

大会闭幕后，这批中国青年很快被安排进东方劳动者共产主义大学（简称东方大学）学习。这所大学的由来是：1920年共产国际第二次代表大会上，列宁提出了民族和殖民地革命问题的提纲，决定办一所大学来培养东方各民族的革命干部。这所学校在1921年5月创立，由斯大林担任校长，学员有来自远东各国的革命青年，也有苏俄远东各少数民族的干部。学校的地点在莫斯科特维尔斯卡娅大街15号，是一幢5层的楼房。

就在这些青年即将进入东方大学时，中国国内发生了一件历史性的大事：中国共产党第一次全国代表大会先后在上海、嘉兴举行，宣告了中国共产党诞生。

莫斯科东方大学共有学员五六百人，按学员国籍编班。刘少奇、任弼时、萧劲光、罗亦农、彭述之、袁达时、曹靖华、蒋光慈等30多人是第一批中国班学员，是东方大学里人数最多的一个班。他们住在学校的集体宿舍里,在学校的食堂里用膳。

这时苏俄正处在严重的经济困难时期,粮食、煤炭等基本生活资料极端缺乏,饥荒现象随处可见。苏维埃政府不得不在全国实行战时共产主义政策,生活必需品按人头配给,只对红军和儿童、高级知识分子有所照顾。东方大学的外国学员享受红军士兵的待遇,每人每天一磅半黑面包,但没有黄油和肉类,蔬菜也极少。吃午饭时有一个汤,是海草、土豆煮的,有时放一点咸鱼,开饭时一人一勺,一勺子下去有什么算什么,基本上是清汤,但这已经是受优待了。当时中国学生多是十七八岁的小伙子,经常饿得爬不动楼。穿的衣服、鞋子都是欧洲工人阶级捐献的,皮鞋是英国工人捐的,不管大小,一人一双。冬天穿着很薄的麻布做的黄色衣服,一人一件军大衣,一条皮带,一顶尖尖的帽子,上面有一颗红五星,冬天屋子里没有暖气。

图2:东方大学的教学部分和教室在《消息报》编辑部左侧的大楼中(这座房子没有保存下来)

东方大学的学习生活很紧张。中国班开设了国际工人运动史、政治经济学和俄文等课程。学校还专门请了北京《晨报》驻莫斯科特派记者瞿秋白等人来当翻译兼助教。学员一般白天上课,晚上轮流到街上去站岗,星期天做工或进行军事操练。有的时候,学校还组织学员参加外面的义务劳动或参观访问。凡参加军训或站岗的学员,由于体力消耗大,可以加发半磅左右的面包,但这些面包的质量很差。在东方大学的这一段学习生活极其艰苦,中国学员中有少数人受不了这种艰苦生活,情绪低落,提出退学。但始终意志坚定的一批人,成为东方大学第一批中共党员。

1921年冬,中国共产党的组织开始在东方大学中国班发展党员。刘少奇、罗亦农、彭述之、卜士奇、吴芳等中国学员已是社会主义青年团团员,便第一批由团员转为共产党员,组成中国共产党在莫斯科的第一个党组织,加入东方大学总支部。学员们在东方大学里比较系统地学习了《共产党宣言》、政治经济学等马克思列宁主义基本知识和经典著作,受到第一个社会主义国家革命环境的熏陶,政治素质有了很大提高。

1921年,一批革命青年历尽千辛万苦,从上海来到莫斯科"取经"学习,在莫斯科东方大学加入了共产党。从此,他们中的许多人,把自己的毕生精力献给了中国革命的伟大事业。

(记:2021年2月发表于上海《档案春秋》杂志,同年4月17日《上海老年报》转发,2021年10月修改。鸣谢好友王利亚提供本文插图)

沪上风云录
（记上海早期工人运动）

行走在上海成都北路，在这条街的893弄石库门建筑前驻足。凝视着墙角那组雕像，仿佛听到从历史深处传来阵阵呐喊和吼声。这风云激荡的声音，让人思绪起伏，如无际的海洋，时而激浪翻卷，时而澎湃汹涌……

一、中国劳动组合书记部

1922年春，留苏归来的年轻人来到上海时，中国共产党已正式成立了。这时，中国共产党已建立了中共中央局、中国劳动组合书记部等机关，党员人数有100多人，大多是接受了马克思主义的知识分子。

中共早期组织成员自1920年6月始，就走进码头、造船厂、铁厂，开办工人夜校，在工人中开展活动。早在1920年的秋天，中国共产党上海发起组就在沪西小沙渡工厂工人较为集中的地方，开办了一个工人半日制的学校，后改名为上海工人第一补习学校。这座学校的校址在今安远路锦绣里178至180号。李启汉主持这所学校。1920年11月21日，上海机器工会正式成立，这是中国共产党上海发起组领导下的第一个工会组织，机关设在西门路（今自忠路）泰原里41号。后来党又在印刷、纺织工人中成立了工会。

1921年8月11日中共"一大"结束不久，党中央领导工人运动的总机关——中国劳

图1：中国劳动组合书记部旧址，今上海成都北路893弄

动组合书记部就在北成都路19号C（今成都北路893弄）一幢普通的石库门住宅里挂牌成立。如今，在中国劳动组合书记部旧址的门外街边，伫立着一组由3个工人形象组成的铜色雕塑：一个工人手握大锤在呐喊，另一个工人抱起大石头向前冲，还有一个女工也在冲锋。雕塑背景是一本立式翻开的书本，上面刻写着"中国的工人们呀 我们赶紧联合成劳动组合呀"。走过这

图2：中国劳动组合书记部旧址，今建筑物街边的雕塑

里，不禁让人想起早年中国工人运动风起云涌的场面。

中国共产党是工人阶级的政党，自建党开始就宣传马克思主义，并全力开展工人运动。当时建立的"中国劳动组合书记部"，正是党用这样一个机关来组织和教育中国工人，这个书记部就是后来的"工会"。

"劳动组合"这个词是从日语学来的，"书记部"就是秘书处的意思。当年，劳动组合书记部有全国总部（当时在上海），各地如广州、长沙、汉口、北京等有分部。1922年5月1日，中国共产党以中国劳动组合书记部的名义，在广州召开了第一次全国性大会。

二、上海总工会与"五卅运动"

1925年1月，中国共产党在上海召开第四次全国代表大会，明确提出无产阶级在民主革命中的领导权问题和工农联盟问题，为迎接日益高涨的革命运动做准备。为了更好地指导正在走向复兴的工人运动，中共中央决定在广州召开第二次全国劳动大会，并准备正式成立中华全国总工会。

5月2日，第二次全国劳动大会开幕，7日大会闭幕。成立中华全国总工会，是第二次全国劳动大会的主要功绩。从此，中国工人阶级有了统一的全国性组织。这次大会闭幕后不久，上海工人阶级爆发了大规模的反帝大罢工，很快发展成席卷全国的声势浩大的"五卅运动"。新成立的中华全国总工会，正好及时地担负起直接领导和组织这场运动的重任。

1925年5月15日，上海内外棉七厂的日本资本家为了镇压工人的罢工斗

争,枪杀了中国工人顾正红,激起上海工人极大的愤怒。中共中央决定在学生和工人中发动大规模的反帝示威活动,为了领导好这场运动,派中共上海领导人李立三筹建上海总工会,刚刚成立的全国总工会也在上海建立"中华全国总工会上海办事处"。5月30日,英国租界向南京路上游行示威的工人、学生开枪,上海爆发了20余万工人罢工的大规模反帝运动,即"五卅运动"。

6月1日,上海总工会成立,地址在闸北宝山里2号(为罢工工人指挥部)。7月6日,中华全国总工会上海办事处成立。这场大规模的工人罢工运动,一直持续到1925年9月底。经过3个月的斗争,日商、英商工厂的资本家答应了工人提出的部分条件,这时以邢士廉为司令的上海戒严司令部和警察局强行封闭了上海总工会。在工会的统一安排下,工人们有序宣布复工。

"五卅运动"是在中国共产党领导下、由上海总工会组织的大罢工,是中国工人运动史上席卷全国的反帝爱国运动,沉重打击了帝国主义和军阀势力,使大革命开始进入高潮。

三、大革命前后的上海工人运动

1925年至1930年间,中国早期的工人运动,经历了北伐时期大革命波澜壮阔的高潮,也经历了大革命失败后血雨腥风的残酷考验。

上海那时是中国最大的工业城市,集中了中国近三分之一的近代产业工人约80万人,工人组织程度之高是其他城市难以比拟的。帝国主义国家在上海设立租界,开办工厂,残酷地压迫和剥削中国工人。上海工人早就深怀怨愤,反抗帝国主义压迫的斗争时有发生。

当时在日商经营的纱厂里有一种"包身工"制度,那些赤贫的包身工女性,工作和生活的状态极为悲惨。这些从外地农村买来的女工,栖身于鸽子笼式的简陋住处,吃喝拉撒都在一室,卫生条件极其恶劣,有些人就睡在马桶上;一日三餐食不果腹,吃的是霉味杂碎米汤,却要从事繁重的体力劳动。天不亮就被工头叫起,运货、扛包、拆包、摇线、纺纱、挡车、织布……一直干到星夜;没有人身自由,不能随便离开厂房,不能随便外出走动,甚至工作时不能随便上厕所(上厕所规定时限);被搜身、检查、训斥、辱骂、殴打是家常便饭。她们没有基本的生存保障,更没有人的尊严,猪狗不如。

1925年引发"五卅运动"的顾正红事件,正是上海工人阶级对这种黑暗势力的激烈反抗。从1926年10月24日至1927年2月26日,再到3月21日,短短5个月的时间里,上海工人阶级连续三次举行反抗帝国主义的武装起义。

自1919年到1926年的7年间,上海一共爆发过638次大大小小的罢工,而唯独1926年10月24日爆发的工人起义是具有开创性的,它不是简单的罢工,而是武装起义。上海工人这三次武装起义,都是在北伐战争的"打倒列强,除军阀"的雄壮口号中进行的,他们以自己的血肉之躯向黑暗的社会证明:工人阶级是担得起革命使命的!

1927年,蒋介石发动"四一二"反革命政变,各地工人纠察队被迫解除武装,工人运动受到残酷镇压,革命陷入低潮。但是,上海的工人阶级并没有停止斗争。直到1930年以后,这种压迫与反压迫的斗争仍在继续。左翼作家夏衍对包身工怀着极大同情,于1935年写下报告文学《包身工》,深刻揭露帝国主义资本家的罪恶。

上海,在这座城市里,工人阶级富有鲜明的反帝反封建的光荣传统,流淌在工人阶级血液中的不屈不挠的斗争精神、可歌可泣的先锋力量,将像火山爆发那样喷涌而出。

四、在党的领导下抗日救亡

沪西是上海日商纱厂最为集中的区域,3万多工人在沪西长期受日本资本家的残酷压迫和剥削,苦大仇深,富有强烈的民族意识和斗争精神。1932年1月28日下午,沪西日商"纺织同业会"从日本军方获悉日军将于当夜进攻上海,把工人全部赶出工厂和工房。那些被迫离厂的沪西日商纱厂工人,纷纷加入以同兴厂、喜和厂为核心的罢工行列。中共江苏省委召开工人代表大会,号召举行总同盟大罢工。

1932年1月28日上海淞沪抗战爆发后,中共临时中央先后发表了《关于上海事变的斗争纲领》等,旗帜鲜明地举起抗日大旗。中共江苏省委领导并组织上海各业工人举行总同盟罢工,开展各种形式的抗日救国活动,支援十九路军。

中共沪西区委在日军占领上海后,先后建立了"沪西区罢委会"及各日商纱厂"罢委会",具体组织和领导沪西工人反日罢工斗争,把原先反对取消月赏和反对关厂停工的经济斗争,转变为反对日本帝国主义占领上海的抗日总同盟罢工。

1932年1月31日沪西工人抗日总同盟罢工开始后,在沪西中共党组织强有力的领导下,沪西工人抗日救亡运动表现出明确的政治纲领和斗争方向,红色工会及党团组织非常活跃,工运形势呈现出鲜明色彩,被誉为"赤色沪西"。

1932年2月中旬,在沪西召开的上海各业工人代表大会上,成立了"上海各业工人反日救国联合会"(简称工人反日会)。工人反日会成为"上海民众反日救国联合会"的团体会员。这次大会号召上海工人阶级站在反对日本帝国主义的最前线,各厂工人成立日货检查队,没收日货;封锁对日本军队、机关及资本家的一切供给；设法截断对日本军队、机关及资本家的水电供给。

中共江苏省委为使沪西日商纱厂抗日总同盟罢工深入持久地坚持下去，要求全市各级党组织发动各抗日团体和群众组织，声援沪西工人的斗争。总同盟罢工开始后，民众反日团体会、左联、社联、剧联以及大中学联等团体，不仅给罢工工人送去慰问金、食品、衣服等御寒用品，而且派出人员在罢工工人中讲解抗日形势，开办识字班，教唱抗日歌曲，排练抗日话剧，进一步激发罢工工人的抗日爱国热情。

沪西罢工工人反日情绪高涨，除了组织义勇军上前线支援十九路军作战，留在后方的罢工工人还组织了纠察队、宣传队。工人纠察队成为维持沪西地区罢工秩序，防止敌人破坏的一支重要力量。宣传队进行抗日形势的宣传鼓动，组织抗日集会和示威游行。反日气氛弥漫着沪西地区，使汉奸和国民党势力不敢涉足。

五、沪西反日总同盟大罢工

沪西区"罢委会"一方面组织罢工工人向社会局、地方维持会要求发放救济米，迫使社会局和地方维持会拿出救济款大洋3 000元和救济米600担；另一方面组织宣传队和募捐队走上街头，开展反日罢工宣传和募捐活动，为大罢工提供支持和保障。

宋庆龄获悉数万工人坚持反日罢工斗争，吃饭住房十分困难，便亲自筹措了2万元经费，直接将支票交给"上海民众反日救国联合会"党团书记，请他转交沪西"罢委会"，并嘱咐转达她对罢工工人的支持和敬意。宋庆龄后来还订购沪西一家米号的粮食，专做罢工工人的救济米，又带头捐助大洋1 500元。

在前线作战的十九路军官兵也被上海工人阶级的爱国主义精神感动，从民众捐助的慰劳金中提取部分款项资助沪西罢工。远在江西苏区的苏维埃政府也汇款来帮助沪西罢工工人。沪西"罢委会"把救济米和社会各界的捐款通过各厂，按月份分发给罢工工人及家属，并利用募捐款在石灰窑一带盖起一批简易草房，让无家可归的工人及家属有家可住，为反日大罢工创造了物质条件。

因蒋介石采取不抵抗政策，十九路军被迫撤出市区，沪西反日大罢工被推向斗争的前沿，沪西成为上海人民反日斗争的中心。中外反动派调动武装军警，严密监视和镇压工人反日斗争，派出工头挨家挨户诱骗工人复工，还从大批难民和失业工人中招收新工，挑拨工人群众的团结，企图动摇罢工阵线。

沪西区"罢委会"及时采取新的斗争策略，一方面组织力量进厂揭露厂方复工阴谋，派工人纠察队警告和打击工贼的破坏活动；另一方面，在英华里、梅芳里、富来里等(今长寿路一带)罢工工人聚居的地方开办大锅饭,免费供应罢工伙食,时称"大锅饭运动"。这样的"大锅饭运动"团结着沪西工人队伍,是在特殊时期,沪西区"罢委会"为了工人坚持反日罢工取得胜利,采取的必要且有效的措施。这一举措发挥了重要作用,罢工运动一直坚持到5月初结束。

1932年4月下旬,资方勾结国民党政府和租界捕房,派出警察没收大锅饭餐具,捣毁炉灶,封闭各级"罢委会",逮捕罢工领袖;巡捕和包探进驻各厂,监视工人动态⋯⋯"工人反日会"于1932年2月成立,被资本家、国民党视为眼中钉,遭到镇压破坏,于5月被迫解散。

沪西反日大罢工,使日商工厂、银行、商店等营业损失达9 100万银两,沉重打击了日本帝国主义。大罢工在政治上锻炼了工人阶级队伍,在中国共产党领导大罢工期间,沪西日商纱厂创立了红色工会和青工红色小组等,内外棉各厂创立了9个支部,在纱厂中(如申一厂、申六厂)建立了近百人的支部。罢工扩大了中国共产党在工人群众中的影响,发展了革命力量。沪西反日大罢工,展现了上海工人阶级反帝反封建的斗争精神,展现了中国共产党领导城市产业工人有组织、有纪律、有纲领地进行抗日救亡运动的斗争。

结束语

中国共产党在后来的革命斗争中不断总结经验教训,终于确立了中国革命独立自主的领导地位,摆脱共产国际"左"的思想干扰,从中国革命的实际出发,由城市为中心转为"农村包围城市"的斗争策略。在以毛泽东为代表的正确路线指导下,经过艰苦卓绝的长期斗争,取得了中国革命的胜利。

1949年,当人民解放军解放上海的时候,上海工人阶级在中共党组织的领导下,护厂护市,积极配合人民解放军进城,再次发挥了重要作用。在上海这座城市,工人阶级留下了可歌可泣的历史功绩。

谨以此文庆祝伟大的中国共产党成立100周年。

注:本文主要参考资料来源:
1. 《中国劳动组合书记部,凝聚起工人阶级的磅礴力量》,作者吴基民,2020年8月7日《解放日报》"朝花时文"公众号。
2. 中共上海普陀区委党校2020年9月提供的沪西抗日救亡运动资料。

(记:本文为庆祝中国共产党成立100周年而作,部分内容于2021年2月和5月发表于上海《档案春秋》杂志)

烽火与悲歌
(记沪西抗日救亡运动)

这里,曾经枪声四起,硝烟弥漫;也曾吼声震天,红旗漫卷……

这里,有工人阶级的历史,革命烈士的丰碑,爱国志士的故事;有沧桑如海的过去,有翻天覆地的今天……

一、革命传统,红色基因

沪西,上海苏州河畔,曾经居住着成千上万的产业工人。这片土地,流淌过苦难的汗水、挣扎的泪水、反抗的血水……

沪西,曾是上海日商纱厂最为集中的区域。

上海开埠后,苏州河沿岸纷纷开设工厂,沪西小沙渡区域地处今普陀区苏州河南岸,位于当年公共租界和华界的交界处,交通便捷,劳工成本低廉。在1895年中日《马关条约》签订及1899年公共租界在小沙渡越界筑路后,吸引了以日资为主的大量棉纺织厂进驻,由此迅速发展成近代上海工厂密布的工业区之一。20世纪30年代初,上海全市34家日商纱厂6万余工人中,有17家3万余工人在沪西。在日商工厂做工的工人,深受外国资本家和国内工头的欺侮、压榨、剥削,尤其是那些"包身工",生活在水深火热之中,挣扎在生死线上。

沪西,也是具有光荣革命传统的区域。

哪里有压迫,哪里就有反抗。"起来,饥寒交迫的奴隶,起来,全世界受苦的人。满腔的热血已经沸腾,要为真理而斗争!……"

1925年5月,革命烈士顾正红因领导日商纱厂工人举行罢工,揭露帝国主义剥削工人的罪行,被枪杀。这个事件成为上海工人运动史上著名的导火线,上海爆发大规模工人阶级反帝大罢工,史称"五卅运动"。

同年5月24日,顾正红烈士追悼大会在沪西潭子湾(现普陀区内)举行,时任全国总工会第一届执行委员会委员的孙良惠担任大会主席,宣读祭文。孙良惠,曾是沪西日商同兴纱厂的工人,1927年3月,他参加上海工人第三次武装起义,任南市副总指挥,带领工人纠察队冲进警察局,攻下制造局(现江南造船厂),占领南火车站。起义胜利后,在上海工人代表大会上被选为执行委员。1930年10月上旬,孙良惠在武汉任湖北省工会主席时,不幸被叛徒出卖,被捕牺牲。

在沪西,像顾正红、孙良惠这样的工人阶级先锋队成员很多,可歌可泣的故事很多、很多。

二、抗日救亡,席卷沪西

多事之秋,平地惊雷。1931年9月18日,日本发动侵华战争,铁蹄践踏中华民族的山河。九·一八事变,激起了全中国民众抗日救亡的高潮。

这时的蒋介石,采取不抵抗主义政策,坚持"攘外必先安内",继续围剿苏区工农红军,镇压国内抗日爱国力量。日本侵略者在九·一八事变发生后的4个月零18天的时间内,占领了我国东北三省,使东北3 000万同胞沦为亡国奴。日军占领东北大片土地,所到之处烧、杀、奸淫、掠夺,犯下滔天罪行。国土迅速沦丧,政府屈辱退让,国民无不痛心疾首,义愤填膺。

在民族生死存亡的紧要关头,是中国共产党振臂高呼:坚决反对日本帝国主义侵略,号召中国人民开展抗日救亡运动,要求国民政府枪口对外共同抗日。九一八事变后,中国社会各阶层爱国人士纷纷要求抗日,沪西的工人、学生得悉日军攻打沈阳,立刻掀起抗议风暴,举行反日大罢工,集会抗议,抵制日货。

沪西的青年学生勇敢地走在爱国运动的前头。那些年轻的学生,手无寸铁,唯有一腔爱国激情。他们虽然年轻,却知道什么是国难,什么是民族存亡。他们没有枪炮可以抵御外来的侵略者,但他们呐喊、呼吁,唤起民众共同请愿国家出兵抵抗日本侵略者。在这些进步学生队伍中,有许多共产党员知识分子,他们总是走在队伍的最前面。

1931年9月21日,九一八事变后的第3天,沪西暨南大学、大夏大学召开国难紧急大会,成立救国会。9月24日,沪西大同大学等37所学校的学生集会,决定从28日起停课3天,上街宣传抗日,男生参加军训,女生学习救护,为参加抗日做准备。9月25日,暨南大学等26所大学派出56名代表赴南京请愿,于26日向国民党政府蒋介石提出5点抗日要求。29日,暨南大学等上海19所大学3 000余学生组成上海学生第二批赴京请愿团抵达南京,面见蒋介石重申5项请愿要求。

奔驰的火车上,请愿的学生群情激昂,前往南京的火车头挂满了抗日救亡的标语和旗帜。山河破碎,中华民族到了最危险的时候。

图1：九一八事变爆发后，中国共产党领导下的工人、学生举行罢工、罢课抗议活动

11月24日，大学生抗日救国会不顾国民党当局阻挠，再次组织8 000多名同学带着"上海各大学学生抗日救国联合会为促进政府出兵呈蒋主席文"奔赴南京，与全国各地请愿团一起顶风冒雪伫立国府门前请愿。11月27日下午，蒋介石被迫接见请愿学生，表态"出兵收复失地"。

12月14日，暨南大学等上海院校2 000多名同学，再次分两批乘火车抵达南京，与南京、北平、济南、武汉、安庆、无锡、苏州、太仓等地学生代表一起举行总示威。17日，万余人联合示威，捣毁中央日报社，遭到埋伏的国民党军警用刺刀、木棍镇压，在南京珍珠桥附近死伤30余人，被捕60余人，成为震惊全国的"一二·一七"珍珠桥惨案。

国难当头，中华民族本应团结起来一致对外抗日，可国民党当局却血腥镇压爱国学生，对内自相残杀。惨案发生后，宋庆龄悲愤填膺，怒不可遏，连夜奋笔疾书，写下了著名的《宋庆龄之宣言》，谴责国民党政府对爱国学生的血腥暴行；鲁迅也发表了《"友邦惊诧"论》，对国民党政府进行抨击。

在学生们赴南京请愿的同时，上海商界、工界、学界也都行动起来了。战争的伟力存在于民众之中,当人民行动起来了,将是不可阻挡的力量。这力量如排山倒海的大潮,如火山爆发的熔岩,可以捣毁侵略者疯狂的梦想。

1931年9月18日,学生们在沪西劳勃生路(今长寿路)大自鸣钟处,进行抗日救国宣传,千余群众到场听讲。日本巡捕暴力干涉,开来日本海军铁甲车4辆进行镇压,群众投掷石块回击。

9月26日,沪西各纱厂停工1天,工人们参加在上海公共体育场举行的抗日救国市民大会。沪西内外棉、日华、同兴等23家日商纱厂工人代表集会,成立日商纱厂工人抗日救国会。9月27日,沪西200多工人在劳勃生路游行示威,抗议日本侵略东北。9月30日,真如镇农工商学各界万余人在镇北召开市民抗日救国大会,大会通过电请政府对日宣战等提案,宣布成立真如各界抗日救国会,会后游行。

10月15日,日商纱厂工人救国会发表抗日宣言,呼吁政府"对日绝交与暴日决一死战",工人高呼:"本会8万工友愿全体加入义勇军,为讨日最前锋。"抗议示威,吼声如雷,誓死抗日,气贯长虹。呐喊声声,如山呼海啸。

11月1日,日商第二纱厂2 000多工人集会,为反对帝国主义侵略东北,一致表示即日退厂,不为日本资本家做工,工人全部转入华商申新六厂做工。接着,日商公大纱厂千余工人也退厂,分别转入华商工厂做工。

12月20日,沪西失业工人反日救国联合会发表宣言,号召失业工人向政府要工作、要吃饭,誓死反对日本侵略者。

时至1931年年底,新年元旦即将到来。整个上海笼罩在反抗日本侵略者的愤怒之中。国难当头,民不聊生,苏州河在悲泣,黄浦江在恸哭,沪西更是怒潮汹涌。中国人被迫发出了吼声!

山雨欲来风满楼,一场抗日救亡的风暴即将席卷上海。

三、统一战线,罢工罢课罢市

1932年的元旦,在吼声中来临,在无法安宁的动荡中来到。

1932年的1月,注定不会平静。

元旦之后,1月8日,上海27家日商工人5万余人,举行同盟罢工,反对日本帝国主义侵略,反对日商资本家取消每月的4天赏钱。1月10日,沪西学生参加上海大学生抗日救国会与上海民众反日救国联合会在南市公共体育场举行的、追悼"一二·一七"死难烈士的市民大会。会上通过了没收、拍卖已检查的日货来抚恤死难烈士家属,实行全市罢工、罢课、罢市的决议。

1月17日，上海民众反日救国联合会等30个团体，在公共体育场举行反对国民党政府投降卖国、屠杀民众的市民大会。会后游行示威，高呼"打倒卖国的国民党政府！""拥护中国共产党！"的口号，包围了市政府。17日的集会游行，标志着中国共产党领导下的"上海民众反日救国联合会"在团结各界民众、建立统一战线、一致对外抗日的斗争中，得到上海民众的拥护，沪西地区工人运动也再次显现出力量。

1932年1月初前后，上海人民的抗日激情越来越高涨。

1932年1月28日，"淞沪抗战"爆发。

1月30日，中共江苏省委通过上海工会联合会，在东新桥（今黄浦区南部，泛指浙江中路、延安东路交汇处一带）召开上海各业工人代表大会，成立"上海工人抗日总同盟罢工委员会"。不久，中共江苏省委委派宣传部部长杨尚昆向民众反日会发出指示：即刻成立义勇军委员会。在民众反日会总部设立了义勇军委员会，规定"民众反日会义勇军"由中共上海民众反日会党团和中共中央军委直接领导，民众反日会义勇军设党团组织，由季苏任党团书记，并以闸北、沪西、普陀、浦东四区的工厂为主，其中沪西民众反日义勇军为中坚。中央军委派曾在苏联学习过军事技术的孙小保担任军事指导员。

日本帝国主义对上海张开了血盆大口，企图一口吞下这个梦寐以求、垂涎三尺的东方大明珠。然而，虽时为贫穷落后的中国，却不失仁人志士、爱国将领。驻守上海闸北的国民党第十九路军将领蒋光鼐、蔡廷锴，违抗蒋介石不抵抗的指示，对日本侵略者奋起反击，打响了上海"一·二八"淞沪抗战的第一枪。1932年1月爆发的淞沪抗战，给上海留下了硝烟战场和血色足迹，至今，十九路军还留在这座城市的记忆中，留在沪西人民抗日救亡的史册里。

四、淞沪抗战，慷慨悲壮

日本帝国主义占领中国东北后，在积极筹建伪满洲国的同时，又加紧策划对上海和长江流域的侵略。日本关东军的高级参谋板垣征四郎指令驻沪公使馆武官：在上海搞出一些事来，务必把外国的目光引开，以使满洲容易独立。日本武官通过女特务川岛芳子，制造了日僧死亡事件，策动袭击上海三友实业毛巾厂为肇事地，唆使日侨集会游行抗议，日军借此为由，于1932年1月28日夜，在闸北分3路向中国守军突然攻击。

1931年10月，十九路军被调驻京沪铁路沿线担任警卫，原来军部驻扎南京。日军进攻上海，十九路军为了坚持战斗，将临时军部移到沪西真如镇范庄。军长蔡廷锴，身材高大，爱国有志，九一八事变后一直关注时局，曾想组织一支义勇军去东北支援抗日,正在筹备之际,得知日本政府唆使日本浪人在上海挑事。1932年1月22日,蔡廷锴从前方得到情报,知道日本准备开战,事态严重。他当晚赶到十九路军总指挥蒋光鼐的住宅共商对策。同样具有爱国之心的蒋光鼐,次日主持了军官秘密会议,会上一致决定守土抗战。当晚7时,蒋、蔡二位向十九路军各部发出准备抗战的第一道命令。

1月28日晚11时许,蔡廷锴接前方来电,即刻下达反击的战斗命令。

砰!砰!枪声响起,十九路军拉开了反击日军的铁血序幕。战火骤起,硝烟弥漫,日军盐泽少将曾扬言在4小时内完全占领闸北,梦想重演沈阳事变,但遭到驻防闸北的十九路军七十八师第六团的英勇回击。经过一昼夜浴血奋战,十九路军毙敌数百,把日军赶到海宁路租界地段。盐泽溃败后被撤职。

图2:"一·二八"淞沪抗战十九路军在闸北抵抗入侵的日军

2月1日,蒋光鼐在南翔设立指挥所,但军部仍在真如范庄。

十九路军将士在闸北等地浴血奋战时,沪西的真如车站成了日军飞机轰炸的主要目标。因为这里不仅有十九路军的指挥所,闸北战事的命令都从这里发出,而且这座车站是兵站,凡是调来上海的军队都在这里下车,转赴前线。以范庄附近为中心辟筑的真北路、真南路、真大路等军用公路,是上海西部的重要交通干道。为此,日军飞机轮番来轰炸。美国记者斯诺在范庄采访蔡廷锴时,目睹低飞的日机被中国军队战士击落,掉在十九路军军部前面。

2月5日,9架日机在闸北投弹后飞抵真如,企图轰炸真如国际无线电台。十九路军地面火力猛烈还击,中国空军战机及时赶到,配合地面炮火对日机射击。这是中国空军首次御外作战。两架日机机尾冒烟,一架带伤逃去,另一架被击中,轰的一声巨响,急速坠地,机身粉碎。

日军以陆海空全部力量连续进攻,战火从闸北蔓延至江湾、吴淞一带,但屡攻屡败,都被十九路军击溃。2月6日,日军不得不宣告第一次总攻失败。2月7日晨,新任日军总指挥官野村下达第二次总攻命令。一番血战后,十九路军与前来支援的第五军(军长张治中)全线告捷。

2月18日,已是第三次更换上任的日军指挥官植田竟然厚颜无耻地向蔡廷锴军长提出"最后通牒"。又经过两天两夜血战,植田的"中央突破计划"彻底破产,全线总溃败,所谓的"最后通牒"成为历史性笑料。

淞沪抗战,十九路军抵抗了兵力10倍于我方的日本海陆空军的疯狂进攻,打死打伤敌人万余人。

五、各界奋起,义勇救国

淞沪抗战爆发后,上海各界人士以各种方式援助十九路军。

开战第3天,宋庆龄、何香凝不顾个人安危,顶风冒雪赶赴十九路军临时军部范庄,慰问抗战将士。看到将士们军衣单薄,难以御寒,受伤士兵缺医少药,医疗设备严重短缺,她们忧心如焚。回到市区后,立即组织募捐,致电海内外,呼吁爱国民众和海外侨胞有钱出钱、有力出力。上海市民积极响应,一批批慰问物资和各种日用品、食品、药品、纱布、棉衣迅速集结,自愿服务的车队满载物资浩浩荡荡地送往范庄。蔡廷锴军长在范庄望着堆积如山的劳军物资,激动不已,潸然泪下。

在宋庆龄、何香凝的号召推动下,全市各团体、各医院、各医学院校组织救护队开赴前线。2月底统一改为中国红十字会救护队,有30多支救护队,2 000多名队员,先后救出受伤官兵和难民数万人。为改变当时伤兵医院比较分散的状况,宋庆龄、何香凝通过交通大学校长黎照寰和商界实业家们的支持资助,经过紧张筹备,于3月5日,一家拥有300张床位、医疗器械设备完善的国民伤兵医院在交通大学内正式开办。

十九路军英勇抗战,引起海内外强烈反响。许多爱国志士组成义勇军,自2月3日至2月26日,先后来到沪西真如参加抗战。据《真如镇志》记载,当时有名称的义勇军就有29支。这些义勇军分别参加救护、运输、修路、宣传等。什么叫义勇军?只有在民族大难之际、危急时刻、生死关头,方能诠释这个词汇的真谛,才能真正理解并明白这些义举的价值。

中国共产党领导的沪西日商纱厂工人,在1931年秋大罢工时建立了工人纠察队，从1932年1月31日起参加总同盟罢工。1月31日，根据中共沪西区委的指示，沪西各厂工人纠察队改组和扩大，成立"沪西反日会义勇军"。沪西许多失业工人、平民、市民以及学生、自由业者立即响应，报名参加沪西反日会义勇军，成为上海反日会的中坚力量。孙小保是为数不多的、从中央军委派往上海的、工人出身的军事干部，此刻，在沪西成立了义勇军分部。

孙小保，又一位从沪西日商同兴纱厂走出来的工人阶级的先锋战士，他参加"一·二八"淞沪战役，担任上海民众救国义勇军指导员，组织上海民众支援、配合十九路军，英勇抵抗日本侵略者，最后牺牲在闸北敌占区。

从顾正红到孙良惠，从孙良惠到孙小保……上海工人阶级的先锋战士，为了反帝反封建的民族解放事业，前仆后继，英勇献身。

烽火三月悲歌多，淞沪抗战留史册。

结束语

淞沪抗战，中国军民联合打击了日本帝国主义的嚣张气焰，粉碎了日军速战速决占领上海的梦想，迫使日军不得不暂时放弃吞并上海华界的计划。沪西成为当时上海人民反日的大本营，其光辉历史永远载入中国抗日战争史册。

中国共产党人在"一·二八"淞沪抗战中的作用，主要体现在三个方面：一是发表坚决抗日的政治主张；二是动员各界民众的声援和支持；三是组织人民义勇军直接参战。

关于中国共产党人在抗日战争中的作用，习近平主席曾说："中国共产党人以自己的政治主张、坚定意志、模范行动，支撑起全民族救亡图存的希望，引领着夺取战争胜利的正确方向，成为夺取战争胜利的民族先锋。"

中国共产党是中国工人阶级的先锋队，是带领中国人民反帝反封建、一步步走向胜利的伟大政党。1931年至1932年间沪西抗日救亡运动风起云涌，这段历史是中国共产党100年间漫漫风雨征程的一段。

注：参考资料来源：
1. 中共上海普陀区委党校2020年9月提供的沪西抗日救亡运动资料。
2. 《从一·二八淞沪抗战看习近平总书记对共产党人在抗战中作用的评价》，作者张云，2018年1月28日《解放日报》"上观新闻"App。

（记：此文摘自上海市普陀区作协集体创作的《星火沪西》一书中作者所著《烽火与悲歌》一文，该书于2021年6月出版。2021年9月修改本文）

先锋战士
(追忆孙小保烈士)

1931年秋天,发生在中国的最大事件,莫过于九一八事变。日本侵略者的铁蹄践踏中国东北三省,激起全中国人民的强烈抗议。

10月15日,上海日商纱厂工人救国会发表抗日宣言,呼吁政府"对日绝交与暴日决一死战"。工人高呼:"本会8万工友愿全体加入义勇军,为讨日最前锋。"

"为讨日最前锋",这是撼人心魄的请战辞!一贫如洗、挣扎在社会底层的无产阶级工人,在中国共产党的领导下觉醒了,行动了,是一支敢于冲锋、敢于牺牲的义勇军,他们是战斗在抗日一线的突击队、战斗队、敢死队。如果连死都不怕,还有什么力量可以阻挡他们冲锋陷阵?

1931年11月21日发生了一件事,更加激起上海工人的爱国之情。沪西一位黄包车工人因拒绝替日军拉运枪械子弹,被日军殴打重伤致死。这件事掀起了上海工人反日高潮。12月20日,沪西失业工人反日救国联合会发表宣言,号召失业工人向政府要工作、要吃饭,誓死反对日本侵略者。

1932年1月28日,驻守上海闸北的国民党第十九路军违抗蒋介石不抵抗的指示,对日本侵略者奋起反击,打响上海"一·二八"淞沪抗战第一枪。

1月30日,中共江苏省委通过上海工会联合会,在东新桥召开上海各业工人代表大会,成立"上海工人抗日总同盟罢工委员会"。不久,中共江苏省委向民众反日会发出指示:即刻成立义勇军委员会。"民众反日会义勇军"由中共上海民众反日会党团和中共中央军委直接领导,以闸北、沪西、普陀、浦东四区的工厂为主,其中沪西民众反日义勇军为中坚。中央军委派曾在苏联学习军事技术的孙小保担任军事指导员。

孙小保是为数不多的由中央军委派往上海的、工人出身的军事干部。

这位工人出身的工运骨干,是从沪西日商同兴纱厂走出来的,祖籍苏北盐城,童年到上海同兴一厂做童工。1925年投入"五卅"运动,在斗争中加入中国共产党。1926年组织同兴一厂罢工时被捕，出狱后，靠拉人力车维持生活。

1926年10月至次年3月，孙小保参加上海工人连续三次举行的武装起义，不怕牺牲，冲锋在前。1927年"四一二"反革命政变后，中共党组织送他到苏联莫斯科东方大学学习军事，后转入共产主义劳动大学学习；1930年回国后，在中共中央军委工作。

孙小保在上海虽没什么亲人、没有家，生活曾经留给他的都是苦难，可是这个从小在上海长大的苦孩子，他热爱工友和那些贫苦穷人，他熟悉上海的街道，热爱黄浦江和苏州河，他把上海视作自己的家乡。九·一八事变后，1932年1月28日，日本帝国主义又发动了对上海的进攻，孙小保无法容忍日本帝国主义的侵略，无法容忍日军占领上海。

那些日子，上海各大报纸连续刊发头条新闻："一·二八淞沪抗战爆发！"

这天，孙小保从街上买回报纸，报上赫然醒目的大标题刺痛他的双眼。他盯着报纸，沉默无语，面颊阵阵收紧，忽然，一拳砸在桌上，心中暗暗发誓：死也不当亡国奴！这位曾经当过黄包车工的军事干部，想到沪西的黄包车工人因拒绝替日军拉运枪械子弹而被打死，心情难平。他深知工人阶级的痛苦和深仇大恨，明白抗日救亡需要革命的武装力量。经过党的多年培养，他深刻理解并铭记"中国共产党是中国工人阶级的先锋队"。

孙小保参加"一·二八"淞沪战役，担任上海民众救国义勇军指导员，组织上海民众支援、配合十九路军，英勇抵抗日本侵略者。他带领义勇军活跃在抗日前线，帮助十九路军运弹药、挖战壕、筑工事、救伤员。在战斗中，孙小保身先士卒，废寝忘食，日夜操劳，受到群众的拥护和爱戴。

当群众看到孙小保扛着弹药箱穿梭于炮火中；看到他累倒在星空下的战壕里；看到他抢过工友肩头的重担，把口粮让给工友；看到他带伤训练义勇军，喊着口号鼓舞士气；看到他臂挂工人纠察队的红袖标，冒着敌机轰炸指挥车队运输支前物资……还有谁不明白什么是先锋战士吗？

由于日本不断增派军队，连续发动攻势，而蒋介石不仅不派部队支援，还断绝各方的抗战援助，致使十九路军孤立无援，最终被迫放弃庙行、江湾、闸北阵地，于3月1日晚退出真如防地，撤至嘉定、黄渡第二防线。3月2日，日军占领真如。孙小保悲愤无比，仰天长叹。

十九路军撤出市区后，中共中央军委仍派一批干部由孙小保率领，留在闸北日军敌占区内坚持斗争。3月2日下午，孙小保在闸北恒丰路召开群众反日集会，组织和扩大义勇军，部署武装占领闸北，准备开展游击战。他正在演说，没有注意到有个"鬼影"混进会场，躲在角落里对准他举起了手枪。突然，会场被国民党保卫团包围,这时枪声响起,孙小保被暗藏在群众中的国民党特务开枪杀害。

孙小保大睁着眼,张着嘴倒下了,倒在3月的血泊中,倒在他视为故乡的上海土地上,留下不甘和遗憾。

孙小保是有影响的上海工人运动领导之一,他的牺牲令人痛惜。他从一字不识,经过3年刻苦学习而能阅读书报。这样积极勇敢、艰苦工作的同志牺牲了,不仅是共产党损失了一个好干部,而且是上海工人阶级损失了一个英勇的先锋战士。他牺牲后,"一般工人与劳苦贫民闻讯,莫不愤恨而誓为革命战士复仇",中共临时中央机关报《斗争》(油印秘密刊物)1932年3月19日第7期发表了《追悼我们英勇的革命战士孙小保同志》的文章。

烽火岁月,烈士英名永存。

(记:摘自2021年6月出版的上海市普陀区作协集体创作的《星火沪西》一书中本文作者的文章《烽火与悲歌》)

归 队
(忆父亲跟党走的人生路)

1942年,父亲16岁就加入了中国共产党,懂得"国家兴亡,匹夫有责"的道理。抗日战争的烽火燃烧在祖国的大地上,父亲一心跟着共产党,毅然投入到"打日本,救中国"的行列。

1946年秋,国民党反动派发动内战。父亲又跟着党进行"反内战,争和平","打倒蒋介石,建立新中国"的斗争。内战打响后,国民党的正规军和"还乡团"对父亲的家乡紫石县(现江苏省南通市海安市)发动了疯狂进攻,占领全县所有城镇构筑据点,形成纵横交错的封锁线,对解放区进行拉网式的"清剿"。反动派所到之处杀人放火,掠夺物资,无恶不作,特别对共产党员和党的地方干部实行惨无人道的迫害。顿时,解放区成了人间地狱。

在敌人发动进攻前夕,共产党的县机关人员都已迅速撤离城市,转移到乡村打游击,坚持原地斗争。在战争初期,华中野战军在粟裕司令员指挥下,集中兵力,对敌人展开运动战,取得了七战七捷的巨大胜利,给敌人沉重的打击。那时,全县人民在党的领导下,全力支援前线打胜仗。当主力部队转移到外线作战后,就靠地方武装坚持斗争,出现了敌强我弱的形势,活动范围逐渐缩小,斗争环境更加恶化了。这时地方机关人员都随同县独立团一起行动,水网地区的转移尤为困难,处境险恶。

1946年阴历腊月下旬的一天夜里,县独立团驻地突然遭到敌人袭击。全团指战员奋力应战,掩护地方人员转移,然后进行突围。这次作战部队伤亡惨重(独立团政治处蒋厚基主任英勇牺牲)。那时莫珊同志任县委书记兼县独立团政委。

第二天早上天刚亮时,县委组织部谢浩荣部长紧急召集地方人员宣布:"当前对敌斗争形势非常严峻,为了摆脱敌人合击围剿,便于部队机动灵活作战,县委决定精简人员,凡我宣布的同志必须立即离开驻地,分散隐蔽,自找生路。"

当时我父亲是县委组织部的干事兼县委、县政府机关党支部书记(县组织部只有部长和他二人),也是宣布疏散的人员之一。听到这个决定,大家感到愕然,但都没有二话,立即执行决定,分散而去,迅速离开了驻地。

父亲那时年轻,但成熟清醒,他立即回到部里取了"党员组织介绍信"放在身上(作为日后凭证),然后匆忙离开。分散途中,父亲碰到几位熟悉的同志,和他们聚集在一起,商讨如何对付敌情而能生存下去。几人一致认为应马上找到一条船,方能自由活动。

船到手后,他们的活动范围保持在和县独立团驻地不远的地方,在当地老百姓的帮助下度过了几天。这时,有人离开,去敌占区投亲靠友"打埋伏";有人设法偷渡敌人封锁线,潜伏回家隐蔽,曲(塘)南区张康飞区长在偷越敌人封锁线时,被敌人发现抓去后牺牲了……只有我父亲坚持等待"北撤"机会[指难以坚持原地斗争的南线干部,将由县团择机护送到台北县(今盐城市大丰区)后方去],他坚定地、悄悄地尾随在县委机关和县独立团后面,远远地跟着。

父亲饥寒交迫,孤独一人,有时向老乡讨些吃的,有时在水潭里摸点鱼虾充饥。这是最黑暗、最艰难的时候,但他不顾一切地跟着党。父亲认为只有跟着党才有出路。家乡是不能回去的,一旦被国民党"还乡团"抓到,他必死无疑,还会连累父母。事实上,他的判断是正确的,当时我爷爷幸而逃离,但"还乡团"抓走了奶奶拷问我父亲的下落。小脚奶奶妇道人家,无以招供,躲过一劫。

除夕那天(1947年1月21日),父亲从掉队的人那里打听到当晚将有一批"北撤"人员被送走的消息,他立刻穷追猛赶,终于找到负责"北撤"的同志,拿出"党员组织介绍信"证明自己的身份,加入了"北撤"行列。

当晚深夜,县独立团派出警戒部队,抬着小木船,紧张而肃静地向海(安)台(东)敌人封锁线走去。到了预定地点,部队分左右两侧派出警戒,小船将"北撤"人员一批一批送过了河。上了岸,走过公路,各自向东北方向狂奔。天亮了,父亲碰上县独立团的文化干事程华山同志(南通金沙镇人),与其结伴而行。他们沿着黄海之滨草滩向北走去,经过一天一夜的路程,到达台北县目的地。

图:作者的父亲2015年佩挂纪念抗日战争胜利70周年纪念章

父亲找到地委驻地,向组织部递交了"党员组织介绍信",说明了"北撤"前后的情况。接待他的同志被他的经历感动,宽慰他说:"过春节了,休息两天,再分配工作。"父亲重新找到党组织,内心无比高兴和激动。那些走散的同伴,有的被国民党反动派抓到杀害,有的为了逃生脱党了。而他,在坚定的信仰和信念支撑下,实现了跟党走、继续为党工作的愿望。

两天后,党组织决定派父亲到滨海行政区辖下的栟(茶)北区担任宣传科长。父亲即持介绍信到中共滨海工委办理手续,前往区委报到。栟茶是敌方的据点,栟北区是对敌斗争的前线,区委的任务主要是开展游击战。不久,党组织又分配父亲到联防大队担任政治教导员,配合地方武装对敌作战。

1947年3月,党组织要求父亲带头参军入伍,父亲二话不说,到栟北区游击连担任政治指导员,后转入野战军。从此,他作为军人,跟党随军北战南征,为创建中华人民共和国出力、流血、负伤,出生入死。终于,1949年10月1日,他在福建的海岛阵地上迎来了中华人民共和国的第一个国庆节。

(记:此文发表于2021年7月3日《新民晚报》)

注:根据本文人物真实故事,作者于2021年6月编写了短篇小说《归队》,收入作者文学作品选集《五色花》,由上海文艺出版社2022年3月出版。

仰望星空，寻找那颗星星

2018年，一些耀眼的明星从凡间升到了天堂，已经远去。除了那些名人，这一年，在我们普通人身边，也有一些亲人远去了。他们的离去，让我们感到痛惜，依依不舍。岁月像一首歌，把我的记忆带到遥远的童年和少年。

口琴声声，那是表兄远游归来吹响的乐曲；夏日里在泳池中扑腾，一招一式教我学游水的是这位年长我7岁的表兄；在自行车后面跟着跑，为我保驾护航，教我骑车的还是这位兄长。少时暑假，表兄从广东潮安来到我家，和我们一起玩耍。在我们几个姐弟眼里，年长我们许多的表兄实在太优秀、太聪明、太能干了。他不仅会玩各种乐器：二胡、手风琴、小提琴、口琴、笛子、月琴、扬琴（几乎样样都会），而且自学成才，心灵手巧。表兄常帮我家修修弄弄，帮妈妈做晒衣架；给我们几个小孩子做小风车……我们很喜欢这位大哥哥，那时多快活！

可是，当我们长大以后，各自天南地北很少见面。听妈妈说，表哥原在潮州的一个剧团里担任乐器伴奏，后来剧团效益不好，他就"下海"帮朋友做项目，吃了不少苦。那年我到深圳出差，他专程赶到深圳姨妈家看望我，还烧了一桌好菜招待我，仍是那样谦和、内敛、勤奋。姨妈晚年病重住院，他细心照料，为姨妈送终。生活艰难，可他从不向亲戚诉苦，也决不要亲友接济，自己默默地承受一切。长期劳累，他的身体早就有病，但他瞒着我们大家，临终前叮嘱家人不要告诉亲友，不要给亲友们增添麻烦。直到后事料理完了，我们才知道，痛心不已，深深遗憾。这样一位天性善良，乐于助人，总是严于律己，从不索求任何东西的好人，有多少人知道，他是一位烈士的儿子。他本可以，也应该得到更多的抚恤和照顾，但他从未向政府、向亲友伸过手。

表兄的父亲梁一飞，是广东梅州人，牺牲于1949年5月，在汕头、潮州一带赫赫有名。至今在潮州公园里高耸的烈士纪念碑，那上面刻写的第一个名字就是梁一飞。"百度"上是这样记录的："梁一飞，国民党少将。号劲明，祖籍广东梅县人，1906年出生，寄籍潮州。日本陆军士官学校第26期野炮科毕业。抗战期间曾任中央军校教官，军令部上校机要参谋，1940年任第12集团军独立第9旅参谋长，后任第7战区干训团总务处上校处长，第62军157师参谋长，1945年任第2方面军总部第2处少将处长兼广州前进指挥所主任,1946年任广东省保安司令部少将高参。后与中共取得联系,从事对国民党保安部队的策反活动而被捕,1949年5月30日在广东潮州被国民党杀害。1953年被中华人民共和国中央政府追认为革命烈士。"

妈妈告诉我:梁一飞认识我姨妈(我母亲的姐姐)后,从姨妈读高中时起一直资助到姨妈读完大学。梁一飞是个有骨气、有理想、有信念的军人,他对腐败透顶、风雨飘摇的蒋家王朝极度失望,认为只有中国共产党才能救中国。抗战结束后,梁一飞不愿内战,在香港与中共地下组织联系上,听从中共党组织的安排,潜回梅州、潮州秘密开展策反工作。姨妈回到三河坝(我外公的原籍),在三河坝国立中学任教,协助梁一飞从事地下工作。

梁一飞所从事的秘密工作极其危险。有一次姨妈委托我妈妈去梅州梁一飞秘密藏身的"大围屋"送衣服,妈妈见到了这位姐夫。但梁一飞极其严肃地对我妈说:再也不要去找他,让姨妈再也不要给他送东西。因为一旦被人发现,全家性命难保。他明知做策反工作很危险,仍义无反顾地接受中共党组织交给的任务。起义计划顺利进行,起义工作成功了,但是内部出了叛徒,出卖了梁一飞。

梁一飞完成任务后,准备从汕头返回香港,在汕头机场被捕,国民党将他押回潮州公开处决。我外公在三河坝听到船公讲:"潮州三天戒严,到处是兵,听说抓了一个共党大官。""在潮州公园杀了一个共党大官,杀前示众游行,姓梁的勇敢,高呼口号,口被塞上毛巾,喉被刺破,鲜血流遍全身,白衬衣被染红……"外公从三河坝赶到潮州,梁家已经收尸。梁一飞英勇不屈,大义凛然,英勇就义,牺牲在新中国即将诞生的黎明时刻。

1953年,在潮州公园内建烈士纪念碑,梁一飞被追认为革命烈士。

表兄是遗腹子,没有见过父亲,却继承了他父亲那种坚强的品格。人们都说,逝者的灵魂升天后会变成夜空中一闪一闪的星星。每当夜深人静的时候,仰望天空可以看到逝去的亲人。新年到来,那些星星愈发闪亮。2019年5月是梁一飞牺牲70周年,10月1日是新中国成立70周年。姨父和表哥,你们活着的时候未能相见,现在你们可以在天堂见面。浩瀚的银河,有无数闪光的星星,那些对着我们微笑的星星就是亲人。

仰望星空,寻找那些星星,他们在天堂遥望我们,微笑着。

(记:2019年1月5日晚写于上海)

注:根据本文人物真实故事,作者于2021年6月编写了短篇小说《血色黎明》,收入作者文学作品选集《五色花》,由上海文艺出版社2022年3月出版。

都市红色之星
（延安中路的红色遗址）

[题记] 2019年出版《故乡在何方》时，书中收入了我对曾经居住过20多年的上海老静安区的回忆文章，那些文章记录了延安中路及周边一带的往事和市井生活。其实，延安中路以及从它辐射开来的周边街区还有不少"红色经典"旧址。作为《故乡在何方》的姐妹著作《风从海上来》，在2021年庆祝中国共产党成立100周年之际，笔者对这些"红色旧址"特做描述和记录。

——2021年6月记于上海

从石库门到天安门，中国共产党从上海启航，走过了百年历史。
在上海这座城市的重要道路延安中路上，留下了许多红色遗址。
1950年5月27日，《解放日报》第五版登出一则消息："市府重订若干道路公

图：中共二大会址纪念馆

园名称,中正路改名延安路,明日上海解放周年起更易。"从此,上海这条路以革命圣地"延安"命名。上海"延安路",是延安中路、延安东路和延安西路的统称。2021年"七一"庆祝中国共产党成立100周年,我重新走在曾经生活过的上海静安区,探寻延安中路及其附近的红色遗址,心中别有一番感慨。

一、中共"二大"会址

中共二大会址(即如今的中共二大会址纪念馆),位于上海市静安区老成都北路7弄30号(原南成都路辅德里625号)。这个当年位于公共租界的联排式石库门旧式里弄建筑,由英国建筑师覃维思、蒲六克设计,共76个单元,位于深巷内的二大会址是李达先生当年租下的寓所。

1922年7月16日—23日,中国共产党第二次全国代表大会在此召开,出席大会的有中央局成员、党的地方组织的代表和参加远东各国共产党及民族革命团体的中共第一次代表大会后回国的部分代表。中共二大会址是首部党章的诞生地。

中共二大在党史上,最重要的意义就是:第一次提出了党的民主革命纲领;第一次提出了党的统一战线思想;制定了第一部党章;第一次比较完整地对工人运动、妇女运动和青少年运动提出了要求;第一次决定加入共产国际;第一次提出"共产党万岁"的口号。其中,最大的贡献就是制定了第一部党章。中共二大与中共一大共同完成了党的创建任务。

1999年因上海延安路高架建设进行动迁,辅德里建筑现存两排因中共二大和平民女校旧址属于上海市文物保护单位而得以保存。2009年5月,二大纪念馆被中宣部列为第四批全国爱国主义教育示范基地。

二、平民女校旧址

2020年7月1日《解放日报》新媒体"上观新闻"刊发杨绣丽女士的《南成都路辅德里,这所平民女校》一文,记载了以下党史资料:

平民女校是中国共产党早期在上海创办的一所培养妇女干部的学校,旧址在南成都路辅德里632号A(今上海市老成都北路7弄42-44号,靠近延安中路)。中共党组织在1921年年底,先后两次以"中华女界联合会"的名义在报纸上公开刊登招生广告,于1922年2月创办了平民女校。女校的校务主任(即校长)先后由李达、蔡和森担任;协助办校的先后有王会悟(李达的夫人)、向警予等人。李达、陈望道、邵力子、沈雁冰、沈泽民等常来这里授课。学生有30多人,较著名的有:王剑虹、王一知、丁玲、钱希均等。

平民女校也是党的一个联络点，全国各地来上海的进步人士和找党谈工作的同志，一般都是先到学校联系。当时，党团的一些会议和党的领导，如陈独秀、李大钊、李达、张秋人、刘少奇、恽代英等，做青年工作的俞秀松，经常来这里开会或碰头商量问题。每到这时，学生就给他们放哨、警戒。

"平民"二字，正是这所学校的精髓。由陈独秀和李达创办的这所平民女校，培养了一批追求独立、追求自由和真理的优秀女性。1922年3月5日出刊的《妇女声》推出"平民女校特刊号"，沈泽民在《我们为什么叫伊平民女校》一文中指出："'平民'是别于'贵族'的意思，换句话说，何以称作平民女校，因为第一，这是平民求学的地方。第二，这是有平民精神的女子养成所，"希望平民女校发达起来，"实现我们理想中所盼望的妇女运动之花。"陈独秀在特刊号上发表短文《平民教育》指出："教育是改造社会重要工具之一""唯希望新成立的平民女学校作一个风雨晦暝中的晨鸡！"

1923年年初，平民女校因经费拮据等原因停办。部分学生后来转入上海大学或上大附中学习。平民女校为党和革命培养了一大批妇女干部，在妇女运动史上留下了珍贵的一页。作为中国共产党领导的第一所培养妇女干部的学校，平民女校旧址已和中共"二大"会址紧密联系在一起，成为上海这座城市的红色地标建筑之一。

三、毛泽东旧居甲秀里

在上海靠近延安中路的地方，茂名北路120弄7号（原公共租界慕尔鸣路甲秀里），有一幢二楼二底、砖木结构、坐南朝北的老式石库门里弄住宅建筑。这幢楼的7号，就是毛泽东和夫人杨开慧于1924年2月至年底在上海住过的地方，现在这里已建成毛泽东旧居陈列馆。

毛泽东一生曾50多次到过上海，其中，1927年之前就曾10次到过上海，因此在上海不少地方都保留有毛泽东的旧居。甲秀里是毛泽东第9次来上海时居住过的地方，这不仅是毛泽东在上海住得最久的一次，也是毛泽东在上海时最富家庭生活气息的一次。当时，正处国共两党合作时期，毛泽东除任中共中央局秘书外，还担任国民党上海执行部组织部秘书和文书科代理主任等职，为巩固国共合作、推进国民革命而工作。

1924年2月中旬，毛泽东来到上海。端午节前后，杨开慧和母亲带着2岁的岸英和刚出生不久的岸青两个孩子，也来到了上海。杨开慧除了料理家务，帮毛泽东整理文稿外，还去工人夜校讲课，从事工运和妇女工作。这期间，毛泽东曾抱着2岁的岸英去工人夜校听过杨开慧讲课。在上海，毛泽东和杨开慧留下了年轻时的革命足迹；在甲秀里，留下了他们共同生活和工作的岁月。

现在，在这个毛泽东旧居陈列馆的入口处，有一组雕像，雕像表现的是毛泽东年轻时一家人在竹林下小憩的情景。在石库门的楼上，有《毛泽东在上海》的图片资料展览。在这里，参观者还可以看到孙中山亲自提名毛泽东等17人为国民党中央候补执行委员的公函，以及毛泽东出席国民党一届一中全会时在签名簿上的签字等珍贵史料，由此可了解大革命时期的真实历史情况。

（参考资料来源：上海毛泽东旧居陈列馆的介绍资料）

四、八路军驻沪办事处

自1921年7月中国共产党在上海诞生，1927年8月，中国共产党领导的革命武装在南昌打响反抗国民党的第一枪，人民军队从此诞生。从红军，到八路军、新四军，再到人民解放军，人民军队从无到有，从井冈山走来，走过福建古田、江西瑞金、贵州遵义……走过太行吕梁，走过黄河长江，走过万水千山。1949年5月人民解放军浴血奋战，解放上海，铁流滚滚，红旗如帆。

位于上海延安中路504弄多福里21号的石库门老房子，原是"八路军、新四军驻沪办事处"。1937年8月，中共在这里设立了八路军驻沪办事处（简称"八办"），由潘汉年、李克农、刘少文先后任办事处主任。

当时"八办"是对外开放的公开机关，底楼东厢房用作会客室，李克农、潘汉年曾在这里多次会见上海各界进步人士。厢房后面是楼梯，楼梯拐角处装有一部电话机；二楼厢房是李克农、赵瑛夫妇的卧室，他们离开后由刘少文居住，二楼的后楼是电报发报员兼译电员朱志良的宿舍。

"八办"存在的时间虽然短暂，但影响和作用很大。"八办"曾与国民党进行过多次关于释放"政治犯"的谈判，使许多革命志士得以释放。"八办"出版过《内地通讯》刊物，及时报道延安新华社关于解放区和八路军英勇抵抗日本侵略者的情况。此外，"八办"承担过为八路军、新四军采购及运输药品和物资器材的任务。1937年11月间，上海除租界外全被日军侵占，"八办"迁入法租界淡水路274号二楼，转入地下活动。1939年年底，"八办"撤销，后续工作由新四军驻沪办事处接管，继续在敌后坚持抗日统一战线，英勇顽强地与敌寇斗争。中共领导的人民军队，在上海也留下了红色印记。

五、《中国青年》编辑部旧址

穿过繁华的淮海路，沿着淡水路向延安路方向走，茵茵碧草，成荫绿树，一片生机勃勃的景象映入眼帘。在这片郁郁葱葱的绿地中,一排透着老上海古朴气息的石库门房子引人注目,这便是《中国青年》编辑部的旧址。

《中国青年》编辑部旧址位于上海延安中路绿地淡水路66弄4号(原萨坡赛路朱依里252号),是一幢坐北朝南的二层石库门住宅房。

1923年6月,中共三大召开后,为了进一步发动广大青年积极进行反帝反军阀的斗争,同年8月,中国社会主义青年团第二次全国代表大会在南京举行,会议着重讨论了如何贯彻党的"三大"关于建立统一战线的方针问题。在青年团"二大"的感召下,1923年10月,团中央的机关刊物《中国青年》在上海创刊。

创刊之初,《中国青年》编辑部没有固定场所,信件由辣斐德路(今复兴中路)186号的但一君转("但一"即恽代英)。1924年春,编辑部最终选址定于萨坡赛路朱依里252号的石库门楼房内。当时的底楼客堂是萧楚女的寓所,二楼的客堂和亭子间作为编辑部办公室,三楼是印刷间。期刊的第一任主编是恽代英,之后,萧楚女、邓中夏、张太雷、林育南、任弼时、李求实、陆定一等,都担任过主编或其他工作。

《中国青年》是在党的领导下创办的最早的传播马列主义,坚持爱国主义、共产主义精神教育的青年刊物。毛泽东在大革命时期也曾在《中国青年》发表他的重要代表作《中国社会各阶级的分析》,帮助青年们分析社会现状,认清革命形势,鼓励青年们为中国革命奉献青春。

《中国青年》初刊时是16页的周刊,印发3 000册,但至后来,发行量达到3万多册,成为当时发行量最多的革命刊物。1927年四一二政变后,为了保存革命力量,《中国青年》编辑部随中共中央、青年团中央撤离到武汉,在武汉、广州、瑞金、延安等地继续发行。

1962年9月7日,《中国青年》编辑部旧址被公布为上海市文物保护单位。

中共二大会址,平民女校旧址,毛泽东旧居甲秀里,八路军驻沪办事处,《中国青年》编辑部旧址,这些红色遗址就像永不褪色的红星,镶嵌在上海地图上。当公交汽车经过延安中路时,许多专程来此参观的乘客,面露肃然起敬的神态,满怀探寻革命历史遗址的心情下车,走向饱经岁月风雨的建筑……

(记:2021年6月写于上海)

涅瓦河畔的红色记忆

俄罗斯的圣彼得堡,是与上海市缔结"国际友好姊妹城市"关系的城市。1988年12月15日,时任上海市市长的朱镕基先生和时任列宁格勒苏维埃执行委员会主席的霍德列夫先生,在上海锦江小礼堂共同签署了《中华人民共和国上海市和苏维埃社会主义共和国联盟列宁格勒市友好关系协议书》。2018年,中国改革开放40周年,上海与圣彼得堡结好30周年,上海市在圣彼得堡举办了"上海日"活动。近年来,圣彼得堡积极与上海进行文化、经济交流,俄罗斯企业积极参与与中国的双边贸易合作项目。

图1:2011年5月作者在圣彼得堡,于涅瓦河畔阿芙乐尔号巡洋舰前

提起俄罗斯,在我们这代人的心中,有着非常深刻的记忆。这种记忆与其说是对俄罗斯的印象,不如说是对苏联的印象。我们年轻时读过的苏联小说和看过的苏联电影,印象深刻。中国人民不会忘记"十月革命一声炮响",为我们送来了马克思主义;第二次世界大战后期,苏联红军挺进中国东北,与日本关东军正面交战,从而帮助中国结束了旷日持久的抗日战争。虽然苏联老大哥后来撕毁图纸、撤走专家,但他们在新中国诞生之初,援助过处于襁褓之中的新中国建设……由于苏联的影响,俄罗斯给我们留下过许多记忆。即使今天,俄罗斯文化的影响,依旧弥漫在我们这代人的心间。

苏联电影《列宁在十月》和《列宁在一九一八》,有许多经典桥段和镜头让人记忆犹新:马特维耶夫率领武装起义人员冲进电话局,高叫"接线员小姐昏过去了";苏维埃政权处于艰难时期,瓦西里安慰妻子:"牛奶会有的,面包会有的。"列宁来到工厂演讲,工人群众自发让道"让列宁同志先走"……这些耳熟能详的台词生动诙谐,充满时代感,成为那个年代广为流传、许多中国青年模仿的口头禅。

圣彼得堡(曾名彼得格勒)是一座具有光荣革命传统的历史名城,是俄国历史上三次革命的爆发地。无产阶级革命家列宁生平中的一系列革命活动的重要阶段,都与圣彼得堡联系在一起的。1917年2月,俄国资产阶级发动民主革命("二月革命"),在这里推翻了沙皇专制统治。1917年俄历10月25日(公历11月7日),处于水深火热中的俄国人民在布尔什维克的号召下起来革命,"十月革命"在此爆发。列宁领导彼得格勒武装起义,推翻了资产阶级临时政府,建立了世界上第一个社会主义国家。顺便插一句,今天的俄罗斯总统普京,曾于1994年至1996年8月担任过圣彼得堡市第一副市长。

图2、图3:圣彼得堡市政大院内马克思和恩格斯的雕像,作者2011年5月摄

位于俄罗斯东北部的圣彼得堡（距离芬兰只有200多公里），建城不过300多年，发展成俄罗斯的第二大城市，城中散布着纵横交错的运河，享有"北方威尼斯"的美称。1914年俄德交战，圣彼得堡更名为彼得格勒，包括冬宫在内的许多建筑曾被改为临时军用医院以应付战争。乘车沿涅瓦大街行驶，两侧老城区的建筑均是200多年前18世纪沙俄时期留下的老建筑。

2011年5月16日，我们到达圣彼得堡后，前往圣彼得堡市政厅参观。在圣彼得堡市政府所在地的院子里，盛开着一束束金色的郁金香。在郁金香花海后面，是一片茂密的绿树林，透过树林可见隔壁院子里天蓝色的

图4：圣彼得堡市政大楼前的列宁雕像，作者2011年5月摄

建筑，那是斯莫尔尼宫，1917年"十月革命"列宁在那里指挥布尔什维克攻打冬宫。在市政大楼前，列宁雕像面朝前方伸出右手，时光定格在1917年。市政大院主干道两旁，绿茵草坪上分别伫立着马克思和恩格斯的塑像。即便现在是21世纪，这些雕塑仍展示着曾经的岁月，记载着俄罗斯历史的重要部分。

在涅瓦河畔、靠近芬兰湾的地方，停泊着著名的"阿芙乐尔号"巡洋舰，1917年"十月革命"一声炮响，就是从这艘军舰上发出了起义信号。如今"阿芙乐尔号"作为博物馆向游人展出。这天我参观了"阿芙乐尔号"巡洋舰，电影《列宁在十月》中工人们唱响《国际歌》的场景，仿佛出现在眼前。

2021年7月1日，是中国共产党诞生100周年的纪念日。一百年前，在上海的石库门里，有15名成员出席了中国共产党第一次全国代表大会，其中2名则是俄共派往上海协助成立中国共产党的"共产国际"代表马林和尼科尔斯基。岁月就像黄浦江和涅瓦河的流水一去不返，但这段历史并没有在历史长河中被泥沙冲刷带走，而是长久保留在上海这座城市中了。今天，《国际歌》再次响起，我们也会想起涅瓦河畔的"阿芙乐尔号"巡洋舰。

5月的那天,我们参观了"阿芙乐尔号"后,又乘船游览涅瓦河。

游船上有六人演出小分队,两位主唱,两位主跳,两位伴奏,四男两女演员,又唱又跳,又吹又拉,非常活跃。他们唱的都是我们这代中国人熟悉的俄罗斯老歌曲:《三套车》《喀秋莎》《红莓花儿开》《山楂树》等。这些演员的音乐功底和舞蹈功底很好,看得出他们接受过严格的专业训练,而且富有演出经验。他们常年在游船上演出,但并未因此疲沓,对待艺术非常认真,令人钦佩。

圣彼得堡是一座承载着复兴之梦的地方,曾是帝王用梦建造的城池。在涅瓦河畔伫立着宏伟的"冬宫"(即"国立艾尔米塔什博物馆")。艾尔米塔什博物馆,与巴黎的卢浮宫、伦敦的大英博物馆、纽约的大都会艺术博物馆齐名,曾是俄国叶卡捷琳娜二世女皇的私人博物馆,从1922年起改作国家博物馆。

冬宫的气魄和规模令人叹为观止,珍藏数量浩瀚,油画、雕像、地毯、家具、工艺品等一应俱全,具有"世界最长艺术长廊"之称。馆内有400个展厅和陈列室,若想走尽冬宫博物馆所有开放的展厅,行程约计22公里,一个人要想看尽冬宫的全部收藏,按在1件艺术品前站3分钟计算,得用去7年时间。啊,朋友们,来吧,到圣彼得堡看看,到世界最长的艺术长廊冬宫漫游吧!

圣彼得堡不仅是具有红色记忆的地方,不仅是上海的国际友好城市,它还是俄罗斯著名的第二大城市、被誉为"北方威尼斯"的运河之城,它具有深厚的历史文化底蕴。沿着运河漫步,桥上传来动听的吉他声,艺人旁若无人地弹奏,琴声随着河面吹来的晚风,把路人陶醉在仲夏的黄昏里。

(记:发表于2021年7月20日上海《联合时报》)

揭开尼科尔斯基之谜

（俄语翻译王利亚的故事）

朋友不在多少，能有一两个志同道合的知心好友，足矣！

王利亚，我的好朋友，她是上海外事翻译协会的俄语翻译。说起我俩相识的过程，还有一段故事呢。

相识从这里开始

2002年4月，中俄信息通信高级研讨会在沪举办，我国信息产业部外事司委托我所在单位，接待俄罗斯信息通信部副部长巴甫连科率队的俄方代表团一行。这次外事活动规格高，来访的俄罗斯代表团人员多，除了政府代表团，还带来一个俄罗斯企业代表团；除了中俄双方通信部长级的会晤和副部长级的研讨会，俄方人员还要参观我方的宽带业务试验点，还有其他一系列参观游览活动。总之，接待任务重，需要过硬的俄语翻译。我只好向市外办求援。

时任市外办秘书处处长的钱玉林先生向我推荐了"外事译协"副秘书长祝文鑫老师。祝老师热情地接待了我，向我推荐了

图1：本文作者和王利亚（右）2019年11月19日于上海市政府外事办院内

该协会俄语翻译王利亚。那天和王利亚见面，感到她朴实大方，亲和沉稳，口语流利，作风踏实，我心里一块石头落了地。得知她也当过兵，便一见如故，话很投机。

在后来几天的工作配合中，果然王利亚就像亲密战友。我们一起住在宾馆，工作时，她有条不紊，吃苦耐劳；休息时，我们畅所欲言，既谈工作安排，也谈从部队到地方后的感受，还聊俄罗斯文学。陪同俄罗斯代表团外出，她帮我招呼外宾，提醒注意事项；还帮我留心技术翻译人才，推荐了华为公司的技术员承担交流会的技术口译，效果很好。得知她不久要去俄罗斯出差，我便托她帮助我父亲收集俄罗斯邮票和"实寄封"，她一口答应领了这个"任务"。

总之，我们配合默契，且愉快友好。几天的接待工作结束后，我和王利亚成了好朋友，也和祝老师成了朋友。我太喜欢听她们用俄语唱《山楂树》这首歌了！在她们的推荐下，后来我也加入了外事译协。

友谊在交往中加深

大约隔了两周，王利亚从俄罗斯出差回来了，我这边接待俄罗斯代表团的照片也洗出来了，接待活动的光盘也刻出来了，我就邀请王利亚来我家坐坐，把照片和光盘送给她留个纪念，向她表示感谢。王利亚从俄罗斯给我带回了我父亲喜欢的邮品，还给我带了一幅画。讲到帮我父亲集邮，王利亚讲了以下在俄罗斯的经历，逗得我哈哈大笑。

原来，这次她被借到俄罗斯出差做翻译，是去执行一项科研保密项目，到了莫斯科就被"关"了起来，俄方不让她外出，整天关在屋子里工作。眼瞧在莫斯科的工作就要结束了，她还没捞着外出上街的机会，想起我托她办的事，王利亚急了。她对俄方人员说：一定要上街，无论如何也要上趟街买点生活必需品，否则她要"罢工"了。俄方只好给她放了半天假，派两名工作人员"陪同"她上街。他们到了大街上的邮局，帮我父亲买到邮票和邮资明信片，王利亚给我简单写了封信作为"实寄封"从莫斯科的邮局寄了出来。真棒，真是好朋友！

其实，王利亚有趣的故事还很多，但我觉得她最有意思、也是她翻译生涯中最有价值的一件事，就是帮助中共一大会址纪念馆确认了出席中国共产党第一次代表大会的两名共产国际代表之一，其中一位"神秘人物"的真实面貌。

现在大家都知道，除了马林之外，另一位出席者名叫尼科尔斯基。如今，在一大会址新馆里，正式展出了尼科尔斯基的照片和相关简介。但在十几年前，挂尼科尔斯基照片的地方还是空白的！

2007年6月29日，祝文鏓老师交给王利亚一个任务：委派她去中共一大

图2：2021年7月4日上海外事译协组织参观中共一大纪念馆，作者（二排左4）和王利亚（二排左5）与会员们合影于中共一大会址纪念馆（新馆内）

会址纪念馆协助接待一位来自俄罗斯、名叫阿列克塞·布亚科夫的远东历史研究员。7月1日，王利亚按约前往一大会址纪念馆，见到时任一大会址纪念馆的倪兴祥馆长和张小红副馆长，还有来自俄罗斯的阿列克塞先生。她开始为他们的交谈进行翻译。她没想到，这次翻译任务竟成了她人生中的一次难忘经历。

协助中共一大纪念馆做翻译

戴着眼镜、魁梧健壮的俄罗斯中年男子阿列克塞，向一大纪念馆中方人员出示了他的身份证件，并做了自我介绍：阿列克塞于1958年出生，1981年毕业于俄罗斯远东国立大学历史系，1986年研究生毕业于列宁格勒国立大学，后到符拉迪沃斯托克（海参崴）的俄罗斯国立海洋大学工作，又在俄罗斯远东国立大学任教，主要研究中国历史和文化，同时还担任俄罗斯滨海边疆区联邦安全局局长的顾问。2006年，阿列克塞曾来过上海，参观了中共一大会址纪念馆，发现尼科尔斯基的资料很不全，没有照片。他说："作为一个历史学者，总想把空白补

图3：尼科尔斯基照片

上。"于是，他费了一番周折，找到一张尼科尔斯基的照片，这次带到上海交给一大会址纪念馆。

阿列克塞告诉中共一大纪念馆的负责人：照片上的人就是当年参加中共第一次全国代表大会的共产国际远东书记处的代表尼科尔斯基。阿列克塞说，他研究俄罗斯人在中国移民的历史，其中包括俄罗斯联邦安全局远东地区工作人员在中国活动的历史情况。为了查找涅伊曼（尼科尔斯基的真名：弗拉基米尔·涅伊曼·阿勃拉莫维奇）的材料和照片，他先去了俄罗斯滨海边疆区国家档案馆，在那里找到了涅伊曼的党证，但党证上的照片已被人撕掉了。他又到哈巴罗夫斯克边疆区国家档案馆查找（那里保存着较多的俄罗斯人在远东移民的材料），但什么结果也没找到。接着，他抱着试试看的心情，给莫斯科的俄罗斯联邦安全局写信，请求协助查找俄罗斯在远东地区移民的资料。不久接到回信告诉他：莫斯科没有这类档案，建议他到俄罗斯联邦安全局鄂木斯克州联合档案馆查查看。

阿列克塞办理了进入鄂木斯克州联合档案馆的特殊通行证，去了鄂木斯克市。在这个档案馆里，他终于找到了涅伊曼的人事档案，有40～50页之多，其中的履历表上有涅伊曼的照片。征得档案馆管理人员的同意后，他用相机翻拍下了涅伊曼的照片（即现在一大会址纪念馆展出的这张照片）。阿列克塞回忆道：涅伊曼的档案材料是独立装订的，分为4个部分：1923年、1928年、1932年、1935年。档案里有涅伊曼自己填写的履历表、自传材料和工作汇报。还有苏联安全局对他的考核评语，以及后来对他的审讯记录和证词等。档案材料中有这样一些内容：涅伊曼1920年加入苏联国家安全局，作为共产国际远东书记处的代表在中国东北工作。1920—1921年到过上海，1933—1935年又到上海工作，曾化名尼科尔斯基，还从事过一段时间与日本共产党的联系工作。回国后，因涉嫌托派问题和日本间谍嫌疑被苏联当局杀害，后被恢复名誉。

王利亚翻译了以上这些情况。听了阿列克塞的一席话，倪兴祥馆长和张小红副馆长很高兴，也很感兴趣。倪馆长说：我们一直在寻找尼科尔斯基的资料

图4：王利亚（左2）、阿列克塞（右2）、倪兴祥（右1）、张小红（左1）2007年7月1日合影于上海中共一大会址前

和照片，甚至在1999年开建新馆时曾通过正式渠道，向俄罗斯政府提出寻找尼科尔斯基的资料和照片的要求，但都没找到。倪馆长和张副馆长希望阿列克塞能提供尼科尔斯基照片页的档案资料复印件，以及阿列克塞寻找发现这些资料的经过报告和研究论文。阿列克塞答应协助一大会址纪念馆完成后续工作。

倪馆长对阿列克塞说："今天（7月1日）是个很有意义的日子，是中国共产党建党86周年的纪念日。如果能将尼科尔斯基的生平简介和照片补充进中共一大会址纪念馆的展览，将是中共一大纪念馆的一件重要的事，也是中共党史研究的一件重要事情。我们应该感谢您！您对我们有什么希望和要求？"

阿列克塞回答："我作为一个历史工作者，看到需要充实的史实材料，总是想方设法把它补全。这是我的责任，也是我的兴趣。将来纪念馆展出尼科尔斯基这张照片时，只要能在旁边注明提供者的姓名就可以了。"他还向倪馆长提出一个小小的要求：想在一大开会场景的人物蜡像群旁拍照留影，还想与纪念馆的接待人员及翻译一起在一大会址前合影留念。倪馆长欣然同意，满足了阿列克塞的愿望。就这样，王利亚在这个极有纪念意义的日子里当了一天极有意义的翻译,也和倪兴祥、张小红、阿列克塞一起合影,留下了难忘的纪念。

揭开尼科尔斯基之谜

这之后,收到阿列克塞从俄罗斯发来的两张数码照片,一张是涅伊曼人事档案的封面,另一张是带有涅伊曼本人照片的履历表首页。这正是中共一大会址纪念馆需要的印证和佐证的材料。在涅伊曼人事档案封面上,左上角印有"绝密"字样,封面上写有"苏联人民委员会国家联合政治局、国家联合政治局远东边疆区全权代表处、哈巴罗夫斯克、干部处"等字,下面是档案人的姓名,姓:涅伊曼,名:弗拉基米尔,父姓:阿勃拉莫维奇。最下面是档案编号:10459。涅伊曼的履历表首页上贴有他本人的肖像照片,清楚地写着"弗拉基米尔·涅伊曼·阿勃拉莫维奇的履历表",下面是"国家联合政治局远东边疆区全权代表处

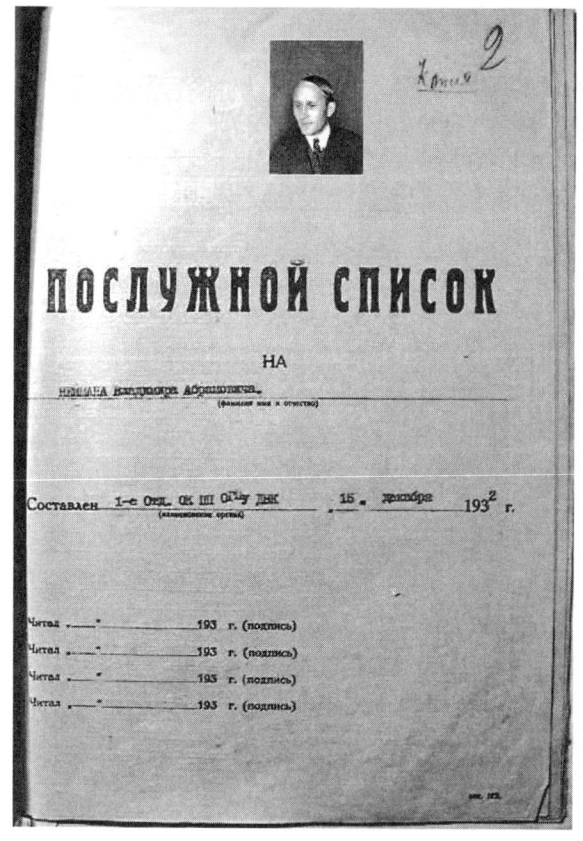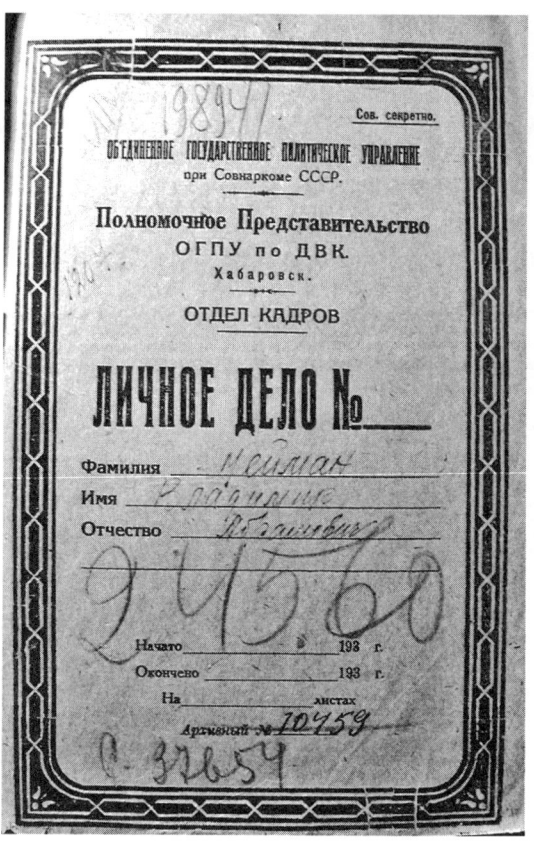

图5、图6:俄罗斯学者阿列克塞提供的关于尼科尔斯基的历史资料

干部处第一科编制"，编制日期"1932年12月15日"。不久，又收到阿列克塞发来他的研究文章《弗拉基米尔·涅伊曼：在寻找照片中已知和未知的事情》。

王利亚就在以上这些多次的交流沟通中继续履行翻译职责，及时译出阿列克塞提供的文字资料。这项工作使王利亚产生了浓厚的兴趣，她用了大约一周的时间，在俄罗斯网站上仔细搜寻关于尼科尔斯基的信息资料，还真的被她搜出了一些关于尼科尔斯基的资料。她把这些资料翻译整理成几个部分：（1）弗拉基米尔·涅伊曼·阿勃拉莫维奇（尼科尔斯基）的简历；（2）苏联劳改营、劳动流放移居点和拘留监禁点总局介绍；（3）苏联内部事务人民委员部外国处介绍；（4）关于"猕猴—幻影行动"。她编写了有关尼科尔斯基被捕原因及被枪毙的情况，提交给张小红副馆长。张副馆长认为：这些资料很有用，对确认阿列克塞提供的照片的可信度起到了推进作用。

随着发掘的资料越来越多，可信度越来越高，尼科尔斯基这个"神秘"人物的情况也越来越清晰地浮现出来。2007年9月24日，《人民日报》刊发了记者李泓冰的文章《中共创建史重要发现——一大"第十五人"揭开面纱》，首次公开找到尼科尔斯基照片的消息。至此，这个谜一样的人物终于露出真容：尼科尔斯基（真名：涅伊曼），苏俄情报人员。1921年6月受共产国际远东书记处派遣到中国，帮助筹备中共一大。在中共一大上，他介绍了俄国十月革命和共产国际远东局及赤色职工国际的情况。尼科尔斯基还掌管资金，负责向共产国际驻华工作人员及其他苏俄共产党人提供经费。1938年2月23日，他被苏联内务事务人民委员部的机构作为"从事间谍破坏活动的右倾托洛茨基恐怖组织者和日本间谍嫌疑人"被判极刑，在哈巴罗夫斯克枪决时年仅40岁。1956年11月8日，苏联最高法院军事委员会裁定，因缺乏罪证，给予平反昭雪。

结束语

王利亚在协助中共一大会址纪念馆确认尼科尔斯基照片的工作中，发挥了应有的作用，这是她翻译生涯中难忘的经历。时间过得真快，转眼十多年过去了。王利亚把她这段难忘的经历写成了回忆录，发表在一些报刊上。2021年7月庆祝中国共产党成立100周年，王利亚在自己的公众号上再次公开了这段回忆。我读后，感到具有历史文献价值，是篇好文章，故推荐给上海作协的网络纪实刊物《上海纪实》发表。

王利亚还参加过赴莫斯科考察中共六大会址、查阅六大会议文献资料的工作，协助上海的党史研究部门做了许多翻译工作。在纪念建党100周年的日子里，她又配合"欧美同学会"的纪念活动，翻译编写了一些中共早期留苏人员的纪实文章，对党的那段历史进行回顾，充实了党史文献资料。作为一名俄语翻译，她以自己的敬业精神博得客户和同仁的尊敬和赞扬。

多年来，王利亚在俄语翻译岗位上勤勉好学、刻苦钻研，翻译了不少科技著作和纪实作品，被上海科技翻译协会推荐为资深翻译，又加入了上海翻译家协会。"双喜临门"，我真为她高兴！这样优秀的朋友，是我学习的榜样，我为她取得的成绩感到由衷的骄傲！

图7：2016年5月16日作者和王利亚（左）与草婴夫人盛天民（中）合影

（记：此文写于2021年7月27日，参考了王利亚的回忆录；刊发于上海作协网络刊物《上海纪实》2021年第3期）

第二辑 风展红旗如画

【军旅征程】

代第二辑开篇辞

朱大建

  本书作者的父亲是一位抗日老战士,抗战胜利后,全程参加了淮海战役、渡江战役、上海解放战役以及解放福建的战斗。作者用她温情又质朴无华的文字抒写出来:日夜兼程急行军,分割穿插包围敌人,冰天雪地奋勇冲锋,阻击增援之敌死守阵地,再现了人民解放军攻必克战必胜、能攻善守的强大战斗力。尤其打动人心的是,作者怀着深情写了父亲不少战友的牺牲,在淮海战役牺牲的司号员小陈、连长周毅宝、教导员王一良、医生徐广才、管理员杨少峰等;在解放上海战役中牺牲的团长胡文杰、团政治处主任王里、教导员盛长宏、陈达生等,在上海战役中牺牲了7 000多名解放军官兵。让人读后感悟到,正是成千成万中华民族先进分子前仆后继抛头颅洒热血,中华人民共和国才得以建立。作者回望历史,感念父辈们为建立新中国做出的奋斗和牺牲。

  本书中的纪实文章,从父辈的战火纷飞年代,写到和平时期新一代军人的生活,通过这些纪实文章,回望个人命运与国家命运的紧密相连,回望新中国的发展进步。这些纪实作品,感情真挚,温暖平实,是心灵流出的、经艺术提炼过的真实生活,自然能够达到感动人心的效果。

  (摘自《故乡在何方》序二,2019年6月作于上海)

  注:朱大建,上海作家协会散文委员会主任,原《新民晚报》副总编,上海作协网络文学刊物《上海纪实》主编。

  《故乡在何方》是本书作者于2019年10月出版的一部散文集。

本辑辑封图:上海市人民英雄纪念塔(上海外滩)

听父亲讲海安花园战斗

1946年8月,国民党正规军和地方反动武装("还乡团")向苏皖边区苏中第1军分区发动全面进攻,我父亲所在的紫石县(今海安市)在地方党委领导下,坚持原地斗争。当时县委提出"乡不离乡,区不离区",在斗争中求生存、求发展。

1946年秋冬至1947年年初,斗争异常残酷,形势相当紧张。部队受围剿,伤亡大,损失重,不少区、乡被敌所占,遭受浩劫,我方活动范围明显缩小。但共产党领导的地方武装顽强坚持战斗,积极主动寻找战机打击敌人。父亲所在的军分区特务营(父亲时任1连政治指导员)在刘吉生营长、张希平教导员领导下,于1947年9月在紫石县发起了"花园战斗"。

花园这个据点距海安不远,国民党反动派在此构筑坚固的碉堡和土圩,在外围阵地设置多层障碍。守敌有一个连的兵力,有为数不少的"还乡团"分子。这是一次攻坚战,战前军分区特务营做了精心策划和战斗准备。发起战斗的当晚,特务营利用黑夜,隐蔽地进入到作战区域。除打援外,主攻连队在火力掩护下,将许多"八仙桌"侧倒,放上门板,盖上浸水棉被和泥土,作为掩体,随着战壕向前推进。这种"土坦克"起到了防御敌人火力杀伤的作用。

据点里的敌人发现"共军"攻击,居高临下向我方部队火力扫射,造成一些人员伤亡。父亲参加1排挖工事,3班一个战士从壕内向外倒土刚站立,胸部中弹阵亡。父亲自己也被敌人"冷枪"打中头部,顿觉头顶灼热。第二天,战士们发现他的军帽中央前后贯穿两个弹孔。父亲脱下军帽,头顶有一发沟,擦破头皮,才知受了轻伤。

图:本文作者两岁时与父亲的合影

经过几个小时紧张艰苦的劳作，指战员们将战壕分路挖到敌人据点外围阵地。天快亮时，攻击令下，爆破组进行爆破，遭敌杀伤，未能奏效。副连长亲自指挥，在强大火力支援下，继续爆破，炸开了突破口。突击队趁烟火弥漫冲进据点，后续部队跟进，与敌火力拼杀，少数残敌在碉堡内负隅顽抗。这时全营攻击部队进入据点，营长直接组织神枪手向堡内射击，战斗小组带上手榴弹进堡攻击，消灭了守敌，取得作战胜利。经战场清查，这次作战1连亡6人，伤9人。

正在此时，《紫石大众报》记者陈德甫进行战地采访，瞧见我父亲帽子上的两个弹孔，笑着对他说："你好险呀，命大！"父亲答："再低2公分我就报销了。当兵的人上了战场，随时要准备报销。"陈记者要父亲谈谈对战斗的感想，父亲说："战斗的胜利是参战人员用汗水、鲜血和生命换来的，攻坚战的成功，将鼓舞我们打大仗的信心。"

特务营在取得花园作战胜利后，又一次在黑夜里冒着濛濛细雨攻占敌人"姜曲海"封锁线上的马沟据点，切断了敌人的交通线，获得全胜。随后接着挺进南线（"姜曲海"公路以南）发动"半月攻势"，前后打掉敌人大小据点7处，把敌人赶到较大的城镇，我方重新控制广大农村地区，部队如鱼得水，迎来了新的斗争形势。

1947年年底，军分区组建2团，特务营成为该团第1营，结束了单独行动。1948年5月初，2团奉命上升到华东野战军第11纵队33旅99团，从此地方武装成为野战军，部队在对敌斗争中发展壮大。

（记：2021年7月写于上海）

热血丰碑战淮海

[题记] 2021年是中国共产党成立100周年,是中国人民解放军建军94周年,在这特殊的日子里重读父亲的回忆录,回顾父辈走过的道路,感慨万千!中国共产党领导的人民军队历经风雨沧桑,从无到有,从小到大,为中国人民的解放事业做出贡献。我们不会忘记人民军队"来时的路",不会忘记那些为了新中国的诞生倒在血泊中的革命烈士!"为有牺牲多壮志,敢教日月换新天",血染的军旗飘扬在祖国的大江南北!

——2021年5月记

徐州、蚌埠地区,自古以来是兵家必争之地。古有"垓下之战",霸王别姬;今有淮海战役,鏖战徐小洼。血染的大地,这块土地总是那样悲壮。

淮海战役中,父亲曾在徐州等地参加过许多战斗,他写下过一篇回忆录《徐小洼反击战》,在《江海晚报》上发表。正是读了父亲的这篇回忆录,我才知道他当时任解放军苏北兵团华中野战军第11纵队33旅97团1营副教导员,兵团司令是叶飞,政委是韦国清。第11纵队33旅的成员,正如《解放军第87师战史》中所说:"该旅所属团队都是苏北人民子弟兵组成的,与苏北人民有着血肉的联系,部队成分比较单纯,广大指战员绝大部分是解放区的纯朴农民子弟,解放成分很少。战斗连队多数经过抗日战争历次'反扫荡''反清乡'的战斗锻炼,参加过1945年大反攻的重要战役和战斗,解放战争初期参加过著名的苏中

图:作者父亲的照片,摄于新中国成立初期

战役,是一支有光荣革命传统的部队。"

淮海战役于1948年11月6日打响。战役开始后,33旅从驻地宿迁出发,不分昼夜急行军,围追、阻击、拦截国民党军。父亲所在的97团在窑湾地区控制了运河40多华里,阻敌渡河西逃,参加了歼灭国民党65军的作战。

11月11日,解放军把国民党黄伯韬兵团包围在碾庄,父亲所在的97团在徐州以东地区阻击国民党东援之敌。所有参加打援的三个纵队指员员,在徐东地区陇海铁路南北两侧广大地域内,顽强阻击敌军,保证了主力部队于22日全歼黄伯韬兵团,敌司令黄伯韬被击毙,我军取得了淮海战役第一阶段的重大胜利。11月18日,国民党黄维兵团驰援徐州之敌,于11月25日被我军包围在双堆集地区。为解黄维兵团之围,蒋介石令徐州三个兵团南下和蚌埠两个兵团北上,南北对进,夹击"中野"。解放军"华野"为保障"中野"围歼黄维兵团的成功,决定以八个纵队阻击南下之敌,以五个纵队阻击北上之敌。97团奉命日夜兼程,挥师西进,于11月26日到达指定地点参加阻击战役。

12月1日,国民党徐州"剿总"副司令杜聿明率30万人放弃徐州,沿徐永公路西逃。11纵队奉命对徐州逃敌展开平行追击堵截,97团是纵队的开路先锋,12月3日,截断西逃敌军的退路,将杜聿明集团围困在永城东北陈官庄。12月3日,我军对国民党黄维兵团发起总攻。12月10日,97团南下参加歼灭黄维兵团的作战。12月15日,黄维兵团被歼,97团马上又投入阻击杜聿明突围的作战。12月16日,父亲所在的部队发起了"徐小洼反击战",战斗惨烈,直至展开肉搏,97团在徐小洼阵亡的官兵很多,守住了阵地。父亲回忆说,那天在月光下,他见到牺牲的周毅宝连长躺在担架上被运往后方,心如刀绞。

天寒地冻卧冰雪,摧枯拉朽扫顽敌。在淮海战役的第二阶段中,父亲随大部队西进、北上、南下、再北进,每天在广阔的淮海大地上冒着寒风,日夜兼程,有时日行军120华里以上,部队到了驻地还要构筑工事,担任警戒,很少休息。白天行军常遭敌机低空扫射或投弹轰炸,战士们身背的米袋已无存粮,部队只能征借到一些粗粮或豆类食品。官兵们经常饿着肚子行军打仗,体力消耗很大,极度疲劳,很多战士边走边打瞌睡。穿着草鞋长期行军,脚板打泡,极为艰苦。在这种情况下,连队做到了不发生非战斗减员(如生病、掉队、逃亡),靠的是强有力的政治思想工作,充分发挥党支部的战斗堡垒作用和党员先锋模范作用,战士们都有较高的觉悟,不怕困难,团结互助,坚决完成任务。

在冰天雪地的战壕里包围了敌军20天,1949年1月6日,我军向杜聿明集团发起总攻,所有参战部队从四面八方杀向杜聿明总部所在的陈官庄,于1月10日早晨打进陈官庄,活捉了杜聿明。这段历史,在电影《南征北战》中得到反映和记录。历时65天,歼敌55.5万人的淮海战役,以我军的胜利宣告结束。

父亲的那些牺牲的战友,为了新中国的诞生,永远长眠在徐州那片血染的土地上。新中国成立后,徐州市建立了"淮海战役纪念馆",以铭记这段历史。"淮海战役烈士纪念塔"建在郁郁葱葱青山环抱的纪念塔园林的南面,耸立的纪念塔讴歌着那些为中国人民的解放事业英勇献身的勇士。

淮海战役结束后,父亲所在部队又参加了解放无锡的战役、解放上海的战役,接着南下福建,参加解放福州、厦门等战斗……他们那代军人在党的领导下,用生命和鲜血把胜利的旗帜插遍了祖国大地。

(记:2017年7月写于上海,2019年8月发表于上海《档案春秋》杂志,题为"父亲的1949年")

从叶大村打到吴淞口

导读：1949年5月上海解放，上海从此回到人民的怀抱。参加解放上海战役的将士们，有的当年牺牲在战场上，有的年岁已高早已作古。我的父亲宗亚泉，现还健在。他是解放上海战役中的一员，时任259团1营副教导员，战场上火线提为代理教导员。父亲1926年12月出生于江苏省海安县，1942年参加抗日战争，同年9月加入中国共产党。解放战争中，父亲全程参加了淮海战役、渡江战役、上海战役等。

——记于2017年5月

图：上海战役月浦攻坚战纪念碑，迟浩田题词

一

今年(2021年)我父亲已95岁了,解放上海的那场战斗,枪炮声仿佛还响在他的耳边。父亲时常会想到那些曾经与他并肩作战、为解放上海而牺牲的战友,那些年轻的战友一头乌黑的头发,当时还是20岁左右的小伙子,不打仗时欢声笑语……

解放上海的日子,父亲记得特别清楚。那是1949年5月12日的上午,参战部队分别从驻地出发,向上海战区挺进。父亲所在的1营是259团的前卫,那时父亲任副教导员。下午2时许,部队行军到达太仓县浏河镇,准备通过浏河大桥时,突然发现有一批国民党兵在桥头西侧的居民点向我军射击,企图阻止我军前进,1营前卫当即还击。交战中,不知怎的,父亲的驳壳枪突然熄火,他迅速卧地隐蔽。经10多分钟交火后,敌人伤亡惨重,被俘200多人,残敌狼狈溃逃。清除了这支上海守敌派出的外围侦察警戒部队后,259团继续前进,于当天深夜,进入上海西郊守敌的前沿阵地。

87师解放上海的作战任务,是攻占敌人从宝山县月浦镇到长江边狮子林炮台一线的防御阵地,突破前沿阵地后,攻占宝山县城,打到吴淞口,封锁敌军从黄浦江逃跑的退路。259团负责攻占叶大村据点,然后再夺狮子林炮台。260团和85师253团负责攻克月浦镇,261团负责切断月宝公路,阻敌增援,保障259团、260团的作战。

259团到达叶大村敌人据点前沿阵地后,在团首长的统一指挥下,分别在夜间向守敌发起猛烈攻击。遭敌人强大的火力回击,我们部队付出了很大的伤亡,只攻占了敌人据点的一些外围阵地,俘敌60余人,没能攻入核心阵地。

13日天亮后,团长胡文杰带领各营连指挥员到前线观察情况,发现敌人用钢筋水泥建造的子母堡群实行了火力交叉,各堡之间都有战壕沟通,防御阵地非常坚固,而且极其隐蔽,碉堡上盖有泥土,长满杂草;阵地前一切建筑均已拆除,并设置了各种障碍物。根据战场情况,259团认真研究制订了再攻叶大村据点的作战计划。

经过充分准备,下午2时向叶大村据点发起了新一轮攻击。在师火炮的支援下,259团经过反复拼杀,歼灭顽抗的敌人,打进了叶大村。在这次战斗中,部队又有新的伤亡,3营陈达生教导员壮烈牺牲,营长叶士英身负重伤,削断左臂。我父亲的头部也负了伤,血顺着脸颊往下流,弹片残留在皮肉里。攻克叶大村据点的胜利,是对敌人坚固防御阵地的突破。

二

14日傍晚，259团由李峰政委率领1营坚守叶大村阵地，伺机攻占狮子林炮台。由胡文杰团长、李超副团长、政治处方征主任带领2营、3营全体官兵，参加攻击月浦镇的战斗。部队在炮火支援下从月浦镇的西北方向，向敌人据点发动进攻，运用火力，逐堡攻击前进，终于打进街区，与敌展开巷战。逐屋争夺，双方战斗更加激烈，终于在15日拂晓，我军协同兄弟部队消灭守敌，夺取了月浦。259团在这次作战中又有很多人员伤亡。2营盛长宏教导员、3营薛竟成副教导员等先后牺牲；李超副团长、2营王锡宝副营长和陈冠副教导员身负重伤，3营沈湘范副营长也负伤。

15日清晨，胡文杰团长带领参谋人员视察战场，部署作战计划防止敌人反扑夺回阵地。正在他们返回团指挥所的途中，敌机突然出现在月浦阵地上空投弹轰炸。同时，敌人后方重炮及长江上的舰炮也向我方阵地一起轰击。顿时，我方阵地上炮声轰鸣，火光冲天，硝烟弥漫，墙倒屋塌，胡文杰团长和随行人员全部壮烈牺牲。敌人炮击后，在坦克掩护下向我阵地发起攻击，来势凶猛，妄图夺回失地。此时，方征主任沉着冷静地指挥战斗，经与李峰政委商定，任命2营陈博营长代理副团长共同指挥，打退了敌人的多次进攻。

敌人并不甘心失败，仍从后方调兵组织进攻，我方人员不断伤亡减员，团部下营代职干部许明祥、华杰等同志也先后负伤。然而，部队靠着昂扬的斗志，顽强地坚守着阵地，顶住了敌人进攻。到了下午，敌人再次攻击，一度打到团指挥所的附近。危急时刻，253团派出一个连支援作战，这才守住了阵地，粉碎了敌人想夺回失地的图谋。

根据战况需要，部队在战地进行火线整编，组成一个临时的小营部，把2营所有能战斗的人员编成一个连队，称为4连；把3营所有能战斗的人员编成一个连队，称为7连，团首长任命3营沈湘范副营长为这个临时组建营的代理营长，将我父亲调任该营代理教导员，继续坚守月浦阵地作战（上海战役结束后，沈湘范回到恢复建制的3营任营长，我父亲调到恢复建制的2营任教导员）。

三

5月16日，"三野"陈毅司令员得知10兵团的战况后，发出指示："敌人在我钳形攻势下，已难逃脱。攻沪战役不要性急，我军应处于主动地位，做好充分准备，大量使用炸药配合炮兵，克服敌钢筋水泥堡。"259团根据这一指导思想，立即改变战术,就地深挖战壕,在壕内再挖"猫耳洞",将参战人员和武器装备转入地平线以下。同时,把战壕不断挖向敌人碉堡群,依托工事采取小型分散的战斗队形,运用"孤胆英雄"战术,手持集束手榴弹或炸药包,对敌堡实行袭击,使用机枪火炮对敌堡进行直射打击。这一战法使敌人处于被动挨打的态势,减少了我方人员的伤亡,使得我方不断夺取敌堡,把阵地向前推进。

作战期间,由于春雨连绵不断,给战地生活带来了不少困难。然而,战士们发扬革命英雄主义精神和团结互助的作风,不断向敌人的坚固防御阵地发动攻势,各个击破,打击敌人。"前指"23日发出总攻命令后,兄弟部队进入市区作战,259团也从阵地上向敌人发起新的攻势。1营26日攻克狮子林炮台,月浦战场的部队也向溃敌追击,协同兄弟部队攻占宝山县城,一路打到吴淞口。

经过历时15天的战斗,除5万敌人从海上逃跑外,余敌15万人全部被我军歼灭。5月27日,上海解放了。

(记:本文根据父亲的回忆录编写,2019年8月发表于《档案春秋》杂志,题为"父亲的1949年"。鸣谢上海《军休天地》编辑李业峰协助整编)

表叔的木刻画

(荀汉庭先生的军旅版画)

图1：荀汉庭先生90岁生日

我家的表叔不算多,没有大事也登门。表叔荀汉庭,因与我父亲如手足,虽是表叔,却觉得"他比亲眷还要亲"。荀汉庭先生的母亲邵同英,与我奶奶邵同美是亲姐妹,我奶奶是汉庭叔叔母亲的姐姐。汉庭叔比我父亲小2岁,2019年腊月初八过90大寿。写这篇文章,一是给叔叔祝寿,感恩他多年来对我的关心帮助;二是纪念他走过的军旅生涯,尤其是他难忘的战争年代。在战火硝烟的岁月里,叔叔画下过一幅幅战争题材的版画,宣传人民战争的意义,记录人民军队的丰功伟绩。2017年是中国人民解放军建军90周年,2019年是中华人民共和国成立70周年,这篇文章是我送给这位老军人的最好的祝寿礼物。

一、兄弟情深,参加革命

荀汉庭先生于1929年1月18日(农历十二月初八)出生在江苏省海安县。1935年入私塾读了两年,1938年2月转入家乡私立韩氏小学读书,1942年8月小学五年级时考进了国统区的"进德中学",于次年1943年8月主动转到解放区的泰州县第四中学读初二。为何会从国统区跑到解放区读书呢？这要提到汉庭叔和我父亲的一些往事。

汉庭叔的父亲荀文山是个老实勤恳的农民,一边务农,一边磨豆腐、卖豆腐,做点小生意。荀家祖上留有一幢青砖瓦房,家境比我爷爷家好多了。记得父亲曾说,他小时候喜欢去姨娘家玩(就是去表弟荀汉庭家玩),因为姨娘家有好吃的东西。汉庭叔的父母也喜欢我父亲,因此来来往往,表兄弟俩玩得投缘,很要好,亲如一家。汉庭叔小我父亲2岁,荀家只有他一个男丁,下面都是妹妹,他尊我父亲"大哥",事事听从大哥招呼。直到现在老了,他还是非常尊敬、尊重我父亲,常说,小时候跟在大哥后面玩,大哥对他影响很大,年轻时受大哥影响参加了共产党、加入了革命队伍,这个影响,影响了他一生、一辈子。

1942年,汉庭叔的父亲原准备送他到国统区"进德中学"读书,而这时我父亲已参加革命,在江苏泰州第四中学(简称"泰四中")做党的青年工作。"泰四中"实际是新四军领导的进步学校,在抗日战争中为革命队伍输送了许多"新鲜血液"。在我父亲的影响下,汉庭叔背着他父亲,从国统区跑到解放区的"泰四中"继续读书,一边学文化,一边开始参与革命工作。1944年12月,汉庭叔在"泰四中"加入中国共产党,入党介绍人就是我父亲。

抗战胜利后,以蒋介石为首的国民党撕毁了国共两党签订的"双十协定",发动内战,妄想消灭共产党领导的人民武装,实行独裁统治。在这样的形势下,父亲和汉庭叔听从党的召唤,弃笔从戎。1945年8月,汉庭叔参加泰县县委工作队,同年10月他主动要求入伍,被分配到苏中一分区政治部宣传科。因为汉庭叔有一技之长,会刻版画,从此他以笔作枪,参加前线办报工作,用版画反映根据地对敌斗争形势,宣传人民军队取得的胜利,鼓舞斗志,瓦解敌人,在漫长的军旅生涯中,留下了一幅幅战争年代的版画作品。

(注:这篇文章于2019年1月初开了头,写到这里因故搁置。后于2020年冬重新提笔续写,并整理了荀汉庭先生的版画作品为附件,于2021年7月完成。)

二、保卫家乡,"七战七捷"

1946年8月,国民党正规军和地方反动武装("还乡团")向共产党领导的苏皖边区苏中第一军分区发动全面进攻,来势凶猛,所到之处,遍地构筑据点,进行疯狂的"扫荡"和"清剿"。但是,翻身做主的苏中人民奋起反抗,全力配合华中野战军发起苏中战役,狠狠打击来犯之敌,取得"七战七捷"的胜利。主力部队战略转移后,军区和军分区的部队仍坚持斗争。我父亲和汉庭叔都参加了这个阶段的对敌斗争,参加过"七战七捷"的战斗。

1946年9月,汉庭叔加入苏中一分区泰县独立团,先后在二连、三连、团部任文化教员。10月,汉庭叔在家乡西南周庄和东北苇庄打了两次伏击战,三过家门不能回。现陈桥港西南500多米,就是当年汉庭叔打仗的地方,在家门口打伏击战,被反动派得知,父母遭殃。汉庭叔的父亲被国民党反动派捉去,他母亲只好用钱买命,赎回他父亲。

这件事对汉庭叔的父母教育深刻,他们认识到国民党反动派的残忍,理解了儿子参加革命的意义。类似的情况在我爷爷家也发生过,得知反动派要抓人,爷爷及时躲了出去,结果反动派把奶奶抓去。奶奶没钱赎人,被关了很久,敌人实在问不出我父亲的下落,才放了奶奶。可怜奶奶是小脚,受尽折磨,一瘸一拐走回家。我父亲和汉庭叔得知这些后,更加坚定革命到底的决心,坚决跟着共产党消灭反动派。

在与国民党反动派展开"反扫荡"斗争中,苏中地区在地委、县委等各级党组织领导下,创办了许多油印小报宣传群众,坚持斗争。随着我军节节胜利,从防御转为反攻,泰县小报《自卫报》改为《泰县大众报》,县委专门抽调苟汉庭等人支援办报工作。当时工作条件差,全靠手工刻蜡版和铁笔作画,汉庭叔发挥他的一技之长,画了不少"反扫荡"的小品版画。

1947年3月,汉庭叔在苏中一分区政治部宣传科、文工队工作,当时形势很紧张,国民党"还乡团"和自卫队气焰嚣张,坚持斗争的苏中军民采取各种手段打击敌人。汉庭叔的三幅连环版画"智取贲家港"就是反映当时苏中一分区滨海县一个小镇战斗的情景(注:该镇新中国成立后划入海安县)。这组版画刊发在当年的战地小报上,今天海安市烈士陵园第四展览室陈列着这画的小报(见附件图1)。

1947年10月至1948年2月,汉庭叔在苏中一分区文工团参加话剧《白毛女》的演出工作,负责布景等,荣立二等功一次。1948年4月他调到一分区一团政治处宣传股任团报编辑(连级)。同年6月,他参加一团攻打大白米的战斗,负轻伤。根据这次战斗经历,他创作了版画"大白米战斗抢救伤员"("担架队在前线"),发表在《江海导报》上,此报现存于江苏省档案馆(见附件图2)。

三、编办《勇士报》,解放全中国

《勇士报》是1947年12月至1949年4月,苏中一分区一团主办的小报,前后共出版100多期。汉庭叔在这个时期负责过《勇士报》的刻画、校字工作。

《勇士报》继承了新四军时期的办报宗旨和风格,图文并茂,运用八开纸、两个版面的油印形式,每周出版1~2期,每期印刷一千份以上。作战中临时出版捷报和号外,每次战斗总结、庆功大会、部队整训、诉苦活动等,报纸增加版面,密切结合作战及平时的中心工作,对激励士气、鼓舞斗志、保证战斗任务的完成,起到了巨大的推动作用。例如,汉庭叔创作的"观音堂战斗"一画,反映了战士们射击、甩手榴弹的战斗场面(见附件图3)。

全团指战员都很关注《勇士报》,有的同志负伤转入后方医院还带上《勇士报》;有的重伤员不能读报,就让轻伤员读给他听;还有的牺牲战士口袋里发现了《勇士报》,成为烈士遗物……汉庭叔每每讲起这些,都很激动,很难忘,他对自己这段在战争年代办报、刻画的经历铭记于心。

1948年11月,淮海战役期间,汉庭叔两次参加攻打姜堰战役。

1949年4月,形势发展到了解放战争的关键时刻,党中央和中央军委作出决定:打过长江去,解放全中国。渡江战役之前,我父亲专门到汉庭叔所在部队的驻地看望他,买了一把口琴送给他留作纪念。汉庭叔珍藏这把口琴多年,在我长大成人参加工作调到上海后,叔叔见到我常提此事。他视我父亲是引导他参加革命的领路人,深怀感恩之情。他们不是一般意义上的兄弟,是兄弟加战友。

1949年,汉庭叔参加了著名的渡江战役。4月23日,他随部队从江阴渡口进驻常州市,当夜英国军舰"紫石英号"从长江上逃跑了(见附件图4"欢迎解放军进城")。过江之后,汉庭叔被调到苏南军区常州军分区政治部宣传科,先后担任记者、文化干事。这期间,他创作了"庆祝上海解放"等作品(见附件图5)。

新中国成立后,1950年10月,汉庭叔调到"苏、浙、皖剿匪指挥部"任宣教干事。他根据形势的发展,按照党的政治工作需要,配合部队宣传任务,创作了"军民一家"(见附件图6)、"红旗谱"(见附件图7)等版画。1951年,他又围绕形势创作了"民兵在宜兴剿匪"(见附件图9)、"剿匪胜利而归"(见附件图10)等作品。汉庭叔以笔和刻刀作武器,始终保持着旺盛的创作精神。

1951年7月,汉庭叔升任苏南军区常州军分区警备二团政治处青年股股长(营级)。1952年5月,汉庭叔任华东军区高炮65师614团宣教助理员(部队驻山东德州)。1953年5月,汉庭叔调任南京炮兵技术学校政治部俱乐部主任,后任南京炮兵技术学校政治部青年科科长(1954年)、南京炮兵技术学校政治部组织科科长(1960年,团职)等。此后,汉庭叔逐渐离开基层宣传工作,版画创作的机会少了,渐渐不再作画。

汉庭叔的版画创作高峰,主要是在他的青年时代,尤其是在解放战争时期担任《勇士报》的刻画工作时。他的作品,集中反映战争年代的对敌斗争情况,生动表现了人民军队与人民群众的亲密关系。他的版画风格质朴,形象鲜明,深受部队官

图2:解放战争时期的荀汉庭

兵和地方群众的喜爱。通过汉庭叔的这些战争年代的版画，我们可以看到那个年代的残酷斗争环境，可以看到中国共产党的坚强领导，可以看到人民武装力量一步步地发展壮大，人民军队的战斗力、人民军队与人民群众血肉相连的关系，可以看到老一辈革命军人的成长经历。

每当我看到汉庭叔叔留下的这些版画，就会想起他的音容笑貌，想起他说过的战争年代的那些故事，会深深地怀念他。

（链接）荀汉庭先生1969—2020年生平简介

1969年9月，于宁夏总后贺兰山"五七"干校下放劳动

1971年，任总后贺兰山"五七"干校军马场政工组组长（宁夏）

1973年，任第二军医大学组织处处长（西安、上海）

1978年6月，任第二军医大学第二附属医院（长征医院）副政委兼政治部主任（副师级，上海）

1981年2月，任第二军医大学海军医学系政委（正师级，上海）

1987年5月，离职休息（上海）

1987年8月—2020年6月，于解放军总后勤部上海离职干部休养所休息

2013年7月1日，被上海总后干休所评为优秀共产党员

2020年6月7日凌晨，因病去世（上海）

【附件】荀汉庭先生的部分版画作品

附件图1：1946年　智取贡家巷（组画）

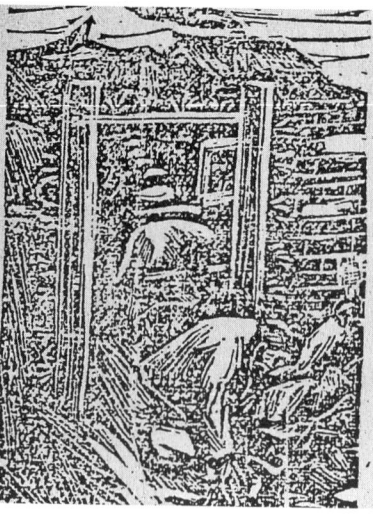

附件图2：1948年6月 大白米战斗抢救伤员

附件图3：1947年 观音堂战斗

附件图4：1949年4月　欢迎解放军进城

附件图5：1949年5月　庆祝上海解放

附件图6：1950年　军民一家亲

附件图7：1950年　红旗谱

附件图8：1950年　镇压反革命

附件图9：1951年　民兵在宜兴剿匪

附件图10：1951年　剿匪胜利而归

附件图11：1946年　秋收

附件图12：1948年年初　看炮

附件图13：1949年3月
模范战士（组画）

連環木刻

模范战士

苟溪庭刻

一、买卖公平

二、行军互助（帮助病员携背包）

三、送炮弹

四、学习、遵守政策纪律

五、受到人民群众的爱护

附件图14：1949年4月　夜读

附件图15：1949年　黑板报

附件图16：1949年　开垦生产

附件图17：1949年　春耕施肥

附件图18：1949年7月　发救济面粉

附件图19：1949年夏　向导指路

附件图20：1949年夏　出发攻打据点

附件图21：1949年夏　战地救伤员

附件图22：
1949年秋 捉匪特

附件图23：
1949年 活捉杨因厚

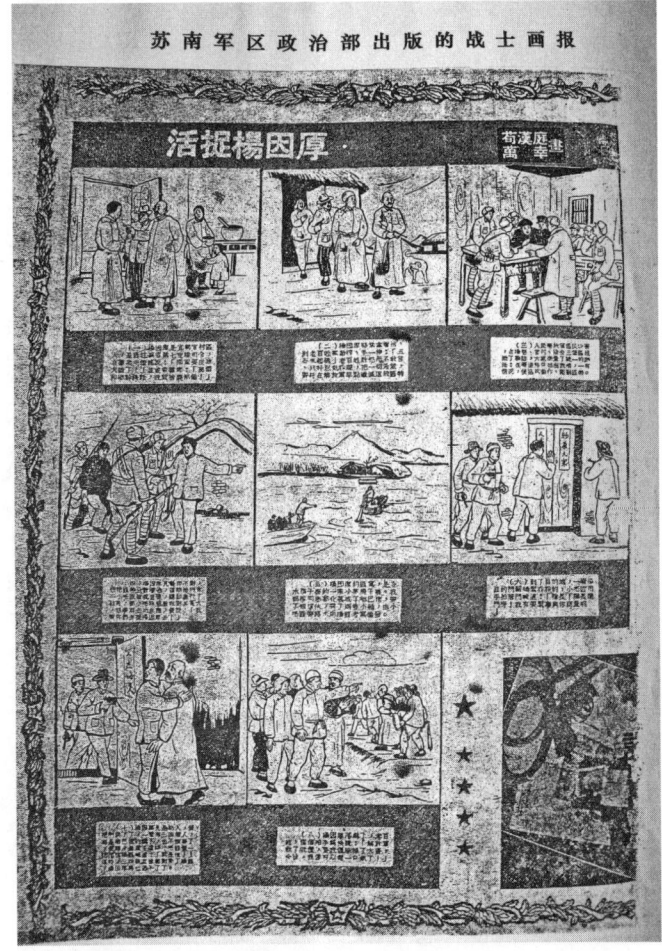

附件图24：1948年 勇士图

附件图25：1949年秋　摘棉花

附件图26：1950年　收割晚稻

（记：本文初稿始于2019年1月，完稿并整理完荀汉庭先生的版画于2021年7月；文章发表于2021年11月《档案春秋》杂志）

林遵起义和人民海军的诞生

1949年4月23日,是个奇特而不平凡的日子。这天,人民解放军解放了江南名城无锡,解放了南京;这天,原国民党海军高官林遵率舰起义;同一天,人民海军诞生于江苏泰州白马庙……

华东野战军发起渡江战役

1949年,是解放战争的最后一年,也是最关键的一年。人民解放军原本没有海军,只有陆军,在华东地区并存着两个建制:"华东军区"和"华东野战军",由陈毅等领导统领。

"华东军区"成立于解放战争初期(1947年1月遵照中央军委命令,由山东军区与华中军区合并成立),下辖鲁中军区、鲁南军区、胶东军区、渤海军区、苏中军区、苏北军区、滨海军分区和两广纵队。华东军区延续至新中国成立初期,曾是人民解放军大军区之一,是华东地区最高指挥机构,领导和指挥华东地区所属的人民武装力量。

"华东野战军"(后改称第三野战军),是中国人民解放军主力战斗部队之一,1947年1月由抗日战争时期在华中的新四军大部及其后成立的华中野战军、山东八路军一部及其后成立的山东野战军为基础组建。华东野战军在解放战争中,历经莱芜战役、孟良崮战役、豫东战役、济南战役、淮海战役、渡江战役、上海战役等著名战役。

为什么将4月23日作为新中国海军的纪念日?这个日子,与解放军华东军区在1949年这天成立海军有关,与解放战争中华东野战军"渡江战役"有关,也与原国民党海军高官林遵在这天率舰起义有关。

1949年1月,人民解放军华东野战军苏北兵团(即后来的第三野战军第十兵团)的官兵们,在淮海战役的战场上迎来了新年。淮海战役结束后,华东野战军改称第三野战军,苏北兵团改称第十兵团。1949年4月20日,国民党南京政府的谈判代表拒绝在《和平协定》上签字,国共两党谈判破裂。4月21日,毛主席、朱总司令向人民解放军发出《向全国进军的命令》。

当时，人民解放军没有海军力量，横渡长江运载部队作战的船只是"支前"民用木船，船工是老区民工。4月21日傍晚，华东野战军第十兵团的指战员们从江北驻地出发，分别依序登船。晚8时左右，进军号令下达，万船齐发，扬帆竞向江南去。22日拂晓，渡船抵达长江南岸江阴地域，指战员们涉水向国民党守军阵地冲击，突破蒋军江防阵地，快速向纵深发展。4月23日拂晓，解放军攻占青阳镇，歼灭江阴逃敌。4月23日这天傍晚，江南名城无锡解放。

华东野战军的渡江战役打得比较顺利，伤亡较少，除了党中央正确决策以及我军参战指战员的英勇顽强，还有两个重要因素起了作用。一是在渡江前，中共党组织从部队抽调了不少营团干部打入敌人"江阴炮台"，开展策反工作。在我军发起渡江时，迫使敌方守军起义，控制了炮台，有效配合了解放军渡江作战。二是渡江战役之前、之中，原国民党海军江防部队相继起义，1949年2月25日，国民党海军"重庆号"巡洋舰在上海吴淞口起义；4月23日原国民党海军海防第二舰队司令林遵率领舰队在南京江面起义，使解放军渡江未受到江上的严重威胁和强大攻击，避免了重大伤亡。

林遵起义

对于林遵，读者可能不陌生，他就是1946年代表中国政府乘"太平舰"收复南沙群岛的那位海军将领。林遵是民族英雄林则徐的侄孙，其父亲林朝曦曾供职于北洋海军，并参加过中日甲午海战。林遵于1949年4月23日率国民党海防第二舰队起义，后任中国人民解放军华东军区海军第一副司令员等职。

根据2009年4月人民海军建军60周年时《法制晚报》记者采访林遵的女儿林华卿和海军大校杨肇林的记录及其他资料显示，林遵是在1949年解放军渡江战役的大历史背景下起义的。杨肇林研究海军史多年，著有《海军世家·林遵》，是林遵的朋友，他讲述了林遵起义的经过。

1948年1月，人民解放军由战略防御转入战略进攻，当时蒋介石沿长江部署了几十万军队，把仅有的两个海防舰队、近300艘舰艇撤入长江。1948年2月，蒋介石任命林遵为海防第二舰队司令，驻防长江地区，把护卫京畿重责交给海防第二舰队。那时蒋介石对林遵寄予厚望，派他率队就是为了加强长江防线。而当时毛泽东正为渡江战役担忧，在一份电报里写道："惟目前渡江尚有困难。"这时候，林遵已成为国共两党关注的焦点。林遵防守的江阴至九江段的500公里，正是解放军准备渡江的主要地段。因此，争取林遵起义，成为中共中央指挥中枢的紧迫任务。中央社会部通知解放军华东野战军速与林遵取得联系，但因故未能联系上，社会部改派上海地下党与林遵联系。

林遵不愿为老蒋打内战,捧着舰队司令这个烫手山芋苦恼,为难之下找好友周应聪讨主意。周应聪语带玄机地说:"他(国民党)有他的'神仙法',你何尝不能来个'鬼画符'。"这话点拨了林遵,他想起一次聚会上,轮机长阙晓钟曾说可以找到共产党,于是找阙晓钟商量。阙晓钟找到在江苏上学的弟弟,进而找到了弟弟的同学吴平,吴平向华东军区军政大学校长汇报了这个消息。而这时,中共上海地下党找到了《新海军》月刊社的社长郭寿生——既是周恩来的旧友,也与林遵相识,20世纪20年代林遵在烟台海军学校就读时便与中共党员郭寿生相识。郭寿生创办中共外围组织"新海军社",主编《新海军》月刊,林遵是"新海军社"成员,也是《新海军》月刊的热心读者。

1949年2月25日,国民党海军"重庆号"巡洋舰在上海吴淞口宣布起义,林遵受到鼓舞,即派亲信参谋欧阳晋去找郭寿生,商量起义具体事项。几个月后,共产党派郭寿生秘密登上林遵停在镇江江心的舰艇。他们第三次碰面在金山寺,郭寿生明确告诉林遵:"中共中央周恩来副主席已派人叫我归队,并让我转告你,希望你能站到人民这边来。"起义意向就在这次会面中敲定了。林遵旋即找他信任的参谋组长欧阳晋、轮机长阙晓钟和参谋戴熙愉商议,并将前两者确定为与共产党的秘密联络员。

1949年4月20日,国民党政府拒绝在《和平协定》上签字。4月22日,林遵突然接到国民党海军总司令桂永清的紧急命令,要他4月23日拂晓前赶到南京的海军司令部报到。桂永清对林遵说:"只要林司令到上海,我保荐你升任中将、副总司令。"林遵心里有数,知道桂永清自己想先逃跑,要把他抵到前线。果不其然,桂永清留下亲笔信后,出了大门就赶乘飞机逃命了。4月22日晚,林遵率第二舰队各舰到达南京笆斗山江面锚泊待命,23日一早,自己登岸前往海军司令部。23日下午林遵返回舰队,紧急召集第二舰队所有舰长开会,他把桂永清的亲笔信给大家看,会议室里顿时炸开了锅。桂永清在亲笔信中暗示将以空军轰炸为威胁,逼迫林遵23日率舰前往上海抵抗。会上,林遵晓以利害,劝导属下,最终以投票方式决定起义。当晚,林遵派副官前往浦口同解放军接头,宣告起义。

4月23日那天,林遵率25艘舰艇、1 271名官兵,于南京笆斗山江面起义。次日清晨,林遵按照与解放军商定的方案,命令舰队向南京下关驶去。到达下关来不及换装,仍着国民党军装起义的官兵,集体将标志着国民党军人身份的帽徽摘去,在舰艇主桅上升起了红旗。解放军第35军联络部部长张普生拉着林遵的手说:"我代表中国共产党和第三野战军首长欢迎你们,并祝贺你们起义成功。"林遵率领舰队起义,协助解放军百万雄师过大江,毛泽东盛赞这个起义是"南京江面上的壮举"!

图1：国民党起义海军军官合影，前排中为林遵

就在4月23日那天，人民解放军第三野战军一举攻陷南京，于24日凌晨1时占领国民党南京总统府，国民党政府逃遁广州。也就在4月23日这天，解放军华东军区海军在江苏泰县白马庙宣告成立，人民海军从此诞生。林遵的起义部队，成为解放军海军的一支可贵的力量。

人民海军的诞生与解放军跨海作战

1949年4月23日，在江苏泰州发生了另一件具有重大历史意义的事情。这天，人民解放军华东军区的第一支海军——东海舰队的前身"华东军区海军"，在江苏省泰县白马庙成立。其实，早在红军时期，在闽东地区曾活跃着一支红军的"海上独立营"，后遭国民党围剿镇压而被迫解散。历史到了1949年4月23日，解放军陆军刚刚渡过长江，正在江南地区"宜将剩勇追穷寇"，而解放军的海军在这天诞生了。

中国人民解放军海军是在人民解放军陆军的基础上组建起来的。1949年3月24日，中央军委热烈欢迎国民党"重庆号"巡洋舰官兵起义。4月4日，解放军第三野战军副司令员粟裕、参谋长张震奉中央军委命令，到达江苏省泰县白马庙乡，建立渡江战役指挥部，接收国民党起义投诚舰艇，组建一支保卫沿海、沿江的海军部队。

1949年4月23日，中国人民解放军华东军区海军在江苏泰县白马庙宣告成立，张爱萍任司令员兼政委。从此,在中国人民解放军序列里出现了一个新的军种——人民海军。1949年11月8日,组建华东军区海军第一、第二舰大队。1950年4月14日,海军领导机关在北京成立。

在战火中诞生的人民海军,成立后立即投入解放沿海岛屿,剿灭海匪,打击敌人空袭、海袭的战斗中。

1949年5月,解放军第三野战军(原华东野战军)第十兵团进行了"上海战役",于5月27日解放上海。7月初,三野十兵团的官兵冒着酷暑挥师南下,执行"进军福建,解放福建"的使命。8月17日,福州解放。接着,十兵团发起"漳(州)厦(门)金(门)战役",9月2日占领泉州,9月19日攻占漳州。当时人民海军和空军刚组建不久,短期内难以投入实战,三野解放福建沿海岛屿只能在没有海军和空军的援助下,由陆军独立作战。

"金厦战役"因渡船不足,无法满足作战需要,十兵团决定:集中兵力先打沿海岛屿,然后攻克厦门,再战金门。10月9日晚8时,参战人员冒着大风细雨,在落潮时快速徒步涉水越过海滩,向大嶝岛隐蔽挺进,随之发起冲击。经过激战,10月10日晚国民党守军被歼。随后,解放军攻占小嶝岛和角岛,10月17日攻占厦门。这是解放战争以来,解放军陆军首次越海作战,至此,攻无不克,战无不胜。但在随后的"金门战役"中,由于参战部队缺乏渡海作战经验,缺乏渡海船只,致使解放军勇士在后继无援的情况下越海登上金门岛孤军奋战,终因寡不敌众,有去无回,留下一曲胜利进军中的悲歌。

如果说"金门战役"是解放战争以来我军跨海作战的一次失利,其教训深刻,影响深远,那么,"海南岛战役"则是我军跨海作战的一个成功战例。1950年3月—5月的海南岛渡海战役,解放军仍采用陆军大兵团作战方式,由第四野战军乘木船渡海作战。由于接受了金门作战的惨痛教训,战前做了充分准备,备足了渡海船只和作战兵力,加之岛上有共产党领导的游击队"琼崖纵队"武装力量接应,渡海作战取得成功,一举解放海南岛。在解放军的军史上,这是一例陆军大规模跨海作战的成功战例。尽管如此,海南岛渡海作战,由于当时解放军陆军缺乏海、空力量配合,无力切断国民党军队海上逃路,大部分蒋军乘舰船逃往台湾也就无法避免。这说明海、空军在战争中的重要作用。

1955年1月18日,解放军华东军区部队与国民党军队进行的"一江山战役",是解放军首次陆、海、空三军协同作战,在解放军的军史上具有特殊意义。这个战役,由时任华东军区参谋长、解放军浙东"前指"司令员张爱萍指挥。

1月18日,进攻当天,解放军登陆艇编队出发,张爱萍司令员站在头门山顶,放眼望去,蓝天碧海间,人民解放军的上百艘登陆艇,在猛烈的炮声和轰炸声的合奏下，分三路以双纵队队形向一江山疾驶，并逐次转换战斗队形实施冲击。登陆艇编队的前方是各类艇船组成的火力支援群，两侧是高速舰艇组成的掩护队，上方低空是强击机群、中空是轰炸机群、高空是高速歼击机群，宛然一幅立体的三军渡海作战宏图。华东军区出动舰艇188艘，航空兵22个大队共184架作战飞机，并以地面炮兵4个营又12个连、高射炮兵6个营担负火力支援和对空掩护；华东军区陆军以第20军60师178团、180团2营的兵力，乘登陆艇在一江山岛强行登陆。

解放军进攻突击部队在海、空军火力的掩护下冲上主峰，以炸药包炸毁了国民党军第4突击大队的坑道，并以无后坐力炮、火焰喷射器抵近攻击和爆破，逐个消灭敌方残存暗堡。至18日下午5时30分，大部分守敌被歼，少数被俘。最后一个敌方暗堡于19日凌晨2时被炸毁，至此战斗基本结束。经过一天多的激战，解放军占领了一江山岛。"一江山战役"不仅显示了解放军陆军登岛作战部队英勇顽强，同时显示了年轻的人民海军与空军的战斗力，为全面解放浙东大陈列岛打下了基础。

毛泽东题词：建立强大的海军

人民海军组建后，在实战中与陆军、空军配合，不断显示出战斗力，"一江山战役"是个很好的证明。除了一江山战役，在后来1965年的"八六海战"和"崇武海战"中，新中国海军发挥了更加强有力的战斗作用，彻底粉碎了蒋介石"反攻大陆"的梦想。在1974年的"西沙海战"和1988年的"南沙海战"中，人民海军坚决反击外来入侵，英勇捍卫了祖国海疆。人民海军组建以来，同国内外敌人作战达1 200余次，击沉、击伤和俘获敌舰船400多艘，击落、击伤敌机200多架，取得了令人瞩目的战绩。新中国海军组建了水面舰艇部队、海军潜艇部队、海军航空兵、海军岸防部队和海军陆战队五大兵种体系。

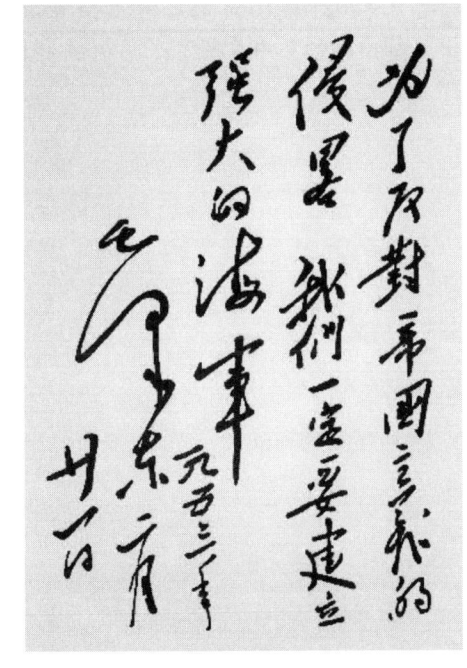

图2：毛泽东为人民海军的题词

在"一江山战役"之前，1950年4月14日，海军领导机关在北京成立，这是在中央军委领导下的海军部队最高统帅机构，萧劲光任司令员，刘道生任副政委兼政治部主任。海军相继组建了东海舰队、南海舰队和北海舰队。1953年2月，毛泽东主席视察海军舰艇部队，为5艘舰艇写下了5张同样的题词："为了反对帝国主义的侵略，我们一定要建立强大的海军！"从此，人民海军走向不断发展壮大。

雄关漫道真如铁，而今迈步从头越。1949年4月23日，这是个值得纪念的日子。当年解放军没有军舰，乘木船百万雄师过大江，从江北打到江南，又一路南下，乘木船解放福建沿海岛屿，解放海南岛，解放浙江沿海岛屿……以4月23日作为人民海军成立纪念日，是从海军建军40年后的1989年开始的。今天，纪念中国人民解放军走过90年建军历程，回顾新中国海军从诞生到发展，直至走向航母时代，中国人民解放军海军历尽沧海巨变，越来越强大。

谨以此文纪念中国人民解放军建军90周年，人民海军成立68周年。

（记：发表于2017年7月期《档案春秋》杂志）

注：2021年10月由上海市档案馆和《档案春秋》编辑部主编，由上海人民出版社出版的丛书《换了人间》（共和国记忆）的上册收入了此文。

（附）
林遵率队收复南沙群岛纪实

［题记］我的大舅舅，生前在广东省政协文史资料研究委员会工作。1995年夏我出差到广州见到大舅，他赠我几本由他主编的《广东文史资料》。其中1990年5月出版的第62辑《广东文史资料》中，有两篇关于第二次世界大战后我国收复南沙群岛的纪实文章，大舅专门为此写了编者按。

大舅赠我的资料，一篇是由麦蕴瑜、麦士尧、何炳材、戴熙愉、林焕章等人口述，由我大舅整编的《1946年我国收复南沙群岛实纪》，"根据1988年12月14日海军军事学术研究所、广东省政协、广州市政协在广州市联合召开的纪念收复南沙群岛四十二年座谈会中，部分与会者的发言综合整理而成。作者麦蕴瑜是当时广东省政府接收南沙群岛专员；麦士尧是当时中国政府海军太平舰舰长；何炳材是当时中国政府海军接收南沙太平舰副舰长；戴熙愉是当时中国政府海军太平舰航海官；林焕章是当时中国政府海军接收南沙群岛舰队参谋。"此文记录了1946年11月中国政府派出"太平舰""永兴舰""中业舰"等，收复曾被日寇占领的南沙群岛的整个过程。当年为了纪念收复南沙群岛，特将收复南沙主岛的"太平舰"之名用于命名主岛"太平岛"。该文曾被北京《人民政协报》1990年9月21日、《广州日报》1990年

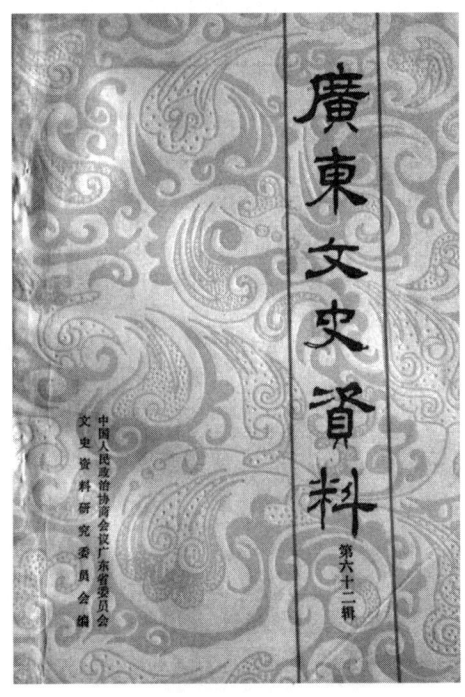

图1：作者大舅赠送的资料

12月15日分别转载。另一篇是由原香港《大公报》记者黄克夫执笔的《南沙群岛实踏记》,"黄克夫是香港《大公报》记者,这是他于1947年5月6日随中国'中业舰'访问南沙群岛时写的新闻通讯。"该文于当年6月同时在上海《大公报》刊载。这两篇文章详细记录了中国政府1946年收复南沙群岛的经过及中国官员和记者在南沙群岛的见闻。

在参照大舅给我的资料基础上,我根据相关历史资料编写了本文,以期回溯70年前的这段往事,了解风起云涌的南沙群岛历史。

战争结束,奉命收复南沙群岛

中国是历史上最早发现并命名、最早开发经营和最早管辖南海诸岛的国家。从秦代开始,我国政府正式对西沙群岛行使管辖权。从汉代开始,南沙群岛已归我国管辖。民国以来,我国渔民开发经营南沙群岛的史实,中外史料均有记载。不幸的是,1933年法国侵占南沙群岛的太平、中业等9个岛屿,之后1939年日本侵占了南海诸岛。第二次世界大战中,西沙、南沙群岛落入日本手中。

1945年7月17日,美、英、苏三国首脑在德国柏林近郊波茨坦举行会议,会议期间发表了对日本最后通牒公告。公告由美国起草,英国同意,在电请蒋介石签字后,于7月26日发表,苏联1945年8月8日对日本宣战后加入该公告。这篇公告的主要内容是,以上三国声明在战胜纳粹德国后一起致力于战胜日本,并履行《开罗宣言》等对战后日本做出的处理决定。

1945年8月15日正午时分,日本广播协会的广播响起著名播音员和田信贤的声音:"请注意,这是极其重要的广播,请所有听众起立。天皇陛下现在向全体日本国民宣读诏书。"随后,日本国歌《君之代》响起,国歌结束后,一个令日本人敬畏的声音开始讲话了。大多数日本国民都是第一次听到裕仁天皇的声音,听着听着,他们感到日本成了名副其实的战败国,许多人号啕大哭,有的人当场昏倒。过去十年里,他们听到最多的是皇军一个接一个的捷报,他们津津乐道着皇军占领他国的土地、屠杀他国人民。如今,他们才明白,曾经"战无不胜"的皇军不过是他们自己营造的神话,在正义和真理面前,在被占国人民的勇敢抵抗下,皇军再也不能耍淫威了。

1945年8月15日,日本宣布无条件投降,第二次世界大战结束了。《开罗宣言》和《波茨坦公告》及其他国际文件,明确规定把被日本窃取的中国领土归还中国,自然包括了南沙群岛。日本投降后,美国按照"租借法案",赠送中国海军8艘驱逐舰,于1946年7月分别命名为"太康""太平""永胜""永顺""永定""永兴""永宁""永泰",支援中国收复西沙、南沙群岛。8艘军舰于当年7月由美国远航来到中国,被称为"八舰横渡太平洋"。

1946年夏,南京国民政府根据《波茨坦公告》和1945年9月2日日本签署的《无条件投降书》的有关条款,决定派遣舰队南下,迅速收复西沙、南沙群岛。国民政府行政院任命林遵海军上校(注:时任国民党海军海防第二舰队司令)为舰队指挥官兼任接收西沙、南沙群岛指挥官。这支舰队由护航驱逐舰"太平舰"、猎潜舰"永兴舰"、两艘登陆舰"中业舰"和"中建舰"组成。以当时最新式装备的"太平舰"为旗舰,这艘军舰是接收了美国"戴克尔"号后改名的。"太平舰"当时有舰长麦士尧,副舰长何炳材,轮机长杨熙龄,枪炮官雷树昌,通讯官林焕章、张君然等人。

舰队将以上四舰分为两个分队,"太平"和"中业"两舰负责接收南沙群岛的任务,由林遵上校直接指挥。林遵与通讯官林焕章驻"太平舰"。"永兴"和"中建"两舰负责接收西沙群岛的任务,由副指挥官姚汝钰兼任分队指挥官。姚汝钰和通讯官张君然驻"永兴舰"。当时,还有一位大员戴熙愉,林遵指挥官认为戴熙愉在"八舰横渡太平洋"回国时曾任"永兴舰"的航海官,遂指派戴熙愉协助参谋林焕章担负全舰队的航海工作。

舰队准备就绪,只等启航前往西沙、南沙群岛,收复失地。

上海启航,广东各地派员同行

"太平舰"副舰长何炳材从1934年起在海关航标船和测量船上工作多年,对沿海航标、航道比较了解,对在大风浪中运送人员物资登岛有一定经验。但南沙群岛的航海资料和航法,在中外航路指南中均无阐述,只说是"危险地带"。因此何炳材接到这次领航重任时,心中没底,忐忑不安。何炳材立即四处搜罗资料,终于从上海海关海务处找到一张1910年法国出版的南沙群岛旧海图,但该图比例尺很小,水深点很疏,不适合航海之用。

从这幅海图中得知,南沙群岛的岛礁和暗沙大部分是由珊瑚礁构成,并多为水面下的环抱礁,而且海区内没有灯塔或任何航标。太平岛是南沙群岛最大的岛,面积也不过0.5平方公里,高度只有3.3米。在能见度良好的情况下,也只能在靠近7～8海里内看到该岛。在天水相连的辽阔南海中找到太平岛,好比"海里寻针"。太平岛四周被珊瑚礁环绕,要登上该岛,必须经珊瑚面航行,只能摸索深水航道前进,能否找到这条航道,因缺乏资料,何炳材心中确实没数。但他抱着坚定信念:法国人、日本人能登上太平岛,我们也一定能登上,何况我们的祖先曾是最早登上这个岛的!就这样,凭着这张海图,何炳材率全舰航海技术人员克服重重困难,在极短的时间内做好了启航准备。

1946年10月26日，收复西沙和南沙的舰队在上海集合。那几日，各路人马匆匆来到舰队集结，国防部、内政部、空军司令部、联勤总司令部等各部代表以及海军陆战队、电台、气象台的工作人员，鱼贯而入登上各舰。

各舰分载上述人员于10月29日从上海吴淞口启航。当时，码头上前来送行的人们欢欣鼓舞，热烈欢送舰队去执行收复任务。随舰前往西沙、南沙群岛的官员和工作人员也觉得像英雄一般光荣。舰船渐行渐远，离开了送行人们的视线，消失在茫茫大海上。

11月1日，舰队抵达广东珠江口。当晚，执行收复任务的舰队正、副指挥员率"太平舰"舰长麦士尧、"永兴舰"舰长刘宜敏、"中业舰"舰长李敦谦、"中建舰"舰长张连瑞等一行8人，在暮色中乘舰先期抵达广州，受到广东省政府官员的热情接待。次日，这一行人正装革履，先后晋谒广东省主席罗卓英、广州行营主任张发奎等军政首脑。与此同时，由广东省政府任命的接收南沙群岛专员麦蕴瑜、接收西沙群岛专员肖次尹及其工作人员开始登舰。

舰队离开珠江口后，海上风光颇为绮丽，绿波白浪之间渔帆点点。舰上人员极目浩瀚海洋，不禁胸怀为之爽朗。可惜没过多久，那些缺乏海洋生活经验的随舰人员经不起浪涛激荡，开始晕眩呕吐，无法继续在甲板上尽情眺望浏览。许多人从广州出发，历时两个昼夜，抵达海南岛南端的榆林港，始终未进饮食，在榆林港登陆时已俨然病人一般了。

图2：民国中央政府接收南沙群岛专门委员于1946年10月29日乘"太平舰"从上海出发。前排中为收复南沙群岛舰队指挥官林遵，后排右一为"太平舰"舰长麦士尧，后排右二为内政部接收专员郑资约。

舰队于11月6日清晨驶离虎门,8日抵达榆林港后,补充了给养和淡水,并向渔民了解有关南沙群岛的情况,以便继续航行。由于南沙群岛当时隶属海南崖县管辖,崖县政府也派出了一名技工与舰队同行前往南沙群岛。

舰队驶离榆林港后,时值南中国海东北风强劲季节,海上狂风巨浪,"中业""中建"两艘大型登陆舰受风面积大,横摇至30度,眼看就有倾覆的危险,全舰队被迫返航榆林港待晴。11月中旬舰队两度出航,都因狂风巨浪阻挡,深恐随舰人员体力不支,更担心两艘登陆舰发生断裂,只好折返。到了11月23日这天,趁着天气好转,舰队立即派遣"永兴""中建"两舰先行开赴西沙群岛,而"太平""中业"两舰则推迟到12月9日再出发。

从榆林港至南沙群岛的主岛——太平岛(日本占领时期称"长岛"),航程636海里。1946年12月9日,"太平""中业"两舰从榆林港出发,按原定航向,劈波斩浪向南沙群岛挺进。

失而复得,南沙群岛回归祖国

12月12日上午,海水由黑蓝变为深绿色,领航知道军舰已进入1 000米左右的较浅水域,距珊瑚区不远。于是派水兵上桅顶加强瞭望,搜索变浅的水色,并减低航速,开动回声测深仪,不断记录水深读数,观察其变化。10时左右雷达荧光屏上显示出一粒光点,与天文观测的经纬度、水深和海图上标绘的图像校对,断定这是太平岛无疑。靠近太平岛之前先是远远地看到一个黑点,渐渐地黑点变成了一条黑线,慢慢地可以看出岛形。又过半小时,航行经过一块深约40米的珊瑚平台,海水突变浅绿色。

两艘军舰终于12月12日中午时分,在预计时间抵达太平岛西南方,在此抛锚。"太平舰"副舰长何炳材奉命率领一班士兵先行下舰寻找登陆点。下午,各部人员按照先遣队踏点确定的登陆点分批登岛。登岛之后,首先进行搜索,未发现岛上有人迹象,随即组织抢运物资上岛。在太平岛上要留下一个排的海军陆战队兵力守岛,于是有关部门的代表向守岛官兵进行了物资交接手续。随后立即开展岛上设施修建、考察等各项工作。

其实,1935年,中国政府的水陆地图审查委员会所编印的《中国南海各岛屿图》已详细标明包括南沙群岛在内的南海诸岛各岛礁的具体名称。但是,为了纪念"太平舰"收复南沙群岛,国民政府内政部早已决定将南沙群岛的主岛命名为"太平岛"。这里是南沙群岛的主岛,接收主岛,意味着整个群岛都被收复,南沙群岛从此回归中国。

日本侵占南沙群岛先后达10余年,在岛上修建了一些设施,虽然这些设施已被战争破坏,但从残碑的遗迹上还可揣测出当年日本人在岛上的建设规模及其计划。日本人在岛上筑有钢骨水泥平房10余座,位于岛之东隅的两座,曾是日本海军的兵舍和仓库,已被炸毁。岛之西隅的一座,尚能遮蔽风雨。南隅一座原为日军发电厂,附近弹痕累累,墙壁及顶盖略有毁损。其余10余座建筑零散于全岛各隅,皆仅存屋基。岛上的给水设备,有水塔1座,长方形的蓄水池1口,全岛各隅有圆井5口、方井4口。圆井直径2米,方井宽1米,深度均3～4米,储水量视潮汐涨落而定,水质带有咸味,非良好饮用水。日本人因此曾建洋灰蓄水池10口储存天水,可供300人饮用。

在岛的中南部,有一洋灰晒鱼场,长宽各约30米,高60厘米,附近有冷藏库等建筑,但已被炸毁。南面海边有长45米、高2.8米的防浪堤,日本人曾计划把此堤建成620米长,堤内作为渔港,港内水深2.5米、面积13 000平方米,防浪堤作为他们渔船的避风港。岛的东、西两端及中部,都建有地面防空室,以沙和珊瑚礁块铺盖之,构造颇为完善。在登陆险要地段,日本人曾建有机关枪掩体和炮座,岛上其他设施如重油库、医疗室、瞭望台、气象台等,都已被摧毁,几乎无法辨认。但被遗弃于海边的钢轨、钢板、机件等,仍堆积如山,无人问津,在海水中浸泡着。

在太平岛的西南方,有一块日本人侵占时所建的碑,碑的上方绘有日本国徽,下书"大日本帝国"5个字。中国收复南沙群岛人员的第一件大事就是立即摧毁此碑,并在原址用钢筋水泥混凝土建立我国的碑石。我国的这块碑石,碑身为方锥形,四面刻字,依次为,正面:"太平岛";背面:"中华民国三十五年十二月十二日重立";碑左侧:"太平舰到此";碑右侧:"中业舰到此"。在岛的东端,正对日出的地方,同样竖立起一座水泥钢筋碑石,这座立碑的下面设有膀碑,石碑埋入土中,露出地面仅有半人高。

太平岛立碑竣工后,由麦蕴瑜主持,全体接收人员怀着激动的心情肃立碑前,举行接收仪式和升旗仪式。

图3:收复太平岛时立的石碑

图4：1946年12月15日，接收南沙群岛人员在太平岛举行收复南沙群岛升旗典礼，前排左四为内政部接收专员郑资约，前排左五为南沙舰队指挥官林遵，前排右四为广东省政府接收专员麦蕴瑜。

大家为完成接收南沙群岛的神圣使命而感光荣、激动，欢呼雀跃，燃放鞭炮，摄影留念。鞭炮声、欢呼声响彻这个曾经被战火燃烧的海岛，伴随着海浪声声，直冲云霄。人们知道，踏上祖国南海上的宝岛多么不易，那一张张照片就是永生难忘的珍贵纪念。

完成接收南沙群岛的任务后，"太平""永兴"两舰会合，于12月15日奉令离开太平岛，沿途巡视了南沙北部的南钥、中业、双子诸岛，然后返回榆林港汇报候令。12月26日，"太平""永兴"两舰驶回广州白鹅潭，受到当地各界隆重欢迎。

1947年元旦，"太平舰"和"永兴舰"停泊白鹅潭江面，举行了收复南沙、西沙群岛的记者招待会。海军总司令部电令嘉奖这次接收南沙群岛的人员官兵，并在各报头版向全世界庄严宣告：中国收复了神圣的领土——西沙和南沙群岛！

1947年5月，海军"中业舰"再次访问南沙群岛，一些地质海产考察人员及记者随舰前往，并将亲眼所见写成新闻通讯等，留下了珍贵史料。

踏访南沙,太平岛风光实录

1947年3月底,"中业舰"接到海军总部命令,将再次驶往南沙群岛,进行收复后的巡岛访问。当时"中业舰"因机器破旧,经常需要修理方能行驶,海军总部下达命令时,它正泊在上海大修。4月中旬修理完竣,"中业舰"遂从上海启航,开往台湾高雄装载运往南沙群岛的物资、粮食等。但舰船刚到高雄,修理竣工不久的机器又有损坏,迫不得已只好又再重修。拖至5月3日,方从台北驶往广州,途中在香港又停泊两日。原定5月6日晚12时从广州启航,但因一时雇不到"领江",遂改为7日启航,不料因故又再次改为8日下午3时30分开航。从广州白鹅潭开至黄埔,舰上机器又有故障,不得不在黄埔滞留一夜,延至9日中午方开出珠江口,驶向海洋。

舰船到达榆林港,恰遇南中国海低气压所袭,西南沙群岛均电告白浪滔天,潮水涌到营门口,树木船筏折损严重。因不便航行,被迫在榆林港避风,又等候了7天。5月18日下午8时,"中业舰"终于从榆林港出发,驶向南沙群岛。

18日开航之后,沿途风平浪静,海不扬波。但是越向南行,天气越炎热,上午10时以后便无法逗留在甲板上观赏飞鱼海鸟。太阳晒得人头昏脑涨,考察人员躲在舱里又闷又热,苦不堪言。20日早忽然轮机组的副机坏了一部,航行速度由每小时10海里减至5~6海里。幸而抢修迅速,当晚就把机器修复,航速增至每小时11海里,终于次日下午5时到达太平岛。

"中业舰"在太平岛南隅距岸五六百米的海面下锚。6时许,舰上人员乘小划子登陆。适逢潮落,小划子无法靠岸,只好上岸走过两三百米的珊瑚礁海滩。珊瑚尖锐而滑,举步艰难。这时,岛上守军及工作人员早已在海边列队欢迎。这批人都是1946年12月收复南沙群岛时就留在岛上的,半年来孤悬海外,生活枯寂,对大陆家乡深怀系念。彼此相见,激动得流下泪来,谈及生活状况,守岛军人说:若再迟到5天,岛上就要断粮啦,已两月不知油味。来访者到仓库一看,果然只剩一包大米。虽然艰苦,但守岛官兵恪尽职守,守土有责。

太平岛的面积仅比广州沙面大三分之一,东西长1 360米,南北宽300米,环岛漫步一周,只需50分钟。岛上树木丛生,间有香蕉、木瓜、椰子等。岛上蚁鼠很多,随处可见。丛莽中有一只野狗,数只野猫,是战时日本人留下的。野狗被守岛官兵捉获,经过一番豢养,驯如家犬。由中国军队带到岛上的动物,有小黄牛1头,小猪10余头,鸡、鸭、猫10余只,母狗1只。日本人遗留的晒鱼场已被中国守军改为篮球场,构造较为完善的日军防空室也被守军利用作为储藏室了。

岛上的海鸟甚为机灵并有组织性,白天到别的小岛觅食,黄昏时结队归来。投宿之前，必先有一两只鸟低飞侦查，侦查完毕，一声长啸，如发号令。盘旋于上空的鸟群队伍听到号令，鱼贯降落于丛莽中。但仍有一两只鸟通宵轮值，盘旋空中，好似瞭望哨。若有人走进鸟群宿营地，担任瞭望的鸟儿即发出信号，鸟群闻警立刻振翅高飞。"中业舰"登岛人员在太平岛住了3晚，头两晚夜里12时至3时轮流到海边巡逻，想捕捉这时上岸的大海龟，因此搅得鸟群每夜数惊。

岛上没有黏土，全是灰白色的珊瑚礁经风化后变成的细沙，不宜种植稻粟和蔬菜之类的作物。日本人占领时曾运了一些泥土到岛上，在岛的中部辟出一两亩地试种各种作物，甘蔗试种成功。中国守军收复太平岛后就利用这块地试种蔬菜和瓜豆。最初播种下去，都被岛上鼠蚁吞食，即使瓜菜长出幼苗，仍会受到鼠蚁侵害，很难成活。本来岛上有许多鸟粪，但被日本人所经营的拉强磷矿公司采掘，已被运去25 900余吨，留在岛上的鸟粪已不甚丰。战争结束前的10年里，日本人在岛上构筑武装设施，后遭美军战火猛烈打击，当时海鸟多已离去，没有新的鸟粪堆积层，失去了继续采掘的价值。

南沙群岛的潮汐，高潮时间多在上午7时至10时。高潮到来的时候，犹如万马奔腾，雷霆万钧之势，澎湃之声响彻岛礁，激荡起登岛人员豪情万丈。下午1时开始退潮，5时以后便是低潮时间，这时，北面海滩延伸入海500米，南面水域较深亦有200余米的海滩，东、西两端海滩较小。低潮之时，海滩上的珊瑚礁丛里有很多鱼虾、海参之类，任人采撷。太平岛周围，环礁之间，水深不过5尺，实为优良的渔业产区。

晚间大海龟（有三四百斤重）、玳瑁、螃蟹等结伴登陆，爬过沙滩或珊瑚堆积物时发出沙沙之声，俨然秋风扫落叶一般。南沙群岛海产之丰富，可谓取之不尽，用之不竭，难怪日本人曾在此建造渔港。

岛上巡礼，见证战争遗留痕迹

随"中业舰"造访太平岛的一行人，虽只在岛上逗留3天，但对南沙群岛主岛进行了仔细考察和详细记录。特别是通过岛上残留的战争遗迹和物证，对日本侵占南沙群岛的证据进行了收集。

第二次世界大战中，日军将南沙群岛作为其侵略东南亚的南进跳板，但他们的失败也正是始于南沙群岛。据当时海军方面的情报记载，盟军在南太平洋开始越岛反攻时，南沙群岛附近的战事甚为激烈。仅以南沙主岛太平岛而言，在中国军队收复时，海滩上机关枪弹壳遍地皆是，岛上丛莽中仍有10余枚未爆炸的500磅以上的大炸弹，后被守岛官兵将炸弹壳挂起来作为警钟。

在太平岛的东南、西北两处海面,距岸数十码至200码的地方,有多艘沉船,其中1艘是美国军舰,潮水退落时,海面露出船桅。日本投降的前一年,美日双方的海空军在太平岛外100海里处有过一场恶战。距太平岛北6海里的敦谦岛上(日本占领时称"北小岛"),还有一架相当完好的美国坠机。接收南沙群岛后,太平岛的守军电台人员曾前往敦谦岛把飞机上的无线电零件拆回。

日本占领太平岛,妄想永远霸占并掠夺这里的资源,为此付出了惨痛代价。从日本遗留在岛上的坟墓和墓碑可资证明,在岛的中南部有"平安丸遇难记念之碑",在岛北路边有"故林茂之墓"碑,刻"昭和十六年十二月五日建立",碑的另一面刻"佐世保海军工厂出张员一同"(注:日文"出张"为出差之意)。林茂墓附近还有"故中村渠次郎之墓",碑反面刻"新南群岛渔港设施工事,昭和十六年七月廿七日亡"。可见日本为占领、修建太平岛葬送了不少技工性命。

从另一块残碑的记载来判断,日本侵占南沙群岛的时间,最早可推算到大正六年(1917年)。这块残碑是在太平岛南面海滩上发现的,碑上分行排列刻有如下字样:"大正六年六月平田,大正六年八月池田余,大正七年十二月小仓,大正九年十二月……大正十年六月掘二,大正十年十二月同社,大正十二年九月同社。昭和四年四月。附记:昭和四年四月帝国壤セン付此处","昭和十二年八月十日立"等字样。

1947年5月21日—24日,考察人员在岛上住了3天,收集到许多实地资料。因天气过热,海水温度升高,5月22日那天,奉命保护"中业舰"而来到南沙群岛的"永兴舰"的一部发电机坏了,不能吹送冷风,弹药舱的温度高达35.5℃,舰上人员担心发生爆炸。于是原定下午乘"永兴舰"到各小岛巡礼一周的计划只好临时取消。

"中业舰"日夜赶工,抢卸运济太平岛守军的物资,终在5月24日完工。24日下午3时许,"中业舰"启碇北返,带着考察成果返航。

这次巡航,从广州至太平岛航程1 130余海里,往返航程10个昼夜,在榆林港被耽搁了12天,以22天的旅程时间换取在太平岛宝贵的3天逗留,所付出的光阴不可用一般价值来换算。特别是随舰前往太平岛的地质考察人员,往返花费了3个多月,而在南沙群岛只有3天工作时间,无不遗憾。然而,尽管是短暂的3天,巡航南沙群岛的考察人员仍为祖国留下了珍贵的第一手史料。1947年6月11日—15日,在广州文献馆举办了西沙、南沙群岛物产展览会,公开展出了各种实物、标本、照片、图表及历史文物等珍贵资料,参观者达30万人次。

1947年10月,国民政府内政部重新命名包括南沙群岛在内的南海诸岛全部岛礁沙滩名称共159个,正式公布中外,并公布11段海洋断续国界线(注:新中国成立后改称"九段线"),宣布施行。日本政府于1952年正式表示"放弃对台湾、澎湖列岛以及南沙群岛、西沙群岛之一切权利、名义与要求"，从而将南沙群岛正式交还给中国。

结束语

美丽的南沙群岛云飞浪卷，太平岛上百鸟飞翔。

2015年6月27日，在世界和平论坛会上，中国外交部长王毅发表演讲说："二战结束后，中国政府根据《开罗宣言》《波茨坦公告》等国际条约和宣言，依法、公开地收复了南沙群岛。中国和美国当时是盟友，中国军队当时是坐着美国的军舰收复南沙群岛的。"

历史上，南沙群岛曾先后被法国、日本侵占了几十年，但在第二次世界大战日本投降后，中国政府根据《波茨坦公告》和日本签署的《无条件投降书》的有关条款，由中国政府派遣海军舰队与行政官员，收复了第二次世界大战前被日本占领并管辖的西沙、南沙群岛，并在岛上举行接收仪式，立碑为证，派兵驻守。对于这段历史经纬，各国都是十分清楚的。在此后一系列国际会议和国际实践中，美国一直承认中国对南沙群岛拥有主权，国际社会也长期予以承认。

然而，个别南海国家一直觊觎这块宝地。虽然2002年中国与东盟各国联合签署了《南海各方行为宣言》，但个别签字国无视宣言，明争暗夺，在中国收复西沙、南沙群岛70年后的今天，越发鼓噪起来。近年来，一些南海国家为了争夺南海战略资源，对我国南沙群岛主权提出质疑、挑衅，在无可否认的历史事实面前黔驴技穷，又挖空心思抛出南沙群岛中最大的岛屿太平岛是"礁""非岛"的谬论，企图推翻我国现有海域面积现状，对此我国外交部已多次据理驳斥。南沙群岛一直有人居住，太平岛即使在涨潮时也未被大海淹没。根据大舅留给我的资料，可以证明1946年、1947年中方人员登岛收复、巡视太平岛时即如此。

南沙群岛自古以来就是中国领土，属于中国版图，有丰富的史料和法理依据可以证明，中外许多史实文献可供佐证。目前，南沙群岛的行政管辖机构是我国海南省三沙市，由于复杂的历史原因，南沙最大的岛屿太平岛至今由我国台湾地区管控，第二大岛中业岛被菲律宾霸占，但是，南沙群岛属于中国领土的事实没有改变。中国在自己的领土上，在西沙群岛和南沙群岛的一些岛礁上修建设施，天经地义，无可厚非。

后记 ［人物链接：林遵］

林遵（1905—1979），原名林准，别名林尊之。原籍福建福州，生于江苏南京。林遵系民族英雄林则徐的侄孙，原系国民党海军将领，1924年入烟台海军

图5：林遵照片

学校学习，1929年考入英国皇家海军学院，1934年毕业回国任国民党海军枪炮员、航海官、副舰长等。1937年去德国学习潜艇技术，1939年回国后历任代副舰长、大队长、研究员、参谋总长办公室海军参谋、驻美大使馆海军副武官、国民党海军海防第二舰队司令。第二次世界大战结束后，中国政府组织舰队由林遵上校任总指挥，收复被日本侵占的中国南海和南海诸岛（包括西沙群岛和南沙群岛）。1948年，林遵与中国共产党驻沪机构取得秘密联系，1949年4月23日率国民党海军海防第二舰队25艘舰只起义，加入人民解放军，任华东军区海军第一副司令员。新中国成立后，林遵历任南京军事学院训练部海军教授会主任、军事学院海军系主任、海军学院副院长、海军东海舰队副司令员等职，是中国人民政治协商会议第一届全国委员会委员，第一届至第五届全国人民代表大会代表，中华人民共和国国防委员会委员。1955年林遵被授予少将军衔，获一级解放勋章。1977年林遵加入中国共产党。1979年7月16日林遵因病在上海去世，享年74岁。

[资料链接："太平舰"的命运]

1949年，在金门战役中，"太平舰"作为国民党第二舰队的旗舰，自澎湖基地启航援助金门，曾给解放军登陆部队极大杀伤。但到了1954年11月，在浙江海域，"太平舰"因进犯大陆沿海，被人民解放军鱼雷艇击沉。（1954年11月15日，在浙江以东的舟山群岛高岛海域，人民解放军华东军区海军成功实施了一次海上伏击战，将陆战中的伏击战战术运用到海战中，一举击沉国民党海军的第七大军舰"太平舰"。）

（记：2016年6月10日写于上海；由上海作家协会网刊"上海纪实"同年10月首发、11月公众号推送；由上海《档案春秋》杂志2017年1月再次刊发，上海《新民晚报》同年1月20日—21日连载转发）

胜利进军中的悲歌

(金门战役回顾)

风萧萧兮易水寒　壮士一去兮不复返

[题记]1949年10月,父亲和战友们在福建海岛战地上庆祝了新中国的第一个国庆节。然而,就在当月,我军在进攻国民党据守的金门岛战斗中,却遭重大失利。父亲作为金门战役的幸存者,写下了《忆金门岛战斗》回忆录,缅怀牺牲的战友。纪念中国人民解放军建军90周年之际,回顾金门战役的历史教训及现实意义,愈显深刻。

——2017年8月记,2021年5月补充

挥师南下

1949年5月,中国人民解放军第三野战军第十兵团,取得上海战役的胜利后,经短暂休整,于1949年7月初,在叶飞司令员的率领下,先后从驻地出发,奉命执行"进军福建,解放福建,建设福建"的使命。8月5日,南下部队向战区挺进,8月6日发起福州战役。8月17日,福州解放。福州解放后,十兵团决定发起"漳(州)厦(门)金(门)战役"。9月19日攻占漳州,原拟第28军、第29军、第31军分别同时攻打厦门岛和金门岛,但因渡船不足,无法满足作战需要,十兵团决定:集中兵力先打沿海岛屿,然后攻克厦门,再战金门。10月1日,部队在海岛阵地上庆祝中华人民共和国成立。10月17日,攻占厦门。

厦门解放后,十兵团急于发起攻击金门岛的战斗,成立了以28军肖锋副军长为指挥的前线指挥部("前指"),准备以28军和29军共6个主力团作为攻击金门岛的兵力。但限于渡海作战运兵船只严重不足,"前指"决定登岛作战部队分为两个梯队实施攻击,通知第二梯队将所有船只交给第一梯队使用,等待第一梯队登陆金门后,立即返航运送第二梯队参战。如今回顾这场战役,"前指"这一决定是个严重失误。

金门为台湾门户,是台湾的最后一道防线,退守台湾的蒋军必先死守金门。蒋介石高度重视金门,对金门之战亲颁手谕,调遣嫡系汤恩伯弃厦守金,不惜血本在金门古宁头至一点红海滩一带修筑了200多个碉堡,这些碉堡给解放军登岛部队带来了致命打击。

据父亲回忆:原定29军的259团也作为主力部队,和28军的主攻团一起作为第一梯队登岛攻打金门,后因上级认为259团刚刚打下大嶝岛,就让29军的253团作为第一梯队,让259团作为第二梯队。当时259团的曹国平团长还有意见呢,找上级请求参加一梯队,未准。这样,参加金门岛战斗第一梯队登岛作战部队,我军主力为28军82师244团、84师251团,另有29军85师253团,共三个整编团。

在福建作战的这支解放军队伍,从淮海战役的战场走来,从解放上海的战场走来。当年,没有军舰,靠老区人民支持,靠解放全中国的必胜信念,冒着枪林弹雨,乘木船百万雄师过大江,从江北打到江南,又一路南下打到福建,第一次经历了海岛作战,解放了大嶝岛、小嶝岛、角岛,解放了厦门岛,满怀信心准备解放金门岛,解放台湾,完成祖国统一大业。然而,世事难料,他们没有想到,由于缺乏渡海作战经验,缺乏渡海船只,更由于主帅指挥失误,致使我军9 000多勇士在后继无援的情况下,越海登岛深入金门,孤军奋战,终因寡不敌众,有去无回,留下一曲胜利进军中的悲歌。

一曲悲歌

金门战役打响时,父亲已从259团二营调到团政治处组织股。10月24日晚9时许,进攻金门的第一梯队各团从海边扬帆出发,途中风大浪急,吹散了原定的战斗队形,参战船只无法按建制航行,只好各自为战,勇猛地向金门岛冲击。父亲所在的29军第二梯队,在海边阵地上焦急地等待第一梯队的船只返航。25日凌晨二三时,听到金门岛密集的枪炮声,看到岛上探照灯扫射海面。在大海这边的第二梯队人员判断,前方攻击部队已突破金门岛前沿阵地,在向纵深推进。

这天清晨,隔海相望的第二梯队,看到蒋军飞机在金门海边上空来回飞行,听到大炮轰击,海滩上火光四起。国民党军将解放军登岛作战的船只全部炸毁,故不见一船返航。第二梯队人员见此,意识到战况严重,心急如焚,为第一梯队作战忧心,恨不得立即飞到金门岛上驰援。第二梯队各团的船管队人员火速外出,寻找渡船。

25日傍晚,"前指"通知第二梯队各团集中所有船只,派出兵力准备上岛增援。259团把征集到的船只都集中到三营使用,由三营营长梅鹤年、教导员邹汉

图1：金门战役解放军古宁头指挥所

忠以及一营张大山营长,率领200多人前往金门参战。因船只不足,父亲和二营人员仍在海岸待命。三营邹教导员和一营张营长所乘船只夜间迷航,漂向外海,未能上岛,于翌日回归。另有部分人员上船后,因退潮搁浅未能起航,结果只有梅鹤年营长所带两个排和一营的两个排,在26日天亮前登上了金门岛,与第一梯队会合,继续作战。

多年后,据我军被俘回归人员证实:金门战斗打响后,我军攻势迅猛,25日凌晨,第一梯队突破了蒋军前沿阵地,尖兵直插金门县城,前锋已逼近金门最高峰北太武山,但身后有未攻克的蒋军阵地和碉堡,有蒋军的反击部队,遭到蒋军火力杀伤,战场呈犬牙交错状态。到天亮时分,登上金门岛的我军第一梯队向纵深发展打得较顺利,捉到不少俘虏,缴到很多武器,也占领了许多阵地。但到了上午,蒋军胡琏兵团增援赶到,在飞机大炮的支援下,坦克开道,发动了强大反击,战斗惨烈。

第一梯队人员伤亡极大,逐步后撤到古宁头海边固守待援。然而,因缺少渡海船只,我军第二梯队无法登岛,第一梯队只得孤军奋战。26日晨,第一梯队撤到古宁头海边后会同第二梯队增援部队,再次向守岛蒋军发起新的进攻,遭蒋军反击围攻,寡不敌众,在弹尽无援的情况下,部队被打散了。这时,我军参战人员已两天没有吃喝,部分人员回到海边寻找船只准备返回大陆,部分人员向岛的东部山区转移,准备上山打游击。

  26日傍晚,天色近晚,通信员通知我父亲马上到团指挥所。父亲到达团部,曹国平团长、李峰政委和一营教导员李凤慈已在。曹团长说:"上级通知不再增援。要259团派人去金门古宁头把伤员等接回。你们俩带上一个排去执行这项任务。"听罢曹团长指示,父亲随即和李凤慈教导员赶到二连驻地,经研究由二连冷广银副连长带上一个排跟随他们去执行任务。

  当晚9时,父亲来到海边登船处,只见海面上泊着一艘汽轮,曹团长、李政委已在等候送行。冷副连长带部队先行上船,父亲和李凤慈教导员在后,向团首长告辞。这时,李峰政委突然对我父亲说:"团里决定你留下,另有任务。"于是父亲与李教导员握手告别,目送他上船。汽轮发出"啪、啪、啪"的声音离岸而去,消失在黑暗的海面上。父亲回到驻地彻夜难眠,期盼李教导员他们早些归来。但天亮了,不见船归,只听金门岛上枪声又起。许久,枪声消失,父亲感到攻击金门岛的战斗结束了。令人痛心的是,登上金门岛的解放军9 000多官兵和船工,无人回来。

  1949年10月29日,毛泽东同志以中央军委名义亲笔拟写电文《严重注意攻击金门岛失利的教训》,致电第三野战军和其他各野战军前委。电报转述了第三野战军副司令员粟裕等人对第十兵团首长的批示:"你们以三个团登金门岛,与敌三个军激战两昼夜(注:实际苦战三昼夜),后援不继,致全部壮烈牺牲,甚为痛惜。查此次损失,为解放战争以来之最大者。其主要原因,为轻敌与急躁所致⋯⋯"在全国解放节节胜利的情况下,这曲悲歌令人痛哉、悲哉。历史告诉我们:重大决策一旦失误,纵有万千勇士,也只能悲叹。金门战役的失利,为后来我军跨海作战解放海南岛,提供了宝贵的经验教训。

永久思念

  金门战役之后,父亲所在的29军259团进驻泉州城,进行"再战金门"的动员和各项准备。但到了年底,部队的任务改变了。1950年1月初,259团奉命到闽西龙岩地区剿匪。剿匪任务完成后,1952年年底,259团奉命进驻平潭岛,担任海防任务。此后悠悠几十载,解放军兵锋未染台湾海峡。抗美援朝战争的爆发,客观上钳制了我军解放金门、台湾的战略部署。

  70多年前,英勇的人民解放军9 000健儿,刀出鞘、箭上弦,千帆直指金门岛,义无反顾地渡海作战,血洒海疆,壮志未酬,魂魄不灭。金门战斗的失利,使父亲这些活着的人极为悲痛。长期以来,人们对金门战役的真相以及赴岛作战官兵的命运,众说纷纭,没有一个权威性说法,作为亲历者的父亲心中也充满疑问。直到1994年8月14日,原259团副政委方征从南京给父亲寄来人民出版社

1994年7月出版的《回顾金门登陆战》一书,父亲才从书中了解到当年一些不为人知的情况。方征在此书扉页上给父亲留言:"你是金门登陆战的幸存者。"此后不久,父亲又读到军旅作家陈惠方所著《海漩——兵进金门全景纪实》,进一步知道了金门战役的整个实况,心中许多谜团得到解答。

据259团被俘回归人员冷广银(原二连副连长)说,他在国民党"新生营"里见到259团三营梅鹤年营长,但梅营长很快"失踪"了。原一营教导员李凤慈和父亲是老战友,父亲特别怀念李教导员,很想知道他登陆金门后的情况。被俘回归人员(原251团一营营长)李同顺在《四十年后忆金门》一文中说:"(1949年10月27日凌晨)我们大家正愁找不到船的时候,忽然发现一条小汽艇,嘟、嘟、嘟地直向岸边冲来,船头上站着一个干部带着南方口音高声喊:'这里有负责人吗?'他就是259团一营教导员李凤慈,和一位副连长带着一个排来接人。几十个伤员一听高兴极了,大家一拥而上,爬上汽艇。正值落潮,汽艇搁浅在海滩上,怎么也推不动。这时太阳出来了,敌人黑压压一大片,从四面八方向沙滩冲来。我们把枪扔到海里,百八十人(大部分是伤员)包括李凤慈等都被俘了。"这段话证实了李凤慈等人赴金门接人,因汽轮搁浅而被俘的情况。被俘回归人员(原253团参谋)俞洪兴在《一场悲壮的战斗》一文中说:"10月26日夜,由后方到古宁头接人的259团一营教导员李凤慈也不幸被俘。1949年12月,李教导员在集中营画了一幅画,画上几个人围着饭箩抓饭吃,还画了一个人睡在地上,盖一条小被,露着脚,像死人一样。这幅画揭露了敌人虐待俘虏的罪行。"由此可见,李教导员在狱中仍坚持斗争。

李凤慈,广东梅县人,抗战时期在上海做党的地下工作,后到解放区参加新四军江南抗日斗争。1945年北撤苏中,曾任259团宣教股长,淮海战役结束后到一营任教导员,那时父亲是他的副手(副教导员),他们朝夕相处,搭档共事,战友情深。父亲每当想起这位老战友,心情沉重,李教导员的形象总是浮现眼前。战友们浴血奋战,虽未能改变历史,但英名永存。

刑永生,28军主攻团团长兼政委。率主攻团船队接近金门一点红海滩时,蒋军炮火极为猛烈,刑永生伫立船头,身边参谋、警卫员纷纷中弹牺牲。特务连连长问:要不要回去?刑永生厉声回答:"只有前进,决不后退!"登陆后,刑永生率领的主攻团被坚固碉堡压制在空旷的滩头,几名"爆破英雄"身绑炸药包,爬到碉堡附近或冲进碉

图2:刑永生

堡,与碉堡敌兵同归于尽。刑永生率部奋力冲杀,英勇顽强,前锋曾抵金门县城,但终被打垮。刑永生受伤被俘后,主攻团的官兵被打散,仍继续各自为战。刑永生被押到台湾后不久即遭杀害。

刘天祥,28军助攻团团长。他的部队在金门古宁头登陆,建立了登陆场,与国民党胡琏十二兵团在古宁头村展开逐屋争夺,战况酷烈,官兵们威武不屈,在古宁头坚守到最后一刻。至今古宁头屹立着刘天祥的团指挥所,上面弹痕累累,被台湾方面作为金门战役史迹保存。战斗失利,刘天祥打开报话机与肖锋副军长通话,他的最后一句是:"敬爱的首长,我的生命不在了,为了革命没二话。祝首长好。新中国万岁!共产党万岁!毛主席万岁!"随即耳机里传来剧烈的爆炸声,指挥所无人不落泪。

图3:孙云秀

孙云秀,28军246团团长。10月25日夜,孙团长率四个连增援金门,预感此去难回,仍凛然受命。他摘下手表和心爱的钢笔交给师领导,庄重地说:"这回我是革命到底了,就作为我最后的党费吧。"说完,头也不回地下海。孙团长登上金门岛后,战局曾一度改观,但终因蒋军胡琏十二兵团参战,我方寡不敌众,失利后撤入深山。10月27日清晨,蒋军搜山,从四面包抄过来,孙云秀和几个战士突围无望,他突然跃起,高喊:"过来吧,我就是团长!"打倒几个敌人后,对准自己的太阳穴开枪,国民党的战史上这样记载:"尸体兀自屹立不倒。"

徐博,28军253团团长。原名徐泽民,上海人,最爱说的话是"阿拉革命来的"。进攻金门前本欲结婚,未婚妻已来部队,他开玩笑地说:"且慢结婚,说不定充军金门。"不料一语成谶。金门战斗失利后,徐博潜入深山,在一个山洞里藏了100多天,靠吃田里红薯坚持,等待我军再战金门。后蒋军搜山,将徐博搜出。徐博被捕时"长发长须,形同野人",不久被杀害。

解放军参加金门战斗的官兵无比英勇,喋血鏖战,至死方休。26日国民党军长刘云瀚乘车前往金门某高地,突遭我军袭击,险些毙命。27日下午国民党将领陈诚来金门视察,忽见许多解放军官兵从隐蔽的草丛中向他猛冲,心胆俱裂。这些都是我军主攻团的零散人员,打散之后继续顽强战斗。

10月27日,金门岛上的战斗已基本结束。蒋军"永安舰"在古宁头海面上巡弋,见一艘帆船飘移,船上不见人影,随即赶去,发现是解放军的船。甲板上躺着十几个满身鲜血的解放军重伤员,他们默默擦枪,已无子弹,令他们投降,无一回答，继续擦枪，最后被蒋军机关枪一通狂扫，鲜血染红大海。11月5日，已是金门战役10天之后，蒋军接到报告，说古宁头村的山根下发现一名共军，遂派一个连赶过去，远远看见田埂边跪着一个解放军战士，头从田埂里伸出来，端着一支步枪，作瞄准状。蒋军卧倒，喊话，良久，那解放军纹丝不动。蒋军小心摸过去，才发现那解放军战士早已死去，只是战斗姿势未变。

当年参加金门岛战斗的这些部队，凛然赴疆场，壮士一去不复返，海峡两岸至今未能统一，英烈们永不瞑目。金门战役虽战于一隅，但影响全局，影响深远，这个影响直至今日。

祭奠英烈

在解放大嶝岛50多年后，福建省同安县珩厝村的村民自筹资金，修建了一座"爱国军庙"，并立"革命英雄爱国军纪念碑"。庙内塑造了一个身披铠甲的古代武将神像，象征解放大嶝岛牺牲的烈士们。每当农历八月十五以及清明节、农历七月十五、冬至和年关，村民们就会带着食品、香烛到"爱国军庙"点香祷告，对"神像"祭祀。村民还会带上大米撒向空中，因当年解放军打大嶝岛时吃的是番薯，以此祭祀。《厦门晚报》曾以"三百多个英魂，五十二年祭祀"为题，对此进行报道。按照闽南民俗，生者为逝者建庙立碑，只有那些生前为人民贡献显著者，才有资格尊为"神"入庙接受膜拜。

2017年春节期间，中央电视台"乡愁"节目报道了福建崇武的"解放军庙"。庙里供奉着28军的27名烈士，这是当年被28军官兵从敌机轰炸下救出的一个小姑娘立的"神像"。当年住在小姑娘家的27名解放军战士，全部战死在金门。这位小姑娘如今已是快80岁的老妪，那天她指着金门方向说：金门战役一个月后，岛上还不时传来枪声，那是登岛的解放军战士在做最后的拼杀……

1955年解放军首次授衔，父亲已是团级干部，正是在这年，我出生于福州。14年后，1969年年底，28军战略移防，从福建转移至山西，就在这年年底，父亲送我到28军当兵。几乎所有28军的官兵，尽管换了几代，都不会忘记金门岛战役的悲痛历史。当我阅读金门战役的书籍和资料时，心情格外沉重。作为28军后来的一员、原29军参战部队人员的后代，"泪飞顿作倾盆雨"。悲壮的跨海登岛，惨烈的战斗场面，勇士们视死如归，透过字里行间，从遥远的东海扑面而来。尽管我在28军当兵时间不长，28军和29军的番号在后来军制改革中也已取消或改变，但我始终铭记父辈们讲述过的这段历史。

2006年4月，我前往厦门参加业务培训，学习班组织乘船游览小金门海域。远见金门岛的岩壁上赫然刻着八个大字"三民主义 统一中国"。回望大陆一侧，厦门海岸的环岛路上，遥相呼应也有八个大字"一国两制　统一中国"，金门战役的故事再次浮现脑际。倚着船舷，任凭海风袭面，我长久眺望对岸金门，咫尺天涯，海峡隔断了几代人多少期盼！

历史长河犹如滚滚东海，一去不返。改革开放以来，中国共产党改变了对台政策，停止了"炮击金门"，两岸关系从兵戎相见的对抗局面，变为友好交流，逐步发展成"三通"。时代的变迁和社会的发展，告诉了我们什么？时代在前进，历史在变化，随着时光流逝，金门战役已过去70多年。在过去的几十年里，两岸在"九二共识"的基础上，从当年势不两立转化为同胞和平往来、共同发展。但近年来，台独势力不断阻碍一个中国的实现，大有把台湾从祖国版图分裂出去的危险，令人堪忧。凡不希望祖国被分裂的人们，应保持清醒头脑，继续为中华民族的伟大复兴而共同努力。

据2015年1月《上海对台工作》披露：2014年12月，"中国陆军28军网"组织原28军老兵一行70余人，冒着绵绵细雨，登上昔日金门战役的主战场——古宁头安岐乡，会同金门爱心人士，共祭金门战役阵亡将士。大陆组成的祭奠团，有来自全国各地原参战金门战役部队的后继老兵、烈士亲属等，他们从厦门乘船登上金门，金门"爱心慈善基金会"会长率众迎接。

此次共祭活动的大陆召集人宋晓峰女士，其父宋家烈为原28军82师244团副团长。当年金门战役开打时，宋家烈因病未能参战，就此与战友们天人永隔。金门战役双方阵亡人员的遗骸合葬在"万军营"墓地。鉴于当年28军大多是山东人，大陆祭奠团从山东带来了"孔府家酒"，献给九泉之下的英烈。

家酒浇坟头，思潮涌心头。当年因另有任务没能参加金门作战的85岁老兵侯俊缓步上前，喃喃自语："战友们啊，我终于来看你们了，这么多年来，我一直想念你们。"原28军251团政委田志春的独生女田东民，在父亲参加金门战役时只有1岁，她母亲获悉田志春牺牲后没再嫁人。这天，田东民人未到坟前已泣不成声，祭拜之后，她对记者说："我感觉心里一块大石头放下了。看到这里的一草一木，就会想起当年父亲是在什么样的地方战斗过。"

大陆祭奠团最后集体高唱《中国人民解放军军歌》："向前，向前，向前！我们的队伍向太阳，脚踏着祖国的大地，背负着民族的希望，我们是一支不可战胜的力量……"嘹亮的军歌飘荡在金门上空。大陆祭奠团来到金门，不仅怀着对先烈的敬意而来，也为促进两岸和平统一而来。我们不会忘记那些为祖国统一事业奉献了生命的英烈！

（记：2017年7月，上海作协网刊《上海纪实》发表，2021年5月修改）

为什么战旗美如画
（开国将军王直朝鲜征战纪实）

作者：容子、紫金

"烽烟滚滚唱英雄，四面青山侧耳听，侧耳听，晴天响雷敲金鼓，大海扬波作和声，人民战士驱虎豹，舍生忘死保和平……"每当想起电影《英雄儿女》，影片中的歌曲仿佛在耳际响起。70年过去了，那场英勇壮烈的抗美援朝战争仍叫人难以忘记。

一、在上海团圆

中国人民解放军第三野战军第九兵团20军89师，原是30军的一个主力师，解放上海时是攻击浦东国民党军的尖刀部队，不仅歼敌51军，还因攻占白龙港逼近吴淞口，动摇了国民党守军坚

图1：王直照片

守上海的信心。国民党守军司令汤恩伯就是在白龙港失陷后，仓惶从吴淞口出逃。战后，89师驻守浦东的川沙、南汇、陆家嘴等地。

王直，时任89师政委兼浦东军管会主任。当年33岁，年富力强，英气勃发，轮廓清晰的面颊，唇线刚毅，目光炯炯。这位佩枪的军人、拿笔的政委，平日里和蔼可亲、耐心细致，战时作风果敢，雷厉风行。风尘仆仆刚从上海解放战役的硝烟战场走出来，又马上投入准备解放台湾和部队改编等一系列重大、繁忙的工作中。1949年10月1日，王直以驻军代表的身份，在浦东各界庆祝中华人民共和国成立大会上讲话。12月，出席了"上海市各界人民代表会议协商委员会"第一届会议。

王直是福建人，却与上海有一层特殊关系。他的妻子潘吟秋是上海人（祖籍浙江嘉兴），原名潘来宝，曾是上海日本纱厂的童工。"八一三"抗战爆发，在

闸北的家被炸,全家逃难去老家嘉兴平湖。过码头检票口时,她被关在门外没走成,只好一人在上海流浪。潘来宝当时14岁,年纪虽小,却有主意,她毅然进入难民营。这个难民营是共产党办的,有位王珍大姐(共产党员,后为中国外交部副部长韩念龙夫人)接待了她。她在难民营中学习文化,还学会了《义勇军进行曲》等歌。一年后,她乘船从上海到温州,下船后徒步到皖南,去参加新四军。途中遇到国民党盘查,问她姓名,她说了一个邻家女孩的名字:潘吟秋。到了皖南新四军,她觉得吟秋这个名字好听,从此就改名叫潘吟秋。1938年参加新四军,1939年夏,潘吟秋和王直分别于新四军教导队8队(女生队)和9队(高干队)毕业。其中一批男女毕业生由王直(队长)带到苏南陈毅处报到,潘吟秋就在这一批人里,他们从此认识。之后,两人从相识到相恋,从相恋到结婚,走到一起,共同革命。上海解放,已是部队供给股长的潘吟秋随部队也来到了上海。

王直的岳父潘庭镕,是上海的老工人,抗战后从老家回到上海。上海解放,使他见到失散12年的女儿潘吟秋,同时也见到了女婿。上海的解放使这个家庭有了一个全家团圆的机会,这个团圆还有一重欢快,就是这个家庭又添了个男丁(二儿子出生于上海八字桥医院)。这难得的团圆,不由得让人想起巴金先生的小说《团圆》。

但是,不久,朝鲜半岛乌云密布,这个团圆的家庭又要分开了。

二、从上海出发

1950年9月,正在为解放台湾而改编为空军的89师奉命停止改编,部队重组回陆军,恢复原番号建制,编入陆军第20军,准备离开上海。国庆节后的10月9日,89师从上海、昆山乘火车北上山东。此行是去山东驻训,为什么驻训,为了保密,只有师以上领导知道这是为抗美援朝做准备。

出发前,王直与妻儿告别,临走没忘逗一逗刚出生两个半月的二儿子。孩子出生在7月27日,三年后的这天,正好是朝鲜板门店停战协定签字日。抗美援朝战争胜利,宝贵的和平那时才到来。

10月25日,中国人民志愿军在朝鲜打响了与联合国军作战的第一枪。10月29日,朱德总司令来到曲阜,给第九兵团团以上干部作了"当前形势与任务"的报告,并庄严地宣布中国人民解放军第九兵团为中国人民志愿军第九兵团,择日出发到东北驻训,随时准备入朝作战。在升腾起浓浓火药味、严阵以待的日子里,久经沙场且对局势有着敏锐观察力的王直,已备感大战在即。

11月3日,89师1万多名指战员,分乘5列火车从山东兖州出发,昼夜兼程,向东北开进。虽说是到东北整训待命,但作为师党委书记的王直,已在思考抗美援朝战时政治动员的工作了。

三、跨过鸭绿江

果不出王直所料,北上军列到了天津,入朝命令下来了。当军列停靠锦州车站时,王直从报纸上看到了中国共产党和各民主党派发表的联合宣言,宣言提出了"抗美援朝,保家卫国"的伟大号召,这对于急速北上的将士们来说,就是战争动员令。王直立即在火车上召开师党委会议,认真学习宣言,同时派人购买了数十份刊有宣言的报纸分发给部队,迅速组织传达学习。

王直遵照上级意图,以师党委的名义,亲手起草了《给各团党委和政治机关的一封信》。信中,首先阐述了出国参战的意义,要求全师指战员坚决贯彻中央军委和毛泽东提出的战略方针和作战原则,在战略上藐视敌人,在战术上重视敌人;其次要消除恐美心理,发挥我军近战、夜战的长处,保持机动灵活的战略战术,集中优势兵力各个歼灭敌人。信的结尾处,向全师指战员发出了"集中全力打好出国第一仗"的响亮号召。当89师指战员们踏上朝鲜国土后不久,这封信就送到了各部队指战员手中。"消除恐美病,打好出国第一仗"成为全师政治工作的中心思想。

形势越来越明朗,情况也越来越紧急。列车停靠沈阳西站时,89师又接到上级新的行动命令:原计划从安(丹)东入朝,现临时改为从辑安(集安)入境。朝鲜东线战场上美军第10军三个师在仁川登陆后,必在朝鲜东海岸元山登陆,向鸭绿江方向逼近,志愿军发起第二次战役已迫在眉睫。入朝地点改变后,89师的铁路输送序列从军后卫变为军前卫(第一梯队)。

11月9日上午,部队到达鸭绿江边,在这里已清楚听见枪声和敌机的声音。根据军首长的命令,89师当晚乘着夜幕进入朝鲜境内。正可谓:"雄赳赳,气昂昂,跨过鸭绿江。保和平,卫祖国,就是保家乡。"

四、冰雪长津湖

抗美援朝第二次战役东线长津湖地区作战,是在冰天雪地中展开的。当时最冷时,山顶零下40摄氏度,山谷零下30摄氏度。手持枪碰到铁质部分,皮肤就粘在铁上;全身上下裸露部分,仅十几分钟即冻伤。人在野外,必须不停地活动,稍事休息手脚不动就会冻僵,随之而来就有冻死的危险。

89师军列到达锦州车站时,冬天的寒气已引起王直的高度关注。之前只在解放战争中经历过山东地区的寒冬,现在尝到东北的寒冬,不是一个滋味。王直将防寒防冻和物资供给运输列入了当时政治工作的主要内容,他立即与师长研究,确定司令部一位副参谋长负责组织师供给部,专抓后勤保障。

列车停靠沈阳的一天里,89师全师换上了高寒地区的棉衣和大衣,但缺少高寒地区棉裤,一部分人没有棉帽、棉手套和棉鞋。不得已决定让缺衣少帽的人员拆除部分棉被的棉花,缝制成棉帽、手套、耳套、口罩等御寒用品。睡觉时发挥互助友爱精神,抱团取暖,一个小房间居然睡下几十人。王直发现警卫班战士徐喜良的手冻伤了,他急忙用自己的洗脸毛巾帮小徐把手包扎起来,保护小徐的手不再受冻。不少干部在宿营时,让战士的脚伸进自己的怀里取暖。

刚入朝,志愿军后勤运输线还没有建立起来,就地取粮一时不能实现。89师全师随身所带只有一个星期粮秣,断粮后,在饥寒交迫下如何打仗?当年淮海战役的胜利是人民群众推小车推出来的,但在朝鲜山区,厚达几十厘米的积雪,谁能推得动小车呢!整个东北军区只有一个汽车团,15万人马的志愿军第九兵团只能自力更生解决后勤保障问题。那时志愿军的炮兵运载装备是骡马化,用骡马运输总比用人肩挑背扛的效率高,89师下狠心动用师炮兵团搞后勤运输。但下这个决心,就像红军长征时迫不得已下决心丢掉重武器那样难。

89师是九兵团的先头部队,入朝后267团首先接防先期入朝的志愿军42军。不久,与美军陆战1师第7运输大队遭遇,打敌措手不及,缴获了美军3 000条羊毛军毯。这时89师多数官兵穿的是温寒带的棉鞋,不是高寒带的绒毛皮鞋,行军脚出汗棉鞋容易结冰,脚冻伤难以避免。所以,王直立即提出将毛毯撕开,分发给战士们包脚。可是,供给部门感到这么好的羊毛毯撕掉太可惜,还有人认为缴获的战利品应如数上交,自行处理不妥。王直坚定地认为,当下保护指战员的手脚就是保存战斗力,保存战斗力就是胜利。他力排众议,下令把缴获的军毯全部发到部队,剪成小块分发给指战员包手包脚。这一果断措施后来得到证明,对于保障89师的战斗力起到了重要作用。89师在第二次战役中成为全兵团非战斗减员最少、保持战斗力最好的一个师。在最后阶段的追击战中,89师成为九兵团唯一能成师建制开展追击的部队,是东线作战中取得战果最多的部队之一。兵团和军首长战后一致充分肯定89师所采取的防寒防冻和后勤保障措施。

89师进入长津湖地区时,由于后方运输线延长供给不上,从前卫267团起,到后续到达的团队,前后约一个星期断粮,师首长也两天吃不上饭。兄弟部队42军看到接防的267团没粮了,主动援助了几袋大米,真是雪中送炭!王直亲往42军致谢。42军原是东北野战军的部队,比南方来的部队在防寒防冻、物资运输等方面有经验,打仗也打得好,在267团接防前的黄草岭阻击战中使美陆战1

师吃了不少苦头。趁着42军还未完全撤防，王直即令267团抓紧时间向兄弟部队学习阻击经验。267团不负众望，在东线长津湖志愿军主力还没打响之前，就打出了志愿军的威风。

王直在后来的笔记中这样写道："二六七团部队在困水里、小德一线阻击，基本上完成了任务，拖延了敌人进攻的时间，给了我主力集结出击的时间……敌人以四架飞机配合，两次攻击都被机枪手打下去……敌机发觉后，在该机枪阵地上投掷一枚炸弹（未炸），结果机枪手连人带机枪都翻到半山腰。后来这个机枪小组迅速将机枪带回阵地继续打，就这挺机枪阻击了敌人半天不敢前进……二排五班表现沉着，并顽强地反冲锋，看见敌人在公路有小包车和指挥官，排长即指示一战士（特等射手）将敌指挥官打死……"文字记载很简洁，背后却饱含着巨大艰辛。2020年《长津湖》电影即将公演，描述志愿军的艰难困苦，不知电影形象的表达能否胜于文字表达？

五、社仓里交锋

美军第10军下辖的海军陆战队第1师（简称陆战1师）、陆军第7师、陆军第3师都是参加过第二次世界大战的王牌师。美陆战1师在太平洋战争中，是从南太平洋群岛南端的瓜岛北上，直打到西太平洋的日本冲绳岛，几十仗无一败绩。美7师有一个获得"北极熊团"称号的团队，是擅长山地作战的部队。在社仓里方向与89师对峙的是美3师，是二战欧洲战场美军名将巴顿指挥过的部队。志愿军在东线面对的全是美军，89师的对手全是强敌。

11月27日，志愿军第二次战役东线作战打响。第九兵团按照预定部署向长津湖地区之敌发起攻击。89师是在社仓里这一独立的方向上作战，保障军主力对柳潭里方向之敌围歼的侧翼安全。27日晚10时战斗发起，为夺取敌防御要点，两位英雄班长蒋德林、吴怀有，像董存瑞一样舍身炸碉堡，炸死敌人30多人，使部队顺利地冲进了敌方指挥所。除了炸死的，还俘虏了美军7人。原先社仓里的守敌是南朝鲜伪军第26团，在志愿军进攻的前两天刚与美军第3师第7团换防，敌人的数量比原来多出一倍。本以为对手是南朝鲜军，一交手才发现不对。在向纵深进攻时，敌支撑点都是坦克围圈构成的，不但机枪火力猛，还有炮火反击。这晚上的战斗，最终进攻还是受阻。

王直立即感到重大考验来了。89师如果在社仓里坚守不住，美3师就会抄20军主力的后路，使主力腹背受敌，整个东线战役就可能失败。王直立即赶赴主要防御方向的266团进行战场动员。最终89师经受住了考验。王直的战时笔记是这样记载的："三十日社仓里之敌在飞机大炮掩护下，向我二六六团二营社仓里以北山头猛烈攻击。敌机投弹十余枚及汽油桶与数十发炮弹猛炸四连阵地,由于当时该连工事做得坚固(三能工事),队形摆得好,部队坚决顽强,仅以小的代价坚守了阵地。打退了敌人七八次攻击,并大量地杀伤了敌人,结果使敌人不可能北进。"

东线美军陆战1师和第7师遭到志愿军第九兵团的沉重打击后,为逃脱被全歼的命运,于12月1日开始全线溃退南逃。社仓里之敌美军第3师第7团也于2日东撤。在运动中歼灭敌人是我军机动灵活的传统战法,王直和师长余光茂、副师长曾照熙、副政委兼政治部主任罗代周,迅速研究部署后,由王直亲率265团尾追逃敌,令267团平行追击。天上大雪纷飞,地下积雪覆盖,志愿军的两条腿和美国侵略军的汽车轮子在冰天雪地中展开了竞赛。

为什么敌人腐烂变泥土,因为勇士辉煌化金星。为什么战旗美如画,因为英雄的鲜血染红了它。王直在他的战时笔记中记录了英雄的名字,在硝烟弥漫的朝鲜战场,何止杨根思、黄继光和邱少云啊!

六、剑山岭追歼

美军第3师第7团倚仗着现代化装备,向南逃了一整天,已疲惫不堪,行至剑山岭下,就在山谷中的一个小村庄里隐蔽下来。他们认为,在如此恶劣的气候条件下,志愿军仅凭两条腿,无论如何也追不上他们的汽车轮子,便放心地宿营了。就在美军高枕无忧地睡大觉时,我265团仍穷追不舍,不畏艰难地翻越了海拔1 300多米的香榆峰,抄近路突然出现在剑山岭下。

追击途中,正逢夜晚,大雪纷飞,为抄近路,强登香榆峰,寒冷、饥饿、体力消耗很大。王直很清楚,现在部队最需要的是一种生命不息、战斗不止、顽强克敌的勇气。"美国鬼子最怕近战夜战,只要追得上,定能打败他!"事实证明,一句关键性的战地口号,往往可以起到提高勇气、增强战斗力的作用。凭着顽强的战斗意志,志愿军战士们从天而降。先头部队团警卫连蔡指导员带领着小分队,首先发现几个美国兵围着火堆烤火,附近还有5辆汽车、8辆坦克。小分队一阵惊喜,可把敌人撵上了!他们立即向师前指报告这个情况。王直和曾副师长立刻研究敌情,定下围歼剑山岭之敌的决心,果断指挥部队,对敌实施包围,即刻发起攻击。

追上敌人时,志愿军指战员们已处于极度疲劳之中。但一听说追上敌人了,个个精神振奋,马上又斗志昂扬地投入战斗。265团立即进入指定位置,对敌实施包围,按命令发起进攻,剑山岭下的战斗打响了。3营从正面攻击,2营攀登峭壁从侧后袭击,团警卫连迅速插入敌阵,打得敌人措手不及,枪声爆炸声顿成一片。战士尹华端起轻机枪向龟缩在"北极袋"里的敌人连续扫射,班长马大球用炸药包炸毁了冲来的坦克,又率一个小组冲向敌人一个连部,将其连房带人炸得飞上了天。

美军遭此袭击,被打得抱头鼠窜,混乱不堪,志愿军毙伤美军100余人。但美军并没有束手就擒,等他们缓过神来,立即组织了反击。夜航机出动了,照明弹把夜空照得雪亮,在坦克的引导下,气势汹汹地反扑过来,妄图突围。这时,我方第267团到达指定位置,投入战斗。副连长李太隆拎起两颗手雷,迂回接近公路。随着爆炸声响,前面的两辆敌坦克被炸毁,阻挡住后面的坦克,使坦克失去了冲击力。高射机枪手洪成茂击落一架敌机,美军飞行员跳伞后被志愿军生擒,这才知道是美海军陆战航空第2联队11大队的飞机,飞行员是参加过第二次世界大战、曾击落日军10多架飞机的上尉飞行员。这个飞行员得知击落他的是一个20多岁的志愿军小伙子时,伤心地痛哭起来。

拂晓前,志愿军发起总攻击,分割包围,各个击破。经过一夜战斗至12月3日上午10时,终于将美军第3师第7团第2营大部歼灭。俘虏美军80余人,毙伤200余人,击落敌机1架,击毁和缴获敌坦克、汽车40多辆,各种火炮3门,轻重机枪20余挺及其他战利品数百件。接着,志愿军又乘胜追击,连续战斗。在12月

图2:志愿军89师在剑山岭追歼战斗中缴获的美军第3师第7团2营的卡宾枪、冲锋枪、对讲机等武器装备

5日至12日的追击战中,又击毙美军100余名,俘敌300余名,击毁和缴获敌汽车100多辆。志愿军一直追敌至东海岸,美军在两艘航空母舰和海军的掩护下,仓惶从海上撤逃。12月24日,我军主力收复元山、兴南港,第二次战役胜利结束。

七、战后花絮

1950年12月5日7时,毛泽东在致电彭德怀、宋时轮并告高岗的电文中,提及第二次战役:"……除歼灭被围之敌及准备打援外,如能以一个军的主力再歼灭社仓里地区美三师的两个团,则意义极大。"(摘自《毛泽东军事文集》第6卷)。电文中毛主席所关注的社仓里地区,就是89师的作战方向。毛主席为什么想在社仓里方向扩大战果,无疑是看到了89师剑山岭追歼战中所取得的战果。但由于种种原因,第九兵团难以一个军的主力在社仓里方向加入战斗,最终只有89师的三个团(265团、266团、267团)和27军94师的一个团及26军的一部在追歼敌人,还是取得了一定战果。最终,把美军赶下大海乘船逃跑。

追击停止后,20军以89师为主,将全军能行动之战斗人员,组成一个准备随时处置突发情况的参战师,待命再战。89师为九兵团唯一一个战后还保持着师建制的部队。

89师实现了"打好出国第一仗"的愿望,全师指战员感到无比欣慰,没有辜负祖国和人民的期望。第二次战役的胜利,粉碎了美帝国主义"圣诞节结束朝鲜战争"的梦想,改变了朝鲜战场的态势,达到了我方战略预定目的。几十年后,英国牛津大学战略学家罗伯特·奥内尔博士著的《清长之战》中,对这次战役是这样评价的:"中国从他们的胜利中一跃成为一个不能再被人轻视的世界大国。如果中国人没有1950年11月在清长战场(清川江、长津湖战场)稳执牛耳,此后的世界历史进程就一定不一样。"这是对第二次战役历史意义的真实写照。

89师在剑山岭战斗中所取得的胜利,受到了兵团的嘉奖,中央人民广播电台向全国人民报道了这一胜利战况。这天,在上海的潘庭镕从中央人民广播电台的播音中,得知志愿军打胜仗的喜讯,听到女婿王直的名字又惊又喜。播音员说:"志愿军89师师长余光茂和政委王直所率部队,在作战中取得重大战果。"潘庭镕高兴地写信给在山东的女儿潘吟秋:"王直的部队打了胜仗。"这时,潘吟秋已从上海转到山东曲阜九兵团留守处,听到王直打了胜仗的好消息,非常高兴。

由于王直在第二次战役中战时政治工作坚强有力,部队战绩显著,战役结束后被提升为志愿军第26军政治部主任。王直前往26军上任,是在89师东线作战总结完成后,第四次战役准备开打之际,从300多里外的20军休整点赶往26军所在的平康、金化前线,如同电影《英雄儿女》中王文清主任乘坐吉普车赶

图3：平康前线26军政工指挥所，王直（左1）

往前线部队一样。电影中的情节是途中遇到一个硕大的炸弹坑，朝鲜老百姓帮助把吉普车抬过了坑。而现实中的王直所乘坐的吉普车，是途中遇到敌舰炮封锁区，趁着炮弹飞行间隙，吉普车绕过众多弹坑，一气冲出了封锁区。

八、模范政工干部

　　战争年代，中国人民解放军有一批优秀的政工干部，承担着神圣的职责。作为高级政工干部，王直在战场上坚决执行部队指令，对侵略者毫不留情；而平日里他对同志、对战友、对人民，却是悉心呵护，关爱有加。他以自己的言行昭示着人民军队的宗旨，影响、教育着各级官兵。

　　1951年四五月间，解放军第24军向26军输送一个老兵团，以补充26军各部队的兵员缺额。带领老兵团的团政委雷应清到达朝鲜后，突发败血症，生命垂危。王直闻讯，立即亲自交代卫生部长组织力量抢救，一方面动员指战员为雷应清献血，另一方面亲自动员和督促医护人员全力抢救。为了抢救雷应清，王直彻夜不眠地守候在电话机旁，随时掌握和处理抢救过程中的情况。在他的严密组织和卫生部门的努力下，终于把雷应清垂危的生命从死神手中夺了回来。

　　王直对负伤的指战员，总要亲自去慰问，帮助解决实际问题。1952年夏天，王直在去76师参加西方山斗流峰战斗总结的途中，看到前方抬下重伤员陈永生,立即和警卫员耿北祥一起帮助把陈永生抬到医务所进行抢救。

王直热爱朝鲜人民,多次不顾个人安危,抢救危难中的人民群众。在第二次战役时,他住在黑水里桥群众家,时值大雪纷飞,突然敌机来袭,疯狂地对村庄进行轰炸扫射,师部当即有42人不幸中弹。村里的群众东奔西跑,四处躲藏。王直发现雪地里有个四五岁的小男孩,被突如其来的猛烈袭击吓得大哭。王直立即冒着敌机扫射的危险,箭步冲去把小孩抱到岩石下隐蔽,后交警卫员耿北祥照顾。空袭之后,小男孩的家人得知志愿军首长救了自己的孩子,感激万分,连声说"吉文滚东木乔土米达(志愿军同志好啊)"。

在朝鲜战场上,王直曾抢救过两名儿童和一名老大娘。1951年5月,王直去兵团开会路过永善县,正遇小学校被敌机轰炸燃烧起火,他立即停车带着随员前去抢救。他还把自己节省下来的口粮、食品罐头和火柴等送给贫苦群众和人民军亲属,帮助他们克服困难,渡过难关。1951年夏季,朝鲜下了数十年不遇的大雨,山洪暴发,交通中断,后方供应困难,志愿军部队处在非常困难的时期,不得不发动战士挖野菜充饥。就在这样艰难的时候,王直还想到朝鲜人民的疾苦,他发动部队捐助物资,救济难民,驻地马背岩的群众曾为此再三前来道谢。

王直十分注意军民关系和群众工作。在伊川,他曾在百忙之中,去当地中学和师生们联欢、合影留念,合影照片他一直保留着。他的模范行为为部队做出了榜样,也在朝鲜人民心中树立了中国人民志愿军高级干部的良好形象,兵团首长

图4:1951年6月,朝鲜伊川中学师生到志愿军26军军部慰问时的合影

称赞他是模范政工干部。

王直还很重视对群众宣传及对敌军宣传。王直时刻督促各部队要注意团结,通过朝鲜翻译做群众工作,起到良好效果,赢得朝鲜人民的大力支持。王直对归国代表王剑魂亲自交代:把部队现有的材料都带回国,给祖国人民送礼!请把抗美援朝的战斗胜利和英雄事迹传达给祖国人民;把祖国人民对志愿军的期望带回来,以便更好地教育部队为国争光。

在开展群众性的对敌宣传方面,王直不仅坚决执行我军对敌军的俘虏政策,而且亲自开展宣传教育,争取俘虏。对美军飞行员俘虏提出的一不要杀他,二给他重新工作,三要见见高射机枪手的要求,王直均给予回答并满足其要求,从而扩大了我军的政治影响。王直对政治工作很全面、很熟练,不管平时、战时都有一套,不愧为优秀的军队政治工作者。

九、文工团是个好帮手

朝鲜战场的战争环境,尤为艰苦残酷。在没有制空权、武器装备劣势于敌、后勤保障难以就地补给的情况下,指战员们冒严寒、忍饥饿,还要奋勇作战,没有坚强有力的政治思想工作是不可能做到的。在抗日战争之初,王直曾任新四军2支队政治部宣传队长,有亲身体验,深知文工团是加强部队政治思想工作、沟通上下联系、增强战勤保障能力的一支不可或缺的重要队伍。因此,王直对朝鲜战场的文工团十分重视。

1951年年初,第二次战役结束后,王直由20军89师政委升任26军政治部主任,对26军文工团及各师文工队的创作和演出抓得很紧,亲自督促检查。王直常说:"文工团是个好帮手。"26军也是从上海来到朝鲜战场的,文工团里有不少上海籍团员。王直在他的回忆录《志愿军26军政治部文工团在朝鲜战场》中,做了较详细介绍,使我们看到当年英雄儿女的真实故事。

那时26军的军政治部机关及直属单位共有700多人,其中文工团就有100多人。文工团有表演队(曲艺、舞蹈、器乐等)、写作股、军乐队、美术创作组等。文工团的主要任务是将前线将士可歌可泣的英雄事迹宣传出来,增强部队的革命英雄主义和革命乐观主义。军文工团在朝鲜近两年的时间里,创作了许多文娱节目,表现形式丰富多彩。如,小歌剧《血的友谊》,歌剧《阿妈妮》;京韵大鼓《反坦克英雄班》;舞蹈《士兵舞》《阵地舞》;自编的独唱歌曲《慰问袋》、快板、乐器演奏、相声、戏剧演唱、秧歌、腰鼓、小剧等,有一两百个节目。文工团自编自唱,部队搞得生动活泼,他们深入前沿阵地为炊事班演出,得到广大指战员欢迎。这样的故事在电影《英雄儿女》中多有体现。

图5：王直（前中）1952年在朝鲜与26军77师文工队同志们合影

创作文艺作品，王直要求把握两个原则：一是要有很强的战斗性和群众性；二是部队作战频繁，阵地分散，敌机骚扰，演出形式必须是适合分散、隐蔽的小型化形式。因此，那时的文艺表演是走进树林，走进地堡，走进坑道，上炕头去"搭舞台"。1952年元旦，26军文工团就曾组织了一个"电话联欢会"。文工团到某团1连坑道演出，将电话打开，2连的战士围在电话机旁也能听到节目表演。一个节目演完了，2连的战士们从电话机那头传来"再来一个"的叫声。用电话送去了歌声，传回来的是笑声和称赞。通过电话，将祖国的飞速进步告诉前方，也把首长的嘱咐告诉前方指战员，把英雄事迹广泛传播。

文工团到前沿阵地，往往是在晚上演出。夜晚挖坑道的战士还和文工团员一起合着劳动号子唱："哎哟哟，不怕天冷石头硬，筑好阵地杀敌人，争取立个国际功啊，哎哟哟……"在山峦起伏的阻击线上，文工团员与战士们一起欢笑，一起歌唱。这真是"烽烟滚滚唱英雄，四面青山侧耳听"，战地宣传，鼓舞士气。

在抗美援朝战争中，很多人以为文工团的任务就是演演戏，其实，文工团还要担负很多工作。除演出外，他们还要了解前线指战员们的思想情况，回来后，向军、师政治部汇报；在部队演出时，配合部队指挥员，做战士们的思想工作；到前线演出时，要将各类补给品带给前线部队；从前线战场返回时，将伤病员护送到后方医院治疗;遇到部队作战时,他们还要担负抢救、掩护伤病员的任务;还要做群众工作,与朝鲜老百姓建立军民鱼水关系;有时要组织国内民工支前作战;有时要当临时翻译、当临时战地记者,等等。

在朝鲜战场上,文工团员从后方到前沿,要经过敌方炮火封锁线,时常遇到敌机的轰炸和扫射。到了前沿阵地,遇上敌人进攻,他们和战士一样,也要参加战斗和做战斗保障工作。所以,文工团员同样要冒着生命危险,牺牲负伤的不少,立功受奖的英模也不少。

十、经典作品与现实原型

老年时的王直,常和夫人潘吟秋一起翻看革命战争年代的照片,回忆起峥嵘岁月中那些难忘的事。王直将军珍藏的朝鲜战场文工团的老照片里,有许多内容与巴金的小说《团圆》及电影《英雄儿女》里的情景吻合。例如,当年要求文工团员"多才多艺,精通一门",每人学会几套演唱本领,文工团员们积极响应、练功的照片。《团圆》小说中的王芳是上海人,却会演唱天津的京韵大鼓,就是"一专多能"的表现。再如,26军文工团写作股人员在构思创作节目台词和曲调的照片。《团圆》小说中有多处反映王芳搞创作的内容,是对文工团员战地创作的生动写照。又如,敌机在轰炸,在坑道里照常演出的照片。虽然坑道狭小,昏暗一片,面对面的演出近在咫尺,节目一个接一个,《团圆》小说中有同样的细节描写。还有,小歌剧"团结慰问袋"的演出照片,慰问袋是祖国人民通过赴朝慰问团送给最可爱的人——志愿军的。《团圆》小说中也有相同的情节描写。

众所周知,电影《英雄儿女》是根据巴金的小说《团圆》改编的,这部经典作品具有强大的影响力。有人说,王直将军和26军文工团是小说《团圆》及电影《英雄儿女》的原型。对此,王直将军这样说:"(电影中)王主任这一形象的原型,应该是志愿军高级政工干部的整体形象。我是不是'王主任'并不重要。重要的是,我们应当通过《英雄儿女》这样的优秀作品,记住那段历史,记住革命先烈为了祖国和人民所付出的一切。"此话令人感佩!

王直虽未与巴金接触过,但酷似巴金所著《团圆》及改编后的电影《英雄儿女》中的军政治部主任王文清。理由是:

(1)《团圆》和《英雄儿女》中的主角是军政治部主任,王直1951年年初任志愿军26军政治部主任;《英雄儿女》中王主任是入朝亲临前线至作战结束后由师政委升任军政治部主任的,这与王直的经历相同。

(2)《英雄儿女》中的军政治部主任姓名王文清,而王直原名王汉清;《英雄儿女》中的军政治部主任原名王东,而王直则是王汉清参军后的名字。

(3)《英雄儿女》中的王主任与文工团工作关系密切,这与王直的经历相同。《英雄儿女》中的王主任与朝鲜老百姓关系密切,现实中的王直主任与之相同。

(4)《英雄儿女》中的王主任与上海有千丝万缕的联系,现实中的王直主任也与上海有不解之缘。王直夫人潘吟秋是上海人;岳父潘庭镕是上海工人。影片中老工人王复标有一儿一女是志愿军,而潘庭镕有一女一儿是新四军。

(5)第一届祖国人民慰问团第三分团(华东分团)到过志愿军26军慰问,第三分团秘书长和副秘书长都是上海派出的。巧合的是,26军文工团里也有一位名叫王芳的团员。

以上无需刻意考证,但不妨记录下来,为王直将军做个纪念,也为本文增添一个故事趣闻。

图6:王直将军和夫人潘吟秋老年时在看照片

文章写到这儿,我们眼前出现了电影《英雄儿女》中的许多镜头,耳边响起激荡人心的电影插曲。影片中王成紧握爆破筒跃向敌人的形象,和真实的班长蒋德林、吴怀有的形象重叠在一起了;乘坐吉普车奔赴前线的王文清主任的形象,与真实的王直(王汉清)的形象重叠在一起了;电影中文工团员王芳的形象,与真实的26军文工团员们的形象重叠在一起了。他们对着四面青山高唱:"为什么战旗美如画,英雄的鲜血染红了它;为什么大地春常在,英雄的生命开鲜花。"

1953年7月27日,美国代表在朝鲜板门店停战协定上签字。

70年弹指一挥间,许多英雄已离我们远去,许多老将军也已作古长逝,但他们的故事让人记忆犹新、久久回望。70年前的演出徐徐拉上了帷幕,但红色记忆的大门没有关上。抗美援朝的故事在今天的历史舞台上仍有一席之地,它庄严地告诉我们:为什么战旗美如画,英雄的鲜血染红了它!

谨以此文,纪念抗美援朝战争胜利70周年。

[人物生平链接]

王直(别名:王汉清,1916年7月—2014年4月7日),福建省上杭县才溪乡人。1931年5月参加中国工农红军。1934年4月加入中国共产党。战争年代,先后参加了中央苏区反"围剿"作战,南方三年游击战争,浙西、溧阳、高淳、天目山、苏中、涟水、鲁南、莱芜、孟良崮、临朐、鲁西、豫东、济南、淮海、渡江、上海等战役战斗。中华人民共和国成立后,历任20军89师和志愿军20军89师政委、26军政治部主任、31军副政委、福州公安军政委、福建省军区副政委、陆军28军政委、福州军区政治部副主任、福州军区副政委等职,参加过抗美援朝战争。1955年,被授予少将军衔。荣获共和国二级八一勋章、二级独立自由勋章、一级解放勋章和一级红星荣誉章。荣获朝鲜民主主义人民共和国二级独立、二级红旗勋章。是中华人民共和国第五届人大代表,福建省第五届、第六届人大常委会副主任。2014年4月7日,在福建省福州市病逝,享年98岁。

(记:全文2020年10月发表于上海东方网;缩略版发表于2020年10月《上海滩》杂志。本文作者之一紫金为王直将军的儿子)

百年沧桑　中国航母梦

2017年4月26日,我国第一艘完全自主建造的航母在大连港下水!

2022年6月17日,我国第二艘自主建造的电磁弹射型航母在江南造船厂下水!

在人们的欢呼声中,我的思绪飞得很远很远,想起了1894年的甲午海战。悠悠岁月,中国人的海军梦,中国海军的航母梦,是从什么时候开始的?

不久前,看了一些资料,我才知道,中国海军的"航母梦"早在100多年前,即1916年第一次世界大战期间就已启蒙。但是,直到新中国成立后过了半个多世纪,2002年中国才真正走向拥有航母实体的时代。2017年4月第一艘国产航母下水,将历史上的几个时间点衔接了起来,让我看到百年沧桑的中国航母梦正在实现。

1916—1949年,中国航母梦搁浅

中国海军自甲午战争以后,与西方列强拉大了差距,饱受海战之苦的中国人不甘落后的结局,意识到必须建设一支先进的海军才能御敌于国门之外。第一次世界大战爆发后,北洋政府海军部派出了两名年轻的军官:陈绍宽和郑礼庆赴欧洲观战,目的是希望他们通过欧洲战场带回现代战争的经验。

1916年12月,陈绍宽、郑礼庆二人踏上前往欧洲的旅程,先到英国、法国、意大利考察海军,然后登上英国皇家海军的舰艇亲临战场。当时,英国完成"竞技神号"改装后,又将其他大型舰艇改装成水上飞机母舰。到一战结束时,英国共改建了15艘水上飞机母舰。就在战争即将结束之际,英国对"暴怒号"实施进一步改装,加装了飞行甲板,使其成为世界上第一艘真正意义上的航母。1918年7月,从这艘航母上起飞的7架舰载机,轰炸了德国的空军基地,显示了航母的巨大作战能力。陈绍宽耳濡目染,将欧洲海战的新变化看在眼里,记在心里,从那时起他就下决心要让中国海军拥有航母。

一战结束后,陈绍宽在英国担任了两年海军武官,1920年回国。回国时正值军阀混战时期,根本不具备建设新海军的条件。1928年张学良在东北易帜,

蒋介石实现了形式上的全国统一,陈绍宽担任海军第二舰队司令兼海军署署长。他于当年年底给国民政府上了呈文,要求扩充海军,首次提出建造航母。但他的提议没有引起重视,在全国编遣会上被否决掉了,陈绍宽愤然提出辞职。

蒋介石怕海军群龙无首,忙安抚陈绍宽,做出建造3艘航母的承诺。陈绍宽被蒋介石一番话打动,打消了辞职念头,随后担任海军部长。担任海军部长后,陈绍宽在所有的海军建设规划中,都将航母建造作为海军建设的重要组成部分,就连停泊航母的海军基地都想好了。然而,蒋介石夸下海口只是安抚陈绍宽的权宜之计,并未当作实事来办,因此始终没有在海军建设上投入足够经费。到抗战爆发前,"航母"仅是挂在口头上的一个名词而已。

图1:早年陈绍宽

抗日战争爆发后,陈绍宽暂时放下了那些纸面上的规划,开始部署现有舰艇的抗战事宜。1937年8月上旬,为阻止日本舰队,国民政府用沉船在江阴建立了一道封锁线。日军为打通封锁线,动用航母上的飞机实施大规模轰炸,将防守封锁线的国民党海军第一舰队几乎所有舰艇炸沉。此后,日本航母经常出没于中国沿海,配合陆上作战行动。日军的空中肆虐让陈绍宽进一步看到了航母的作用,1943年11月,他代表海军部再次提出海军建设的规划。在这次规划中,他不再满足拥有几艘航母了,而是要建造几个航母群。他设想将中国沿海划为四个海军区:第一区从辽宁安东到山东半岛成山头;第二区从成山头到长江口;第三区从长江口到广东汕头;第四区从汕头到中越交界。每个区成立一支海防舰队,希望拥有5个航母群,全国沿海共需20艘航母。

陈绍宽的这个规划令蒋介石等人瞠目结舌,陈绍宽却说:"这笔钱国家是省不得的。"然而,就战时的中国状况来看,上述规划没有实现的可能。1945年8月,抗战即将胜利,陈绍宽再次提出建造航母,制定了《海军分防计划》,将航母数量从20艘减为12艘,建造期限为30年。抗战胜利后正当陈绍宽雄心勃勃地准备实现建造航母计划时,内战阴云开始笼罩中国,蒋介石的全部精力用于如何对付共产党,把建设海军的计划抛在脑后。1946年6月,蒋介石发动了对解放区的进攻,大规模内战全面爆发,国民党海军卷入内战,陈绍宽的航母之梦随之破灭。中国人第一次拥有航母的努力就此结束。

1997—2002年,中国航母梦复苏

1949年中国人民解放军建立了新型海军,从无到有,由小到大。前中央军委副主席刘华清曾发出"不搞航空母舰我死不瞑目"的呼吁,人民海军奉行强军道路。但由于建国初期国家面临种种困难,后又遭遇三年困难时期,接着十年动乱,经济停滞不前……几代中国人的航母梦一直无法实现。直到中国改革开放,国际形势发生重大变化,中国海军终于等到了走向航母时代的机会,航母之梦开始复苏。

1991年年底,苏联解体,其家业由参与独联体的11个加盟国瓜分。苏联第二艘航母"里加号"(以拉脱维亚首都"里加"命名,即后来的"瓦良格号")在苏联解体前只完成70%的工程。苏联解体后,该舰归乌克兰所有,而乌克兰无力完成它的后续建造,俄罗斯也无力提供资金完成,不需要它。经过一番争执和推诿,乌克兰终于提出高价出售这艘航母。

说起"瓦良格号"航母,人们知道它是中国第一艘航母"辽宁舰"的前身,将其购买回来的过程惊险、曲折、艰辛。该项目背后复杂的决策和操作细节,在此省略,仅就众所周知的一些经过做个简单回顾。

1997年10月下旬,路透社发出一则消息:"乌克兰同俄罗斯就履行苏联时期合同的谈判宣告失败,苏联曾向'瓦良格'项目投入5亿美元资金,但1991年苏联解体后,该项目搁浅。由于俄罗斯缺钱,乌克兰只好被迫寻找外国买主。"得知消息后,中方民间香港创律集团在华夏证券的协助下,出面筹资应标,开始购买"瓦良格号"。

1998年1月27日,创律集团董事长亲赴乌克兰,从基辅登上开往尼古拉耶夫市黑海造船厂的火车。来到造船厂后,登上"瓦良格号"考察了全船。最初谈判比较顺利,初步定价1 800万美元。但随后谈判变得不太顺利,乌克兰方面通知:"瓦良格"将在三天后公开拍卖。三天后,在基辅市最著名的佳士得拍卖行,中方以2 000万美元竞标成功,当场办理了拍卖成交协议。中方代表第二天又和黑海造船厂厂长一同乘飞机由基辅赶往黑海造船厂,在飞机上就航母设计图纸移交一事进行商讨。那些资料起码有近20吨重,图纸资料加上铁箱子总重量有40~50吨,运走时整整装满了8辆大卡车。

1999年4月29日,华夏集团收购了创律公司80%的股权,于10月24日委派代表前往乌克兰黑海造船厂,付清所有欠款之后,与乌方签订购买"瓦良格"的正式协议,获得了船主证、船籍证等十多份法律文件,使"瓦良格"变身为中国国籍。与此同时,创律公司雇用拖船,拖着"瓦良格"开始漫长的航程。

图2：瓦良格号

7月，当"瓦良格"驶抵土耳其北部黑海水域，准备通过博斯普鲁斯海峡时，在第三国"提醒"下，土耳其政府加以拦阻，强行命令"瓦良格"退回黑海。土耳其方面以"瓦良格"船体过大，一旦出现意外，会撞上伊斯坦布尔大桥，阻塞海峡为由拦住了它。8月，"瓦良格"又试图通过海峡，再次遭到土耳其政府的拦阻，被阻挡在黑海中，漂荡了很长时间后又返回原海港。中国与土耳其从此开始了长达一年半的谈判。2001年8月25日，土耳其国家安全委员会做出决议，同意让"瓦良格"通过其海峡。

"瓦良格"原定10月25日起航通过土耳其海峡，不料风浪突起，拖带"瓦良格"的拖船缆绳因风浪太大而断裂，土耳其海洋署下令停航。11月1日，天气晴朗，博斯普鲁斯海峡风平浪静。上午8时，晨雾散尽，这艘没有动力的庞然大物在11艘拖船和12艘救难、消防船的前呼后拥下，进入曲折狭长的博斯普鲁斯海峡。下午2：30，终于安全驶过海峡进入宽广的马尔马拉海。11月2日早晨进入狭长但曲折较少的达达尼尔海峡，当天下午进入爱琴海。

11月3日，由6艘拖船拖曳的"瓦良格"在爱琴海斯基罗斯岛附近，遭遇前所未有的风暴，希腊商业海运部花费了很长时间才控制了它。"瓦良格"从风暴中脱险后，经地中海，穿直布罗陀海峡，出大西洋，经加那利群岛的拉斯帕尔马斯，于2001年12月11日绕过非洲好望角进入印度洋，经莫桑比克的马普托，于2002年2月5日通过马六甲海峡。2002年2月11日晚，"瓦良格"抵达新加坡外海，2月12日进入南中国海，2月20日进入中国领海。2002年3月3日，历尽艰险的"瓦良格"终于抵达大连港，结束了航程15 200海里、耗时4个月（123天）的艰难远航。

2012年9月25日，修建后的"瓦良格号"正式更名为"辽宁号"，交付中国人民解放军海军，主要用于训练和演练。2013年11月，辽宁舰从青岛赴中国南海展开为期47天的海上综合演练，其间中国海军以"辽宁舰"航母为主，编组了大型远洋航空母舰战斗群，战斗群编列近20艘各类舰艇。这是自"冷战"结束以来，除美国海军外，西太平洋地区最大的单国海上兵力集结演练，标志着"辽宁舰"航母开始具备海上编队战斗群能力。

2017—2019年，见证中国航母梦实现

2017年3月7日，第一艘中国国产航母开始刷漆准备工作，在飞行甲板边缘设置了吊运挂钩。3月10日，国产航母全面涂装红色底漆。3月13日，国产航母开始安装舰桥玻璃和雷达系统子设备。4月1日深夜，灯火通明的大连船舶重工厂区，国产航母彻夜赶工。4月4日，清明期间的国产航母上依然人头攒动。4月9日，一水儿的海军灰让第一艘国产航母焕然一新……

2017年3月30日，在国防部例行记者会上，有记者问："国产航母的进展备受关注，何时下水，求证实。"中国国防部新闻发言人表示："国产航母目前进展顺利，何时试水，相信不会让大家久等！"

终于，这一天到来了！2017年4月26日中国首艘国产航母下水。2018年5月5日，一架直-18改进型直升机降落在停泊于大连造船厂码头的国产航母甲板上，数分钟后起飞离开。5月13日，国产航母在诸多拖船的簇拥下离开了码头。5月18日，国产航母首次海试顺利完成返港。5月27日，处于海试阶段的国产航母与服役近6年的"辽宁舰"在大连造船厂同框出现，先后完成训练和海试任务后，中国的两艘航母首次"同框合影"。

国产航母从下水到海试，用了一年零两周的时间。读着这些讯息，望着网络上披露的国产航母的图片，让人热泪盈眶。回顾中国海军走过的漫长、艰辛的航母梦之路，在中国第一艘国产航母下水之际，不能不为中国海军喝彩！

中国首艘国产航母被称为"001A型17号国产航母"，是我国的第二艘航母。首艘国产航母从设计到建造，全部由我国自主完成，并在"辽宁舰"使用的经验基础上进行了多项优化，性能全面提高。其研制和建造，标志着我国已经掌握了建造中型航母、后续建造更大航母的能力。一艘航母从设计到形成战斗力，是一个很复杂的过程。大体可分为：设计阶段、平台建造阶段、设备舾

图3：建设中的第一艘国产航母

装阶段，接下来就是测试阶段，测试交船服役之后还有完成训练阶段，包括单舰训练、编队训练，等到能完整地形成一个航母战斗群的时候，才能说这艘航母形成了战斗力。

第一艘国产航母具备2019年1月试航后交付中国海军的潜力。换句话说，在2019年，中国首次成为拥有双航母战斗群的国家——尽管这支军队的航母系列还很年轻。军评员陈光文2017年3月31日撰文分析：作为中国自行建造的第一艘国产航母，虽未臻完美，但相对中国的航母发展经验来说，已难能可贵。001A型17号舰对于中国海军来说，是继往开来的一艘航母，它既继承了001型16号"辽宁舰"的苏联技术特性，又融入了西方航母的某些技术，成为一艘具有中国特色的现代化高技术航母。在其基础上，中国后续发展002型和003型航母将使用弹射器，可能在技术水平上会有更大的进步。

据媒体报道，2019年2月27日两艘中国航母第一次同时在海上航行，这是一个历史性的事件。"辽宁舰"航母自2018年5月回到大连造船厂进行大修升级后，已发生了重大变化，这些变化包括重新设计的导航舰桥等，是该舰2012年9月投入使用以来首次重大升级。经过几个月的改装工程，"辽宁舰"在2019年1月底又开始了为期8天的试航。未来，"辽宁舰"可能转为训练新航母船员，但依然要求其频繁出海执行任务。

2019年2月27日下午,紧随"辽宁号"航母其后的是它的"兄弟"——中国第二艘航母(即第一艘国产航母),这艘航母自2015年3月以来一直在大连港进行各种建造和安装活动。这天,这艘排水量达6万吨的国产航母也离开了大连港,进入大海航行。至此,中国首次实现两艘航母同时在海上航行!

中国第一艘国产航母在试航和停泊中,越来越多地显示出与"辽宁舰"的区别。这艘新航母依然使用滑跃式起飞方式,但改进了舰桥、飞行甲板的设计;负责舰载机飞行指挥的舰岛结构有了明显修改,尺寸有所缩小。新航母下水后测试顺利,无明显延误。这艘国产航母完成测试并安装配置各种装备后,方能服役执勤。

2019年12月17日,经中央军委批准,我国第一艘国产航母被正式命名为"山东舰"。与此同时,中国第三艘航母正在上海江南造船厂建造中。

图4:国产第二艘航母"福建号"在江南造船厂下水

结束语

时隔三年,2022年,正当国际形势发生重大变化时,6月17日,我国的第三艘航母"福建号"(舷号18)在上海(长兴岛)江南造船厂正式下水。003航母"福建号"是我国自主建造的首艘弹射型国产航母,采用平直通长飞行甲板,配置电磁弹射和阻拦装置,满载排水量8万余吨。

三十多年前,新中国曾启动名为891计划的首个航母项目,但当时没有多少人会想到有一天中国会真正拥有两艘或更多的航母。后来随着891项目的取消,航母话题曾一度在中国军中失去热度。三十年后,2019年2月27日,两艘中国航母第一次同时在海上航行,这让许多人再次想起中国海军走过的历史和"中国百年航母梦"的艰难历程。

从1916年北洋政府派人赴欧观战,1928年国民政府海军将领陈绍宽提出建造航母,到1997年10月购买"瓦良格号",2012年9月我国第一艘航母"辽宁舰"入列,再到2017年4月我国第一艘国产航母下水;2019年2月27日两艘中国航母第一次同时在海上航行,12月17日第一艘国产航母"山东舰"被正式命名。仅隔三年,2022年6月,第三艘航母在上海江南造船厂下水,被命名为"福建号",具有深远意义。中国海军用了整整一百年的时间追梦,终于走向深蓝。一百多年来,在这条追梦路上,留下了多少让人仰天长叹的故事。

航母是一个国家军事实力的象征,我国航母起步虽晚,但发展势头很好。强大的人民海军,是保卫祖国海疆、维护世界和平的重要力量。相信不久的将来,会看到我国自行设计的排水量更大的航母下水,等到新航母下水的那一天,中国海军将更加强大!

参考资料:

1. 《新浪历史》、《华人商道》(网文)有关陈绍宽的载文。
2. 2017年7月12日《"瓦良格"项目团队访谈之三》("大军猫"公众号,作者:李忠效)
3. 2017年12月6日《当代海军》(网站)"首艘国产航母进入最后试验阶段"。
4. 2018年5月13日《环球时报》(公众号)"6:45,国产航母离开码头"。
5. 2018年5月13日《中国军网》(网站)"重磅发布!中国第二艘航母首次出海试验"。
6. 2019年3月4日《海军新闻》(网站)"两艘中国航母历史上第一次同时在海上航行"。
7. 2022年6月17日"人民海军网"关于我国第三艘航母下水的新闻报道。

(记:初稿整编于2017年4月海军节,2017年4月23日文汇App发表;2018年4月、2021年3月、2022年6月18日补充修改,2022年8月《档案春秋》杂志刊发新文)

难以忘却的花环
（读《高山下的花环》）

[题记] 2018年元旦，我们全家在上海南京西路"大光明电影院"观看了军旅题材的电影《芳华》。这使我想起20世纪80年代的另一部电影《高山下的花环》和我1985年写下的阅读原作李存葆小说的读后感。这两部电影和两部原作小说，具有共同的历史背景，也具有共同的反映当代军人真实生活的内容，感动人心。

——2019年7月补记

读完李存葆写的《高山下的花环》，感到有一股悲壮的力量在心底升起，爱、恨、悲、叹，不能自抑。作品的那股气势，浩荡亢奋，使人耳目一新；那种深沉的情感，激动人心。《高山下的花环》（简称《花环》）不愧是新时期文学作品中军事题材的名篇、上乘之作。

也许我是个军人，也许我热爱文学，也许我对我们伟大的军队有着许多深切的感受，所以我对军事题材（简称"军题"）文学作品总是用特殊的目光去看待。既偏爱，又挑剔。看到工业题材、农业题材的作品层出不穷，而军事题材优秀作品寥寥无几时，心里那份急和气啊就别提了。现在，以《高山下的花环》和其他几篇不可多得的军题作品为标志，军事题材作品在思想和艺术上有了很大突破，引起各界人士注目，甚至某些不喜欢"军题"的人也对此刮目相看，真令人高兴！在此之际，我感到，挑剔的话还是留给真正的评论家去说吧，我以一个普通军人和文学爱好者的身份为《花环》说几句"偏爱之词"——因为《花环》毕竟是一种创新，它有许多可取之处值得我们细细品嚼。

一、《花环》忠实地反映了当代军人的生活

不知为什么，在和平环境里，人民群众对军队的评价总不如战时。加上十年内乱的后果，军队的一些不正之风在人民群众中留下了不好的影响。因为这种

种原因,人们对军队有着这样那样的偏见,部分年轻人更偏激,认为当兵的"没事干,很舒服";"拿薪水,发衣服,刮地方油";"大兵没知识,土里土气"等。说这些话的人实际上只看到个别表面现象,并没有真切地了解我们军队。在这种时候,部队作家应该如实地反映部队生活,告诉我们的人民,军队是个什么样子,我们的军人是个什么样子。

1977年12月作者于杭州宝石山

李存葆是这样做了,他在作品中写出了我们的战士质朴可爱,写出了军中老干部的责任心;写出了军队平日的紧张训练和在战争中的作用,写出了当代军人的英雄主义和牺牲精神。当然,他没有回避矛盾,他如实地写出了战士、基层干部的生活艰苦,经济收入很低,也如实地写了走后门不正之风在军内的表现以及部分干部子弟贪生怕死、贪图安逸的思想。他把这些放到矛盾冲突中去写,写出了我军的浩然正气压倒了歪风邪气。尽管在许多地方,这些邪气还存在,但我们广大的指战员总体上是可敬可爱的。

在这一点上,作者李存葆忠实地反映了当代军人的生活。多少年来,我一直在想,我们的战士抢险救灾冲在前面;保卫边境冲在前面;国家有困难,捐粮捐款走在前面;修铁路打山洞最艰巨的任务是部队承担……这样的军队,可歌可泣的事很多,可为什么没有人去写,没有人去真实地反映出来?多少个梁三喜、靳开来,当他们默默地牺牲时,谁来为他们高歌?今天,我终于听到了这首高歌,这首歌是这样真实动人。只有在军队生活了多年、深切了解我们军队的人,才会感受到这首歌蕴藏着一种怎样的力量啊!《花环》,我们应该感谢你!

二、《花环》突破了以往军事题材作品的传统写法,为新式"军题"作品的创作提供了新经验

在这方面,《花环》突出的成功之处是:不仅仅拘泥于写军营和战争,它把部队和广阔的社会联系了起来;把战争前后的各个方面及诸种因素联系了起来;把战场与和平环境中的生活片断联系了起来;把军人和人民联系了起来——它

把历史真实性与艺术真实性相结合,突出了时代感,起到了军事、生活、人生教科书的作用。

作品中写了赵蒙生的"曲线调动";写了梁三喜的"欠债单";写了靳开来没有立功,写了梁三喜的母亲和玉秀步行来队,也写了战斗中那颗"臭弹"。而这一切又都是围绕那场战争来写的。每一个情节都在军营里、军营外同时展开,使人读后视野开阔,感到时代的脉搏在强烈地跳动。因此它的可读性,不只局限于军人。工人、农民、知识分子、机关干部、普通老百姓,只要经历过这个时代,读了作品就会产生某种共鸣:或爱、或恨、或悲、或叹……如果家中有子女兄妹在军队工作(更不用说有人参战、牺牲),那么他的感受就会更多、更深、更强烈——原因就在于《花环》把军营生活和社会生活有机地结合起来了。

此外,《花环》在创作手法上还有些具体的成就。

1. 塑造了一群典型的军人形象(而不是一个、两个)

作品中有"奶油小生"式的"贵族"军人(赵蒙生),有五大三粗的"土"军人(梁三喜、靳开来),有雷公般严厉的"将军气质"的老军人(雷军长),有新一代具备了科学知识、幻想当个"拿破仑"的年轻军人("小北京"),有"官太太"的女军人(赵母),也有"娃娃"式的单纯可爱的"童子军"军人(小金柱)……每一个人物都栩栩如生,各有各的个性,但他们又构成了"军人群体",以他们不同的军人气质表现了军人的共同特征:忠诚、勇敢、富于牺牲,也更懂得爱和恨,具有高度的责任感和"大兵"特有的深情、质朴。

2. 较好地运用了对比手法——战争与和平的对比、生与死的对比、爱与恨的对比

具体表现在:人物对比上,"贵族军人"与"农民军人"的心理、性格、生活条件对比;情节对比上,越军坑道里中国大米堆积如山与梁三喜家乡贫困、梁大娘和玉秀省吃俭用形成对比;结构对比上,前一部分和后一部分对比……这些对比手法用得很好,产生了很好的效果。

总之,《花环》是个新创举,尽管它还存在一些不足,但我仍然很喜爱它。因为它"功大于过",而且是一首基调慷慨悲壮的高歌,这种风格很适合"军题"作品,催人向上。

(记:1985年参加部队写作学习班,此为《当代作家谈创作》一课的作业,同年5月29日写于上海,2019年7月补充、修改)

生命之歌

（报告文学）

1982年除夕，隆冬的上海，寒风瑟瑟。街树的枯枝在风中摇曳，行人的皮靴踩在落叶上，发出奇怪的响声。人们匆匆而来，匆匆而去……

长宁区某部队医院。

内科七病室一位病人病情恶化，处于半昏半睡状态。医生护士在为他忙碌着，可他静静地躺在床上，不时在呓语，仿佛在追忆自己走过的路。

第一章　人生之路

1943年8月，日寇在苏北疯狂地大扫荡，抗战处于艰苦时期。就在这战火纷飞的年月里，一个小生命出生在靖江县石榴树垈。他就是陆建忠。

由于战争环境残酷，部队每天都要转移多次。父母只好在海安县贾家庄找到一位贫苦农民，把心爱的小宝宝寄养在这户人家。

老乡省吃俭用，竭尽全力抚养和保护这个革命的后代。就这样，他跟着贫苦农民度过了六个春秋。

这六个春秋，叫他怎能忘记！那一轮惨月下，四处鸡鸣犬吠，遍野人号马叫。老乡背着他战战兢兢躲避敌人扫荡的不眠之夜；那茅草屋里弥漫着草药味，善良的农民夫妇向苍天祈祷，从死神手中夺回病得奄奄一息的小生命的清晨……寒风，苦菜，枪声，火光，乡间的小溪，阳光下的田野……这一切在他幼小的心灵中留下了不可磨灭的记忆。

当五星红旗升起在天安门广场，举国上下欢庆解放的时候，父母把他接回到身边。他来到这个家庭像是做客，不声不响，用新奇的眼光打量着这个新的世界。

他开始上学读书，新生活打开了他认识世界的天窗。

1954年，陆建忠在南京华东军区干部子弟小学（后为卫岗小学）加入了少年先锋队。就在这所学校里，少先队员们还接受了陈毅元帅的检阅。元帅勉励孩子们：好好学习，将来为建设祖国、保卫祖国做出贡献。元帅的亲切话语给他留下了难忘的记忆。

岁月在流逝，陆建忠长大了。

1959年7月，十六岁的陆建忠在北京初中毕业，报名参军，分配在总参部队当报务员。

工作很平凡，一些人不想干了。一位家里铺着红地毯的高干家的女儿含着眼泪给自己的父母写信求救，不久，她调走了。

陆建忠的父母也来了信，问儿子：工作辛苦吗？有发展前途吗？

他想起部队领导讲过的许多老前辈的故事，想起儿时陈毅元帅的亲切教诲，他拿起笔给父母写回信说，我爱这一行，只要好好干，我相信自己会做出成绩来。

父亲放心不下，到部队来看他。看到儿子对自己的工作非常喜爱，在部队生活得愉快，也就高高兴兴地回去了。

在党的教育下，陆建忠渐渐地明白：一个人如果不懂得自己平凡的工作就是党的事业、人民的事业的一部分，那么工作对于他只不过是谋生的手段，是平淡的、琐碎的、毫无意义的；如果懂得了这个"一部分"，他就会把个人的命运和祖国的命运、人民的命运联系起来。

他明白了这个道理，努力把全部精力投入到工作中去。由于他勤学苦钻，业务上进步很快，不久便成为同批技术人员中的佼佼者。全军"大比武"时，他当上了小教员。

年轻的陆建忠在大熔炉里经受着反复锤炼，不断进步着。正当他逐渐成熟起来，开始自觉地去探索人生的真正含义时，一场史无前例的政治风暴把他砸蒙了。

在上海，他父亲被打成"走资派"，靠边站了。老人家被勒令去扫地，身上只能穿破衣烂衫。

妈妈给他来信，说她的日子很不好过。其他几个儿女有的被迫上山下乡，有的退伍回家。她心里惦记在部队的二儿子，信中写道："父亲的问题对你的入党、去留可能会有影响，望你有个精神准备。"

这突如其来的消息，使他陷入了深深的苦闷之中。他知道，在部队工作要受到严格的政审。"文革"开始以来，他的战友中有不少人因家庭问题而被"淘汰"。他不知道自己将面临怎样一个结局。他拿着妈妈的来信忧心如焚、坐立不安。

这时，有人告诉他，科长要找他。他揣度着这位平素对他要求很严的女科长将会对他说些什么，心神不安地去了。

"坐,坐啊。"科长像往常那样招呼他,他的心情开始平静下来。

科长郑重地向他布置了一项重要的业务工作,要求他带领小组的同志们集中精力完成任务。末了,她说:"好好干,相信党吧,在入党问题上要经得起考验。"科长不再说什么,只是用信任的目光注视着他。

这简短的话语,让他真正感受到了党组织对自己的信任,体验到了什么是人与人之间最诚挚的感情。

他心里热乎乎的,真想大哭一场。可是他咬着牙忍住了。他拿出双倍、三倍的努力来工作,出色地完成了任务。

社会上一块块巨石落水,部队里就泛出一圈圈受惊的波纹。在那动荡的岁月里,有的人举起了"造反"的大旗,去充当"革命的先锋",有的人却逍遥度日,无所事事。陆建忠呢,他是怎样生活着?

一天,有人来拉他去看大字报,他正坐在办公室值班,执意不肯离去。人家笑话他"太傻""太正经",他不理会,没有离开自己的岗位一步。

磨难使他变得深沉,变得坚强,也使他懂得了更多的道理。他更加热爱自己的工作,感到离开了它,自己似乎就没有了生命。

1973年,父亲的问题终于有了结论,老人家从监狱里出来了。

也就是这一年的9月14日,太阳格外温暖,空气特别清新。陆建忠被批准加入了中国共产党。他克制不住喜悦的心情,默默地念叨:是谁给了我生命的一切?是党啊!我要为党的事业奋斗终身。他把自己的一切都交给了党。

1976年,中国的大地上终于吹来了十月的春风。"四人帮"的垮台使多少无辜者抬头见天。父亲的问题得到彻底平反,老人家重新回到了领导岗位上。从此,陆建忠甩掉了多年来压在身上的沉重包袱,精神抖擞地开始了新长征。

第二章 事业进行曲

1976年,整个系统的工作出现了新的情况,遇到了困难。就在这个时候,上级组织抽调陆建忠上"前线",去打硬仗。

他风尘仆仆地赶到了新单位。报到之后,马不停蹄地上了"前线"——一个海岛的山头。这是个名叫黄洋尖的山头,是整个舟山群岛的最高点。固然,这里也有阳光明媚、山花烂漫的时候,但更多的时候却是大雾漫天,潮湿而又寒冷。

六月间,梅雨季节来临,那没完没了的雨啊,真能把人烦死。到处发霉,洗的衣服一个星期都干不了。陆建忠看到同志们床下有了积水,就拿烤灯给大家烤床铺,顾不上自己的关节疼痛。

图：作者1984年获奖作品《生命之歌》的插图，转自军队某部《无名英雄赞》文学作品集

到了七八月份的旱季,山上吃水困难,没有泉水,只好吃房顶上流下来储存的雨水。有时,连这点水都吃不上,陆建忠就带领大家到半山腰的小储水池,把水一担担地挑上山顶。大热天哪谈得上痛痛快快地洗个澡。

台风季节,风力通常在八级左右,有时是十一、十二级。碰上刮大风,一个人在山头上走路十分危险。有一次,风大得打不开前门,陆建忠和同志们只好打开后窗跳出去,十几个人手拉着手,下山到食堂吃饭。

工作房在山顶,食堂盖在半山腰。一天三顿饭,来回要爬几千级台阶。有时陆建忠在半山腰吃饭,一听说有任务,丢下碗就向山上跑,跑到山顶就止不住地呕吐了。

山头上没有大路,运器材的汽车开不上去。几十箱的器材和行装就靠陆建忠和他的战友们肩挑背扛运上山顶。

他和战友们就在这种环境里工作。陆建忠是组长,他身先士卒,从不叫苦。

有一年,前方的工作有了突破,研究单位的要求随之而高,工作量增多,工作难度加大了。为了一点一滴的材料,同志们反反复复地查找。为了证明一个新的情况,大家连续工作二十多个小时。一次,几个年轻同志为了一份材料废寝忘食地搞了很久,可是研究单位仍不太满意。有人火了,不想干了,实在太委屈了。可是,陆建忠二话不说,默默地接过来继续搞。一个数字就花去他几个小时的工夫,而他不厌其烦,毫无怨言,直至证明了情况,才肯罢手。这年,整个小组受到了上级嘉奖,陆建忠荣立三等功。

奋进、热情、对党的事业的忠诚,凝成他的坚毅性格。这种吃苦耐劳,立志有所作为的精神伴随他在小岛上度过了无数个平凡的日日夜夜。

夜晚的舟山群岛,美极了。渔港的上空,星斗齐明,山下的渔村闪烁着灯光。若明若暗的行船灯光把海天连成一片,在海天之中的一座座岛岩,就像夜幕下伫立的一尊尊哨兵雕像。舟山睡去了,可它还有半个身子在醒着。

这是个月明星闪的好夜晚。同志们都去看电视了,而陆建忠独自一人坐在机房的办公桌前,专心地写着什么,头伏得很低很低,几乎趴到了桌面上。

"嘿,伙计!"一位老战友从窗前走过,看到他那副样子,觉得好笑,走进屋来,在他肩上狠狠地拍了一巴掌。

陆建忠惊得跳了起来。老战友不禁捧腹大笑:"看电视去吧,今晚有好节目。换换脑筋。"

他恍然大悟,又坐回到桌旁:"不去啦,我这个人缺少文艺细胞,还是让你们去看吧。我在这里守着,有情况就处理一下,没情况就整理整理资料。一举两得嘛。"

"嚯,要干大事业哪!"

陆建忠笑了："这么多年积累的资料一直没空整理，现在得抓紧。"

大伙儿看完电视回来，他还伏在那里写着。

夜深了，弯弯的明月挂在那株苍老遒劲的松树梢上，泻下一缕淡淡的月光。四处静悄悄，静悄悄的夜里只有他还没有睡。

老战友一觉醒来，摸摸他的床，"咦，怎么还没回来？"便起身去找，走到机房的窗外，看见他还在伏案写着。

"哎，不要命了？"

又是一个深夜。

"零……"电话铃刺耳地响了起来——有情况。

陆建忠一骨碌爬起来，抓起床头的电话。哦，来任务了，他披衣上机。事情不多，他没有叫醒熟睡的同志们，干脆自己干了起来。

当红日跃出山谷，把万道霞光洒满海面的时候，上早班的同志忽然发现，工作房里还亮着灯光。

"看，看！多带劲儿！有进展了。"工作了一通宵，他睁着一双布满血丝的红眼，兴奋地对踏进门来的战友说。同志们听见话声都来了。

"我给你们做好了准备工作。来吧，同志们，干吧，今天可以大干一场。"

大伙儿直愣愣地望着组长。唉，说什么好呢？干起来吧，组长最喜欢的是干工作，而不是听赞扬的话。

组里大多是年轻人。他懂得，唯有紧紧地团结住这些同志，才能在黄洋尖上打胜仗。他自己不吸烟，却把上山时储备好的烟拿出来供给断了烟的同志；有人从"大本营"来，他就叫妻子多带些茶叶蛋、糖果来给大家"改善生活"。他和同志们很融洽，嘻嘻哈哈，不分上下，可是一旦严肃起来，也使人害怕。

有一次，他发火了，对着年轻的伙伴们大声地训斥："简直是乱来！像干工作的样子吗？"原来，年轻人听说山下卖杨梅，馋得够呛，想用工作时间下山去买，不料组长不但没同意，还发了那么大的火。

傍晚，他又悄悄地来到了年轻的伙伴中间。年轻人见到他，都耷拉下脑袋。他笑了，这温和的笑略带歉意："今天我不太冷静，请大家原谅。好，这事就算过去了。明天我请客，休息时派一个人下山去买杨梅。"说完扬了扬手中的钞票。

"噢——"年轻人欢呼雀跃，扑上去抢他手中的钱。

是啊，这样的组长，还有什么可说的？没人不服啊。这个战斗集体在艰苦和严格中形成，三月上山，十月回营，年年如此。

也许有人会问，陆建忠除了工作，别的就不想了吗？他难道不觉得海岛山头艰苦吗？不，亲爱的读者，他和我们一样，是个普通的人，也是一个有思想、有感情的人。他能够坚守海岛，是因为他对自己的工作有着强烈的爱。战友们不会忘记,黄洋尖上有那么一个意味深长的黄昏。

黄昏,晚风从山谷里吹来,吹动着山坡上的野草,带来一阵阵浓郁的芳香。陆建忠和他的战友在山坡上漫步,边走边谈。

望着天边的晚霞,不知怎的,战友把话题扯到了一个平时很少谈到的题目上。

"真不明白,你的条件和我们不一样,我们是没门路,可你呢,为什么甘愿守在这个山头上?不考虑考虑将来吗?"

"将来?什么将来?"陆建忠还在欣赏着奇幻的彩云。夕阳给山谷抹上了一道道彩霞,漫山遍野的草木在这彩霞的映衬下显得格外斑斓。

战友见他心不在焉,便挑明了话题:"部队面临精简整编,像我们这样的老同志都得想条后路哇。"

"哦,"他笑了,"工作忙起来就想不了那么多,以后再说以后的吧。说实话,我真爱这一行,干了二十年,有感情了,叫我走,还真有点舍不得呢。"他抬眼望去,山坡上的野草被风吹动,仿佛在频频颔首。

"海岛上毕竟艰苦啊。你们两口子都是北京入伍,你父母又在上海,早点要求转业,准能进大城市。我给你出个主意,上海有咱们一个单位,你要求调上海吧,这样转业时请你父亲帮忙进上海也容易些。"战友用肩顶了他一下,陆建忠不再笑了,他弯腰拾起一个石子投向深深的山谷。

"哪好意思想这些。听组织安排吧。年轻人还没培养出来,这里工作离不开,山头上还需要人手。将来转业进不了上海,我就到小地方去。"他说这番话时,是那么严肃,那么认真,不得不使人相信这是肺腑之言。

上海——繁华的大城市!令人神往!那里,高楼林立,人流如织,霓虹灯五光十色,商店里商品琳琅满目。相比之下,海岛上气候恶劣,生活艰苦。然而,我们这位热恋着事业的军人,却甘心情愿在这里做一株无名小草,点缀祖国的山川。

晚风轻轻吹来,飘来一阵阵浓郁的野草芳香。这芳香醉人心田,仿佛告诉人们,生存在这里的每一株小草都有其生命的特殊意义,假如没有它和它的伙伴,大自然的颜色就会呆板单调,自然界就会失去平衡。是啊,人生,人类社会不也如此吗?陆建忠领悟到这番人生哲理。他像一株历经风雨的劲草,把根深扎在黄洋尖山头上。

他的工作干劲越来越足。可是,他的身体状况却越来越差。他经常咳嗽,腰疼背痛,明显消瘦,吃得很少,最后连爬山登台阶的力气都没有了。但他仍然坚守在黄洋尖上,忙着给刚上山的新同志备课,讲课,辅导,带见习,有一点儿空还忙着整理资料,根本顾不上查病治病。

可是,他体越来越差,病越来越重。

1980年9月的一天,他实在感到自己疲乏得厉害,有生以来从未这样累过。

他以为这段时间锻炼得不够,于是清早起来就去练拉力器。谁知,拉着拉着,猛然,哗的一下,只觉得全身骨头散了架,整个人垮下去,瘫倒在地。

同志们把他抬进屋,劝他提前下山,住院检查。他执意不肯:"我是组长,怎能自己先下山。"他安慰大家:"没什么,躺躺就好了。"

躺了几天能起床了,他又开始工作。一直坚持到山头上的工作全部结束,他才和战友们一块儿收兵回营。这期间,他忍受了常人难以想象的病痛折磨。

回到"大本营",陆建忠住进医院查病,可心里还在惦记着工作。没住多久,听说来了突击任务,缺少人员,他不顾亲友的劝阻,立即出院请战。他又带病上机了。

病情发展很快,陆建忠因骨髓受到病毒侵蚀,脖颈不能弯动,无法低头伏案工作。他挂上耳机,把头支靠在椅背上,直挺挺地坐着,复听录音磁带。他忍着病痛,全神贯注地工作着。

1981年4月,病魔无情地剥夺了他的工作权利。一份可怕的诊断书放在了他的面前:肺癌。

在人生的旅途上,他又一次陷入了深深的苦恼。那几夜,他翻来覆去睡不着,想了很多很多。

为什么人生的道路坎坷不平?为什么癌症至今无法征服?这剩下的余生该如何度过?……

几天过去了,他渐渐地平静了下来。他理清了自己的思路,找准了最后冲刺的道路。他比以前更加成熟和坚强了。他没有被这份令人恐怖的诊断书吓瘫。

组织上决定送他去上海治病。

临行的那天,大伙儿都想去送送他,可领导怕影响他的情绪,做了工作,才使很多人没有去送。他们含着眼泪站在办公室里,隔着玻璃窗远远地目送着他。

窗外,小汽车旁仍站着不少送行的人。大家按捺着痛楚的心情,强作笑颜安慰他,鼓励他。可谁都明白,这一别啊,也许就是最后的……

我们的陆建忠,却像往常那样,平静、开朗,对前去送行的人们说:"大家不要为我担心,我还要回来的。"

小汽车开动了,人们挥手告别,潸然泪下。汽车驶去,留下了他那充满信心的告别话语:"我还要回来的!"

第三章　春蚕到死

陆建忠和病魔展开了殊死的搏斗。

为了生存下去,为了重返自己深爱的工作岗位,他忍受病痛坚持锻炼,补充体力。他充满信心地迎接手术。

可是,医生给这个充满希望的病人带来了一个绝望的信息:由于陆建忠患的是未分化肺癌,肺部和心脏的薄膜很难分离,手术成功的可能性极小,医院取消了给他做手术的方案。

陆建忠的精神又承受了一次毁灭性的打击,他的心一度冷到了极点。可是,痛苦之后,他又重新镇定自己,把生存的希望寄托在化疗和放疗上。

化疗主治肺部,放疗主治骨头,这种双管齐下的治疗,对陆建忠这样体虚的病人来说,并不是一件简单的事。脱发、消瘦、恶心、呕吐、吃不下饭、浑身无力、直冒虚汗……种种不良反应一起向他袭来,他咬着牙挺着,积极配合治疗。

陆建忠的血小板低,多次输液使他的胳膊、腿上出现了许多出血点,到后来每次输液都很难找到血管。他见到扎针的年轻护士胆怯了,就鼓励她们:"别怕,扎吧,顶多再戳几个窟窿,我这么大个人,不要紧。"

他顽强地生活着,从不在战友、同志们面前掉一滴眼泪。

他的病情进一步恶化,癌细胞扩散到了脑膜、脊椎、全身。他躺在病床上,痛苦难忍。

晚间,护士轻轻地推开七病室的门,看到眼前的情景,惊呆了。

陆建忠趴在床上,正使劲儿咬枕头、被角,嘴唇咬破了,出血了,他克制着自己,没有哼出一声。守护在一旁的妻子泣不成声:"你……你就咬我的手吧。"她要把自己的手指伸给丈夫。可是,陆建忠看见护士进来,赶紧松开咬紧被头的嘴,对护士矜持地一笑,好像在说:我不要紧。

护士急忙上前问他:"疼得厉害吗?打一针镇痛剂吧。"

"不,不打。镇痛剂对脑子有影响,我有一个材料没写完,可脑子已经不行了。治好了病,我还要工作,脑子要保护好。"他执拗地说,说着,显出抱歉的样子。

护士慢慢地退出了病室,眼里饱含着泪水。

这位不幸的病人,他梦想着自己有一天能够像健康的人那样,重新站立起来,他梦想着自己能够重新回到工作岗位上。然而,现实是无情的,陆建忠的病情在恶化。

他躺在床上,闭着双眼,思绪飞得很远很远。

窗外现在是什么样子?是冬,还是春?自从住到医院后,过了多久啦?

同志们呢?他们在哪里?哦,他们又扛着机器走过那蜿蜒盘绕的山道,走向霪雨霏霏的海岛,走向雾霭蒙蒙的山巅吧。

陆建忠怀念战斗过的地方,他深爱着曾与他同甘共苦的战友。他想起了那一张张年轻可爱的脸:他们有的已是工作骨干啦,可以放心了。还有新手,他们经过见习,可以独立值班了吗?放心不下,真想去看看他们。

"工作！我们的工作，有进展吗？"他叫出了声。

"建忠，建忠，"妻子轻轻地呼唤他，"同志们来看你。"

他睁开蒙眬的双眼，看见了日夜思念的战友，眼睛亮了起来。

他费力地、不住地问起"前线"的工作情况。

听着，听着，他脸上露出了欣慰的笑容。

"看来，我再也不能回去工作了，可惜我还这么年轻就不能再为国防事业做点什么了。现在，我才真正感到一个人能为祖国工作是多么幸福！我多么羡慕你们这些正在工作的同志啊！"他已经意识到自己不行了，若有所思地对战友们说出了心底的话。

"……我的那份资料还没整理完，这是我最放心不下的事。你们一定要重视积累资料，这是我们工作的命根子啊！"说完，他忍不住爆发出一阵猛烈的咳嗽，咳出的是一口口鲜红鲜红的血痰。

他开始咯血，便血，昏迷不醒……

他从昏迷中醒来，看到自己正在输血。值班军医站在床旁，关切地注视着他。

医生问他："想吃点什么吗？有没有什么要求啊？"

他摇了摇头，旋即又用微弱的声音说："有，有一个请求。"

"你说说吧。"军医靠近了床头。

"请不要再给我输血了。"他说。

"有反应？哪儿不舒服？"医生忙问。

"不，"他慢慢地说，"我不行了，输血浪费。血浆很宝贵，给我停了吧。"

医生万没想到，他的"要求"竟是停止治疗！难道是因为绝望？不，他不是绝望，他是把希望留给能够继续生存的人。他忍受着极大的痛苦，不知熬过了多少日日夜夜。

一次，他忽然把妻子叫到身边，说："我有事和你商量。"

妻子坐在他的身旁，他久久地望着她："我不能再工作了，很遗憾，很遗憾啊……怎样才能再做最后一点贡献呢？"他的面颊抖动了一下，有点气促地、但斩钉截铁地说，"把遗体献出去吧。"

妻子惊诧地睁大双眼，半晌说不出话来。她看到丈夫活着的时候这样受病痛折磨，想到死后遗体还要被人拿去解剖，一种难言的、无可名状的痛楚涌上心头，她舍不得啊。可她怎么说呢，她知道，丈夫是这样的人，一旦拿定了主意是轻易不肯改变的。

她想了好一会儿，终于说："你的……遗体……不见得能有什么用处。"

陆建忠严肃了起来："这个问题我想了很久。像我这样的病，得的人很多，不知给多少家庭带来不幸。我也想过,我一个人的遗体不一定能解决什么问题,但这样做的人多了,随着医学的发展,一定能够解决问题。我相信,将来一旦癌症被人类征服,就像五十年代肺结核被人类征服一样,有多少人可以摆脱疾病带来的痛苦啊。你好好想想吧,我相信你会想通。"

妻子不再说什么,当她含泪点头同意时,她看见丈夫苍白的脸上泛出了亮光。

1981年12月28日,陆建忠对妻子说:"我要找组织谈话……我想见见领导……"

第二天,组织派人来了。

他躺在病床上,身上盖着白色的被单,清癯而又浮肿的脸上透出喜悦的光彩。他的额头高高隆起,眼角上满是皱纹,嘴唇发紫,无力地微微张开。仅仅几个月的工夫,病魔已经把这个生命逼到了死亡线上。他的肉体在消耗、衰竭,可他的生命此时正在发出一生中最强烈的光。

老上级和老战友紧紧地挨着他,俯下身子,把耳朵贴近他的嘴唇,倾听他低弱的声调,缓慢地、断断续续却又十分清楚地讲述着遗言。他们流着热泪,用颤抖的手记录下了他的每一句话:

"……我的年纪并不大,党和人民为了培养我,花了很大的代价。正当我为祖国和人民出大力的时候,我却不能为实现'四化'尽力了,我感到万分遗憾。我想,我们的祖国到了2000年,将是一个怎样令人鼓舞的样子啊!我是看不到了。

"我入伍二十二年多,有了一些进步,做了一些工作,这是党培养教育的结果,是同志们帮助的结果。我热爱我的事业,很想为它再出力。前段时间没整理完的业务材料,我做梦也想把它完成,可惜,现在不行了。

"我也有过一些缺点错误,为此我一直在行动中努力加以克服和弥补。

"鉴于我目前的病情,我想能否再做出最后的一点贡献呢?我反复考虑后,和亲属商量了,提出以下要求:

"如果我的病例对哪个科研单位有研究价值,就把我的遗体贡献给科学事业,以便能为类似我的病人造福。"

他叙述完了遗言,把最后要交代的事都交代了,心里感到十分宽慰。

这样一个垂危的病人,连续讲了这么多的话,在大脑严重受损的情况下,这样有条理地讲完了自己要对组织所说的话,这难道不是一个奇迹吗?为了思考、整理这段话,他在病床上不知想了多少个日日夜夜,付出了多大的代价啊!

他在生命的最后时刻,想到的是祖国的前途,没有完成的工作;想到的是为后人造福,为人类做出最后一次贡献。

生命,对于每一个人只有一次。当一个人走完了自己的整个人生历程,当他对社会无所求,而渴望给社会、给人类、给自己的祖国、给自己的事业留下点什么时,难道他在生命之光即将泯灭之际,鼓足全力发出最后的闪光,不会有一次精神境界真正的升华吗?陆建忠作为一个普通的共产党员,他把自己全部的光和热贡献给了党的事业和国防事业。他的人生所以值得讴歌,正在于此——崇高的献身精神。

尾　声

1982年2月17日,上午8时30分,陆建忠走完了短促而又平凡的人生之路,年仅三十八岁。

庄严肃穆的灵车装着他的遗体缓缓地驶向上海第一医学院。

部队党组织根据陆建忠生前的遗愿,在亲属的支持下,把他的遗体献给了上海第一医学院,供教学和科研之用。

部队党委作出决定,追认他为优秀共产党员,号召机关、部队向他学习。

他的事迹传遍了所在部队的各个角落,启迪着许许多多的人去思索:在平凡的岗位上应该怎样工作和生活。

他的死是一个不幸,是党的事业的一个损失。可是,他的死对于他工作过的部队又是一个殊荣。他的精神正在激励着人们投身于伟大的事业。

(记:写于1982年秋,1984年获军队系统报告文学创作三等奖)

军旅生涯给予我文学营养

1969年年底,祖国北部边境吃紧,父母送我去当兵,从南方去到北方,从此,军旅生涯在我的生命中烙下了无法泯灭的记忆。这段从军经历为我提供了年轻时成长的土壤,让我汲取到人民军队的文学营养。

一、军旅文化

"雪皑皑,野茫茫,高原寒,炊断粮……"这是当过文工团员的妈妈最喜爱的《长征组歌》,我入伍前曾无数遍听过、唱过。在父母的影响下,我知道人民军队有许多文韬武略的将领,他们曾为祖国、为民族,横刀立马,冲锋陷阵。漫长的军旅生涯赋予了他们坚韧果敢、慷慨豪迈的性格。同时,他们也具有儒雅的文学素养,所作诗词歌赋既有边塞诗苍凉遒劲的韵味,又充满革命军人乐观豁达的精神。《长征组歌》的词作者肖华将军就是其中一位,令我敬佩。

唱着《长征组歌》,我把父亲的那套《星火燎原》通读了一遍,渐渐懂得了红军为何爬雪山、过草地,人民军队如何从无到有,从弱到强,走到今天。

入伍后,我在野战军机关当打字员。北京军区战友文工团著名歌唱家贾世骏、马国光、马玉涛曾来到我所在的部队演出。当他们唱起《长征组歌》时,全场鸦雀无声,后又掌声雷鸣。"雪皑皑,野茫茫,高原寒,炊断粮……""横断山,路难行,天如火,水似银……"这一声声,一句句,让人想起红军二万五千里,革命理想高于天,革命意志坚如磐。

图1:作者年轻时在野战军当打字员

图2：作者1977年冬于杭州

图3：作者（右）1970年夏和战友于晋南

图4：作者（中）和军校的女同学1975年冬于校园内

《长征组歌》像一部军史教科书，打开我的眼界，凝练的歌词如文学火种播撒在我心中。

在部队期间曾下连锻炼，到军直属通信营女兵班生活了一段时间。目睹女兵们和男兵一样摸爬滚打，在冰天雪地里放线，摔倒了爬起来继续跑；在暴雨中爬上电线杆检修线路……女兵们喜爱高尔基的那首诗《海燕》，而她们就像勇敢的海燕在风暴中飞翔。被女兵战友们所感动，我忍不住写下军旅小诗《女兵班》。当年那些直抒胸臆的诗句，如今看来很简单、太稚嫩、没技巧，有的只是青春的涌动以及发自内心的赞美。然而，只有在那样一个年代、那样一种环境中，才能写出这种单纯、干净、真挚的语言。

军人集体坐在大操场上看露天电影，是一种特殊的军旅文化。印象最深的是看电影《冰山上的来客》，影片插曲《怀念战友》从歌词、音乐、风格，到意境、内涵、境界，都深深打动我，成为我在部队汲取文学艺术营养的又一次难忘经历。"葡萄美酒夜光杯，欲饮琵琶马上催。醉卧沙场君莫笑，古来征战几人回。"谁是可敬的人？难道不是那些为了祖国和人民做出牺牲的军人？至今，看到在自卫反击战中、在海外执行维和任务中倒下的军人；看到森林扑火、抗震抢险、抗洪救灾，用年轻的生命冲向火海，用军人的身躯堵住溃坝决堤，我就想起"战友"二字，对军人的牺牲感到无比惋惜和敬重。即使我已脱下军装几十年了，但我始终觉得自己是他们中的一员，这是20年军旅生涯烙在我血脉中的印记。

人生之苦莫过于生离死别，而军人为了神圣的使命，"离"和"别"对于他们义不容辞。当他们不得不抛舍亲情、爱情的时候，同甘共苦的战友情往往变得牢不可破。这种情感经常撞击我的心灵，让我的灵魂不得安宁，于是，军旅爱情诗《只有你》从我的心底、从我的笔下奔腾而出。难忘的军旅生涯是最初萌发我写诗的动力和源泉，几十年后我把当年那些质朴的诗句收进了自己的诗歌集《远方的梦》（2013年出版），作为永久的纪念。

读书，对于一个人的阅历有很大影响，写作和创作又往往受到阅历和经历的影响。军旅作家从漫长的军旅生涯中汲取文学营养，又通过文学作品向人民军队反馈忠诚和信念。我们这代人，许多人年轻时阅读过军队作家刘亚洲的文学作品，他的小说和报告文学集《写给男儿们看的书》不仅是军中男儿爱不释手的读物，也曾是女军人青睐的佳作。小说《两代风流》中，坦克、大炮、装甲车隆隆驶过，大地战栗，军旗招展，歌声嘹亮，男儿上战场。大风、猛士、歌声，这个画面曾多少次激起我创作的冲动。

文化的形成，往往贯穿人的一生。刚入伍时，军机关里有个不对外开放的小书库，我奉命协助清点图书，有机会读到一些俄罗斯和苏联的文学作品，这些文学作品对我影响很大。当年阅读托尔斯泰的《战争与和平》,因年纪小,读得似懂非懂,但后来随着自己的成长,尤其是从部队转业到地方后,在改革开放的年代走上外事工作岗位,这部文学巨作唤醒了我对"战争与和平"的重新思考。时隔45年,2015年12月我在上海参加俄罗斯文学年的读书会活动,听到著名配音演员曹雷朗读《战争与和平》的片段,不禁感慨万千。这段经历被我写成散文《跨越45年的读书记忆——阅读世界名著的背后故事》,发表在上海作家协会的网络刊物《上海纪实》创刊第一期,收入我的散文集《故乡在何方》(2019年10月文汇出版社出版)。

二、军旅体验

参军来到北方高原,部队冬季野营拉练,走进苍茫的旷野,北风呼啸,大雪纷飞。喝凉水,吃压缩饼干,野外搭灶,风餐露宿。站在白雪皑皑的雪原,放眼巍峨起伏的山峦,风萧萧,旗猎猎,军车长龙,战马嘶鸣。心底涌现出红军战士过雪山的形象,林海雪原东北抗联"炊断粮"的情景,淮海战役父辈们爬冰卧雪的故事……保家卫国是崇高使命,"召之即来,来之能战",军人的英雄主义情怀和品格,正是在艰苦环境中历经磨练和锤打而深深烙印,淬火铸成。

野营拉练所形成的军旅文化,对我产生过很大影响。野营途中每到一地,部队都要开展群众工作,访贫问苦,为群众担水、扫院,出黑板报,放电影,唱样板戏,宣传"三大纪律八项注意",还帮助训练民兵。那时我只是个小兵,没多大力气,但作为人民军队的一员还是要帮老乡担水。天寒地冻,井台上结着厚冰,一步三滑,虽然心里害怕,但还是咬着牙打上水,摇摇晃晃地挑到老乡家里。

野营途中阅读茹志鹃的小说《百合花》,书中描写的军民关系似乎就发生在身边。我听到一个真实的故事,第一次萌发了写散文的念头。我们到达太行山区老革命根据地,当地老乡见到野营部队就欢呼:"八路军回来了!"老乡们说,"自从八路走后,二十多年没见过大军。"他们兴高采烈地敲锣打鼓迎接部队进村。那村子有个传统:为八路军站岗放哨。那晚,老村长组织民兵冒着鹅毛大雪沿着部队驻地的通信线路巡

图5:1975年作者于军校学习

逻,保护军线,很感人。后来我在军校补习汉语课时,把这个素材写到作文里,题为《风雪太行夜》,是我创作的第一篇散文。在文中,我描写了太行山的雪夜,描写了一位穿着羊皮袄、提着马灯在雪地里巡逻的老人,描写了老区的军民关系,这个"老人与雪"的故事受到老师们好评。2021年,我根据这个故事,扩展改编成小说《风雪太行情》,收入我的文选集《五色花》一书(2022年年初由上海文艺出版社出版)。

军校野营拉练有"战地小报",在拉练途中我充当过"战地记者",为小报写通讯、写报道,潜移默化,提高了写作能力。有篇连夜赶写出来的快板词《一件小事暖心头》印象深刻:"星没落,天未亮,部队离开十里头。脚步刷刷走三里,一气登上小山头。忽听有人喊同志,连忙向后回过头。一位老乡手拿锹,站在我们身后头。'这是大军落下的锹,交还你们手里头'……军民鱼水情谊深,一件小事暖心头。"现在回看那时写的"头字歌"充满稚气,可这是当年军旅生活的真实写照,也是当时军民关系的切实反映。这些军旅体验和"实战"练兵的习作,让我积累了人生阅历,感受到文字的热度。

军旅作品的内容与军人的军旅体验密切相关。在过去的年代里,反映人民军队的影视作品中多有"小鬼"(小战士)的形象,这是部队在特殊历史时期的"特色"。我在晋南当小兵时,为了传递紧急文件,曾一人夜走青纱帐,这段经历成为我难忘的回忆。2016年"八一"建军节,我在《解放日报》副刊"朝花"发表军旅短文《夜走青纱帐》,讲述了这段"小女兵"的故事。因是亲身经历,写得生动,引发老部队官兵的共鸣,受到广大读者关注,此文被《解放日报》新媒体"朝花时文"转发后,阅读点击率飙高,上了手机"头条"。

三、军旅作品

有人说当兵的没文化,其实不然,军中有许多文化人,有许多"知识分子"。人民军队培养了众多作家、艺术家,培养过诺贝尔文学奖的得主。

我喜欢军旅诗人白桦那首归来辞《船》:"只要我还有一根完整的龙骨,绝不驶进避风的港湾……即使它们把我撕碎,变成一些残破的木片。我不会沉沦,绝不!我还会在浪尖上飞旋。"这首诗让我看到了一个在逆境中不向命运屈服的硬汉灵魂,看到了一个知识分子的脊梁。随着时代的变化和年龄增长,思想逐步成熟,拓宽了认识社会、认识历史的角度,更多的文学作品让我看到更广阔的世界,对爱国主义和英雄主义有了新的更深刻的理解和认识。

读李存葆的《高山下的花环》,我想起一个真实的故事。

1977年冬,我因胃病在杭州的部队医院住院,不久医院里来了一位新病友。

图6：1977年冬，作者于杭州西子湖畔

这位病友老太太姓俞，来自西北导弹基地，丈夫是导弹工程技术干部，因病去世了。她的两个儿子都在部队工作，大儿子在一次边境冲突的战斗中牺牲了。老太太自己因胃癌被切除了三分之二的胃，家庭和生命对她来说所剩无几了。但这位英雄妈妈无比坚强、豁达，她每天清早起来围着西湖疾走，坚持锻炼，除了治疗，就是看书学习、写日记，还鼓励我与疾病作斗争。被俞老太的精神感动，年轻的我伏案疾书，写了短篇小说《病友》，并向《解放军文艺》投稿。之后，收到编辑部回信让我尽快修改后寄回。可惜不久我出院了，出院后组织上调我到上海工作，马上有了新任务，无暇修改小说，就这么搁置了下来。变动和忙乱导致我的小说创作不了了之，虽然《病友》没问世，但我至今保存着初稿，那位病友俞老太的故事一直在我心中挥之不去。时隔40多年，2021年我翻出陈年旧稿再次修改，将小说名改为《湖畔的小黄花》，收入我的新书文选集《五色花》出版。

1982年夏，上级交给我一项任务：为一位病逝的先进模范人物写报告文学。虽然我的写作是业余的，但我还是自觉地把组织上交办的事当作义不容辞的任务，在业务工作之余，加班加点地完成了报告文学《生命之歌》的写作。《生命之歌》中的模范人物是我认识的一位"老同志"，他不顾肺癌晚期的病痛，忘我工作，病危之际念念不忘整编工作资料，临终前留下遗嘱将遗体捐献给医学解剖之用，去世时仅有38岁，事迹感人。我不由地想起杭州医院里那位英雄妈妈老俞，他们都是人民军队培养出来的优秀儿女！虽然我之前没写过报告文学，但我怀着学习的心情，边学边写，三易其稿，终于完成这篇报告文学作品，于1984年获

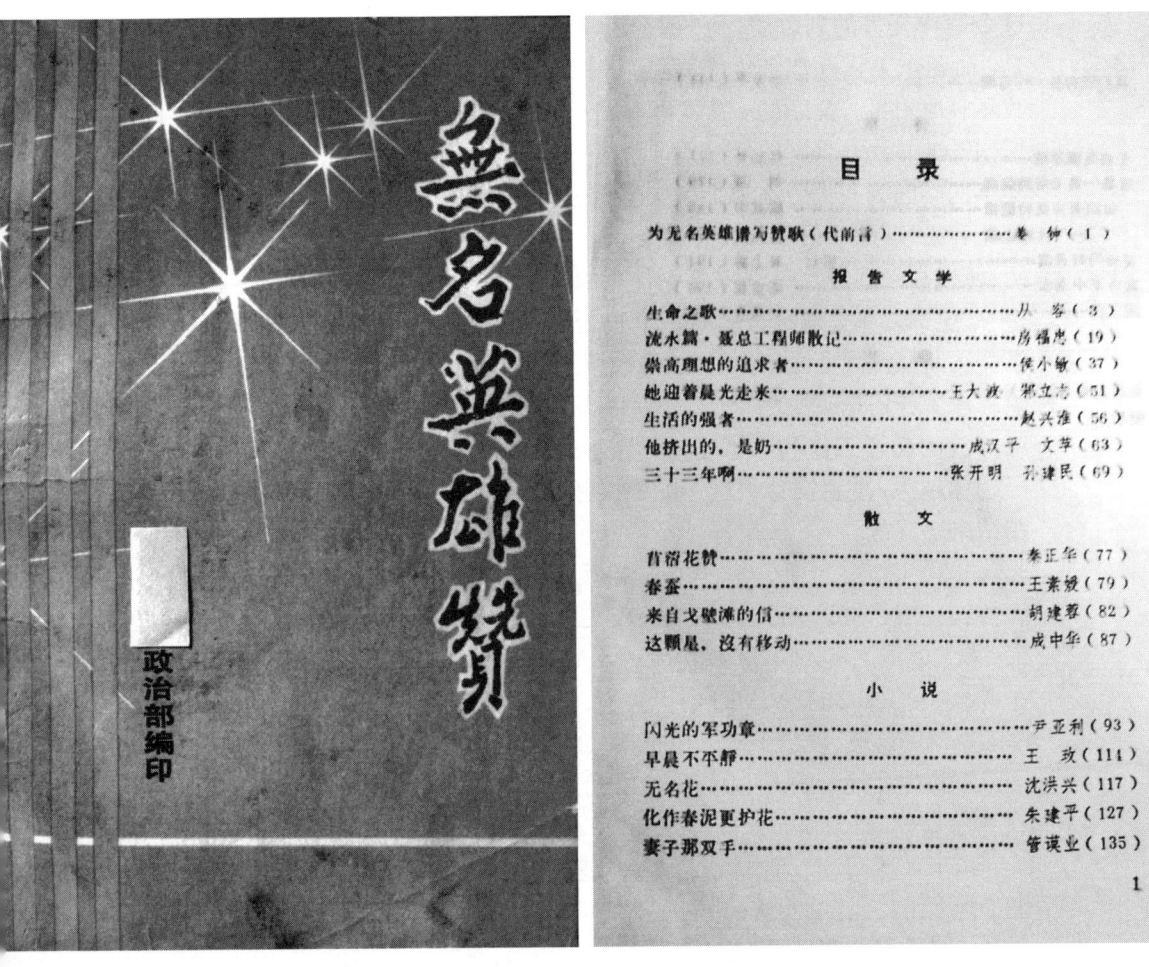

图7：刊载作者1984年获奖作品的文学集子

所属部队系统"无名英雄赞"报告文学创作三等奖（报告文学类的第一名）。

有趣的是，在那次"无名英雄赞"的同期获奖者中，有一位获得短篇小说创作二等奖的作者，后来成为我国的诺贝尔文学奖得主，他就是莫言先生。当时他的获奖作品是《妻子那双手》，使用的是真名"管谟业"（见图7中目录"小说"最后一行），而我那时用的是笔名"从容"（见图7目录"报告文学"第一行）。当时我们的作品只在部队系统内发表，没有对外公开，估计很多人都没读过莫言的这篇早期作品。我手头至今保存着获奖作品的集子，这是一个时代的见证，也是我军旅生涯走过的一段文学路。

《生命之歌》这篇报告文学是上级交办的写作任务，至今还记得当年交给我这个写作任务的刘政委（他的妻子金科长是我的直接领导）。这篇文章实际上是"命题作文"，在那个年代，写法上多少会有"直奔主题"的痕迹。但它代表了我年轻时对报告文学的一次实践、一次学习。那时在不知不觉中，也运用了"非虚构"创作手法，对舟山岛黄洋尖的许多描写，是根据我自己的切身经历来组织文字的。因为我也曾在那个山头生活过，对那个海岛的山岩和山路，那些野草、野花和松枝，那些云雾和大海，那些海上生明月的夜色……很熟悉！因是亲身经历，所以写来驾轻就熟。"文学创作来源于生活"，这话真没错。

《生命之歌》是我写的第一个报告文学，从那以后几十年再没写过报告文学。从浙江调到上海工作后，正值改革开放的高潮期。从军队转业到地方后，外语翻译工作占据了生活重心。虽然我后来在相当长的时间里搁置写作，投身改革开放的翻译工作和外事工作，但对文学的热爱一直未改初衷。只是这颗种子越埋越深，重新发芽很难、很慢，而我相信一旦它的根扎深、扎牢了，还会开花结果。

2020年新冠病毒肆虐，人民子弟兵的医护人员在大年夜出征，赶赴武汉，治病救人，支援前线，事迹感人。长夜漫漫，征程迢迢，我写下了纪实文《召之即来，来之能战》，记录下这一刻（注：该文被上海作家协会编辑的《同一屋檐下》一书收入，于2021年1月出版）。文学，让我思考，给我力量，我借助文学说出心中的感动和感慨，说出了对人民子弟兵的热爱！

军旅生涯是我的人生财富，给予我文学营养，使我成熟、成长。

以上那些阅读、写作经历，多是年轻时的往事，但我刻骨铭心。转业到地方忙于现实工作，无暇写作，中断了近30年。退休后才有了时间和机会，心底的文学种子又重新发芽。终于，我又重新拿起了笔，写散文、写纪实文……

问苍穹何为光，问沧海何为水，生命的足迹在悄然延伸，文学营养的汲取似润物细无声。写作并不是我的专业，仅仅是业余爱好，这种业余爱好启蒙于军旅生涯，植根于军中汲取的文学营养，最终成为我的终生爱好。人世间，许多事不可思议，于我而言，文学写作是年轻时的一个梦，至今还在追梦路上。我能有这样一个梦陪伴终老，首先感激那20年的军旅生涯！

（记：初稿写于2016年7月，2022年3月修改）

第三辑 风从海上来

【改革大潮】

代第三辑开篇辞

黄奇帆

  本书作者容子(笔名)是我二十年前的同事。我成为她走上地方涉外工作岗位的第一任领导。当时，正值国家利用日元贷款进行上海等地信息化建设，急需项目翻译。容子从资料翻译、口译翻译干起，一直做到参与项目管理和外事工作。她甫解戎装，初着红妆，英姿飒爽，意气风发，加之作风严谨，业务精湛，给我留下良好印象。此后二十年，我们没有工作联系，但彼此的信息是知道的。

  这二十年来，容子一直在信息、电信行业从事外事工作，从翻译兼项目管理，直到外事办主任，政府单位和国有企业的外事服务工作及管理工作，她都多有参与，具有丰富的涉外工作经历和经验。难能可贵的是，她把几十年的涉外工作体会和外事工作的方方面面、点点滴滴都记录下来，在即将告别职业生涯的时候结集成书，奉献给读者。书中的一个个鲜活案例，既再现她作为外事工作者的成长足迹，也从一个侧面再现国家改革开放发展的历史；既展示她对事业的追求，也揭示她对人生的感悟。读者在阅读中，可欣赏美文，可回顾历史，可借鉴案例，可汲取经验，可领悟哲理。这本书，给政府和企业外事工作者提供了借鉴和启迪，也给有兴趣了解中国信息通信行业发展的读者提供了一个瞭望的窗口。她的探索很有意义，她的著作富有价值。

  （摘自旧版《风从海上来》序二，2009年10月作于重庆）

  注：黄奇帆，曾任上海市经济信息中心主任、上海浦东新区管委会副主任、上海市委副秘书长、上海市政府副秘书长、上海市经委主任、重庆市副市长、重庆市市长。

  此为黄奇帆先生为本书作者2010年内部版《风从海上来》所作序言。

本辑辑封图：上海浦东陆家嘴一景，图右侧为中国电信信息大楼

上海电信业发展回眸

外滩的海关钟楼是上海的象征,每当钟声响起,人们就回想起上海的许多往事。但是,可能有许多人并不知道:上海外滩曾是上海电信业的发祥地,也是中国电信业的起源地。在靠近上海外滩的延安东路口,有一座"上海电信博物馆"。

上海外滩:中国电信业发祥地之一

从1871年起,外国各水线电报公司纷纷在上海外滩落户。1871—1882年,丹麦大北电报公司长期租借南京路5号开办电报业务;1908—1921年,丹麦大北电报公司、英国大东电报公司和美国太平洋商务电报公司在外滩7号(今中山

图1:位于延安东路外滩的"上海电信博物馆"

东一路7号）设立局房，楼顶悬挂三国国旗。19世纪末至20世纪初，丹麦、英国、德国、美国、法国、日本6国外商，先后在上海敷设了10条电报线，收发国际和国内电报，这一先进通信技术由此传入中国。

与此同时，1881年3月，上海电报局成立，局址在上海二洋泾桥北北堍（今延安东路四川路口北侧）。洋务派人士郑观应出任上海电报局总办（局长），谢家福任会办（副局长）。不久，谢家福因病辞退，改由经元善任会办。郑观应到任后不久，津沪电报线由大津、上海两地同时开工建设。1881年7月5日上海端在南京路外滩大北电报公司的门前竖立起了第一根电线杆。由于当时在技术、业务上尚需依赖大北电报公司，因此上海电报局的报房就设在外滩南京路5号大北电报公司内。8月下旬，电线杆竖到了苏州娄门，沿途约50步立一根电线杆，每日推进10里左右。

当年12月28日，津沪电报线除总局外，沿途所设的紫竹林、临清、济宁、清江浦、镇江、上海和连接先前建成津沽的大沽共8个电报局正式对外营业，这是中国第一个自建的民族电讯业的开端。1882年年初，大北电报公司迁到外滩7号（今中山东一路7号后面），上海电报局连同报房也迁到外滩8号（习惯上称7号半，即今四川中路126弄21号），与大北电报公司为邻。1884年春，电报总局也由津迁沪，此后20余年，上海成为全国的电信中心。1884年8月，津沪电报线延伸至北京，开通上海到北京的直达电路。《申报》率先开始利用有线电报，从北京直接向上海拍发新闻专电。

外商经营租界电话业务，是上海最早的市内电话。1876年，美国科学家贝尔发明了电话，次年在波士顿开通了世界上第一条电话线。就在同一年，上海轮船招商局从金利源栈房至总局公务厅，首次使用传声器（早期对讲电话）通话。1882年3月1日，丹麦大北电报公司在外滩7号开办人工电话交换所，开始经营租界电话业务，当时用户仅10户，每年每部电话费为150银元。这是上海最早的市内电话，也是上海乃至全国最早出

图2："电信博物馆"里的蜡像——老上海电话局的接线员

现的外商公司经营中国电话业务。

1883年,英商中国东洋德律风公司在上海设立分公司,接收大北电报公司的电话交换所,并合并了由英国人组办的电话互助协会的交换所,经营上海租界电话业务17年之久,后转英商上海华洋德律风公司接管继续经营。

从第一个外资电报公司,到我国自办的上海电报局,再到当时最先进的有线电话,上海的通信事业,发端于19世纪70年代初的上海外滩。从那时起,通信产业从无到有,逐渐壮大,如今已成为上海的支柱产业之一。根系百年的上海电信在风云中问世,在岁月里锻打,又在涅槃中重生,留下了横贯世纪的累累足迹。

外交与通信:国际长途通信业的发展

新中国成立后,通信事业伴随着国家的发展,在各个历史时期都承担着重要的任务。在履行一系列重大任务和历史使命的过程中,通信事业本身也融入了国际合作的大舞台,带动并发展了我国长途通信和国际通信业的发展。

20世纪70年代初,中美、中日关系得到改善。在美国总统尼克松、日本首相田中角荣等重要国家首脑访华期间,通信保障工作曾为顺利完成这些重大外交任务立下过汗马功劳。

根据国务院和外交部指示,从1971年11月起,上海电信局组成电信通信组,负责尼克松访沪期间通信的统筹安排及督促执行,并抽调18名工程技术人员配合美方电信人员安装专用电信机线设备。1971年12月至次年1月,架设天线的电信员工忘我劳动,新建或大修了收、发信天线14副,新架24米至40米高铁塔5个,短短两个月就完成了以往需要一两年才能完成的工作量。线路工程队顶风雪抗严寒,经过15个昼夜的紧张战斗,新架沪杭长途明线90公里,为本次专用通信增开12路和3路载波电话机各1部、16路载波电报机1部,并重新整治了沪杭、沪宁沿线的长途机线设备。

尼克松访问上海期间,为满足美方专用通信的需要,上海电信局为其提供电话线路11条(京沪、沪杭各3条,白宫5条),电传线路3条(京沪、沪杭、白宫各1条),配合美方架设短波电台和3处特高频电台,并安装专用交换台1座、电话分机39个。电报局、长话局为加强电信服务,还扩建了锦江饭店、虹桥机场的电信服务台以及南京东路电信营业处。

为完成尼克松访华通信任务,经中央政府批准同意在上海建立卫星通信地面站。1972年2月24日,上海移动卫星地面站正式与美国詹姆斯堡地面站间的电路开通使用,这是上海最早建立的卫星通信地面站。尼克松28日离沪时,正是通过这个国际卫星通信地面站,进行了实况电视播出。

图3：第一条海底通信电缆在上海南汇登陆

1972年9月，上海电信局又圆满完成了日本首相田中角荣访华期间的通信保障任务。次年5月，中日两国政府为加强通信联系，在北京签订了建设中日海底电缆的协议。周恩来总理对此极为关心，亲自批准中日海缆工程为国家重点建设项目，我国海底电缆建设的历史由此开始。

改革开放后的1993年，上海南汇建成了第一个在我国登陆的国际海底光缆系统。当时缺少先进施工设备，只好由300余人肩扛手拉，奋战20小时，把第一条海底电缆从登陆点拉到南汇登陆站机房。这条海缆全长1 252公里，总容量达7 560条通话电路，使我国的国际通信能力增长80%以上。

2016年12月16日，中国电信亚太直达海底光缆系统（APG）在上海崇明海底光缆登陆站正式开通，它提供了通达三大洲的100 Gb/s高速通信，巩固了上海在亚太地区的通信枢纽地位。2018年9月12日，中国电信新的跨太平洋海底光缆系统（NCP），从上海崇明至美国俄勒冈州希尔斯伯勒段全线贯通，中国电信在跨太平洋区域的总带宽权益已接近30 Tb/s，为首届中国国际进口博览会提供了畅通的互联网通道。

改革开放：合作推进移动通信发展

记得20世纪70年代，住宅电话尚未普及，那时家中没有电话，身边没有移动手机，街上缺少公用电话亭，电话通信只能依靠少量的市区服务点解决。弄堂口小卖店老伯伯呼叫居民接电话的声音，至今让许多上海人感怀那个年代。

到了上世纪八十年代，为了给外地亲人挂长途电话，我要跑到南京西路的长途电信局去排队。记得有一次带着3岁多的女儿去排队，给孩子的外婆打长途电话，心里一直默念着3分钟内要讲完的话。由于排队等待的时间太长，母女俩感到疲劳。终于轮到时，兴奋加紧张，走进长途电话小隔间后，居然忘了要讲什么。女儿踮着脚尖冲着话筒直喊"外婆、外婆……"，电话的那头也激动地直呼女儿小名，浪费了好长时间，最后没等说清事情就到三分钟了，只好挂断电话（那时长途电话费可真贵啊），真不知留下了多少遗憾。

图4："电信博物馆"里的蜡像——20世纪80年代初上海里弄口的传呼电话

再后来，终于可以申请私人住宅电话了，想起以往打电话的难啊，横下心：砸锅卖铁也要装一个。可是申请的人太多，市场供不应求，等啊等，总算安装上了。记得开通住宅电话的那天，全家不知有多激动。

20世纪90年代，BB机（寻呼机）问世了，我整天带着这个小玩意儿到处跑，哔、哔、哔……拿出来看看，几个字的一条短信，大概能知道什么事。出差在外，收到信息，回宾馆马上回个电话，真是比以前方便多啦。

如今，手机已成为人们生活里的必需品，移动通信业务早已遍及全国。回顾上海从有线电话到无线网络的发展历程，真让人感慨万千。而我在改革开放的年代，能够亲身经历上海移动通信业务从起步到发展的阶段，感到非常荣幸。

那是1995年12月的一天，我突然接到上海邮电管理局计划处的来电：他们希望我协助安排与日本NTT公司（日本电信电话株式会社）的沟通，商讨援助建设上海GSM移动数字网络的融资问题。接着，12月22日，NTT公司上海事务所收到来自上海邮电关于"上海数字移动电话（GSM）网合作意向"的简函，中日之间寻求合作的谈判由此开始。

商讨合作的过程是艰苦的,那时我的电话和电脑一直处于热线状态,我不停地使用两种语言在上海和东京之间传递信息、解释提问、翻译回函。如今回想起来,合作发展上海移动通信业务的中日商务会谈,双方共经历了三个重要阶段。

在第一阶段,1996年1月13日,中日双方在NTT公司上海事务所(当时位于延安东路河南路口的中汇大厦),举行了移动网络建设融资合作会谈的第一次会议。我担任了这次会议的口译工作,并整理了会谈记录。其后上海邮电与NTT集团国际部及NTT集团的租赁公司又展开了数十次商务会谈。双方在租赁设备所有权、融资利息、银行手续费等关键问题上,几经交锋,唇枪舌剑,终于达成了融资合作协议。上海邮电获得了移动网络建设发展的资金、NTT公司的新业务新技术经验、外资运营商的经营管理理念、管理经验等;NTT公司则获得了建立国际网络中国节点的资格、在华建立为日资大客户提供系统集成服务的基地、与中方合作共同为客户提供各类增值业务的机会。

在第二阶段,上海邮电通过融资获得资金保障后,将谈判的主要精力转向组建合资公司及确立合资公司功能定位上。在1996年1月的会议上,上海邮电的谈判人员开诚布公,郑重地对日方代表说:"我们引进海外资金不仅仅出

图5:作者1997年1月于日本东京,与合作方NTT国际部中国室成员合影

于资金需要,如果单纯为了解决资金问题,上海邮电完全可以从银行贷款。引进资金购买一套现代化的设备很容易,但用钱买一个现代化的管理手段和现代化的经营组织是买不到的,所以上海邮电打算从海外有经验的通信运营商引入资金,同时也引入外方的管理、运营、销售经验。"其坦诚的态度,赢得了外方代表的尊敬。

为此,NTT公司表现出十足的合作诚意,他们的谈判人员在短短一年中为了参加商务会谈,来来回回飞了几十趟,项目负责人下山二郎先生甚至蓄起了浓密的大胡须,以此表达争取合作成功的决心。1997年3月,双方合资公司正式开业那天,下山先生剃去了浓黑的大胡须,神采奕奕地出现在庆祝仪式的大会上。

在第三阶段,中日合资公司成立后,正值上海邮电通信事业进入高速发展阶段,上海移动电话不断扩容,在已有GSM网络的基础上,CDMA网络也将投入使用。在快速发展的情况下,上海邮电急需引进海外发达国家发展移动通信业务的经验。为此,上海邮电决定通过与日本NTT公司新成立的合资企业(简称SNTE),委托NTT集团的移动网络公司,对上海邮电长途电信局所经营管理的移动业务,提供有偿的市场策略咨询。这也是这个新生的中外合资公司的第一笔业务。

1998年2月25日至27日,"移动通信国际研讨会"在上海召开,来自美洲、欧洲、亚洲等地的移动业务专家相继来到上海,就移动通信网络优化、移动通信市场竞争、移动业务经营策略、第三代移动通信的发展等话题进行了广泛交流。

2000年,根据我国信息产业部对电信行业重组的要求,原上海市邮电管理局完成了固定网络与移动网络的剥离分营。此时,国家已组建联通公司,后又重组了原中国电信的固定网络公司,将原属上海邮电的移动业务剥离到新成立的移动通信上海公司,从而形成了如今人们耳熟能详的几大国有电信运营商集团。目前,这几大电信运营商分别经营着不同网络制式的移动通信业务。

1995年,上海移动通信用户数只有几万,而到了2010年,这一数字已突破千万。如今全国手机用户数早已突破十亿。让人不得不感叹:改革开放以来,中国移动通信业的发展速度比其他发展中国家不知快了多少倍、市场大了多少倍!

信息通信:技术引领时代变革

进入本世纪,国际通信业务跨入了宽带网络发展时代。上海通信业也从传统的有线固定网络业务向包括无线业务、移动业务的全业务方向转型发展。

2009年1月3日晚,上海电视台播放的一则消息引起了市民们的注意:根据国家工信部的通知,"小灵通"网络即将结束,"小灵通"业务将退出历史舞台。

所谓"小灵通",也被人称为小蜂窝无线技术、个人便携式手机、固网业务的延伸等等,它与现在我们所说的基于"大蜂窝"技术的移动手机业务(GSM、CDMA、TD)有很大区别。它最早起源于日本的PHS技术,1995年前后传入上海。

当年,中国电信和中国网通受政策因素制约,没有移动通信业务的经营权。为了满足公众日益增长的移动通信需求,地方电信公司的技术人员借鉴PHS技术,改良并创新出中国式的"小灵通"业务。在中国改革开放的大潮中,"小灵通"以非正统的身份登场,与GSM、CDMA等移动手机业务一起同台竞逐,因其使用方便、价格便宜等优势,曾获得我国中低端用户的广大市场。

2008年,中国电信和中国网通终于获得了经营移动通信业务的牌照,从此能够在比较高的起点上发展高带宽、高速率、大容量的3G业务。就像等待在起跑线上的竞赛艇,发令枪一响,一声令下,万船齐发,百舸争流。中国电信各地公司一面做好"小灵通"用户的转网工作,一面展开了移动业务大放号的劳动竞赛。如果说以前的"小灵通"是受迫于环境、无可奈何的小鸟,那么,后来的3G手机业务乃至4G业务,就是展翅高飞的大鹏。2009年《IT时报》上曾刊登了一篇报道:电信接手后CDMA一飞冲天,全国单月销售量破百万纪录,上海市场销售量猛增20倍。

这背后有着无数电信人的辛勤付出与不懈努力。在新技术、新业务到来时,为了跟上时代变革,适应新的转型,通信行业的国有企业开展了全员劳动竞赛。记得2008年11月底,我们与某外资公司的总经理、副总经理预约了见面时间,邀请该公司所在地电信局的同事一起走访外资客户,宣传电信新推出的移动业务。该公司所在地的电信局负责人亲自向外企大客户宣传中国电信的移动产品,提供了专业的无线上网客户解决方案。两个多小时的交流进展顺利,这家外资公司当即承诺与中国电信上海公司签订协议。当我们结束了与外资公司的交流,走出办公大楼时,街上吹来冷风,空中透着寒气,但大家心里都是热乎乎的。能够在国企艰难转型的重要时刻,为企业争取到一份大客户订单,为上海电信业的发展贡献一份绵薄之力,我们感到无比高兴。

2009年3月21日,《上海电信》报上刊登了一则消息:3G业务可为用户实现高速上网的梦想,将移动设备的下载速度提升到3 Mb/秒,高清电影可以在线播放,可视电话、移动游戏、即时多媒体通信等,在高速带宽上都成了可能。各种3G服务一一登场,我们进入了移动互联网的新时代。2009年5月以来,中国电信上海公司的移动业务进入新的推广阶段,8月至9月,电信公司再次开展"移动基站寻址攻坚战"的劳动竞赛。2010年5月,又在全体员工中开展"3G移动增值业务体验"的劳动竞赛。在发展移动业务、推广"光纤到户"等新业务中,一系列的劳动竞赛活动,为国有企业的生存和发展、为信息通信行业的技术革新提供了助推力。

如今通信市场早已进入4G时代,通信行业的高速宽带为"互联网+"和微信业务提供了信息通道保障。现在又在向5G进军,2018年实现千兆宽带全覆盖,建成了上海"千兆第一城"。在2018年11月举行的上海"进博会"上,上海电信率先展示了最新的5G应用。

5G,即"第五代移动通信系统",是指4G系统后的移动通信技术延伸。美国时间2018年6月13日,在圣地亚哥3GPP会议确定了第一个5G标准。5G网络有三大特点:一、高速率,不仅仅是一秒钟下载30部电影这么简单,VR、AR、云技术将与生活无缝对接;二、高可靠、低时延,让无人驾驶、远程手术不再遥远;三、超大数量终端网络,将形成更广阔和更开放的物联网,让智慧家居、智慧城市成为可能。5G将提升移动网络的作用,不仅让人与人之间互联,更让机器、物体和终端之间互联互控。5G将提供高达数Gbps的峰值速率、超低延迟、巨大容量以及更加统一的用户体验。5G将重新定义众多提供互联服务的行业,包括从零售到教育,从交通运输到娱乐以及其间的所有行业,它将实现更高水平的性能和效率,赋予新的用户体验和连接新的行业。5G将会带来强烈的时空概念转变,人与人、人与物之间不再有"距离";5G时代的传播内容、传播途径、传播形式、传播对象及其需求都将变化。3G和4G都是人与人之间的连接,而5G,将实现人与物的连接、物与物的连接。4G改变生活,5G改变社会,5G将为我们开启一个新的智能时代。

二十世纪八九十年代,上海成为国内首个固定电话7位号码制、8位号码制的城市,到推出首个移动电话系统;新世纪里,上海又成为全国宽带第一城、光网第一城、IPTV第一城、5G应用第一城……上海外滩的钟声再次响起,催人奋进。中国电信业在上海这片热土上,再次快马加鞭,高歌猛进。

(记:本文于2019年初为纪念新中国成立70周年、纪念改革开放40周年而作;2019年2月发表于上海《档案春秋》杂志;2019年3月补充了5G内容)

大潮推浪

（请进来与走出去）

　　亲爱的读者,不知您是否在农历中秋前后去过浙江海宁,是否观看过著名的杭州湾钱塘大潮? 不知您在观看钱塘潮时是怎样的一种心境,是否联想到什么?

　　阴历八月十八在浙江海宁观看钱塘大潮,是最佳时间和最佳位置。每年这时,因大自然的安排,太阳、月亮、地球几乎在一条直线上,所以这天海水受到的引力最大,形成海洋潮汐的高潮。而杭州湾正是江海交汇之处,因杭州湾呈喇叭口状,受其地理因素影响,又形成海潮进入江口受到阻力,由此我们便可看到钱塘江潮以其排山倒海之势冲破重重阻力、势不可挡向前奔来的壮观景象。

　　由于大量潮水从钱塘江口涌进时,江面迅速缩小,潮水来不及均匀上升,加之钱塘江水沉沙对潮流的阻挡作用,造成潮水前浪减速,后浪压着前浪,层层相叠,一浪高过一浪,因此钱塘大潮的进程有"三部曲":先是"交叉潮",江中的沙洲将来自杭州湾的潮波分成两股,两股潮头绕过沙洲之后交叉相拥,两潮相碰的瞬间激起数丈高的水柱,浪花飞溅,惊心动魄,呈现出"海面雷霆聚,江心瀑布横"的景象,就像各路军团正在集结,酝酿着一场大变革。接着是"一线潮",交叉之后的潮水由远而近,未见潮影,先闻潮声,江面风平浪静,却感隆隆巨响,就像一排排士兵从远方跑来,越跑越快,擂着万面战鼓,震耳欲聋。"素练横江,漫漫平沙起白虹",江潮像是一条白线迅速前移,逐渐升高,变成一堵水墙,随着白墙般的涌潮到来,万马奔腾之势、雷霆万钧之力,锐不可当,"士兵们"狂吼地冲锋上阵,后浪顶着前浪,没有退路。然后是"回头潮",咆哮而来的潮水在老盐仓一带遇到障碍后被反射折回,猛烈撞击堤岸,又以泰山压顶之势翻卷回头,落到继续前进的激流上,形成"雪峰"重新奔去,风驰电掣,声如狮吼,气势磅礴,惊天动地,犹如千军万马兵戎沙场、浴血搏杀,"滔天浊浪排空来,翻江倒海山为摧",一个个浪头腾跃而起,一排排海潮扑面而来,硬是要杀开一条生路。

　　改革开放的道路就像钱塘江潮,先是打开门窗,远远地感受到了国外先进事物,新旧理念激烈撞击,国内外经验集聚汇合;接着通过对外交流看到国外成功案例,学习国际上先进理念和成熟经验,在全球经济大潮的推动下冲锋上阵,万船齐发,百舸争流;最后所有军团投身改革大潮,对外合作真枪实刀,开弓没有回头箭,反弹之后再前进,生生拼出一个新天地。正可谓:钱塘后浪推前浪,冲进杭州湾的就在江河中新生,躺在沙滩上的就战死沙场,没有退路。

"一看、二学、三合作",这几乎是改革开放最初30年间,国内各单位对外合作的三部曲。"一看、二学"是"三合作"的前奏,"合作"是主旋律。在这三部曲中,"一看、二学"就是"感受"和"体验","三合作"就是"实践"。这"三部曲"的核心就是对外交流合作,而交流合作的主要方式就是"请进来"和"走出去"。在时代变革的大潮中,关于对外交流合作的故事实在太多了,因篇幅有限,无法一一列举,只能撷取几朵浪花说明"走出去"和"引进来"在历史变革大潮中的作用。

第一朵浪花:通过对外考察,发展国家信息通信事业

1988年8月3日,中华人民共和国对外经济贸易部与日本海外经济协力基金签署"关于向中华人民共和国提供贷款的总协议"。从1989年至1998年的十年里,我亲身经历了国家最早利用日元贷款开发建设"全国物价信息系统"和"全国经济信息系统"的过程,曾陪同外宾参观了改革开放以来位于上海南京路上的新中国证券交易所的雏形;目睹了国家为大力发展电信事业从国外引进纵横制电话交换设备,后又发展程控交换设备,上海的电话号码从7位数升到8位数,上海的光纤网络从无到有,上海信息通信基础设施从落后到国际先进水平的过程。这期间,我多次接待来自国外的同行,又多次陪同国内信息通信行业的代表团出国考察,记不清出席过多少次对外交流的研讨会,记不清聆听过多少次对外宣传的介绍和对外合作的倡议。中国信息通信行业的改革开放,就是伴随着这种"请进来"和"走出去"的对外交流,又在"走出去"和"引进来"的对外合作中,走到了今天。

1992年6月,我随同上海市政府计划委员会(后改称"发改委")系统的日元贷款项目代表团,考察了日本的信息系统,参观了日本政府办公信息系统、消防应急信息系统、专利管理信息系统、银行信息系统、企业信息系统,零售业信息系统和社区信息系统、医疗信息系统等。20世纪末,当我国还在借款起步搞信息化时,邻国日本早在50年代后期就完成了企业质量管理运动,在70年代后期进入信息系统时代,80年代中期形成了计算机联网规模,90年代初期进入C+C(计算机网+通信网)的网络时代。出国考察,我们还参观了许多声、光、电信息技

术集成系统,被国外高超的信息技术为人民生活提供服务保障的高水平所震惊。

考察归来,没有人不感到时不我待,没有人不清楚我们与国外的差距,没有人不承认改革开放的必要。"走出去"实地考察,对上海宏观经济如何规划发展信息产业起到了参考作用,我们带回了国外先进信息系统的资料,回国后报告了国外信息产业建设的经验。"引进来"的结果是:上海市政府在利用日元贷款建设经济信息系统的项目配套资金拨款中,一直予以全力保障。上海市计委、经委、物价局、商业局、统计局、化工局、机电局、海关等相继建立了信息采集、处理、分析的计算机联网系统,逐步与国际规范的操作程序接轨,形成了上海市经济信息系统的雏形,为后来全面铺开"信息港工程"奠定了基础。上海在全国范围内较早立项"信息港工程",成立了"信息港办公室"(后改制为"上海市信息委",2008年下半年随着中央政府大部制改革,上海市信息委与上海市经委合并,称"经信委")。

现在,上海的计算机普及率很高,有成千上万的网民,各机构的门户网站星罗棋布,"网络"及"C+C"概念已家喻户晓,通过网络实现内外信息交互传输,已成为时尚、便捷的手段。我国电信行业参加了国际QEST论坛质量贯标活动,参加了国际ITU论坛会议,代表祖国对国际信息通信行业的技术标准发表意见。在国家信息化建设的道路上,中国人民就是这样在落后于其他先进国家几十年的基础上,睡狮猛醒,奋起直追。宏观经济调控通过对外考察和对外交流,不仅"走出去",而且"引进来",为国家的经济发展解放思想,绘制蓝图。

第二朵浪花:通过对外学习,引进信息化高新技术

1997年5月,在美国克林顿政府"信息高速公路"的战略影响下,在国际通信行业大重组的冲击下,在中国加入WTO进程的推动下,上海邮电(后为上海电信)组成领导干部代表团,由局长亲自带队赴日本考察信息通信新技术、新业务。我有幸陪同这个代表团参观了日本"京阪奈都市文化圈"(即日本关西地区京都、大阪、奈良一带的多媒体信息通信高新技术实验区)。

在日本,我们第一次看到"多媒体水族馆",那些栩栩如生的仿真金鱼令人过目难忘;我们第一次看到远程会议系统和立体多维画面,身临其境地感受了远隔千里却近在咫尺的会议气氛,体验了身在日本却如置身夏威夷海岸的梦幻旅游;我们第一次看到东京的名医通过远程医疗系统为远在大阪的患者诊断和开刀;我们第一次看到参加实验的研究所将数以万计的报刊、图书、资料储存在电子图书馆内,人们一边呷着咖啡一边慢条斯理地在电子图书系统上浏览;我们第一次看到智能大楼的控制系统能够在自动保安、防火、防灾的基础上,满足

客户需求遥控家中的门锁、温度、光线,调整家中的窗户、冰箱、空调的开启;我们第一次看到企业系统与银行系统及百货系统联网,员工可持卡到企业食堂就餐、到银行取款、到超市或百货商店购物。在日本,我们还第一次看到了其他许多新东西,而这一切中,给大家印象最深的还是FTTH(光纤到户)实验屋。它位于东京近郊,在一座两层的日式房屋里集中了日本科研部门的所有最新技术,通过光纤接入提供有线和无线的高速宽带多媒体系统,几乎可以实现以上种种我们第一次看到的信息服务功能,它使我们大开眼界,真正体验到日本的信息化和日本的现代化。这一切,在今天来说可能不算什么了,可是在当年,是我们羡慕不已的先进技术。

考察归来,上海邮电决定在位于虹口区的邮电新村住宅区内,模仿日本FTTH实验屋,进行中国式、上海式的信息通信新技术新业务试验。虽然当时受到网络状况和技术条件的限制,无法实现宽带接入,只能通过窄带系统和窄带设备进行部分新业务试验,但还是实现了诸如小区车辆进出监控、在线服务、电子娱乐、家庭门禁指纹安检、厨房设施自动操作、家庭办公系统等较为先进的技术试验。该试验为上海通信事业的发展和上海城市信息化的发展提供了宝贵的历史经验,对后来的上海电信技术发展起到了很大的推进作用。

第三朵浪花:通过对外交流,引进国际电信管理经验

进入20世纪90年代中后期,我国信息通信行业的对外合作,已从单纯的硬件设备进口逐步转为引进国外先进的经营管理经验,对外交流更加侧重向境外电信行业学习先进的管理体制和运作方法。1998年随着中国电信行业即将全面打破垄断,为了促使未来国内各电信运营商能在法规制约的环境下开展有序竞争,为了掌握境外电信业之间在竞争状态下共享网络资源的经验,这年11月,中国邮电部通过"请进来",邀请日本通信运营商的干部交流团来沪介绍了"互连互通"的概念以及电信网间关口结算的做法。我参加了1998—2000年的大量对外交流活动。

在这之后,上海电信又邀请了日本电信运营商来沪介绍"一站址服务"理念和管理平台。通过交流学习,上海电信的管理层不仅从宏观理念上掌握了境外"竞争与合作"的游戏规则,还从微观层面掌握了企业面向市场、面向客户"一站址服务"的内涵:即"一站址服务"不限于"一站式受理",还包括"一站式开通""一站式维护""一站式结算"等具体作业内容——它要求电信企业从机构体制、人员队伍、员工心理、业务内容、运作流程、管理制度、IT支撑等各方面进行全方位改革和转型。毋庸置疑,任务艰巨,困难重重,然而,改革势在必行。这种变革就

像钱塘大潮,后浪推着前浪,必须向前冲,慢一步就会被淹没在汪洋大海之中。

这期间的对外交流活动更加成熟,在信息通信行业的微观业务领域里呈现出灵活多样、丰富多彩的活跃局面。"请进来"举办各类交流会、研讨会;"走出去"参观考察、培训学习;还通过合资公司的渠道开展各类涉外咨询及业务合作,新的交流合作模式不断应运而生。上海电信行业不仅在宏观理念上学习境外先进经验,在微观业务上也充分利用对外交流资源,以求快速"拿进"急需的操作办法。

2000年10月12日,上海电信为了学习国外运营经验,向美国、日本、新加坡、中国香港等地几家电信运营商发出邀请,邀请他们派出代表来沪就电信行业的"SLA(服务等级标准)"进行交流。我根据有关方面的要求,组织了相关课题的两天4场交流会。这次交流会之后,"引进来"的结果是:上海电信加大了数据业务的发展,加大了宽带业务的发展,加大了非传统电话业务的发展,开展了IP网络软交换业务的试验,还通过中外合资公司与境外电信运营商合作,为上海地区的外资企业用户提供电信增值业务。为迎接二十一世纪全球信息通信事业新网络时代的到来,为今后"走出去"到海外拓展国际业务,做好了必要的转型准备。

改革开放的目的,就是要改造旧的不合理制度,改变旧的落后局面,为企业的转型、为国家的发展开创新的道路。通过对外交流,中国信息通信行业在宏观层面和微观层面引进、学习、消化了许多国外的成功经验和成熟做法。中国电信行业通过对外交流,引进了国际上的许多尖端技术;"走出去"在亚洲、美洲、欧洲建立了分公司,在新的历史时期上了一个新台阶。

中国改革开放最初的10年、20年、30年的对外合作,一直是伴随"引进来""走出去"的对外交流进行着。对外合作在最初阶段,总是以对外交流的方式为开端。"请进来""引进来""拿进来",就是通过邀请外国专家来我国传授先进理念和经验,探讨合作,把国外的新技术、新业务、新项目引入我国。而"走出去""出去看""出去学",就是通过出国方式到国外学习,实地考察,参观培训,商洽合作,进而带着对外合作的项目走出国门,到海外拓展市场。改革开放对外合作的发展历程和一般规律就是这样的:先从务虚的"请进来""出去看""出去学"的对外交流开始,逐步发展为务实的"引进来""拿进来""走出去"的对外合作。在所有对外合作中,都包含着对外交流的环节,"对外交流"是"对外合作"的重要前提和不可分割的步骤。

中国信息通信行业的高速发展,在这40年里,就像惊世骇俗的钱塘江潮,横扫旧岸,摧枯拉朽。改革开放以来,国家经济实力的发展和信息通信事业的发展,给老百姓带来了进步和实惠,而"请进来"和"走出去"、"走出去"和"引进来"的对外交流方式,为这些进步和实惠做出了探路、开路的贡献。每当想起这些,我的眼前就会出现钱塘江潮排山倒海的画卷,那一排排海潮就像无数个列队方阵迈着整齐步伐由远及近,排排浪潮狂奔而来,扑到跟前掀起数丈浪头,接着就是冲锋陷阵的搏杀,后浪撞击前浪爆发出惊涛骇浪的咆哮,势不可挡。

中国经济高速发展之后,新形势需要我们冷静地、科学地重新审视我国经济今后的发展方向和必由之路。尽管今天"走出去"和"请进来"仍旧方兴未艾,但新形势下的"走出去"和"请进来"已有了新的寓意和内涵。根据新时代的新要求,我们应重新树立对外交流和对外合作的新目标,充分利用以往"请进来"和"走出去"的工作经验及外事资源,把改革开放以来对外合作的成果进一步巩固壮大,把"请进来"的交流变成更多的国际合作项目,把"走出去"的考察变成更多的海外国际业务。

(记:写于2008年,收入作者为纪念改革开放30周年而作的2010年内部版《风从海上来》。2019年为纪念新中国成立70周年,于9月修改补充,并于2022年收入新版《风从海上来》)

图:作者(前右2)1992年5月随团访问日本,上海代表团合影于大阪府办公楼前

科学技术的力量

改革开放40年,走出国门考察学习,曾看到国外许多先进的科技博物馆、实验室、展示厅、体验馆、科技园等,受益匪浅。科学技术是人类的重要生产力,国际上发达国家普遍尊重科学、尊重技术,其科学技术水平高度发达,令人感佩。其中,这些国家充分利用博物馆、展示厅的资源,为社会提供科普教育的做法,也给我们留下深刻印象。当年,让落后于他们的我们深受启发。

风从海上来,从海外先进国家吹来的科学技术之风,鼓舞着中国人!终于,在上海浦东陆家嘴的信息大楼里,也出现了一个新技术展示厅……

一、慕尼黑科学技术博物馆(德国)

在德国南部巴伐利亚州的慕尼黑市,有一个博物馆——"德意志科学技术博物馆",令我印象深刻。博物馆的外表相貌平平,无显赫惊人之处,但是,走进

图1:位于德国慕尼黑的"德意志科学技术博物馆"

博物馆大厅后,就感到非同一般。深入进去,就更加感受到这个博物馆的规模和魅力。

这个博物馆共有4层,是名副其实的"科技"馆,馆内有宇航馆、飞机馆、船舶馆、隧道馆、建筑馆、机械馆、信息馆等,航天、造船、工业制造、信息科技等各行业展品会聚一堂,系统分类,品种齐全。最惊人的是,这个博物馆里的展品除了图片文字,所有实物都根据"解剖学"原理,被切开展示。大到飞机,小到工具,全部以横切面的方式解剖,让参观者直接看到展品展物的内部结构和制造原理。钟表的内核被切开了,印刷机的机身被切开了,火车头被切开了,直升机的机头也被切开了,甚至山洞隧道,也按真实比例展现了横切面——岩石层、钢筋层、浇铸层、被覆层……上天入地,凡与科学技术,尤其与工业制造有关的,均有展品,而且是可以直观内部构造原理的展品。博物馆之大,无奇不有。

我们在博物馆参观,见到墙上挂着"四大发明"的图片,清楚地写着"四大发明"源自中国,很多小学生在老师带领下来到这里上课。老师们指着展品直接向学生讲授,孩子们饶有兴致地认真听讲,无论男孩还是女孩没有走神的。看到这样的科技博物馆,看到这样的教育方式,怎能不感慨?!有这样的科学态度,怎能不产生治学严谨的教育家、真才实干的科学家?

图2:作者在慕尼黑科技博物馆的飞机厅里

二、新泽西贝尔实验室（美国）

在美国东部，有个州叫"新泽西州"。新泽西的城市风格与纽约完全不同，它没有林立的摩天大厦，但在绿茵覆盖的草坪上、在郁郁葱葱的树荫后，隐着许多美国著名的大学和研究机构，例如，老牌大学普林斯顿大学、普林斯顿高级研究所、贝尔实验室，等等。

新泽西是伟大的发明家爱迪生的家乡。1876年托马斯·爱迪生在门洛帕克（Menlo Park B2）建立了实验室，完成了包括电灯在内的数十项伟大发明。实验室的原建筑现已搬到底特律市的福特博物馆，在其旧址上修建了纪念塔，塔顶是一个直径2.1米的大灯泡，纪念为人类带来光明的发明家。在这个诞生发明家的地方，另一个伟大的科学发明家塞缪尔·莫尔斯，在此前于莫里斯顿（Morristown B1）发明了电报，开启了人类信息通信的先河。在新泽西还有许多赫赫有名的大通信公司总部，例如，通信运营商"Verizon"、通信制造商"朗讯科技"（Lucent）等。著名的"贝尔实验室"的展示厅，就坐落在朗讯公司总部的一楼。

2007年我随上海某代表团来到新泽西，参观了贝尔实验室的展示厅。贝尔实验室是朗讯科技公司的骄傲，接待过无数参观者。"朗讯科技"的朋友介绍了"贝尔实验室"的前世今生。数不胜数的资料照片和实物展览，让我们跟随贝尔实验室走过科学技术发明创造的长河。展示厅里液晶显示板上的红色数字告诉我们：自1925年以来，截至我们参观的那天，贝尔实验室获得专利的发明已有32 247项。我们在这里看到了人类的第一架电影放映机、第一台晶体管电视机……许多令人钦佩的科学发明，数不胜数。

图3：贝尔实验室研制的世界上第一台放映机　　图4：贝尔实验室研制的世界上第一台电视机

贝尔实验室曾叫"贝尔电话实验室",最初是从事电话交换机、电话电缆、半导体等电信技术的研发机构。在贝尔实验室的展示厅里,视线所到之处,墙上的照片和文字告诉了我以下科学家的伟大功绩:

1933年,卡尔·央斯基(Karl Jansky)通过研究长途通讯中的静电噪声发现银河中心在持续发射无线电波,此电波被称为3K背景辐射。透过此项研究,科学界建立了射电天文学。

1947年,贝尔实验室发明晶体管。参与这项研究的约翰·巴丁(John Bardeen)、威廉·萧克利(William Shockley)、华特·豪舍·布拉顿(Walter Houser Brattain)于1956年获诺贝尔物理学奖。

1948年香农(Claude Shannon)发表论文《通讯的数学原理》,奠定了现代通信理论的基础,他的成果部分基于奈奎斯特和哈特利先前在贝尔实验室的成果。

1970年,贝尔实验室的Ken Thompson,以BCPL语言为基础,设计出很简单且很接近硬件的B语言。他用B语言写了第一个UNIX操作系统。1972年,贝尔实验室的D.M.Ritchie在B语言的基础上设计出了一种新的语言,他取了BCPL的第二个字母作为这种语言的名字,这就是计算机软件设计的C语言。1980年代,又由比加尼·斯楚士舒普发展为C++语言……如今,计算机在全世界普及,人们是否想到过这些先驱者?

结束了贝尔实验室展示厅的参观,我们在朗讯公司总部的大堂,在电话发明家亚历山大·格拉汉姆·贝尔先生(Alexander Graham Bell)的塑像前拍照留念。这天,朗讯公司的朋友特意在贝尔雕像旁摆放了美国和中国的国旗。雕像

图5:贝尔实验室大厅里的贝尔雕像

上的贝尔蓄着智慧的大胡子,睿智的目光流露出无言的思想……

这种参观学习,就像渗透到血液里的营养,不断提醒我们:在为中国是"四大发明"古国而骄傲时,千万不要忘记"贝尔实验室"的众多璀璨发明。

三、"以人为本"的信息通信时代(北欧各国)

北欧国家曾是信息通信技术的创始地、创新地,老牌通信制造商"诺基亚"和"爱立信"在当地家喻户晓。曾几何时,这些大公司闻名遐迩,企业产值如日中天,走到任何地方,北欧人都为这些大通信企业引以自豪。尽管前些年,芬兰的"诺基亚"和瑞典的"爱立信"因产品制造走下坡路,今不如昔,但它们仍是国家经济的重要支柱。在无线通信引领世界潮流的今天,这些曾经辉煌的大企业仍在不断地散发出创新灵感。

北欧信息通信技术在国民经济中占有重要地位,主要反映在光纤光缆敷设面广,宽带网速快,利用率高,应用普及好。10多年前我们所到之处,均已实现"三网合一",不仅宾馆叫早是通过电视机播放音乐来唤醒旅客,而且城乡居家老人及残疾人也离不开宽带上网预订各种公共服务。北欧国家由于漫长的冬季,人们长时间上网收看电视转播的"英超联赛",由此带动了北欧的光纤传输和宽带普及。北欧国家体育转播受英国影响较大,英国足球赛一直是该地区收视率最高的节目之一。根据这些特点,北欧电信运营商推出了一系列"以人为本"的服务产品。

很多人知道"以人为本(putting people first)"这句名言,但不一定知道这句话最先是由谁提出的。"以人为本",最初是芬兰通信设备商诺基亚公司提出的企业文化理念,后被世界各国IT行业所推崇,在我国也广为流传。我们访问诺基亚公司,参观诺基亚新业务和新技术体验中心,观摩诺基亚公司最新研发的新产品,无论是"虚拟社区"(开放式空间),还是"未来地铁站";无论是"电子报亭",还是"4G客户体验厅",所有产品的应用开发无不体现"以人为本"的服务宗旨。当年我们在瑞典首都斯德哥尔摩和丹麦首都哥本哈根的繁华区和僻静处仔细查看、调研,没有发现

图6:芬兰通信厂商诺基亚的新技术体验厅

这些地方发生过偷盗通信电缆、撬坏公用电话亭储币盒窃取钱币、盗走马路上窨井盖等不良事件,反映出良好的社会秩序和公民道德。

四、东京电力馆和电信展示厅(日本)

东京,是日本经济的代表。明治维新以后,日本科学技术的发展有目共睹。在东京,代表日本先进科学技术的信息通信展示厅和各种科技博物馆,吸引着来自世界各地的参观者。

首先,介绍一下东京"电力馆"。这个展馆不仅设计美观漂亮,而且管理有方,有实物、有模型、有图片、有玩具,还有三维立体电影(二十世纪九十年代),将科普知识和电力产品的展览有机结合,使广大民众对爱护电力资源和电力设施的认识在寓教于乐的方式中得到普及。其次,说说东京"递信馆"。这个带有博物馆气息的展馆,用蜡像方式介绍人类邮政事业的起源以及邮政事业带动通信事业发展的历史过程,让参观者直观地感受到通信是生活中不可或缺的、息息相关的重要产业,同时了解到通信产品最早起源的科学原理,给人以亲近感。以上两个展馆的特点在于社会性和科普性,受众面大,宣传面广,深受老百姓,尤其是少年儿童的喜爱。从形式上讲,东京"电力馆"和"递信馆"都属于传统式的展馆。

图7:作者(左3)1991年秋随团参观日本宇都宫佳能工厂

下面要介绍位于东京霞关的通信产品新技术展示厅。在那里，专业讲解员深入浅出的解说及对每个新产品的操作演示，使参观者体验到高新通信产品的新功能和新技术。30多年前，我已在那里看到了超大型高清电子屏幕；看到了超小型腕式手表移动电话；看到了远隔万里能见到亲人面孔的可视电话；体验了能够装配在远航船舶上的最新导航通信系统，最新的车载电话装置；还有可供多人同时游戏的新款软件……霞关展示厅给我留下了深刻印象，它的展品不断根据技术发展而更新。

我们还参观了位于东京新宿的"COMMUNICATION体验馆"（体验馆的英文名称寓意为"通讯"和"沟通"——通讯帮助人类沟通），在此可看到具有超前意识的超现实主义作品（在此用"作品"比"产品"更贴切）。这些作品或通过红外感应帮你把视觉中想要看到的东西呈现在你的面前，或通过激光处理把你潜意识中的动感表现出来；或通过灯光投影帮你勾画出想象的几何图像，或通过触摸玻璃帮你完成阅读透明书籍上的文字……这些作品的寓意在于表达"科学能够帮你传递信息"。绝大部分作品带有科幻色彩，非常独特。体验馆里的"等待室"有点儿像大医院的候诊室，为了达到个性化体验的效果，不能让太多的人同时体验，因此在每个体验室外都有"等待室"。

图8：东京霞关通信技术展示厅的讲解员在向参观者讲解（右2：本文作者）

后面这个展示厅和体验馆的特点是：科技含量高，但不会使人感到莫名其妙。东京的这些展示厅和体验馆，全部都由日本大企业开发建设并管理，对社会开放，得到政府的肯定和支持，政府部门经常安排外交使团来此参观。

五、格林威治天文台（英国）

格林威治天文台（Royal Greenwich Observatory，RGO），坐落在伦敦东南不远的格林威治小镇的小山上，建于1675年，是英国国王理查二世建造的一个综合性天文台。当时，英国的航海事业发展很快，为了解决海上测定经度的需要，英国当局决定在伦敦东南郊外、泰晤士河畔的皇家格林威治花园中建立天文台。1835年以后，格林威治天文台在杰出的天文学家埃里的领导下，得到扩充并更新了设备。埃里首创利用"子午环"测定格林威治平太阳时。

走进这座赫赫有名的天文台，感受到人类多么伟大！这个建筑物是英国国家海事博物馆的一部分，是收藏天文和航海工具的博物馆。展品包括著名的约翰·哈里逊获奖的航海时钟H4和他之前的3个成品，还有曾在历史上为天文和航海提供过精确计时的人造计时器，包括20世纪中期苏联制作的Fedchenko摆

图9：英国格林威治天文台

图10：格林威治天文台的"本初子午线"

钟，1893年格鲁伯制作的28英寸折射望远镜（当时在英国是最大的望远镜）。

格林威治天文台是国际科学界确定的计算地理经度和世界时区的起点。院子里有一座子午宫，一条宽10多厘米、长10多米的铜质子午线镶嵌在地面大理石中，笔直地从宫中伸出来，这就是闻名世界的"本初子午线"。它像磁石一样吸引着来自世界各地的游客，人们喜欢双脚跨在这条铜线的两侧拍照留念。那天，我也像其他游人那样，双脚跨在0°经线的两侧，让同伴为我摄影留念。这张照片象征着自己同时脚踏东经和西经两种经度。

这个世界很精彩，还有许多科技博物馆和各类展示厅，以上只是其中的一部分……要么读书，要么旅行，灵魂和身体总有一样在路上。迈开腿，走出国，境外旅行不妨多去看看科技馆。参观各国的科学技术博览会和博物馆，能够开阔眼界，知道山外有山，天外有天，天下之大，无奇不有，我们不能故步自封、骄傲自满。中国想要成为强国，科技一定要上去，前面要走的路还很远。

六、上海浦东信息生活体验馆

在改革开放的年代，中国人走出国门向世界学习，参观国外的科技博物馆、展览馆、展示厅,打开了眼界,受到了教育,深深感受到科学技术的力量。看到自己的不足和落后,于是奋起直追,迎头赶上。从那时起,上海电信就一直计划引进国外经验,建立起自己的电信产品展示厅和体验馆。经过多年奋斗,上海电信的各类展厅场馆终于在2007年前后建成。虽然当时的规模和内容尚不及国外的水平,但从无到有,已能够将上海地区电信业的发展历程和现状展现出来,能够面向社会用户和企业用户描绘出电信产品的最新功能。

我曾陪同外宾参观过上海浦东的"信息生活体验馆"。这个体验馆位于浦东陆家嘴世纪大道的信息大楼内(即上海电信总部大楼),在二楼球体结构的建筑中,采用清淡的"电信蓝"背景色调和中英文双语说明的方式,介绍中国电信的最新技术产品以及为客户提供的各类解决方案。它引导参观者自己动手体验信息通信新产品的使用,将人们的许多梦想变成了现实。

如今信息通信技术不仅进入5G时代,而且进入"云"的时代,"信息生活体验馆"展出的新产品和新技术绝非可与过去同日而语。但是,为了回顾历史,我在此简要地介绍一下当年"信息生活体验馆"的情况。

(以下为2008年的资料)

进入中国电信上海公司"信息生活体验馆",首先映入眼帘的是"INFOSPACE"几个大字,然后您可以沿着以下路线游历这条信息长河。

1."全景式视讯区"(I-IMAGE),在这里通过"世纪跨越"的大屏幕短片和悬在空中、布满中国电信通往世界各地光缆线路的"网络实力球"地球模型,您可以了解上海通信公司的百年发展历史,感知转型中的中国电信上海公司的网络实力和服务能力。

2."快乐的家庭区"(I-HOME),在这里"我的e家""未来家庭""社区服务"将您带入健康、安全、融合的家庭氛围,"虚拟信息管家"帮助人们享受轻松快乐的家庭信息新生活。

3."新奇的无线生活区"(I-WIRELESS),在这里"无线驾驶""未来超市""魔幻衣镜"让您体验到未来移动式信息化生活以及城市中趋于个性化的综合信息服务。

4."务实的企业区"(I-BUSINESS),在这里"商务领航"为企业便捷沟通、高效管理、形象推广、业务拓展、降本增效精心研发和设计了三大类30余种产品,"企业成长墙""互动展示台""实景体验区"让您感受到为企业客户的贴心服务。

5."美好的信息化区"(I-CITY),在这里集中展示了上海城市信息化的美好蓝图,"电子目录书"等各类定制化的行业信息化综合解决方案使您对未来融合信息通信技术的展望充满信心。

6."连接世界的数字世博区"(I-EXPO),在这里"电子沙盘""新闻中心"用先进的信息通信手段演绎着"城市,让生活更美好"的2010年世博主旋律,它告诉您中国电信作为2010年上海世博会全球通信合作伙伴已把"连接世界,沟通未来"作为全心全意服务的目标。

7."高效的视频会议区"(I-CONFERENCE),在这里设有高保真视频会议区和贵宾休息区,为客户提供了小型商务洽谈和召开视频会议的场所,"VIP视频会议室"使您身临其境地置身在"远在天边、近在眼前"的时空之中。

8."温馨的信息沙龙区"(I-CLUB),在这里您可以参与"INFO讲座",聆听"新品发布",它作为展馆与外界交流的平台,提供了场地、设备、资料和IT支撑,是电信公司与客户惬意交流的沙龙。

9."轻松的休闲区"(I-LEISURE),在这里您将结束最后的参观和体验,您可留下电子签名和意见留言,还可看到您游历这条信息长河的张张照片。

这个"信息生活体验馆"开馆以来,免费接待了国内外宾客数以万计,受到行业内和社会上的好评,特别受到外宾和外资企业客户的好评。当年我们在日本看到的东西,现在这个"信息生活体验馆"中也可看到。

图11:位于浦东陆家嘴的中国电信信息大楼(右侧大楼)

"信息生活体验馆"里的"名人墙"上,一幅幅信息通信科技界的世界名人照片及名人功绩文字说明,让你流连忘返,感慨万千。

"ICT名人堂(ICT Hall of Fame)聚焦你我敬仰的眼光,向信息通信领域的传奇名人致礼"。

1. 塞缪尔·莫尔斯(Samuel Morse,1791—1872)

1834年,美国画家莫尔斯发明了莫尔斯电码。

2. 查尔斯·惠斯登(Charles Wheatstone,1802—1875)

1858年,英国物理学家惠斯登发明了快速自动电报机。

3. 亚历山大·格雷厄姆·贝尔(Alexander Graham Bell,1847—1922)

1875年6月2日,美国科学家贝尔发明了电话。

4. 托马斯·爱迪生(Thomas Edison,1847—1931)

1877年,美国大发明家爱迪生发明炭精送话器,使电话的性能获得改进。

5. 海恩里希·赫兹(Heinrich Hertz,1857—1894)

1887年,德国物理学家赫兹设计出了世界上第一副无线电天线。

6. 伽利尔摩·马可尼(Guglielmo Marconi,1874—1937)

1895年,意大利青年人马可尼发明了无线电报。

7. 约翰·安布罗斯·弗莱明(John Ambrose Fleming,1849—1945)

1903年,英国电气工程师弗莱明发明了真空二极管。

8. 约翰·罗杰·贝尔德(John Logie Baird,1888—1946)

1925年10月,英国发明家贝尔德在机械扫描式电视的基础上,制成了世界上第一台有实用价值的电视机。

9. 约翰·文森特·阿塔纳索夫(John Vincent Atanasoff,1903—1995)

1939年10月,阿塔纳索夫制造了举世闻名的ABC计算机的第一台样机。

10. 阿瑟·克拉克(Arthur C. Clarke,1917—   )

1944年,英国科幻大师克拉克在《地球外的中继》一文中,提出了利用人造地球卫星进行通信中继的设想。

11. 冯·诺伊曼(John Von Neumann,1903—1957)

1945年,匈牙利裔美国数学家冯·诺伊曼发明了世界上第一台电子计算机ENIAC。

12. 克劳德·爱尔伍德·香农(Claude Elwood Shannon,1916—2001)

1948年,美国电气工程师、数学家香农发表《通信的数学理论》,建立了统计通信理论并定义了信息量的通用单位——比特。

13. 阿瑟·肖洛(Arthur L. Schawlow,1921—1999),查尔斯·哈德·汤斯(Charles Hard Townes,1915—   )

1958年，两位美国物理学家肖洛和汤斯发明激光，可用作通信光源。

14. 保尔·贝恩（Paul Baran，1926— ）

1961年，美国计算机科学家贝恩首先提出分组交换技术，用于电话通信的安全保密。

15. 高锟（Charles Kao，1933— ）

1966年7月，英籍华人高锟和霍克曼就光纤传输的前景发表了具有历史意义的论文。高锟被誉为"光纤之父"。

16. 雷·汤姆林森（Ray Tomlinson，1941— ）

1971年，美国计算机程序员雷·汤姆林森发明了电子邮件（E-mail）。

17. 罗伯特·凯恩（Robert E. Kahn 1938— ）

1973年，美国科学家凯恩和文顿·塞夫合作开发了TCP/IP协议，为互联网奠定了基础。

18. 鲍勃·麦卡夫（Bob Metcalfe，1946— ）

1973年，美国技术专家麦卡夫和他的助手戴维·博格斯发明了以太网。

19. 马丁·库帕（Martin Cooper，1928— ）

1973年4月，美国摩托罗拉公司系统部前总经理库帕发明了手机。

20. 比尔·盖茨（Bill Gates，1955— ）

1975年，盖茨和保罗·艾伦为牛郎星开发了世界上第一套标准的微电脑软件BASIC，并创办了微软公司。

21. 吉斯卡尔·德斯坦（Giscard d'Estaing，1926— ）

1977年，时任法国总统德斯坦就电子计算机与电信结合而产生的高度信息化，创造了"Telematique"这个新词汇。

22. 蒂姆·伯纳斯·李（Tim Berners Lee，1955— ）

1989年，英国科学家李开发出万维网。

23. 比尔·克林顿（Bill Clinton，1946— ）

1993年2月22日，时任美国总统克林顿在加州报告中提出政府制定建设国家信息基础设施（NII）的构想。

24. 四名年轻的以色列计算机爱好者（Four young Israeli avid computer users）

1996年，四名年轻的以色列计算机爱好者发明了即时信息服务ICQ。

25. 谢尔盖·布林（Sergey Brin，1973— ）、拉里·佩奇（Larry Page，1973— ）

1998年，布林和佩奇创建了谷歌。谷歌成为被广泛应用的互联网搜索引擎。

26. 2000年5月，世界无线电行政大会正式批准把中国的TD-SCDMA作为第三代移动通信国际标准之一（M1457 IMT2000RSPEC）。

27. 文顿·塞夫（Vinton Cerf, 1943—　）

塞夫和罗伯特·凯恩发明了基本的通信协议TCP/IP技术，两人因此于2004年获得"图灵奖"。

28. 赵梓森（Zhao Zisen, 1932—　）

赵梓森长期从事光纤通信研究，在业界被誉为"中国光纤之父"。任武汉"中国光谷"首席科学家。

望着这面名人墙，墙上的名人似乎在离我们而去，背对着我们一步步走向历史的深处，他们回过头来微笑地向我们招手，好像在说："新世界是你们的，努力去开创未来吧。"望着这面名人墙，墙上的名人又似乎在急促地向我们走来，他们迈着坚定的步伐越走越近，眼里透出坚毅的目光，似乎在说："未来是世界的，我们同行。"这面墙，它能唤起全世界信息通信从业者的共鸣，积聚起他们的力量。

风从海上来。在海风吹过的地方，上海，又一个朝阳升起的时候，中国信息通信行业的博物馆、体验馆、展示厅，犹如旭日东升，充满着生命力，迎接着四面八方的参观者。

（记：写于2008年，收入作者为纪念改革开放30周年而作的2010年内部版《风从海上来》。2019年为纪念新中国成立70周年，于9月修改补充，并于2022年收入新版《风从海上来》）

夸父逐日

(电信运营商的战略转型)

远古时候，中国有个男子，名叫夸父，他奋力追赶太阳，最后跌入禺谷，长眠于虞渊，他的手杖化作一片桃林。这就是我国最早的神话之一"夸父逐日"。夸父逐日的神话，曲折地反映了远古时代人们向大自然竞胜的精神。这个故事常被人们比喻志向宏大，富有进取气魄。更多的人赞赏夸父逐日的积极精神，也冷静地分析了夸父失败的原因。

"夸父逐日"实际上是中华民族历史上的一次长距离的部族迁徙，是一次有胆略的探险。但由于他们的认识受到局限，对太阳运行和我国西北部地理状况认识错误，最终悲壮地失败了。夸父的失败，使远古的人们认识到征服西北无比艰难。从此，水，决定了中华民族向南发展。几千年来，南方一直在移民开发，原始森林、荒芜之地不断变为繁华的城镇，而西北部至今还是地广人稀。因此，有专家认为夸父逐日的故事具有极为深刻的寓意，它说明"只有重视时间，和太阳竞走的人，才能走得快；越是走得快的人，才越感到腹中空虚，因此需要接收更多的水；也只有获得更多的水，才能和时间竞走，才能不致落后于时间"。这一观点受到许多人的赞同，夸父逐日也就成为中华文化宝库中的一页经典。

曾几何时，中国国有企业的战略转型，就像一艘满是过时旧零件的巨轮在全速航驶的过程中，既要保持速度，又要保持平衡，还要调整方向追赶前面的现代化新型快轮；又像一列飞驰的旧列车，满载沉重的货物，却要在飞驰中重整货仓，甩掉后缀，还不得不在全速行驶中更换车轮，以适应新里程的高速和摩擦。企业的最高管理层，就像驾驭这艘巨轮的船长、像驾驶这列快车的司机，背负着何等重要的责任和压力；所有员工就像惊涛骇浪中的船员、狂风暴雨中的车工，与企业同生死、共患难，挣扎与奋斗同在，失落和希望共存。

中国电信从传统的电信运营商向新时期信息通信服务商的战略转型，颇有一些"夸父逐日"的悲壮色彩。不过这种悲壮不体现在结果，而体现在过程。我相信这种转型最终能够获得成功，古老的战舰会换上崭新的机器，慢速的列车会换上飞速的轮子。具有光荣传统的国有企业，不仅能够改变命运，而且能够迎着朝阳在百舸争流的国际电信业海域中追赶上外国先进的船队。尽管这个过程会有阵痛，会有茫然，会有无奈，会有悲壮，但只要战略方向正确，就不会跌入禹谷。

如何把握正确的转型方向？国企已进入能够广泛进行国际交流的信息时代，不会像远古时期的夸父族那样孤陋寡闻，因缺乏外界信息和科学知识而走错方向。在探索转型方向的重要时期，电信行业国有企业积极开展对外交流，举办各类转型业务交流会。令我感到荣幸的是，在这个历史时期，我们外事部门没有成为旁观者，而是作为风暴战舰上的一名船员、作为追日快车上的一名战士，和企业一起冲锋陷阵。

2005年3月，我们得知英国老牌电信运营商"英国电信"（BT公司）有不少转型成功的经验值得借鉴，因此向上级建议接待英国电信新任大中国区总裁，就BT公司的转型经验进行交流。双方高层会见之后，决定举办一次专题交流会，会议的筹备组织工作就委托我们外事部门落实。我根据上级领导的希望和业务部门的交流提纲，多次与BT公司沟通。最终BT从本土派出了各领域专家，由英国电信东亚区管理团队牵头，与我方举办了"企业转型研讨会"，较详细地介绍了英国电信这几年转型成功的经验。

这个研讨会对中方全体与会人员触动很大、启发很多。会后，出席会议的各部门负责人提供了体会材料，汇总至公司的战略部门撰写专题报告，提供给领导决策层参考。至今记得英国电信的转型经验主要有6条：

1. 移动与固网融合

英国电信在20世纪80年代经历了市场开放的艰难转型，90年代又经受了移动业务和互联网业务冲击，开始了固网业务与移动业务相结合的网络融合转型。为了解决竞拍3G牌照导致的巨额债务，英国电信在2001年剥离了移动业务，但现在英国电信千方百计重返移动领域，与Vodafone公司合作，相互渗透到对方的传统业务领域，开展了多种固网与移动网结合的新业务。

2. 业务趋于多元化

2004年9月，英国电信开展了B to B为主题的运动，确立了面向宽带、无线、ICT三大浪潮的业务方向，为各种规模的企业用户提供IT外包服务，形成多种解决方案，并以灵活的策略为不同等级的客户提供差异化服务，与客户共同成长。不仅仅是经营系统集成业务，而且是参与到客户的信息化工作中，为客户提供咨询、构建系统、运行维护等一系列服务。

3. 加速技术升级，制定IP网络时间表

2004年年初英国电信公布了"21世纪网络计划"（即21CN战略）白皮书，目

标是利用宽带技术将传统语音、数据等业务完全转移到新的统一的网络上,计划从2006年开始至2008年完成从PSTN网络向IP网络的大容量转网。

4. 调整机构,成立特殊部门及工作组

例如成立名为OneIT的工作组,致力于面向未来DNE(数字网络经济)的ICT发展。ICT增值业务正以每年30%的增幅在快速成长。另外英国电信也有一支咨询队伍(号称顾问公司),充分利用英国电信的专利资源、数据库资源展开国际咨询业务的有偿服务,获取收入。(注:如果今天有人说中国在过去改革开放年代盗取了西方高科技知识,那是无视历史客观事实的无稽之谈,可笑至极!)

5. 提升管理层次,用网络和业务留住客户

追求"从市场客户着眼、从网络设计着手、从未来方向思考"的管理理念,强调网络围绕客户需求演进,内容、价格让客户选择,让客户有一定的可控权。尽可能将多业务体现在一个终端上;研发服务快速推向市场(不超过6个月);降低运营成本(每年投资1～2个项目,投资之后成本必须下降);网络转型从窄带向宽带转、从卖带宽向卖能力转、从产品为主向客户为主转、从单一服务标准向多重服务标准转(端到端的网络支撑服务标准要到位,包括保密安全管理)、简单供应关系向供应链管理转;大客户业务注重"客户生命曲线"——向市场细分转。

6. 注重客户经理技能及管理机制

例如,投资计算及服务策划的责任制,重视与全球运营商的合作计划、客户下一年度计划和竞争对手情况的报告、客户需求可行性报告及评估制度管理,开展支援管理、情报管理、商务管理、文档管理、客户经理技术培训等。(注:英国电信的客户服务队伍是根据客户订单来组建或解散。)

以上英国电信的转型经验为我国电信企业的战略转型提供了有效借鉴。

除了上述英国电信的经验,我们与IBM(中国)公司举行的转型经验交流会也令人难忘,引人深思。2005年6月2日,IBM全球服务部电信行业大中华区总经理介绍了IBM如何从一个计算机硬件设备供应商,转变成网络信息化集成综合服务商的经验。IBM的根本经验就是将internal IT services(内部IT服务)作为"随需应变"的业务模式来确定IBM全球IT定位的理念,并着重根据客户需求制定网络信息集成服务的供应商标准。在这次交流中,我方不仅了解到IBM的转型经验,还就双方的战略合作关系进行了较深入的探讨。

2005年,在电信国有企业转型的重要时刻,外事部门配合业务部门主办或协办了一系列中外企业转型交流会。除了英国电信和IBM公司,我们还和美国思科公司、法国电信、电讯盈科（中国香港）、NTT东日本公司等举办了战略转型交流会。

2005年年末，我执笔写下了以下信息报告：《2005年国际通信行业动态特点概述》。

1. 树欲静而风不止，IP数据、IP语音、IP视频业务山雨欲来风满楼

2005年全球IT开支增长约5%，2005年全球PC销售量增长9.7%。对于固网市场，VOIP和视频传输一直是最热门的话题。网络电话问世以来得到北美、欧洲、亚洲企业用户与个人用户的青睐。北美地区已拟出FTTH/FTTC的建设计划，其目的就是要为视频传输市场的兴旺发达做好准备。IP数据、IP电话、IP视频业务将在2006年进一步席卷全球通信市场。另一方面，IP网络业务的安全性问题已引起网络专家们的高度重视。就像日本的电信运营商一样，"中国电信"本能地希望最大限度保值存量业务、希望延长原有固定网络寿命，但在全球经济市场共振共鸣的当今时代，网络转型不能不同时研究保卫战和进攻战的策略。

2. 日出江花红胜火，欧美运营商仍是国际信息通信产业发展的先头兵

2004年美国网上消费支出激增，2005年美国信息通信行业又率先掀起了VOIP和IPTV业务的开发。专家预测，未来5年美国移动视频用户将大增，美国地区购买手机视频内容的用户数量将从2005年的110万增加到2010年的3 000万，在此期间，美国的高速无线网络将得到空前发展。在英国及德国市场相继领军欧洲电信市场固定与移动融合（FMC）之后，法国又异军突起，将成为欧洲最强的FMC市场。当然，由于西欧各国在市场竞争中很多供应端存在变数和不同，这将导致欧洲各国FMC的应用及发展程度各不相同。但不管发展的进程是怎样的，固定网络与无线网络的融合、语音与数据和视频业务的融合是所有电信运营商向综合性信息通信服务转型的必由之路。

3. 开弓没有回头箭，全球电信运营商义无反顾地踏上探索转型的征程

无论是机构重组，还是资本运作，无论是外包业务，还是国际拓展，全球电信运营商转型风格各不相同、转型力度不尽一致，但转型道路却是殊途同归。各国电信运营商的转型经验告诉我们：

（1）应重视光纤骨干网和光纤接入网的资源配置问题。这两个网的资源配置不合理将导致全网的经济资源处于无效状态。

（2）固网转型不可只押宝3G。中国电信拿到3G牌照后还需妥当处理过渡期与"小灵通"的并行融合。

（3）增值业务是转型的重点。数字家庭是未来社会发展的方向，IPTV是固网转型期的一项重要新业务，但是解决"数字鸿沟"和IPTV内容资源问题不是一朝一夕唾手可得的易事。

（4）"中国电信"应注意自身在国际电信行业以及在亚洲同行中的地位，学习亚洲各地运营商的"生存法则"。尤其应注意国际资本和资源全球配置的理念及运作经验。因为在中国入世及电信市场开放后，外国电信业渗透中国市场和抢占运营舞台的主要武器就是资本，外国资本的长驱直入将会令人瞠目结舌，跟在资本身后的将是它们的服务与技术。因此要跟踪外国主体运营商在丧失国家管制保护之后是怎样生存和发展的。当然，外商动态只供参考不可盲目模仿。

除了以上内容，报告还涉及对外合作项目、合资公司业务、国际电信业的发展趋势等内容。当我完成这份报告时如释重负。能够从外事工作的角度和视野向领导层和业务部门提供全方位的外部信息，并加以分析，提炼时局特点及外部经验，我感到这是极有意义的事情。

当领导和同事们看到这份出自文科生之手的技术型报告，尤其是看到每段小标题都引用了一句古诗或成语，感到既形象又新鲜，露出了由衷的感激和赞赏。他们高兴地对我说：有了这些国际同行的经验，再加上其他有价值的信息资料，经过我们的正确判断和操作，相信国有企业的转型不会迷失方向。

2008年10月27日《人民邮电报》在"产业新闻"栏目中，刊登了题为"重组转型期中国电信行业的五大趋势"一文，介绍了中国电信业转型的五大特点：
（1）电信行业将面临新的融合格局；
（2）电信技术演进更加关注客户需求；
（3）电信运营商转型关注效益和运营成本；
（4）电信企业社会责任进一步强化；
（5）信息化和工业化融合深入，IT解决方案带动中小企业发展。

中国的电信行业是个不断进取的行业，尽管到目前为止，在经营服务方面与国际上的优秀电信企业相比，还存在许多不足，但在理念更新和改进措施上，一直是以惊人的速度向前迈进。从被动接待各国厂商和外资客户，到灵活运用涉外资源拓展市场业务；从以我为中心朝南坐的对外形象，到放下架子主动为国内外客户服务，向客户提供各类个性化解决方案……脱胎换骨的国有企业，似在以"夸父逐日"的精神去奋力完成历史性的、跨越性的大转型。

外国电信业的转型经验及新的价值理念，代表着新时期国际电信业的发展趋势和潮流。改革开放以来，我国电信业经过多次战略重组和转型、调整，不断跟上国际电信业的发展步伐，根据市场需要和客户需求，调整前端和后端的服务结构，朝着现代化信息通信服务商的战略转型目标奔跑。

国有企业外事工作只有紧密围绕企业战略需要、支撑企业战略目标、努力透过日常外事活动提炼有价值的涉外信息，才能将企业的对外关系和对外合作交流置于企业变革发展的需求之中。外事工作自觉配合企业经济工作,组织中外企业转型交流会,提供外部企业转型经验,其动力就在于认识到:企业要有夸父逐日的精神,却不能有夸父的悲剧。为了践行这个理念,外事工作需要"三贴近":贴近企业决策层;贴近业务部门和基层单位;贴近外商机构。那些年,我们努力朝着这个方向追赶,有时感到太阳炙热灼人,目标还很遥远,身心疲惫,但那辉煌的阳光下有一片新的绿洲,这绿洲会给我们带来新的生机,我们怎能不向着它奔跑?!

这是一个怎样的时代,又是一个怎样的历程!这是一艘怎样的战舰,又是一列怎样的快车!想起它,有多少人泪水夺眶而出!这泪水中充满骄傲和欣慰,同时也饱含着曾经的辛酸和无奈。中国电信行业就像新时代的神话故事,用它浑身的力量追赶着炙热的太阳。峥嵘岁月,百舸争流,国企没有停下脚步,也不会停下脚步。朝着正确的方向,追赶着太阳,与时间竞走,在转型的征途上全速奔跑。

观看2008年北京奥运会的点火仪式,望着李宁高举火把奋力向火炬台"冲刺"的身影,不知为什么,我总是想起中国电信行业的国有企业。著名导演张艺谋先生说,那个点火仪式的构思来自"凤还巢",可我总觉得李宁的身躯就像"夸父逐日"。那个向着目标奋力趋前的身姿、那种不畏艰难执着向前奔跑的精神,难道不是夸父逐日的象征?为了完成企业转型的历史使命,电信国企何曾不在奔跑?!

(记:写于2008年,收入作者为纪念改革开放30周年而作的2010年内部版《风从海上来》。2019年为纪念新中国成立70周年,于9月修改补充,并于2022年收入新版《风从海上来》)

势如破竹

(电信宽带业务的发展)

2002年初夏的一个傍晚,位于上海黄陂南路太仓路的"新天地"石库门建筑群的庭院里,欧式风情的餐馆、咖啡吧点亮了各式彩灯,各家门前人来人往,络绎不绝。我们来到"璐娜"西餐馆的楼上,和韩国电信(后更名为KT公司)新任上海代表处首席代表赵默根先生见面,既为他的到任接风,又与他商讨上海电信与韩国电信交流宽带业务发展的问题。

赵先生一表人才,与传统的韩国人长相不同,高高的个子,很是英俊精神。尽管已是初夏季节,他仍西装革履,系着漂亮的领带,犹如韩剧中标准男"白领"的装束。赵先生一直在韩国电信海外事业团从事国际业务,刚从欧洲调任到上海,因此对"新天地"的氛围很是喜欢,对我们准备的西餐也很满意。

经过晚餐交流,韩国电信上海代表处表示在两件事上全力以赴给予上海电信支撑和帮助:一是力促韩国电信总部支持并推进向上海电信提供宽带业务咨询;二是通过韩国电信为韩国驻沪总领事馆提供系统集成服务的工作关系,协助上海电信向韩国总领事馆打招呼,即日办妥上海电信紧急赴韩考察宽带业务代表团的全体人员签证。在上海宽带业务大发展的合作中,韩国电信上海代表处为双方的合作与交流发挥了积极作用。

讲起亚洲信息化宽带业务发展,不能不提及韩国经济;讲到韩国的经济发展和信息化产业,又不能不提及韩国的通信企业;而讲到韩国的通信企业,更不能不提及"韩国电信"(KT公司)。我们还是先从韩国经济的发展讲起吧。

从二十世纪六十年代开始,韩国政府成功地推行了以增长为主的经济政策,七十年代之后走上发展经济的轨道,创造了举世闻名的"汉江奇迹"。到八十年代,韩国一改贫穷与落后的面貌,呈现出繁荣和富裕的景象。上世纪八十年代,韩国经济已完成由劳动密集型向技术密集型、由加工业向服务业升级的转化,成为国际市场上具有竞争力的国家。韩国产业以制造业和服务业为主,造船、汽车、电子、钢铁、纺织等产业的产量均进入世界前10名。大企业集团在韩国经济中占有十分重要的地位,三星、现代、SK、LG和KT(韩国电信)等电器、通信大企业集团创造的价值,在韩国国民经济中所占比重超过60%。

关于韩国宽带业务迅速普及的情况,我们收集到以下几个方面的信息。

1. 1997年亚洲金融危机,韩国政府为了恢复经济,确定发展IT产业。在金大中政府提出全国信息化国策的推动下,韩国正式启动"超高速(宽带)工程",立志2005年前完成全国宽带化的目标(含政府上网、学校实现互联网等)。

2. 进入二十世纪九十年代,韩国实现了电话普及,电话市场的客户需求趋于饱和。这种形势下,IT界人士认为赚钱的机会到了,内容开发商的积极性迅猛高涨。他们首先选择有钱的高档小区推广信息服务。1998年前后,韩国模拟电话方式上网为30%左右,随着点播节目的需求增加,韩国网民埋怨上网速度太慢。1998年以后使用传统电话的减少,使用IP的增多,韩国电信公司开始考虑宽带业务,认为选用ADSL接入方式符合韩国国情。

3. 韩国通信市场早已开放,电力公司、有线电视公司以及其他非主体电信运营商都可以涉足宽带领域。韩国电信选择了自己的子公司作为内容提供商来配合母公司的宽带网发展,并与韩国著名的电器制造商"三星""现代"等电脑公司合作,按三七开分利方式,由这些厂商在销售电脑的同时捆绑销售韩国电信的宽带业务。例如,客户如申请上网3年,便可分期付款购买电脑,而韩国电信则连同网络和内容一起向购买电脑的客户提供服务。

4. 在启动宽带业务的初期,韩国电信以近乎免费的方式推动全国学校上网。韩国教育部在实施信息化推进时拨专款给各学校,但投资很少。政府认为韩国电信是国家主体通信公司,有义务为实现教育的信息化提供支撑,因此经常通过政府招标方式将远程教育系统的开发项目委托给韩国电信。民间也认为韩国电信原是政府属下的企业,信誉度高,因此许多学校将组网项目委托给韩国电信。韩国电信紧紧抓住这些机遇,以近乎免费的代价在韩国教育界打开了宽带业务普及的局面。一方面韩国教育部号召各院校学生积极上网,连小学的家庭作业都有上网查询资料的题目;另一方面业界利用韩国人那种亚洲式的左邻右舍攀比的心理,推动了计算机和信息化的普及。学生要上网,家长就要买计算机、买设备,电脑商就和电信运营商合作推进宽带业务;没有条件买计算机的家庭,孩子为了完成学校作业,就去网吧上网,网吧普及了,推动了社会信息需求量,韩国电信的宽带业务规模也随之发展扩大。在韩国宽带业务发展史上,教育上网和游戏上网是突破宽带业务成长的增长点(但这一经验并不适合当时的中国国情)。

5. 提供各种信息内容(非一般电视可提供的节目,含影视节目)是韩国宽带业务发展成功的另一个重要原因。韩国政府原来只允许韩国的DACOM(得意通)公司经营数据业务,韩国电信(KT)只能从事有线电话业务。韩国电信为了涉足数据业务,摆脱法律制约,于1986年成立了"HAITEL"子公司(韩国通信作为母公司占50%的股份),该子公司通过租用韩国电信的网络提供系统集成业务。1990年韩国加入WTO后,DACOM公司和韩国电信都可进行交叉业务。"HAITEL"子公司联合了许多内容开发商,专做内容集成。韩国的媒体公司是独立的(不完全依属政府),可同时向多家服务商提供节目。例如韩国电信可为节目公司提供网络,节目公司也可对韩国电信提供节目(甚至免费提供),其计费系统是委托韩国电信开发的(这样,网络运营商和内容开发商均获得收益)。宽带业务信息源的开发主要针对以下客户群:金融/保险/证券业、教育业、新闻媒体、电子商务、游戏客户、家庭妇女等。

6. 截至2000年年底,韩国全国宽带用户约有750万户;截至2001年6月,韩国全国宽带用户达1 000万(韩国电信的宽带用户超过330万)。宽带用户主要是学生、青年、富商、大公司。以汉城地区为中心(注:韩国首都当时称汉城,后改称首尔),汉江以南一带IT企业很多。汉城的面积是上海的十分之一,市区共2 000多平方公里,韩国电信的总部在汉江江南的"盆塘"。整个韩国电信收入的四分之一在汉城。2001年宽带业务收入约占韩国电信总收入的十二分之一。那时,韩国电信在汉城的ADSL(铜缆电话线接入方式)用户情况为:截至1999年3月为3万;截至2001年1月为80万;截至2001年9月大约200万。2002年韩国电信在全国的宽带用户达500多万……递增速度、发展速度惊人!

7. 韩国通信(KT)原总裁因宽带业务政绩而晋升。2002年5月18日KT将剩余的28.37%的政府股卖掉,8月底在董事会上宣布新总裁。2002年7月11日,韩国电信前任总裁兼CEO SAY-CHUL LEE博士被韩国政府任命为韩国信息通信部部长。SAY-CHUL LEE先生的主要业绩是:就任韩国电信总裁期间确定了将KT建成世界级公司的目标(将原"韩国电信"更名为KT集团),并成功地将KT从国有企业转型为民营企业;创造了全世界最多用户的宽带业务盈利。

阅过以上这些资料,就会知道当时中国与韩国在信息化发展上的巨大差距,就能够明白为什么上海电信要向韩国电信学习发展宽带业务的思路和经验。

经与韩国电信交流,上海电信了解到韩国宽带业务发展速度快,取得成功的主要原因是:政府政策有利;市场需求高,网民需求量大;供应商提供的方案好,开发的信息内容丰富。韩国宽带发展的许多经验值得上海学习借鉴。于是,上海电信将这个时期宽带业务的对外交流与对外合作的主要对象,锁定在韩国电信,积极引进韩国宽带发展的经验。

2001年年初，我赴北京韩国电信代表处，与韩方商讨续签上海电信与韩国电信友好交流备忘录之事。3月韩国电信与上海电信正式续签友好交流备忘录，双方的合作关系逐渐密切起来。

2001年3月26日—30日，韩国电信以副社长宋映汉为团长的代表团率先来访上海电信；同年9月，韩国电信在沪成立上海代表处。

2001年10月9日，上海电信规划部门和新业务开发部门的人员经由外事部门与韩国电信联系，拜访新成立的韩国电信上海代表处，了解韩国宽带业务的发展现状、韩国ADSL网络的建设经营情况、韩国电信运营商投资宽带网络的情况、韩国电信宽带业务信息源及信息内容开发等。同年11月，上海电信副总经理率团访问韩国电信，就韩国宽带业务的发展进行考察了解。

2002年3月26日，韩国电信"宽带业务考察团"访问上海电信，对上海地区的宽带业务进行了解，上海电信领导以及市场部、工程部、计划发展部、无线事业部的有关人员向韩方人员介绍上海地区宽带业务发展情况。此后，双方业务部门经多次交流，于2002年6月4日在沪举行"上海电信-韩国电信宽带技术交流会"，在会上达成合作共识，并于6月28日在上海通茂大酒店签订"关于上海宽带业务合作谅解备忘录"。

随即，上海电信派出业务团队对韩国的宽带业务网络、客户市场、信息内容等进行全面深入的考察。同年11月12日，上海电信与韩国电信正式举行"宽带咨询项目合同签字仪式"（注：有偿咨询项目），韩国电信全球事业团洪元杓团长专程来沪出席签字仪式。根据此项合同，韩国电信派出了由宽带网络专家和内容开发专家组成的咨询工作组，与上海电信宽带项目组共同开展工作。

第一期宽带业务咨询项目于2002年12月底结束。2003年1月，上海电信第三次派出工作组赴韩国学习和考察，启动了第二期咨询项目，继续与韩国电信合作。

2003年10月30日，韩国电信(KT)海外事业团洪元杓团长出席了上海电信宽带咨询项目评估会，标志着韩国电信对华咨询项目取得成功，也标志着上海电信的宽带业务结束了外来咨询，进入完全自主开发的新阶段。

韩国电信(KT)进入上海市场较晚，但来势很猛，带来的口号是"去中国挣钱回来"。他们通过上海地区大力普及和推广宽带业务的契机，承揽咨询项目，与上海电信建立起实质性的业务合作关系，既协助了上海地区宽带业务的大发展，也为韩国电信获得了海外咨询业务(有偿项目)的可观收入。

2004年前后，韩国电信撤销了北京代表处和上海代表处，将两地的代表处合并改建为"KTC"（即"KT中国公司"），总部设在北京。

在以上推进宽带业务的过程中，我们外事部门提供的韩国电信及韩国宽带发展的信息报告有力地支撑了上海宽带业务的发展。在韩国电信咨询经验的指导下,上海电信结合本地实际情况,推出了一系列适用于上海的宽带业务。从此,上海电信宽带业务的发展势不可挡,所向披靡。

当年上海电信宽带业务的大发展为今天的"三网融合(电话、电视、电脑)"以及固定网和移动网的融合,奠定了转型和发展的基础。现在上海的大中型企业、民营小企业、政府机构、各大院校、普通家庭等,几乎没有不使用宽带业务的,而现今IPTV等"新款车"更是在信息通信宽带的高速公路上畅跑。

这是一个外事工作配合企业战略业务发展,发挥应有功能的实例。

回想起1997年引进日本多媒体技术经验,和上海邮电的同仁们一起进行FTTH(光纤到户)试验项目以及窄带多媒体(N-ISDN)、宽带多媒体(B-ISDN)业务试验的经历;后来又协助上海电信业务部门与韩国电信合作,通过宽带业务咨询引进国外经验;再看到今天根据中国电信的战略转型目标,上海电信在新的历史时期将"光纤到楼""宽带到户"等战略性业务不断推进,不能不为祖国的信息通信事业的大发展感到自豪!

世纪风拂掠悠悠浦江,上海的母亲河波光粼粼。宽带业务大发展是中国电信事业在整个发展历史中的一个重要里程碑。在新的历史时期,中国电信又写下了华彩乐章。"三网合一""三屏互动"等新业务,在固网宽带业务的基础上融合视频高清技术和移动通信技术,如雨后春笋,破土而出,在新的春天,势如破竹,蓬勃发展。

(记:写于2008年,收入作者为纪念改革开放30周年而作的2010年内部版《风从海上来》。2019年为纪念新中国成立70周年,于9月修改补充,并于2022年收入新版《风从海上来》)

借船出海
(走出国门拓展海外业务)

改革开放的浪潮犹如钱塘江水后浪推着前浪,一浪高过一浪地将历史长河推进。在波涛汹涌的市场经济汪洋大海中,国有企业犹如负载着古老荣誉的新生战舰,既面临挑战,又拥有机遇。在探索海外业务拓展中,有不少"摸着石头过河"的案例和经验。其中,电信主业系统和实业系统相互配合,国内电信运营商和通信设备制造商相互支持的合作经验,值得认真总结。

伴随着改革开放,中国通信制造业在快速崛起,以上海贝尔、华为、中兴为代表的一大批IT行业的中外合资企业及民族工业,纷纷拔锚起航,驶入国际通信市场,承揽海外项目的设备订单。为了拓展海外市场,以上这些中国厂商经常邀请境外电信运营商来沪参观上海的电信网络设备,让境外客户了解他们生产的设备在中国网络的运营情况,希望通过国内电信运营商之口向海外同行客观地介绍中国通信制造业的生产实力和产品质量,增强外国客户对中国产品信誉度的认知。所以,多年来中国通信厂商经常请求国内电信运营商给予接待援助。

按理说,电信运营商没有义务为通信厂商提供这种接待服务,但由于同是中国企业,在"走出去"的问题上,需要相互扶持和相互支撑。那些年,我们的实业集团也在拓展海外工程项目,由于缺乏海外工作站作为拓展海外业务的跳板,需要依托中国通信厂商已在海外建立的销售网点来收集市场信息、对外联络,并与中国厂商捆绑合作,共同竞标国外重大通信工程项目,实现中国厂商卖设备,中国电信工程队伍跟出去勘察、设计、施工。承担海外拓展任务的同事们将这种"走出去"的方式称为"借船出海""借窝下蛋"。为此,电信实业系统热切希望主业系统给予配合,帮助接待中国厂商邀请来沪参观的境外客户。在这种双重需求下,一个外事管理问题出现在我们面前:应该有个合理的机制来规范相互的合作关系。

正巧,我们的想法与当时上海贝尔外事办公室的想法一致,于是,双方一拍即合。首先在上海贝尔外事办负责人殷女士的提议下,我们两家单位的外事部门签订了相互合作接待境外大客户的MOU协议。之后,我们又分别与华为技术公司和中兴通讯公司上海代表处签订了同样的MOU协议。这样,我们外事办成了中国通信厂商对外合作的特殊接待站。

根据以上这些协议,我们无偿接待了大批中国厂商邀请来沪参观的外国电信运营商客户,而那些中国厂商的海外分公司或海外工作站也协助接待了国内电信运营商赴海外考察及拓展海外业务的团组和人员。

协助中国厂商对外接待的工作是一种有前提、有义务的海外拓展配合工作,为了中国运营业、服务业、制造业的"三赢"局面,我们承担起了繁重的接待任务。为避免其他外国厂商的误会和攀比,我们还制定了对内、对外的管理制度以及来访参观的保密协议,甚至还扮演过促进通信厂商协助我方主业、实业开展"走出去"工作的协调员角色。通过以上相互合作,在中国主体电信运营商与中国重要通信制造商之间建立起了互信、互助的协作关系。

通过与上海贝尔·阿尔卡特公司海外销售部的配合,上海电信工程公司争取到了安哥拉二期通信工程项目和老挝通信工程项目;通过与华为技术公司的合作,上海电信积极参与巴基斯坦PTCL运营商接入网招标项目;通过与中兴通讯公司海外业务部的合作,印度一家电信运营商向上海电信发出了聘请ADSL网络建设维护及宽带业务发展设计咨询专家顾问组的邀请;等等。我们还从以上中国厂商处学习到许多海外业务拓展和海外团队管理的经验。就这样,电信主业和电信实业的海拓队伍,最先是依靠"借船出海",搭乘中国通信厂商大大小小的"船只",带着自己的服务产品,勇敢地走进了国际合作的海域。

最早搭乘通信厂商之"船"进入海外市场的,是实业集团的上海电信工程公司。我与上海电信工程公司的结识要追溯到20年前(注:本文初稿写于2008年)。

1996年,我在工作中认识了上海邮电分管涉外业务的领导,1997年春天,这位领导给我领来一位客人——当时上海电信工程公司的副总工程师。因为上海邮电得知日本NTT-I公司在印度尼西亚投资援建通信网络,希望参与NTT-I公司的海外合作项目,把上海电信工程公司的施工队伍带到印尼承揽海外工程。这可能是整个中国电信集团海外拓展项目中最早的一个提案。上海电信的高层领导从那时起就希望自己的舰队扬帆远航,走向国际市场。

我望着电信工程公司这位朴实直率的副总工,他身上洋溢着工程管理人员特有的豪爽与坚韧,有着一股吃苦耐劳、敢闯敢拼的精神。他就那么怀着殷切的希望,两手空空地来找我帮忙,居然连一份上海电信工程公司的简介和施工资质证明都没带,显然没有一点儿海外工作经验。我和他至今都还记得当时的对话:"你们连一份中英文的公司简介都没有,怎么出去打市场?"——这是我对他的发问。这位老朋友当时是这样回答的："请告诉我需要哪些资料,我立刻去准备。我负责把它们翻译成英文尽快给你。"

就这样,在我的建议下,他很快提供了一份自己打印装订的中英文电信工程公司的简介资料以及该公司近年施工业绩的清单,并附上企业资质证明。

那天,我拿着这位副总工程师提供的材料与日本NTT公司东京总部联系,请求援助。NTT公司总部非常重视,多次与其国际公司联络协调。这边上海电信工程公司翘首盼望,那边NTT公司紧锣密鼓与印尼方面联系,眼瞧着项目合作大有希望,不料NTT公司下属的工程公司得到了消息,提出"肥水不外流",要把他们自己的施工队伍开到印尼去参加项目。

蛋糕就这么大,分给自己的孩子吃,朋友的孩子就没份了,上海电信工程公司第一次尝试海外项目合作就这么夭折了。虽然没帮上忙,但上海电信工程公司的海外拓展项目却在我心中埋下了种子,在以后相当长的时间里我总是惦记着这个公司,总想找机会再帮助他们。我希望祖国的电信工程队伍能够走出国门,登上国际舞台,获得海外工程项目,因为他们完全有这个能力。

上海电信工程公司并没有因为这次失败而气馁,他们不断总结经验教训,凭借自己的力量,终于在2000年前后打入国际市场。上海电信工程公司在起步阶段,主要借助中国通信厂商的海外销售力量,利用国外通信网络建设项目的契机,配合施工,边干边学,克服各种困难,从东南亚项目开始,逐步扩展到非洲等地项目。

上海电信工程公司自2000年正式承接海外工程项目以来,已先后在孟加拉、老挝、缅甸、印度、伊拉克、安哥拉、加纳、尼日利亚等8个国家开展工程施工。通过这些海外项目,员工经过海外实战锻炼,在工程经验、语言交流、项目管理等方面大大提高了能力,为企业培养、积累了一批海外工程业务的骨干力量。更重要的是,通过这些海外项目扩大了企业的影响力,提高了企业知名度,使企业在生存发展中拓展了新的市场,为集团、为国家做出了贡献。

"上通服"公司(原电信实业集团)经过多年海外业务摸索,逐步形成了独立自主的海外通信项目咨询、设计、施工、维护等一条龙业务体系。从2009年开始,"上通服"公司聚合业内设计、咨询、工程、贸易等多项对外合作资源,重新打造海外业务模式,通过与华为等通信厂商合作,获得了许多海外业务机会。2009年12月26日《上海电信》报报道:"'上通服'将立足三个着力点:一是着力打造统一的信息平台;二是着力打造统一的业务品牌;三是着力打造统一的拓展团队";"'上通服'相继承接或完成了安哥拉NGN通信网络施工,中国香港澳电CSLWCDMA、巴基斯坦移动通信工程、埃塞俄比亚全国通信网工程、尼日利亚阿布贾和卡若两地区移动网络勘察设计工程等项目。参与刚果(金)通信网络设计项目也已正式启动"。

与此同时,中国电信主业相继在北美、欧洲、东南亚成立了海外分公司。至此,我国电信运营企业的主业和实业在海外拓展方面,已经走过了"借船出海"的初创期,开始驾驶着自己的舰船在波澜壮阔的全球经济大洋中遨游。同时,我们也看到华为、中兴等中国通信制造业的佼佼者已将足迹遍及亚、欧、美、非、澳各大洲,中国通信业的船队在百舸争流的国际海域中扬帆挺进。

近年来由于国际形势的变化,海外电信工程项目受到严重影响,原有的海外业务市场在萎缩。但是,经过大风大浪锻炼的我国电信行业的海外军团,面临新的挑战仍在努力奋起直追,改革开放时期获得的海外拓展经验仍是宝贵财富。

衷心希望:在调整结构、有效拓展、努力创新、合理布局、集约管理、稳步推进的措施下,在全球经济的宽广海域中,在各国浩浩荡荡的世界级现代化电信企业船队里,中国的年轻船队能够冲破惊涛骇浪,扬帆远航。

(记:写于2008年,收入作者为纪念改革开放30周年而作的2010年内部版《风从海上来》。2019年为纪念新中国成立70周年,于9月修改补充,并于2022年收入新版《风从海上来》)

非洲工地

(海外项目的艰难)

遥远的非洲大地,对国内的人们来说是那样陌生。不了解当地情况的人们,头脑中的非洲印象可能来自《北非谍影》《乞力马扎罗的雪》《走出非洲》等电影留给我们的绮丽风光和浪漫情调。出没在广袤草原上的野生动物,日落晚霞中的非洲大地,这一切带来神秘的感觉和冒险的刺激,更多的是诱发人们对非洲原始自然风景的欣赏。然而,真正的现实并非如此,中国电信的施工人员白天奋战在烈日炎炎的红土地上,晚上靠着狼狗看家护院,他们的身影总是与非洲黑兄弟们一起出现在野外荒芜的大地上。没有富庶的生产物资,没有先进的施工设备,更没有可靠的安保环境,海外工程人员甚至需要雇用当地的武装保镖来保护物资和人身安全。贫困、疾病、恐怖随时可能降临,每时每刻都在考验着来自东方的海外团队。

安哥拉的烈日下,每天都可以看到年轻的身影奔波在各处的施工工地上。艰难而陌生的环境,丝毫影响不到他们的专注和投入,工程现场的每一个细节都会让他们马不停蹄地忙碌。没有节假日,没有与家人的联系,每天起早贪黑地泡在现场,只为了呈现给客户百分之百完美的工程,这就是上海电信工程公司海外施工人员的剪影。对于上海电信工程公司来说,安哥拉、尼日利亚这些国家都不陌生,而这些非洲国家也已经习惯地把这些中国工程师看作是他们工程质量的保障。其实,不但是非洲市场,还有东南亚市场,一直以来都曾是上海电信工程公司稳稳占据的业务基地。

2007年,上海电信工程公司继续在这些海外市场发力。2月,上海电信工程公司和中国机械设备进出口总公司签订了安哥拉全国NGN光纤骨干网项目合同,该项目覆盖安哥拉全国18个省中的15个省,干线光缆和配套管道建筑安装工程3 591 km,本地光缆和配套管道建筑安装工程180 km,以及102个局站的用户电缆和配套管道建筑安装工程,除了从事通信施工以外,还要负责部分材料的采购、运输和仓储,并与安哥拉业主进行项目协调,包括路权和施工许可的取得。这一项目的实施,为上海电信工程公司"驾船出海"打下了坚实的基础。

此外，上海电信工程公司还与上海贝尔公司签订了400多公里的尼日利亚农话网光（电）缆线路施工和维护项目；与中兴通讯公司签订了安哥拉MUNDO STARTEL NGN项目，该项目经过3个多月，顺利完工，中兴通讯公司给予了很高评价。之后，上海电信工程公司又与上海贝尔公司签订了安哥拉MST项目。在竞争激烈的海外市场，上海电信工程公司已擂响战鼓，扬帆远航（以上信息来自2008年3月15日《上海电信》报"开拓，永远的进行时"）。上海电信工程公司扮演了电信行业海外工程项目"第一个吃螃蟹"的角色。

进入二十一世纪，继上海电信工程公司之后，上海邮电设计院也开展了海外业务拓展，2007年在巴基斯坦、埃塞俄比亚、尼泊尔、中非、尼日利亚、布隆迪等地的工程项目全面启动，在海外工作的人员多达60～70人，在非洲等地承接电信工程和通信机房的设计、咨询、施工等项目，成为海外军团的后起之秀。以上这两支队伍曾是电信实业系统海外拓展的生力军。

然而，在海外工作并非一帆风顺，海外环境也非风平浪静。尤其是非洲地区，各种困难、各种风险在不断地考验着我们的团队。

2005年4月的一天，我们突然接到报告：上海电信工程公司在安哥拉施工的人员面临大规模病毒传染的危险，而工程项目正在进行，中途撤回或减员将影响项目进度，甚至面临合同毁约的后果，因此海外作业队伍只能暂时坚守岗位，密切关注事态发展。接到报告后，外事部门即刻回复三条处理意见：1. 将境外工程人数压缩到所需的最低限度；2. 做好必要时撤离回国的准备；3. 立即与境外中国大使馆、就近的医院及当地红十字会取得联系，做好应急准备。那些天，国内从上到下为海外员工的安危担忧，我也有几个晚上无法安睡。最终上海电信工程公司依靠成熟的管理经验和团结协作的团队精神，战胜了困难局面，保证了海外工程人员无一人被病毒感染，并保证了工程任务按期完成。

2007年1月5日，发生了震惊中国的尼日利亚恐怖分子绑架中国某电信施工队人质的事件，上海电信工程公司的人员虽然未遭绑架，但施工地点距离恐怖事件发生的地方不远，员工们的国内亲属为此担惊受怕，焦虑不安。施工人员安全回国后，一些员工提出辞职，上海电信工程公司的领导层做了大量工作稳定队伍。思想工作非常难做，因为在物资生活条件优越的大上海，谁家舍得让独生子去那么遥远艰苦的地方历险？做通了本人的思想工作，还要做父母的思想工作，做通了父母的思想工作，还有爷爷奶奶到公司来要把孙子领走。好在我们的员工都是好样的，绝大多数承担海外工程项目的员工不顾个人安危，坚守岗位。

海外工作，突发事件不可避免。防御传染病、防御恐怖袭击，是头等大事。

2007年6月，上海邮电设计院赴埃塞俄比亚工作的两名员工发烧，并患有腹泻，怀疑有疟疾病兆。设计院立即派人护送他们回国，到上海权威医院全面检查，排除怀疑，及时治疗。同年7月，根据尼日利亚国内的新闻报道，设计院总部得知尼日利亚南部河流州发生部落间暴力冲突，已持续6天。总部后方及时向前方通报信息，前方项目组立即调整人员配置，先到未受冲突影响的阿布贾、拉各斯进行工程，保证了整个项目的进度。

除了非洲地区，其他地区也时常发生意想不到的事情。2007年8月，正是尼泊尔多雨和泥石流的季节，上海邮电设计院的海外团队在野外勘察，员工小唐上山后遭遇大雨无法下山，被困山上，情况紧急。设计院总部得到消息，立即启动突发事件预案，领导连夜守候在电话机旁，指导前方通知小唐设法在山上的农家过夜，第二天派车去接，终使小唐得以安全返回住地。

有段时间，巴基斯坦国内局势不稳定，首都伊斯兰堡发生冲突，数名中国工人在西北部城市白沙瓦遭遇不明身份武装分子袭击，造成人员伤亡。这使设计院在巴工作的海外员工亲属牵肠挂肚，担心自己远在国外的亲人安全。设计院总部及时给在巴工作的员工亲属发出慰问信，告知海外员工的安全状况，打消了亲属们的顾虑。有的家长特意写信感谢关心，表示对海外项目工作的理解和支持。

2008年10月27日，我们从新闻中获悉："5名中石油工人遭武装分子绑架，在苏丹遇害。"大家不由得为远在非洲工作的电信员工们担心起来。2009年10月，中国货轮"德新海号"在印度洋行驶遭遇索马里海盗劫持，解救遭劫船员的行动牵动了全国人民的心。唉，人类历史总是伴随着风险和牺牲而发展，人类文明史甚至是用鲜血的代价换来的！拓展海外工程项目的艰难正在于此。

"物竞天择，适者生存"的道理在非洲的原始生态中得到淋漓尽致的诠释。大自然的生存规律如此，人类社会的发展规律也如此。海外工程项目面临的挑战，最大的困难就是面临恐怖事件和安全问题的威胁。一面是企业生存发展及业务收入的需要，另一面是艰苦环境和复杂局势的考验，"机遇与风险同在"，这句话用在海外业务拓展上实在太贴切了。

随着改革开放和国家"走出去"形势的需要，随着国际环境和国际形势的变化，我国海外工作人员的安全问题、涉外应急处理问题，已成为外交外事工作支撑国家战略和企业经济工作、保障中国公民安全的头等大事和重要课题。

2007年8月17日，我们专门邀请上海市外办和市外经贸委的同志来单位宣讲境外突发事件应急处理办法和境外领事保护法的知识，就国际宗教问题、海外安全问题、出国管理问题等进行培训教育。在这天的会议上，上海邮电设计院的代表作了题为"把握机遇,乘势而上,努力开创新形势下外事工作新局面"的发言报告,详细介绍了他们的海外工作经验,其内容概要转摘如下。

一、抓好"三项管理",即政治管理、安全管理、纪律管理

政治管理是各项外事管理的重中之重。国有企业海外工作人员身在国外,一举一动都代表了祖国,代表了中国人民,体现了民族素质,因此,所有出国人员必须事先接受外事教育。外事教育要求出国员工言行举止要得体,站稳立场,坚持原则,不做不利于祖国的事,不说不利于祖国的话,坚决维护国家民族利益。出国人员在三人以上且工作时间半年以上的,党委视情组建临时党支部,或指定临时党组织负责人、政治辅导员。例如,巴基斯坦、埃塞俄比亚项目组筹建了临时党支部。同时,还要求海外工作人员防范思想渗透与策反,对反动传单、小册子、黄色书刊等,做到不看、不传、不带回国;如遇策反,坚定立场,及时向当地中国使领馆报告。

安全管理直接涉及员工的人身安全,不可懈怠。非洲、西亚一些国家病疫流行,为避免和减少员工病情发生,所有员工出国前必须打预防针。要求出国人员在海外工作及休息时间内,保持项目组集体行动,到非安全区域勘察,须向当地政府申请军警或警察保护,确保海外员工的人身安全。

纪律管理是海外工作不可忽视的主要内容。将纪律管理贯穿于海外工作的始终,出国前进行纪律教育,出国后要求遵纪守法、尊重当地的风俗习惯。禁止出入不当的娱乐场所,不允许参与黑市交易,不可自行换汇,不得走私贩私,不准随意为陌生人携带物品。要求出国人员做好防泄密工作,保守企业和国家的机密。

二、落实"三项跟踪",即政治形势跟踪、突发事件跟踪、员工思想动态跟踪

在海外项目正式洽谈之前,市场部门就将国外政治形势情况纳入整个项目的风险评估和收益评估之中。对那些政治形势不稳定,风险系数较大的国家,采取有所放弃的策略,适时退出项目谈判。对已实施工程项目或准备争取的项目国家,由专人收集该国每日政治形势动态情况,为领导层提供项目决策,为前方项目组提供信息支撑。

处理突发事件,重点对突发事件过程进行追踪处理。为妥善应对出国期间可能遇到的突发事件,设计院制定了《海外工作突发事件处理要求及流程》,力求最大限度地妥善处理好突发性事件。

员工远离亲友和故乡,长期在海外工作,思想难免出现波动。做好员工思想工作是保证海外项目顺利完成的必要条件。为此,将海外员工思想状况

的跟踪作为涉外工作的一项重要内容来管理。有位刚毕业的大学生,赴埃塞俄比亚后情绪低落,茶饭不思,项目组负责人通过谈心了解到他的家庭情况,请求后方协助其解决实际困难,使他振作精神,全身心地投入工作。

三、强化"三项服务",即出国手续一门式服务、海外生活本地化服务、海外人员亲情化服务

所谓"出国手续一门式服务",是指总部相关职能部门提供出国手续支撑等服务。由专人负责落实出国手续、安全教育、配发药品、预订机票等,此外,财务部门负责办理保险、预借费用;人力资源部门负责出国教育等。

海外生活不同于国内,为了给海外工作人员提供最好的保障服务,前方后方共同努力,想方设法改善海外员工的生活状况,在许可的条件下,实现本地化服务。巴基斯坦项目组租用了独立的有保安的楼房,租用了勘察用车,雇用了中国厨师,20多名员工在当地能吃到可口的中国饭菜;埃塞俄比亚项目组的帐篷不好用,后方就特地买了蚊帐带到埃塞俄比亚提供给海外人员使用。

对海外员工实行人文关怀、亲情化服务。遇海外员工生日,项目组买蛋糕祝贺,后方领导还专门电话慰问。对海外员工的家属,后方工会逐一走访,解决家属后顾之忧。曾有海外员工因家庭与邻居发生矛盾,影响工作情绪,后方领导得知后迅速上门,妥善化解矛盾。

上海邮电设计院的海外拓展工作报告很精彩,不仅因为总结得好,更因为做得好。中国企业在激烈的市场竞争中求生存求发展,必然要在国际大舞台上比拼,在严酷的现实环境中接受考验,通过实践不断总结经验。这些宝贵经验是涉外工作的第一手资料,也是战斗在一线的同事们用辛劳、风险、奉献,甚至用鲜血换来的!

多年来,上海电信工程公司和上海邮电设计院在海外工作中积累了许多宝贵经验。同时,他们在海外市场的拼搏也面临着诸多困难。涉外管理工作在新形势下该如何运作、该如何创新?海外拓展如何应对涉外安全的紧急情况?这是摆在他们面前,也是摆在我们外事部门面前的新课题,这些新课题令人冥思苦想。

由于历史和现实的原因,中国的海外工程项目一般都在第三世界比较穷困落后的国家展开,特别是在那片非洲大地上。我曾读过一套《黑镜头》图书,那上面的实录照片和文字说明告诉世人:非洲大部分地区经济落后,社会问题突出,其严重程度远远超出我们的想象。那里的政府和人民急需技术、资金、知识等援助。因此,海外工程项目不仅对中国企业是拓展海外市场的尝试,它同时意味着中国人民对非洲人民的人道主义援助。因为第三世界贫穷落后,急需发展,才给中国企业带来了海外业务的机遇,也正因为这些地区特定环境的艰险,又给涉外工作带来了新挑战。这些艰险和挑战不仅考验着一线的工作人员,同时也考验着后方的保障人员。

海外拓展是个新课题,围绕海外拓展的外事工作更是新课题。作为国有企业的外事工作者,应为海拓单位之需而需、为海拓单位之急而急。海外工程的安全问题始终是企业外事的重中之重。以往的经验告诉我们:海外业务的安全保障工作不是一项孤立的工作,它是涉及政治、安全、纪律、政策管理,思想工作,外事服务,协调配合等一系列工作环节的系统工程,只有运用科学管理方法,全方位地做好涉外工作,才可能保障海外团队顺利开展工作。

每天,当晨曦穿越云层洒向浦江,当万家灯火托起晶莹繁星和一轮皓月,有多少家庭在祈福海外亲人健康平安!祝愿所有在海外工作的同胞健康平安,这是我们对海外赤子的呼唤。这呼唤,漂洋过海,伸向远方。

(记:写于2008年,收入作者为纪念改革开放30周年而作的2010年内部版《风从海上来》。2019年为纪念新中国成立70周年,于9月修改补充,并于2022年收入新版《风从海上来》)

绿色家园

（信息园区招商引资）

2005年8月，骄阳似火。位于上海浦东新区杨高南路上的"中国电信信息园区"内，空气清新，四周安静。高高的芦苇覆盖在园区内未被开发的土地上，一条小溪穿过艳阳高照的土地，消失在芦苇丛中。

信息园区里的大片土地有待开发建设，但建好的主干大道两旁，一排排新树已经成活，不太粗壮的树干上长着不太茂密的枝叶，远远望去，就像星星点点的绿伞。

几辆轿车疾驶而来，停在路旁刚刚建成不久的"信息园区开发建设办公室"的临时办公楼前。从车上走下电信公司的领导、以色列驻沪总领事等人。一行人在信息园区建设领导小组负责人的陪同下，进入了园区规划展示厅。

首先映入眼帘的是信息园区远景模型的大沙盘。

经过园区开发办负责人的介绍，我们和外宾都明白了：当时整个信息园区规划为A、B、C三个区域。A区和B区作为中国电信的自用土地，开发建设后作为中国电信"亚太通信枢纽"中心；而C区作为招商引资的"产业区"对外开放，建设资金拟由电信公司自筹解决。

这个位于南汇的信息园区，最初规划C区是希望通过招商引资，把园区打造成类似美国硅谷那样的国际化高科技园区，在园区内不仅有中国电信运营商自己的业务和设施，还有各国著名IT业大公司、大企业，为信息园区注入人气，提高园区知名度，形成国际化的信息园区产业链。

当时，以色列驻沪总领事馆向电信公司提出了合作项目，电信公司决定借此契机通过经济外交渠道，配合信息园区开发办进行招商引资。于是，出现了本文开始的那一幕：新上任的以色列驻沪总领事顾特曼专程来到南汇信息园区，结合推进以色列的"IT产品国家代理项目"，就信息园区内设立"IT中心"的构想进行参观考察。

参观考察结束时，上海电信总经理赠送以色列总领事的纪念品是一件水晶底座上托着刻有信息园区版图的"金钥匙"工艺品。信息园区最初的面积版图，

图：作者（左4）2005年8月11日陪同以色列驻沪总领事顾特曼（中）参观中国电信（南汇）信息园区

形似一柄弯曲的老式电话听筒，这个纪念品很有象征意义。

　　这次实地考察后，以色列总领事馆向电信公司推介了该国风险投资基金会，还就运用风险基金投资建设苏州工业园区的案例进行了专题介绍。之后，我们和信息园区开发建设办的同志们一起去苏州工业园区，听取了运用中外风险投资基金建设工业园区的经验。2006年2月，我随电信代表团访问以色列，探讨双方合作的可行性，同时考察了以色列的海法高科技园区。

　　海法高科技园区被称为"硅谷第二"，是当时世界上除了硅谷之外高科技公司最为集中的地方，微软、英特尔等众多知名跨国企业都在这里设有研发中心。而这些高科技公司当中，有相当一部分是受惠于风险投资而成长起来的初创企业。海法高科技园区给了我们一个很重要的启示：即以色列的IT行业高科技信息园区是依托民间和官方的著名研究机构、高校技术力量和科研成果形成的，园区内的著名国际IT企业都和科研单位有着共同研发的合作项目，高科技园区实际是聚集高科技人才和研发力量的磁场。

　　根据信息园区开发办的希望，我们还通过市外办的协助，陪同园区开发办人员走访了韩国、印度、以色列、瑞典等软件开发水平较高的国家领事馆，利用各领事馆举办交流会的机会插入宣传南汇信息园区的内容，利用经济外交渠道配合招商引资工作。同时，我们也实事求是地将招商引资工作中碰到的困难，以"外事信息简报"的形式通报给公司领导层。

由于信息园区作为中国电信企业自主开发建设的园区，不可能像上海地方政府那样对外商提供很多招商引资的优惠政策，加上土地政策和地价的变化，C区的开发建设与上海市浦东地区已有的高科技园区（例如"浦东软件园"）的功能定位有所重叠，国际著名IT企业也都基本入驻上海张江高科技园区。鉴于这种情况，尽管以色列方面的中小IT企业积极性很高，但以方投资部门犹豫不决，而我方无法以贸易方式来运作和保证这个项目的合作关系，最终放弃了C区的开发建设计划。

虽然南汇信息园区C区（产业区）的招商引资项目最终停止了，但我在此书中为这个没有合作成功的项目做个记录，一方面说明当时外事工作是如何配合企业经济建设开展工作的，另一方面也通过这个案例总结经验教训——合作必须建立在双方都能接受的模式基础上才有可能推进和成功。

根据央企"外交授权有限""外事归口管理"的原则，在这个项目中对应各国领事馆的涉外关系管理权，电信公司总部没有放权基层单位自由行使。因此电信外事办作为与各国总领事馆联系的窗口，承担起和各国领事馆商务处联络沟通的工作。外事配合企业经济工作，重点就是配合企业对外合作项目进行必要的沟通。

南汇信息园区的开发建设由于种种客观因素，改变了最初的规划方案，缩小了建设规模，砍去了产业区（C区）的建设项目，招商引资工作也随之终止。项目不存在了，但当年的经济外交工作对今天经历过国际金融危机考验的企业外事部门，仍有参考价值。重新品味这个项目的变化，颇有另一层深意。

上海南汇信息园区经过建设者们的多年辛勤开发，A区和B区的主要建设任务早已完成。当年的小树已经长大，一栋栋浅绿色建筑与绿树辉映成绿色的家园。中国电信网管中心、干部学院、电信呼叫中心……已经入驻这片绿色的家园，开始了新的运营。

我曾陪同外宾参观入驻信息园区内的呼叫中心。那宽敞的大厅、整齐的座席、透明的隔窗、安静的氛围，使你感到在沸腾的大都市一隅，居然有这么一个藏龙卧虎的地方，实在不同寻常。

我还陪同外宾参观过信息园区内的网管中心。车子从高速公路下来，驶入杨高南路，迎面可见醒目的路牌："中国电信亚太信息通信枢纽"。接着进入信息园区，来到网管中心大楼，乘玻璃电梯升至楼上，走廊里一个硕大的大红色"中国结"从墙顶垂挂而下，即使在楼下透空的大厅里，也可一眼望见这个火红的吉祥物。

进入网管观摩厅后,在舒适的沙发上坐下,眼前宽大的透明隔窗变幻成投影大屏幕,屏幕上出现了介绍中国电信网络管理的短片。当娓娓道来的解说伴随着激扬的音乐结束时,观摩厅里灯光一亮,我们来到大玻璃窗前向下俯视。视线穿过透明隔窗,可见楼下网管大厅的正面有数个电子大屏上显示着各类数据,清楚地反映着当日、当时的骨干线路情况、天气情况、预警信息等。大厅内无数台电脑同时在线联网,监控着四面八方的通信线路状况,发出维护操作指令。

望着已经落成的高科技网管中心大楼,回想当年信息园区被芦苇和杂草覆盖的景象,感慨万千。这是我们的绿色家园!拓荒者用他们辛勤的汗水在这里浇灌出绿苗鲜花,还在办公大楼的后院里饲养着让人赏心悦目的孔雀和山鸡。美丽的羽毛在绿色之中忽蓝忽红,忽隐忽现,给宁静的环境平添一笔淡淡的色彩。

楼外是开阔的空地,小溪潺潺流过。风从海上来,在这里悄然而过,吹散了都市的尘埃和喧嚣。阵阵微风,清凉拂面,一切烦恼和疲惫烟消云散。在这样的生态环境中工作,真是一种享受!

南汇信息园区的建筑是由德国著名设计公司设计的,从平面上看,这片不高的建筑群没有什么奇特和浪漫,但这种设计有其深奥的寓意。只有从高空俯瞰,才能发现这个绿色家园就像一个完整的电路板,一栋栋建筑就像电路板上的一个个芯片,晶莹透亮,方方正正,镶嵌在绿色的大地上。虽然这个信息园区不是真正意义上的"硅谷",但设计者和开发者们为它描绘了"硅谷"似的蓝图。若干年后再来故地重游,定有新的变化。

最后,用一首以色列诗歌结束此文。

> 假如世界是海,江河奔涌入怀。
> 假如世界是岸,浪拍岸,恒久永,令人叹。
> 假如人伟似森林般挺拔,他就要迎接风暴的摧打。
> 假如平凡如灌木般矮小,其叶似花凋,如歌飘。
> 风吹过森林,叶似花凋,如歌飘。
> 人平凡如灌木,又伟大似森林。
> 风吹过森林!
> ——以色列诗歌《假如这世界》(Nathan Jonathan)

(记:写于2008年,收入作者为纪念改革开放30周年而作的2010年内部版《风从海上来》。2019年为纪念新中国成立70周年,于9月修改补充,并于2022年收入新版《风从海上来》)

朱家角古镇通信变迁纪实

通信业的发祥,最初起源于人类异地联络、交流沟通的需要。烽火狼烟,鼓角号声;鸿雁传书,飞鸽送信;策马快递,车载船运;驿站信使,邮差脚力……从原始的联络手段,逐步发展成正式的邮政递信,又伴随着科学技术的进步,出现了电报电话,直至今日的互联网和手机通讯,先进的电信网络业务逐步替代了传统的邮政递信功能。

上海市青浦区中南部、紧靠淀山湖风景区的朱家角古镇,1991年被国务院命名为中国历史文化名镇。在这座古镇上,至今仍完整保留着一幢历史建筑——大清邮局。与此同时,古镇外的大街上,还有现代化的邮政局、电信局并存。这一切,仿佛把古镇邮政业、通信业的前世今生,以浓缩的形式展现了出来。

图1:上海朱家角古镇一景

探访大清邮局

　　古镇西湖街东段有一幢门面为青红砖相间的房屋，多年前这里曾"门庭冷落车马稀"，如今却成了人来人往、热闹非凡的旅游景点。这就是上海郊区唯一保存完好的邮政机构历史遗迹——大清朱家角邮局旧址。

　　2017年11月24日上午，朱家角旅游公司的冷副总经理接待了我，她请具有19年工作经验的资深导游沈海英女士陪同我，一起来到古镇西湖街35号的旧址参观。

　　这是一幢外观仿欧式的砖木结构两层楼房，占地约70平方米，楼房面街，坐南朝北，前有老街，背依河流。门面中间是两扇大门，门首上方镶有从右至左书写的"朱家角邮局"门额，字体工整端庄，字体上方及下方均有图案细微的堆灰洋花。大门两边各有一扇顶部半圆形窗户，既显得气派，又增加了室内的光线。右侧竖立着一个下部盘有巨龙图案的邮筒，窗下立一块"大清邮局旧址"碑刻。这个老邮筒如今虽然主要发挥着旅游景点的观光作用，也仍保有实际的寄信功能，参观游览后，在此买张纪念明信片，盖上邮戳，可投递寄出。

图2："大清朱家角邮局"旧址

　　大清邮局旧址，代表了朱家角古镇邮政业的源头。据沈海英女士介绍，历史上，1863年出现了民办的民信局，1896年早期的大清邮局初现雏形。1903年，成为国家邮政管理机构，当时隶属于中央兵部，奠定了邮政事业在我国的政治、经济和文化地位。

　　据相关资料记载，中国邮驿虽说已有三千年历史，但当时邮使传递的都是官府、军队的政令和信息。真正开辟面向民众的邮政业务，是在清光绪年间大清邮局正式建立才开始的。大清邮局正式开办于1897年，大清朱家角邮局始于1903年，在大清开办正式邮政业务仅隔数年后，朱家角就设立了邮局，这从侧面也反映了当时朱家角镇的人口集中、商业繁荣。

大清朱家角邮局由清代武举人徐福如出资建造，原址西湖街34号。1910年（宣统二年），在西湖街35号（34号斜对面）建成了这个宅子，邮局随即迁入。跨进大门，底层原有的木地板已被现在的方砖代替，但一切陈设均按当时模样恢复：左侧一角设有营业柜台，柜台里靠墙上有一排摆放邮件的木格架；大门旁左侧窗下有一张八仙桌，上置笔墨和煤油灯等用品，是代写书信之处；右侧一边靠窗处是上楼扶梯，通向二楼。

二楼原是邮局员工的住所，现辟为陈列室，陈设着大清朱家角邮政和邮局的相关展品以及上海地区邮政史资料。陈列室以木结构还原古镇老邮局的内部样貌，给人以历史演进的时代感。二楼壁廊和展柜里的仿制品，展示了中国古代的通信方式：木鱼、竹简、布笺、纸函、邮令牌、鸡毛信……肩挑、马驮、车载、船运，这些就是最早的通邮史。陈列室内丰富的照片、图片和各种明信片，详细介绍了近代以来邮政业发展的历史轨迹：在城镇设立邮局，邮差脚力递信到乡村；铁路火车、运河航运……随着交通慢慢发达，经济发展，商业繁荣，朱家角的邮政业务成为古镇对外交往的重要手段，是当地人生活中的重要内容。

下楼来到后门，门内新装饰的磨砂玻璃屏风上印着清代江南邮差人像：戴帽、束腰、绑腿，上衣印有"清"字，说明当时的邮政递信人员已统一着装，真实的历史照片放大后给人栩栩如生之感。

当时朱家角邮局的邮件主要依靠水运，邮局后门外就是朱家角的水乡河流，以条石挑筑成河埠水运码头。前厅营业，后门装船运输。如今后门水港约15平方米的小屋已被改建成廊棚式样，靠河设有一条长板凳加靠栏，供游客休息、纳凉、赏景。听着潺潺的流水声，微风轻轻拂面，感受古镇邮政业的悠久历史。

从邮政到电信的变革

新中国成立后，朱家角在继续发展邮政业务的同时，电话通信事业也开始起步。但在很长一段时间里，古镇的邮政和通信业务统一由地方邮电管理局的下属机构管理。邮政、电信业务也未分家，朱家角邮政和电信部门都曾在漕平路合署办公。直到改革开放后，邮政与电信实现了分营，分别进入公司化运作。现在朱家角邮政支局和电信分局一墙之隔，邮政支局设在漕平路14号，电信分局则在漕平路8号，由此也能依稀看出往日的历史痕迹。

那天上午，参观完大清邮局旧址后，我走进位于朱家角镇漕平路8号的青浦电信局朱家角分局，接待我的是时任分局长顾春华先生和老员工姜新根师傅。

图3：朱家角街上的邮政储蓄银行

顾局长中等身材，是电信系统的中年基层干部，他为我介绍了朱家角地区这些年来通信事业的发展情况。

据顾局长介绍，以电报、电话为代表的通信业务是伴随着时代进步和本地经济繁荣而不断发展起来的，总的来说，主要跨越了三个阶段：

第一阶段，2000年之前电话大发展。"电话村"和"住宅电话"的普及奠定了朱家角地区电信发展的硬件设施基础；而APEC会议的"三线落地"工程则促进了朱家角通信实现转型。

第二阶段，2000年后电信业务转型。地方产业的发展带动了政企大客户业务发展及长途电话、国际电话业务，通信交换设备也实现技术升级，改用3 000门自动交换程控交换机。还出现了"小灵通"无线业务和后来的"大蜂窝"移动通信业务。

第三阶段，2013年开始进入光网时代和宽带提速新阶段。2013—2014年推进光纤到户，光纤率先进入宾馆、茶室等公共空间，继而进入普通百姓家庭，从此古镇有了Wi-Fi覆盖，开启了全新的互联网时代。2016年起，朱家角分局又开始进行光网通信技术换代。

谈到朱家角镇及朱家角地区通信业的发展脉络及现状，顾局长颇有感触，新中国成立特别是改革开放后，古镇通信业的发展，经历了天翻地覆的变化，跨越了几个时代。传统邮政进入萎缩期,以往门庭若市的邮政营业厅,现在仅以邮政储蓄业务为主,"大清朱家角邮局"也早已演变成了一个旅游景点。而传统电信业也从最初的电报、电话发展到如今信息化转型的新阶段。

朱家角地区从2008年开始发展移动通信用户,十年来已有5万多用户,其中朱家角镇与沈港地区,约1.5万户。2017年,宽带用户约3万,包括住宅电话和企业电话用户。家庭用户约7万多,宽带渗透率不到一半。2005年开始进入IPTV宽带视频阶段,2017年推出4K(清晰度),IPTV有1.7万用户,朱家角古镇的用户约1万。2018年的攻坚任务指标,即IPTV业务从标清至高清再向4K拓展。整个电信公司都在转型,成长到了与小区共建信息化的时代,通信产品也从"美丽家园2.0"向"智慧城市3.0"发展,挖掘出了信息化的新商机。

"随着地方经济发展,带来了电信业的发展机遇和希望。虽然青浦西部、朱家角地区不如青浦东部工业发达、科技水平高,发展机遇小些,区政府在发展开拓中也面临服务成本问题,但今后一定会逐步获得更多商机。目前青浦西域的'科创小镇'开发项目,以华为科研为中心,主要在金泽古镇,已启动了3.5万平方公里的华为研发基地项目。围绕这一项目,青浦以西地区将为电信业的转型带来新的机遇。"顾局长如是说。

交谈中,顾局长也没有回避电信业在近年来所面临的激烈市场竞争与来自各方面的压力。竞争对手有新兴互联网运营商和智能领域商家,也有传统运营商同行在基础设施建设方面,包括有线业务领域所发起的挑战。据他说,以往大家主要还是集中在行业内争夺政企大客户,随着一些民营代理商的加入,竞争更加激烈,民营代理商已深入渗透到了古镇周边的农村地区,原有规制基本废除了。

"机遇与挑战并存,在新的形势下,虽然工作难做了,但我们还是有信心的。"顾局长道出了国企基层工作的难度和压力。通讯行业的深化改革,打破了垄断,搅动了市场,最终让电信服务更加贴近普通百姓。

现在,整个青浦电信局共有285人,朱家角分局正式员工20人。主要开展两大块业务:一是营业厅业务,二是线路安装维护。营业厅共有9个,包括几个自有营业厅和3个外包营业厅。在面临激烈市场竞争和企业减员转型的形势下,朱家角电信分局还承担着大面积的服务工作,着实不易。2017年,电信企业提出提升"三个力"(活力、能力、执行力)口号,员工们都全力以赴。

讲到朱家角的电信员工,顾局长指着身旁的姜师傅说:"老员工越来越少了。姜师傅是老员工,经历过电信发展几个重要阶段,下午就请姜师傅向您介绍他的工作经历吧。"

古镇通信业发展历程

朱家角电信分局的姜师傅，身材高大，笑起来有些腼腆。他于20世纪80年代进入电信行业，最初做线务员，现在是大客户经理。这天下午，他结合自身经历，向我介绍了朱家角古镇通信业发展及向互联网时代演变的历程。

"我是在1984年电信第一期招工时，通过文化考试，成为电信员工的。入行时先到局里集训，经过业务培训，工程队的师傅带我们几个学徒，培养了我。"姜师傅的开场白亲切自然，回顾了他走上人生社会的第一站：电信线务员。

1988年3月，当时朱家角电信分局的机房设在新风路，称"新风所"，设备有总机、交换机。1990年，机房搬到现在的漕平路8号，设备是香港生产的10CN型、1万门的老式交换机。

改革开放后，青浦地区进入电话大发展的阶段，政府提出"七通一平""村村通电话"，由区政府和电信部门合作推进。政府提供机房，电信部门解决线路和设备，当时的通信机房多由政府盖好后交给电信部门使用，当时县里的大机房和农村的许多机房都是政府筹建的。1990年，朱家角成为青浦第一个电话村，南港是第二个。

在电话大发展时期，姜师傅线务员的工作极其繁忙。当时线路铺设基本都是在路上、街上拉明线。大约在1995年启动了东方绿舟项目，上海成为华东六省一市的电信交换中心。至1999年固定电话大发展时，朱家角古镇一天装机高达148部电话，忙不过来，电信局的干部也纷纷下基层帮忙。工作量最高峰时，用户等不及，几十人拿着预约单跟在电信员工后面嚷"先帮我家安装吧"，电话开机供不应求。

大约是1996—1998年间，BB机（寻呼机）开始出现，市场需求量依然很高，古镇的电信营业厅里一货难求，要到青浦城里去买。1998年左右，又出现"大哥大"，一个机子2万元还买不到，要走后门、托关系。直到1999—2000年，移动通信业务与固网通信分家，分别公司化运营，电信公司在2001年左右推出了"小灵通"无线覆盖业务，弥补缺失移动业务的短板。当时电信公司开展全员劳动竞赛，要求朱家角的员工每人完成10个指标。按上级运维部门要求定点设置"小灵通"基站时，在乡下农村地区还好办，但在镇里不太好弄，因为居民不懂原理，盲目担心电波辐射的影响。姜师傅和他的同事只好拿着安全检测报告去和物业部门交涉，向居民们一一解释，做说服工作。"小灵通"从2001—2002年起步，2008年结束，逐步转网向189号段的移动通信业务发展。

据姜师傅回忆，朱家角古镇的通讯业务的大发展，除了20世纪90年代安装住宅电话的第一个高潮,第二个高潮就是本世纪初,随着对外开放,朱家角古镇成为上海著名的旅游景点,大批游客和外宾涌入古镇参观游览,旅游业带动了电信业的发展。

2001年上海举办APEC国际会议,上级部门安排外宾到朱家角古镇参观,市政府对古镇市容和公共通信设施提出了要求。

图4:位于朱家角漕平路街边的公用电话亭

在会议召开之前,要实现"三线落地",即原有沿街架空的电力、电话、电视明线要全部改走地下管线。时间紧,任务重,尤其是古镇石板街面要保持原貌,施工困难,作业难度大,朱家角分局采取工程分段施工方法,调动所有力量苦干。要完成"电话线入户"工作,会与当地居民产生一些矛盾,镇政府专门派了两位干部来帮助协调。从年初开始干了八九个月,总算啃下这个硬骨头,按时完成了任务。在此期间,还在古镇内约20个点统一安装了公用电话亭。这些公用电话亭全是定做的古色古香样式的,不仅为APEC会议提供了通信保障和外事服务,还为朱家角古镇改善旅游环境提供了支撑。

随着朱家角古镇文化、经济、旅游业的发展,近年来古镇经商和开办旅游业务的人多了起来,50%是外来人口,老街上新设了书摊、茶室、商铺、民俗旅店等,使用电脑、网络的人也多了,宽带业务需求随之高涨。

互联网时代的到来,迫使朱家角电信分局跟上时代步伐,跟上整个电信行业发展的进度,"光纤到点""光纤到户"项目启动迫在眉睫。从2013年开始,朱家角有线通信线路由铜缆时代进入光缆时代。由于古镇地下管道都在石板地面下,重新全面开挖难度很大,需要得到地方政府的支持、配合及投入。经过电信分局与古镇政府协调,开了几次会议,共同商讨解决宽带提速问题,终于决定按古镇等级评估,最难施工的老街最后进光缆。方案确定后,上下联动,内外配合,2013年基本实现"光纤到点",2014年"光纤到户"大面积推进,2017年基本实现光缆全覆盖,朱家角古镇走上了信息化发展的快车道。

在姜师傅介绍的基础上,陪同我访问的青浦电信局办公室小薛也做了补充和小结：2016—2017年，青浦电信局成为上海电信的光网第一局。在信息通信革命的新时代，新技术迫使电信运营商在观念、技术、设备和知识等方面，都进行了全面的更新换代。

他还提到一桩具有标志性意义的事件：因为原有TDM程控交换机已不适用新时代大容量高速宽带业务传输，2016年10月15日，青浦电信局举行了TDM全退下线仪式，朱家角交换局的最后一台TDM交换机也随之关停，全部下线。机房员工转岗，以往繁忙热闹的机房一时间冷清空闲起来。TDM程控交换机曾支撑起中国30年的电话大发展，它身上凝结着几代电信人的青春和热血。如今，随着技术迭代，它终于正式退出了历史舞台。

最后，姜师傅以个人经历总结作为结束语："我家在青浦，几十年来往朱家角上班，风雨无阻。之前骑摩托车，2010年买了私家车。作为电信员工，我感到自豪。从一个普通的线务员成长为大客户经理，经历过电信行业的多次转型。每次转型都看到了新的目标和新的任务，也感受到新的压力。这些年目睹朱家角通信事业的发展，看到古镇发展对通信业的促进，感触良多。1989年我们还在使用摇把电话机，现在已经有手机、用微信了。一些电信业务在萎缩，就像传统的邮政业务被新兴的通信、现代快递业所取代，写信寄信的方式也被手机、微信代替，这就是时代的进步。时代变了，技术革命不会以人的意志为转移，势在必行。虽然我是个老员工，获得过优秀员工称号，但仍需不断学习实践，努力提升自己，跟上时代的步伐。"

结束了在朱家角电信分局的采访，我走出大门，又拐去隔壁的邮政营业厅看了看，时代变了，邮政部门也在转型，营业厅也变样了。想起上午参观过的"大清朱家角邮局"，真是让人感慨万千。在漕平路14号和8号（分别为朱家角邮政支局和电信分局）大门外，路边还伫立着一个公用电话亭。从大清邮局古老的邮筒到具有现代风格的电话亭，通信方式的改变，映衬出古镇人生活所发生的天翻地覆的变化。

回程途中，走过朱家角古镇的老街，民居、餐馆、商铺、河道、小船、拱桥……我曾多次陪同外宾来此游览观光，大家谈论的多是古镇文化、名人、景致、风情，这里似乎一直未曾改变。但鲜为人知的是，在这传统风貌的背后，有一群电信人风雨中拉起电缆，酷暑下铺设线路，机房中作业，深夜里抢修……是他们的默默奉献，让朱家角古镇在新时代整装待发，于信息通信革命的大潮中再次踏上征程。

"当年古镇上电线像蜘蛛网满天飞，现在已看不见电缆裸露。通信手段从信件、电报变成了电话、手机。古镇也从沉寂到热闹，越变越干净，越变越美丽！"

图5：朱家角古镇的水道

引导我参观的沈海英女士不无感慨地说。要感谢顾春华局长、姜新根师傅、薛文涛秘书，还有旅游公司的沈女士，是他们的介绍说明，使我从一个侧面，重新认识了这个已走过历史长河，如今又重获新生，越变越"漂亮"的古镇朱家角。

朱家角通信业的变迁，反映了青浦地区信息化发展的概貌，折射出新中国成立后上海农村、乡镇地区深刻的社会变革。愿这篇古镇通信变迁录能给您带来新鲜的时代信息，提供有用的参考。

（记：发表于2019年6月期《档案春秋》杂志）

我所亲历的上海世博会
（纪念上海世博会十周年）

> 2002年12月3日，国际展览局第132届大会以54票对34票的压倒性多数，决定将2010年的世博会举办权交给上海。消息传来，举国上下着实高兴了一阵。世博会有两种：一种是注册的世博会，这种世博会规模大，历时半年，五年才举办一次；第二种是认可的世博会，这种世博会规模小，历时约三个月，两三年举办一次。上海世博会属于前者。世博会自1851年在伦敦举行的万国工业博览会以来，已经举办70余次，经久不衰。在世博会152年的历史上，中国取得注册的世博会举办权还是第一次。因此，2010年世博会提供的机遇是历史性的。
>
> ——吴建民《外交与国际关系》

2010年，上海举办了举世闻名的"上海世界博览会"，距今已有十年。当年我作为信息通信行业的外事工作者，曾接待过来自世界各地的客人、友人，后又陪同来自全国各地的老朋友、老战友、老同学以及亲戚家人参观过世博园。那时的情景，至今历历在目。

畅谈"中国馆"：观赏《清明上河图》

2010年5月，陪同年迈的老父母去参观上海世博会，第一件事就是打开IPTV查看世博园的进出信息。第二件事使用通信手段——打电话给96822世博出租车调度中心订车。第三件事就是带好通信工具——必不可少的手机。

在长长的等候队列中，几乎没有人不带手机。年轻人在发短信，中年人在打电话，就连老年人也在用手机与亲友聊天。试想，当今社会，如果大城市中没有电话、没有手机，生活将会怎样不便。通信工具已成为城市居民的生活必需品，也成为上海世博会使用频率最高的工具之一。

正看着人群中各色手机的亮相，耳边听到了负责安全保卫、维持秩序的警察使用对讲机呼喊同事。不一会儿，警察大声招呼排队的人群：安全检查马上开始，请大家排好队，不要拥挤。看到他手中的对讲机，瞧着他敬业威武的身姿，我想起上海市政府为这次世博会投资建设了800兆通信政务网。这个网络的信息通信系统直接服务于世博会的安全保卫工作，它将"城市—世博—安保—通讯"连接在一起，也将"责任—平安—和谐—美好"连接在一起。城市让生活更美好，信息通信让世博更方便。

陪同老父母进入中国馆参观，信息通信的元素和气息再次扑面而来。先是观看介绍中国三十年改革开放给城市发展带来变化的短片，从北国乡村走进南国城镇，农民工们从无到有，捏着手机与家乡的父老乡亲通话；从遥远的异国他乡到中国的繁华都市，海外游子与祖国亲人通过可视电话互诉衷肠。中国城市家庭的发展变迁，从过去结婚时的"老三件"（自行车、缝纫机、座钟）到后来的"新三件"（冰箱、洗衣机、电视机），再到"现代三件"（电话、电脑、手机），信息化的发展以及信息通信时代的特征，给城市家庭烙下了深深的历史印记。在展示城市生活的墙面上，一扇扇打开的窗户，象征着一个个家庭的日常生活：清晨和夜晚，总有人在窗前打电话……城市离不开信息通信，通信无所不在。

参观了中国馆的镇馆之宝《清明上河图》的真迹后，来到会动的巨幅多媒体画《清明上河图》大屏幕前，驻足而立，流连忘返。高科技技术使国宝《清明上河图》动了起来，变得生动直观。大幅画的人物里最能夺我眼球的就是那骑马的信使和背囊徒步的邮差，他们是中国古代的通信业者，也是城市与城市、城市与乡村信息联络的使者。城市的发展离不开早期信使的贡献，人类的通信业也正是从古代的信使开始。"烽火连三月，家书抵万金"，古代信使成为受人尊敬的人物，而今天信息通信行业正在成为国际上被广泛关注的行业。

因为《清明上河图》，我和老父亲专门仔细地参观了各省市馆中的河南馆，因为《清明上河图》描绘的正是古汴梁的市井生活（汴梁也称"汴京"，位于现河南省开封市），意外发现河南馆的底层藏着镇馆之宝——巨型黄杨木雕《清明上河图》。木雕中的每个人物都栩栩如生，它与"中国馆"里的真迹《清明上河图》原画以及高科技仿真巨幅多媒体《清明上河图》，形成了相辅相成、异曲同工的效果。在众多的雕塑人物中，我又看到了古代信使，那信使仿佛从眼前走过，走向远方，传递着中华文化，走进了我们今天的生活。

这天，我很感动。如果现在的孩子们能看懂以上三个《清明上河图》的深刻内涵，那么将来祖国的信息通信行业会涌现出多少工程师、专家和发明家！通信无所不在，《清明上河图》为当年的上海世博会注入了中华文化，也注入了新纪元的科技含量，信息通信给上海世博会留下了难忘的精彩！

畅游"信息通信馆":信息世博流光溢彩

多样世博——信息通信没有国界

作为信息通信行业的一员,置身观博人潮。在各国的展馆中穿梭,我搜寻着信息通信的元素,穿梭在过去、现在、未来的时光隧道中,追逐着信息通信之梦。上海世博会的主题是"城市,让生活更美好",而信息通信正是城市发展史中不可或缺的重要元素。

上海外滩是中国电信事业的起源地。自1871年(清同治十年)起,外国各电报公司纷纷落户上海外滩。上海是国际化大都市,多少年来信息通信行业总是带有国际化气息和全球化元素。这一背景给2010年上海世博会带来了鲜明的时代特征,也给上海世博会各国展馆带来了充分展示高科技手段的机会,使上海世博会充满信息通信的国际化气息。

上海世博会的一大亮点就是位于浦东A、B、C区的亚、欧、非、美洲各国展馆。那些设计独特、造型美观,具有浓郁地域风情的外国展馆,使观博人群大饱眼福,而这些外国展馆的设计充满了跨越国界的信息通信元素。法国馆的网状

图1:上海世博会的"信息通信馆"

外形,俨然就是网络时代、信息时代的象征。印度馆的360度全息投影视听,使坐在竹排椅上的人们仰视竹式穹顶时,感受到信息通信技术让生活充满情趣。韩国馆的"IT人"虚拟朋友,带领游客漫游参观。美国馆的大屏幕上,奥巴马总统利用远程多媒体信息通信技术,向世界各地的观博者致以越洋问候。沙特馆的IMAX全景介绍,带我们游历浩瀚的沙漠和宽广的海底世界。俄罗斯馆的童话般花园,介绍了种种科学家的发明;英国馆6万根亚克力杆里的种子熠熠生辉;罗马尼亚馆和菲律宾馆中的美妙音乐演奏……实现这些展示的本身,哪一项能够离开信息通信技术?当夜幕降临,漫步在流光溢彩的世博园区,那些散发着跨国界文化气息的各国展馆,让我想起中国信息业的起源和发展,也让我感受到信息化时代的美妙与震撼。上海,海纳百川的大都市,信息通信技术在这里向全人类展示了它的无穷魅力。

精彩世博——信息通信让生活更美好

参观浦西的世博企业馆,自然少不了去"信息通信馆"看看。作为本届世博会唯一能够整体"变色"的场馆,"信息蓝"的宝蓝色外部色彩以及象征无线通信业务蜂窝技术的六角形图案,组成了"信息通信馆"建筑的外部装饰,使人们感受到它的个性。然而深入其内部,整个寓意信息通信未来世界的"梦之旅",更使我们体验了它的独特精彩。

"信息通信馆"由中国电信和中国移动公司承建,它的展示充满高科技元素和梦幻气息。馆内的参观体验分为"探访梦想花园""建立梦想档案""从梦想之源出发""畅游梦的天地""登上梦想舞台""步入梦的乐园"6个部分。

在排队等候区的"梦想花园",伴随《爱丽丝梦游仙境》的音乐,参观者首先接收到了系列小测试的信息,开始思索什么是"沟通",人类如何与自然界沟通,人类之间如何沟通。启迪思考,正在开启参观者的梦想大门。有趣的是"沟通"一词在英语中还可译为"通信",从某个侧面诠释了信息通信技术服务于"沟通"。

参观者每人得到一个ICT手持终端,它是开启梦想大门的"钥匙"。人们在场馆中的大屏幕下席地而坐,按照指导者的提示开始建立"梦想档案",玩转起收集梦想的终端器。当人们相互学习如何操作这个ICT终端,并把收集到的每一项体验信息输入终端时,客观上已经完成了一次"有效沟通"。

观看优美的动画短片,了解信息通信有着怎样的前世今生。环形屏幕上演绎着"飞鹤传书""千里飞骑""驿站送信"等古老故事,使参观者完成了一次与历史的对话,了解了通信方式的起源与变迁。银幕上,"叽呤"和"咕嘟"两个吉祥物不断地提醒人们用手中的ICT终端进行互动,终端上的LED显示灯提示着重要的信息时刻,带领人们"从梦想之源出发"探索信息通信的未来。

来到"梦想剧场",畅游梦的天地。横向大弧形主屏之外,另有32块屏幕组成了"穹宇":南极的雪花从天而降,威尼斯的水景环绕四周……参观者如身临其境。未来的信息时代是怎样的?跟随屏幕上的三位主人翁——英俊的小伙子、美丽的姑娘、可爱的男孩,上天入地畅游梦想世界,感受跨越时空的信息沟通。

"梦想舞台"就是理想舞台,也是构筑个性化梦想的平台。在这里,参观者体验着健康、快乐的城市生活和绿色、环保的生活环境。信息通信技术的应用将使人类的梦想变成现实,参观者们尽量多地抓住ICT终端中纷纷飘过的"梦想灯笼",将终端上的"应用"与"梦想"连接并存入终端,完成梦想收集的过程,完成理想的祈愿。

走过前面的梦想旅程,来到"梦的乐园"。将体验之路中收集到的梦想信息登录在信息通信馆的网上展馆,在网上再现虚拟"梦之乐园",仔细回味走过的梦想之路,分享未来世界信息通信的远景和梦想。

了解信息通信发展的历史,体验跨国界多元文化与信息通信技术的融合,来到"信息通信馆"感受未来世界的梦想,上海世博会给人们留下的不仅仅是美丽和绚烂,它还留下了实现梦想的目标和空间。回想当年,有多少同事、同仁,为了建成这座"信息通信馆",废寝忘食,挥汗如雨,日夜奋战,终于为上海世博会呈上了优异的答卷,功不可没。

畅忆"小白菜":美好在你身边

毛毛是我女儿的小名,当年她是80后青年,报名参加了上海世博会志愿者工作,成为一名"小白菜"。因上海世博会志愿者服装的颜色呈鲜绿和白色,上海市民亲切地给了志愿者"小白菜"的昵称。走进世博园,到处可见"小白菜",有何需要,唤一声"小白菜",不知姓名的志愿者就会来到你的身边。

毛毛被分配在上海世博会西藏南路二号门检票口高峰岗位班值勤。由于她是完全利用业余时间参加志愿者工作,因此周一至周五正常上班,周六至周日,加上节假日全部投入志愿者服务,连续几个月没有休息过一天。周末及节假日是世博园客流量最高、工作量最大的时候,她经常一上岗就站半天,顾不上喝水和休息,回到家就不会动了。上海世博会的参观人数突破100万的那天,她的嗓子彻底哑了;世博会闭幕式那天一直忙到深夜才回到家……但就是这样,毛毛硬是坚持了下来。老邻居们在世博园见到毛毛,回来后拉着我的手说:"孩子真不容易,真是辛苦了!"我虽然心疼毛毛,但看到女儿能在上海世博会的"小白菜"工作中发挥作用,作为这个群体的一员,能抱有社会责任感的大爱,体现了80后青年积极向上的奉献精神,我感到由衷的欣慰。

图2：作者女儿（二排右5）和其他"小白菜"合影于中国馆前

这是一个特殊的群体，都是普通的人，是一群年轻的"正能量"。孩子们今后的人生道路还很长，他们也会老，也会碰到各种困难。但是他们曾经拥有这样的青春、拥有这样的经历，在他们未来的人生旅途上，这股精神将有助于战胜困难。你曾经为社会付出了爱、做出了奉献，当你有困难时，相信社会力量也会帮助你。这个道理应该让孩子们自己去体会、去明白。志在、愿在，美好就在。

上海世博会时间跨度长，工作量大，各区政府招募了成千上万的世博志愿者参加服务工作。世博会结束后，"小白菜"们受到了所在单位和所在区政府的表彰。上海世博会期间，女儿应邀写了一篇文章，发表在区报上。我读了这篇文章，感到上海的年轻人很可爱，特将此文收录，现转载如下。

附：《志在，愿在，我们在你身边》

这是一份看似简单却实际不易的工作。每天，与伙伴们站在轧机旁，一遍遍地重复着三句话："请从下方绿色灯口插入票"，"请从上方取票"，"请推杆往前走"，不计其数，看似容易实则不易。工作之时激情万丈，笑脸相迎的同时实是一份责任的坚守，一份意念的传递，一份真情的付出，是我们一颗颗挚诚的心在跳动。这份看起来并无多少"难度"的工作，却是需要用心去做的。

这是一份在付出的同时，也被深深感动的工作。在西藏南路二号入口的检票处原有9名工作人员，在二号门的高峰岗位班，又增加了我们9名志愿者。高峰时间段我们全体上阵，每天至少一站就是三四个小时（无人替换），工作的艰辛可想而知。然而，全组成员无人抱怨，个个保持着耐心，坚守在自己的岗位上，没有一人因为辛苦而缺勤或退出，自觉自愿地做好志愿工作。在高峰岗位班组里，无论是年长者还是年轻人，都急人之所急，为他人所想，工作起来无论是同一区的组员还是不同区之间的配合，都相当默契。高峰段过后，不用提醒，都非常自觉地来到尚未关闭的检票口，与其他组员一起工作。工作很辛苦，谁都想休息，但谁都不想成为第一个被替换下来的人。如此场景怎能不让我动容？

这是一份展示形象、拓展友谊、展现友好与和平的工作。志在，愿在，我们在你身边。来自不同地方的志愿者，在这里，在这样的空间，在这样的氛围中，从陌生到成为朋友，不需要太多的语言，也不需要太长的时间。无所谓游客是友好还是偏激，是泰然还是挑剔，我们依然灿烂、从容，微笑着面对每个客人，为着信念而坚守。看着一些游客竖起大拇指称赞"小白菜"，我们从心底里为这份理解与认可而感激；看着一个个回头对我们说"谢谢啊，小白菜，真不错！"的大叔大娘，我们感受到了这份工作的意义与价值。为着同一个梦想，抱着城市让生活更美好的心愿，我们在用行动展现发展中的中国、腾飞的上海。我们为自己成为世博志愿者的一员而骄傲，我们为完成这份工作而喝彩！

（注：以上毛毛的文章转载于2010年10月31日上海普陀区"世博园志愿者特刊"第3期）

上海世博会过去十年了，但上海人民不会忘记2010年那个沸腾的世博园，不会忘记那届世博会留给我们的中华文化、国际氛围、民俗元素、科技含量。绚丽的展馆，丰富的内涵，热火朝天的白昼，流光溢彩的夜晚……它永久留在我们的记忆中。上海世博会留给这座城市的人文荟萃、发展蓝图、海纳百川的气质、"小白菜"的奉献精神……在今天的"进博会"上，在5G网络的发展中，在庚子年防疫抗疫的志愿者队伍中，仍可看到似曾相识的影子，它将镌刻在上海城市的历史长廊丰碑上。

（记：发表于2020年6月期《上海滩》杂志）

第四辑 风吹过如歌飘

【外事人生】

代第四辑开篇辞

　　读了本书作者的书稿，觉得颇为熟悉：这不是又一位朝气蓬勃、奋发有为的第一线外交官吗？

　　本书讴歌了我们祖国的进步，字里行间尽情表达了对事业的热爱。作者在书中细心选取若干涉外案例，讲述改革开放30年中国对外合作的丰富内涵，既是个人对往事的亲切追忆，也是可供后来同事借鉴的影集。作者视角独特，叙述简洁，对经验教训的剖析深入浅出。

　　和平与发展是各国人民的普遍要求和共同愿望。作者的亲历证明，世界政治多极化和经济全球化的趋势使各国相互依存加强，共同利益增加。经济外交，乃至环境外交、能源外交、科教文外交等地位越来越重要，对外交流与合作的渠道及方式也在与时俱增。为了在新形势下更有效地为中国人民和世界人民服务，我们急需更多勤于和善于向成功学习、向挫折学习的年轻干部，在平凡中成长为既扎扎实实又具创新能力的人才。

　　英国哲人培根说过，读历史可以使人明智。案例的日积月累便是历史。读别人写的历史有助于变得明智，读自己编写、参与过的历史会更有趣，更有用。

　　（摘自旧版《风从海上来》序一，2009年8月30日作于北京）

　　注：李肇星，曾任中国驻美国大使、中国外交部部长，后任全国人大外事委员会主任。现已退休。

　　此为李肇星先生为本书作者2010年内部版《风从海上来》所作序言。

本辑辑封图：上海世博园（中国馆夜景）

兑换券的故事

那是1989年11月的一个清晨,上海华山路,我匆匆走在赶往新单位的路上。深秋的街树,叶子已经发黄,在寒风中摇曳飘落。

这年10月我从军队转业到地方,脱下穿了20年的戎装。这天,我穿着呢子套裙,到新单位工作整一个月,领导要我接待来自日本的客人。

在过去的一个月里,我刚搞清楚自己在新的岗位中所要扮演的角色,知道这一切与当时国家信息中心二期日元贷款项目——"物价信息系统设计咨询项目"有着密切关系。当时我所在的单位,承担着上海地区"物价信息系统"的开发建设任务。项目主管领导黄奇帆先生,是我走上涉外工作岗位的第一任领导,在日元贷款项目中,曾给予我许多指教和鼓励。

这天,走在华山路上,我边走边想:今晚下班后我必须及时赶到商业局的日语培训班去授课。简单说,这种业余授课就是通过自己8小时以外付出的劳动,获取每次200元授课费的外快,用于贴补家用,这正是改革开放早期的一种现象。

心绪就像飘落的树叶,没有方向,也没有着落,风刮到哪儿就飘到哪儿,随风飘散着。我这么东想西想,不知不觉来到了单位。

单位的英式红砖小楼,坐落在一个花园庭院中。见了单位领导,在空中飘荡的叶子突然落地,我的思绪马上集中到领导交办的事项上:去机场迎接来自日本的咨询项目专家组,他们受日本OECF机构(日本政府海外经济协力基金)委托,前来上海对国家信息中心二期日元贷款项目"物价信息管理系统"的设计,进行阶段性评估和指导。日方专家组的评估结果将直接影响中方项目单位能否顺利通过项目验收、能否继续获得三期日元贷款开发"国家经济信息系统"。

当时正值我国改革开放早期,项目单位开展这项工作极缺经验、技术、资金。就是在这样的形势下,我加入了国家信息系统开发团队,成为这个行业的一名涉外工作新兵。我是上海地区相关项目单位的唯一日语翻译,需要同时承担口译、笔译、接待等几方面工作,单位领导希望我与外方专家建立起互信友好的关系,为上海地区的各个项目单位赢得更多的资金和技术。

那天,我和办公室主任一起接回了5名日本专家,送入兴国宾馆小憩之后,双方人员在小红楼内整整开了一下午会议。临近傍晚,听说要陪专家共进晚餐,晚上还要一起去看杂技表演,我顿时着急起来,因为当晚有课,80名学生在等着我。

这课还要不要去上?看杂技是工作之余的临时动议,我想借故请假不去陪同。如不按约授课,一晚就要白白损失200元收入(在当时200元对我多么重要啊)!可是为了200元,放弃责任,丢下外籍专家不管,忙着赚外快,就像一个开小差的士兵,战斗没有打响,就先输掉了自己的人格,这怎么行?!

会议结束时,我冲刺般从会议室跑向办公室,给一位老前辈打电话,紧急拜托他当晚帮我代课,又向商业局负责培训的同志请了假。当我回到会议室大门外时,外宾和陪同领导已在车上等我,领导问我:"干什么去了?"我百般不情愿地向领导坦白。领导又问:"今晚你损失多少?""200元。"我如实回答。不料这话被那位懂中国话的日本专家竹内先生听到了。

晚上,利用演出开始前的时间,我向外宾介绍了中国杂技和上海经济文化特点。演出休息时,领导让我趁着轻松愉快的气氛,向日本专家组组长补充说明下午会议上来不及解释的问题。杂技表演结束后,外宾提出要去买东西,我们一同来到当时位于北京东路的"友谊商店"。当日本专家组组长掏出兑换券购买工艺品时,他突然掉过头来问我:"要不要兑换券?"

我愣了一下,下意识地摇头,表示"不要"。其实在那瞬间,我的脑中一闪而过"要",差一点儿就要脱口而出。因为在当时我的收入并不高,而兑换券可用于从免税商店购买紧俏的进口商品,也可将兑换券转手让给需要的人从中赚取差价。但这种下意识的念头被我克制住了,这得益于曾经的军旅生涯,部队的严格教育和管理,使我树立起人格信念。

那天晚上,日本专家组组长购买工艺品的兑换券差价,正好又是人民币200元。要想赚这钱太容易了,但是为了蝇头小利失去人格也很容易,往往就在瞬间。我意识到不能因小失大,在涉外场合,不能被外国人瞧不起,否则,轻者有损人格国格,重者可能会被别有用心的外人利用。正因为知道外事纪律和外事工作者人格的重要,我快速做出了正确反应。

从友谊商店出来回到车上,身后传来日方专家竹内的声音,他操着并不熟练的汉语对我方陪同领导说:"她今晚一共损失了400元。"听到这话,坐在一旁的领导忍俊不禁:"这相当于她三分之一的月工资呢。"在那个年代,中国人的工资似乎并不保密,所有外国专家都知道我们的收入不高。当时我以为大家是打趣调侃,开个玩笑就过去了,没把这天的事放在心上。

这年夏天,国家信息中心从全国各地选调翻译到北京,参加日元贷款咨询项目研讨会和培训班工作。工作之余,有两次,我和来自深圳的一位翻译陪同日本专家在北京的友谊商店买东西。那位深圳翻译主动要求用人民币换取日本专家的兑换券,日本人笑嘻嘻地换给他了,他非常满足。但他点头哈腰向日本专家致谢时,我看到日本人眼中流露出鄙夷的目光,事后还听到日本人在背地里议论此事,他们瞧不起这种行为。还有一次,我和几名翻译为了锻炼口语,应邀陪同日本专家在北京游玩,到了午餐时日本专家自费请我们吃了午饭。回来后,北京的一位翻译喜气洋洋地对单位里的人说:"蹭了老外一顿美餐。"但我感到吃饭时日本专家的神情十分冷漠(事后才知道:在这种游玩活动中,日本人的通常习惯是 AA 制付费)。这两件事一直使我很不舒服。直到第二年的春天,日本专家组再次来到上海,那时我与他们已经很熟悉了,但凡陪外宾去商店购物,我从不向他们讨要兑换券。应邀陪同外宾游览,除了公务活动和接待任务,到了就餐时间,我尽量主动回避。

当时国家信息系统在全国各地培养了一些项目翻译,我是其中一名。其他单位的翻译有的参加项目较早,具有技术知识经验;有的刚从日本留学回来,经过多年海外口语实践锻炼,口译功底较好。而我参加项目时间不长,在专业技术上我是外行,不熟悉业务;在口译技巧上我不如其他翻译娴熟。但是日本专家组的成员对我很友好,通过工作配合及相互了解,他们对我越来越认可,给予我许多指教。在他们的具体帮助下,我进步很快。

第二年的秋天,女儿从外婆家回到上海,而我丈夫还在外地工作。我每天要接送孩子上学,还要参加项目工作,既要料理家务,又经常出差,的确很辛苦。每逢出差,父母就专程赶到上海"替班"。在那艰难困苦的日子里,有两次我干脆把孩子托付给邻居照看。每次出差回来之前,我都利用陪同外宾购物的机会给亲友、邻居买些当地的礼物带回。久而久之,日本专家组的人员知道我不容易,购物时他们抢着帮我付款,但都被我谢绝了。有一次,他们合计了一下,非常郑重且非常真诚地邀请我吃饭。盛情难却,我参加了他们的聚餐,但事后我自费买了冰激凌回请他们,表示礼尚往来。回想当年,自己颇有点"打肿脸充胖子"的劲儿,但这股子劲儿是非常必要的。

转眼就到了这年冬天,1990 年 11 月,国家信息中心在深圳市举行"物价信息系统"日本专家咨询评估会议。按照咨询协议,会议期间,国家计划委员会商业司的领导和国家信息中心的领导将向日本专家进行"中国宏观经济现状"的授课讲座。当我接到南下参加翻译任务的通知时,感到纳闷,我问领导:"深圳那边不是有翻译吗?"领导笑着说:"日方专家组指名请你去。""为什么?""大概你不纠缠他们要兑换券吧。"领导开玩笑地说,接着补充,"国家信息中心调你去锻炼。专家组对你反映好,说你进步快,与你合作很愉快。"领导很骄傲,很满意。

这年圣诞节，当上海华山路和东京上野公园的黄叶飘散一地时，我收到了5名日本专家整整齐齐签名的贺年卡，祝福我这位"不要兑换券"的翻译"新年快乐，家人幸福"。

1991年秋天，在日方专家组的特别推荐下，我被国家信息中心派遣到日本接受专业培训。这次培训，不仅为我创造了专业外语提高的环境，还为我提供了系统学习信息技术和信息管理的机会。从那以后，我获得了更多的口译锻炼机会以及项目管理工作机会，业务发展如鱼得水，我顺利地完成了人生的一次重要转折。

作为曾经的外语翻译和外事工作者，我经历了改革开放年代的实践锻炼，在工作和学习中不断成长起来。至此，我真正明白了：在日元贷款项目的诸多工作中，我的第一任务是要做好翻译工作，做好翻译工作需要过硬的外语功底和项目专业知识，而要成为一名优秀的翻译，首要条件就是树立良好的人格形象。

多年后的一个初冬，我再次走过华山路，踩在黄色落叶上，忽然想起那个"400元损失"和"兑换券"的故事，由衷地感谢人生有过这样的考验。记得一位老前辈说过："金无足赤，人无完人，人非草木，孰能无欲。但一个人在大事面前应明事理。作为外事工作人员，在外国人面前应懂得起码的自尊和自律。"多年来，这些话一直萦绕在我的耳边，促使我认真思考人格的力量，从而帮助我在人生转折的重要关头，顺利起步，正确发展。

以上这些经历，在后来的人生中帮助我抵御过外来的名利诱惑。现在，我经过大半辈子的努力奋斗和劳动奉献，已拥有属于自己的房子和车子（在1989年的那个深秋，我走在华山路上哪想到会有今天），然而，在几十年后的今天，我仍然相信以上兑换券故事的真谛。

（记：写于2008年，修改于2021年6月）

咖啡伴侣光了

1991年9月28日18:00,暮色笼罩着大地,天色已暗,但东京成田国际机场一片灯火辉煌,一架JAL(日本航空公司)的飞机降落在机场跑道上。中国国家信息系统研修团的成员从机上走了下来,我是其中一员,第一次到日本,也是第一次出国。就我而言,走出国门向海外先进国家学习,从此拉开了序幕。

当时我们出国不像现在经济条件这么好,全是一群穷学员。出国前,国家发了几百元服装费,男士每人定制了一身西服套装,我和北京的女士每人定制了一身西服套裙,剩余的钱我用50元买了一件风衣,用18元买了一双皮鞋,带着妹妹留给我的旧衬衣(衣服虽旧,但样式"与国际接轨"),背着旧皮包,提着旧皮箱,满怀理想和求学的渴望踏上了陌生的国土。

图1:作者(右3)1991年10月与赴日研修人员合影于东京AOTS

当我们在东京都新宿区登上摩天大厦的观光台,放眼望去,整个东京尽收眼底,我们不由得为这个现代化的国际大都市的综合实力发出了惊叹。那时中国的经济实力还不强,国家还不富裕,我们这些来自穷国的研修生看到东京的一切都觉得那么美好、那么有魅力。

东京的物价消费水平很高,一件像样的衬衣能卖到一万日元。当清晨途经花市看到国外的家庭主妇在悠闲地选花,不由地就会想到祖国的老百姓们清早起来赶着买菜、挤公交车上班,我们不止一次地感叹:人家这叫生活,我们只是活着。

负责我们研修的AOTS机构(日本海外技术者研修协会),其经费来自日本政府大藏省(相当于我国政府财政部)和日本各大企业的资助,给我们提供的生活条件很好,每人一个单间(配有卫生间),学员食堂有日本料理、中国菜、西餐,还有面条、水果以及各式点心。学员就餐全部使用专用磁卡,磁卡限于AOTS内部使用,餐费标准较高,如果每周餐费用不掉,可在AOTS小卖部使用自己磁卡内的余额购买咖啡、巧克力、饼干、曲奇、派、方便面、冰激凌、饮料及其他小用品。

我们所有研修生都很节省,恨不得将国家发的极其有限的零用钱全部攒下来购买日本的小电器带回国内馈赠亲朋好友。那时的出国简直就是一种殊荣和待遇,出国人员似乎都会大包小包地带回一些洋玩意儿给国内的人们分享,而日

图2:1991年秋,作者在东京AOTS研修机构的餐厅内

本的电器商品十分有名气。我们这批穷学员买不起电视机等大电器（买得起也没有海关名额带不回来），只能买些手表、随身听、照相机、电子血压器、电子秤、小烤箱、榨汁机之类的小电器，而这些小电器在当时的中国市场看不到，即使有也很贵，很受国人喜爱。为了攒钱买这些东西，大家省吃俭用，为了节省地铁交通费，一两站路就徒步走去；为了节省餐费买咖啡、巧克力带回国送人，有的同学甚至不吃早饭或少吃早饭，真是从牙缝里省下每一分钱。

我们在AOTS完成了第一阶段基础日语培训，进入第二阶段专业培训后，每天往返位于北千住的AOTS和位于南麻布的某日本企业培训中心。

一天，在南麻布培训中心，课间休息时只见授课老师指着用光的咖啡伴侣瓶子向培训中心的管理人员叽里咕噜地讲了一通，随即，管理人员取来了一大瓶新的咖啡伴侣，老师和学员们高高兴兴地喝完咖啡，又接着上课了。隔了一天，又轮到这位老师上课，上午课间休息时他发现咖啡伴侣又光了，老师再次请培训中心的管理人员取来一瓶新的咖啡伴侣。这时我听见管理人员对老师嘀咕（日语）："咖啡没用完，伴侣怎么又光了？"

下午上课时，老师用调侃的口气对大家说："课堂上犯困可以睡觉，打瞌睡是正常的生理现象。如果不想让自己打瞌睡，可以多喝咖啡。但是，光喝咖啡伴侣无济于事，用咖啡伴侣提神是不正常的。"授课翻译是一位来自中国的访问学者，他并没有把这段话原封不动地译给大家听，只说："你们中有懂日语的人，老师的话是什么意思，等下课后你们自己琢磨吧。"

因为我懂日语，这天课后，班长和副班长（研修团团长和副团长）叫住我，让我把老师在课堂上的那段话翻译了一遍，我把培训中心管理人员的话也翻译了。

当晚，班长召集全班开会。会上，副班长首先指出："近日有些同学为了节省餐费不吃早饭，来到培训中心后把咖啡伴侣当作奶粉大量冲喝以补充营养，造成一大瓶咖啡伴侣在一两天内就光了，这种做法有损中国人的形象，给培训方留下不好印象。"班长接着说："我很理解每一位同学，大家都很不容易。但我们在省吃俭用时千万不要忘记两点：第一，国家和组织送我们出国学习寄予了很大希望，日方也为我们的培训做了大量工作。我们的主要任务就是保重身体，完成学习任务；第二，我们远离祖国和亲人，但我们不能忘记自己的身份，不能因占小便宜而被外国人瞧不起，不能因个人行为不妥影响整体荣誉，更不能因忽视小节而有损祖国声誉。"

开会之前班长交代我在会上介绍一些容易引起日本人误会、容易被外国人歧视的事例，所以我讲述了以下一位中国女留学生告诉我的故事。

当时这位女留学生刚从日本获得博士学位后去了美国。在她之前有一位中国男留日学生，给日本导师和其他外国留学生留下了不好印象。那位男留学生回国时，因行李超重在机场交不起罚金，打电话向导师求助，导师赶到机场帮他交纳了超重的行李托运费后，发现他在机场整理行装时放弃的物品中，有大半袋实验室没用完的洗衣粉（日本洗衣粉确实好用，可能他想带回国给家人用），导师因此大发雷霆，感到丢人。从此这个导师认为中国穷学生都很低劣，这种看法殃及池鱼，伤害到无辜的其他中国留学生。为了改变外国导师对中国学生的看法，后来的中国留学生都付出了很多代价。

第二天，研修团的那几位同学用他们的就餐磁卡，从AOTS的小卖部买了几瓶咖啡伴侣带到培训中心交给了中心管理人员。这以后，我们对东京的看法似乎也更客观更深入了，我们不再盲目地认为东京什么都好。

东京，它是富人的天堂，也是穷人的地狱。银座大街上灯红酒绿，而上野公园里却躺着流浪汉。每天清晨东京街头上班族来去匆匆，他们是在为生计忙碌。劳动创造财富，这个真理不管在穷国还是在富国都一样。来自穷国的学生不能依靠享受他国的财富来改变自己的命运，只有艰苦奋斗创造财富，在外人面前维护尊严，才能使中国人在国际上改变自己落后穷苦的命运形象。

日本的富裕和发达不是从天上掉下来的，也是靠一代代日本人民劳动创造、积累财富取得的。中国人东渡日本留学，关键是要学习日本人民勤劳致富的精神和科学管理的态度，那种认为来自穷国就理应占点富国便宜的心态是不可取的。

如今的上海，摩天大厦高楼林立，大街小巷车流如织，地铁线路四通八达，电器产品琳琅满目；出国旅游和出国留学不再是一种殊荣，喝咖啡泡酒吧也是寻常之事，人们不再争先恐后出国打工，相反许多外籍员工来华谋生。但是，今天在我们的出国团队里，是不是再没有发生"咖啡伴侣现象"？是不是每个出国人员都维护了中国人最起码的尊严？是不是随着国富民强，某些出国人员反而带着骄傲的心理，对穷国人民出言不逊？他们是否意识到这样也会损坏中国人的尊严？

（记：写于2008年，曾收入2010年旧版《风从海上来》）

在日本乘车

1992年6月,我随上海某代表团访问日本,来到东京。代表团团长是市政府某委的一位领导,他没想到日本接待方没有派轿车来迎接他,而是由接待人员领着我们全团搭乘机场大巴,再转旅行社提供的中巴,才来到下榻的宾馆。

第二天,与接待方高层会面,又是由接待人员陪同我们乘坐地铁来到对方所在地的附近,再走上一段路,才来到接待方的办公大楼。这时,代表团的团长有些气喘吁吁,他很不满意地对我说:"日本人怎么不懂规矩,我们是客人,我又是团长,从老远来,他们这么大的公司居然连个轿车都派不出来?!"他不知道日方人员认为地铁、新干线都是一流的交通工具;乘坐小轿车或出租车,因路面拥挤堵塞,难以保证公务活动的时间,不是最好的交通工具。

这天活动结束后,我们全团还是乘坐地铁回宾馆,但途中赶上了下班高峰时间,地铁里非常拥挤。回来后,团长再也忍不住了,他命令翻译(我)去和日方交涉:"花的是我们自己的项目经费,请日方明天派小轿车来接送,如果实在不行,叫个出租车来也行!"

我一面与日方接待人员协商,一面找团里两位老同志(老干部)商量,说明了日本人的思维方式和工作习惯,请他们协助做做团长的工作。

第二天,日方派来三辆出租车把我们一行6人接走。我陪团长乘第一辆车,日方陪同人员押后乘第三辆车,中间的第二辆车没人懂日语。三部车开出后不一会儿就走散了,相互联系不上。我们到了目的地,找不到第二辆车,急得日方接待人员满头大汗,跑前跑后,关照我们别走开,然后跑去找公用电话和出租车公司联系(那时手机还未普及)。我们等了很久,第二辆车总算到达,但预约的参观时间已过了。

在这天的活动中,团长终于知道这家大公司没有专门用于接待的小轿车。日本企业的经营管理者从现代科学管理的角度出发,不愿养着一支车队,因此就连他们公司的高层干部——副社长先生也是每天搭乘地铁上下班。

第三天,接待方改租一辆小轿车和一辆中巴来接我们,我仍陪同团长乘坐第一辆小轿车,享受贵宾待遇。这天,两辆车倒是形影不离,没有走散,但途中走走停停,被拥挤的交通状况耽误了个把小时,到达目的地时又迟到了。

当晚,我看见团里的那两位老同志走进团长的房间。大约一小时后,我的门铃响了。打开门来一瞧,哟,是团长同志拿着一只红通通的大苹果,笑眯眯地站在门外。团长来串门了!

团长坐下后把苹果交到我手中:"没有好东西给你,给个大苹果吧!你辛苦了,乘车的事难为你了,也难为了日方接待人员,真不好意思。明天请你跟日方说一下:就说我愿意和大家在一起,不要单独乘轿车了。"团长"命令"我:"告诉他们,不方便乘中巴的话,可以乘地铁,我已经习惯了。"我望着团长,高兴得狠狠咬了一口大苹果(那时只有团长的房间里有水果,我们没有这种待遇)。

后来的几天里,无论我们是乘中巴,还是乘地铁;无论我们是在走路,还是在等车,团长都和我们在一起有说有笑,日方接待人员也和我们一道说说笑笑。

这里,我要引用日本的一个小故事说明外事接待工作中什么是重要的。在日本一家公司,有一位非常年轻的小姐,她的工作主要是负责为客户购买车票以及安排客户的食宿。她的公司跟德国一家大公司有业务往来,德国公司的老板经常到日本来洽谈业务,每次她都会帮助那个德国经理购买往返东京与大阪之间的车票。久而久之,这位经理在往返途中发现一件很有趣的事情:每当他去大阪时,他的座位总是靠左边的窗口,而从大阪回东京时,又总是坐在右侧的窗口旁。这位经理很纳闷,有一次问起小姐这件事,她回答道:"因为富士山在您的

图:作者1991年12月于东京地铁中

左边,我想人人都喜欢日本富士山的壮丽景色,都希望看到它,所以我给您买了特殊的车票,以便您在往返旅途中都能看到富士山,能心情愉快!"德国经理听后十分感动,心想,这家公司的工作人员在这种细节上都考虑得这么周到,跟这样的公司做生意还有什么不放心呢?

——摘自《细节不止能决定成败》"富士山在您的左边"

由此可见交通工具不是决定一切的,服务精神和服务态度才是外事工作中重要的东西。以上的小故事,还从另一个方面反映出日本工作人员留心让外国客人领略自己祖国的大好河山,这同样非常重要和必要。

(记:写于2008年,曾收入2010年旧版《风从海上来》)

如此保驾护航

1997年5月，上海某代表团应日本某公司邀请，来到日本访问交流。我与当时的日方上海事务所所长一起全程陪同了这个代表团。

5月14日，代表团一行在大阪，参观了关西国际机场信息通信系统，与日方公司进行了业务交流。当晚，日方在大阪著名的"道顿堀"大街上的一家蟹餐馆招待了上海代表团全体成员。

晚餐后，上海代表团的人员想沿着"道顿堀"大街自由地散散步。代表团的秘书长会说日语，而且多次到过大阪，考虑到时间已晚，中方人员不想麻烦日方陪同人员，因此劝说日本公司的接待人员和日方上海事务所的所长先回去休息，请他们放心，全团人员不会迷路，保证在晚上10点之前回到宾馆。

但是日本公司的人员不同意，执意陪同代表团全体一起散步，直至送代表团全体回到下榻的宾馆。就这样，代表团人员在前面走，日方陪同人员在后面跟。日方上海事务所的所长偶尔和代表团团长聊几句，介绍一些"道顿堀"的情况，大多数时候，他高兴地看着代表团成员们热火朝天地交谈，默不作声地跟随其后。

"道顿堀"是大阪的一条繁华商业街，大街两侧一家家商铺鳞次栉比，霓虹灯五光十色，流光溢彩。代表团一行漫步在东瀛情调的街市上，边走边欣赏着大阪的夜景，轻松愉快，有说有笑。日方陪同人员静静地跟着大家，生怕打扰了上海客人的兴致。不一会儿，代表团中有人说："日本人工作认真、敬业，他们习惯了加班，经常夜晚归家，跟我们一块儿散步可能是他们愉快的事。"

代表团团长走着走着，放慢了脚步，等着日方的所长跟上来后，主动与他搭讪，问些问题，闲聊几句。开始时我以为团长先生真有许多问题要问，后来才意识到团长是怕冷落了日方陪同人员，主动与日方人员交谈以示礼貌。

渐渐地，大家感到这样的散步虽然彬彬有礼，但陪同的主人是在履行一种义务，他们任务在身，并不轻松。客人们有些放不开，不太自由，多少有些别扭。大伙儿闲逛了一会儿，虽然兴致未了，但团长担心把日方陪同人员拖得太累，在团长的提议下，全体人员打道回府。

5月15日，代表团来到京都，日方上海所长照旧从早到晚跟随在大家后面，但他改变了沉默的方式,为了使自己融入团体,活跃气氛,他给自己找了一个活儿——一旦代表团要拍照,他就抢着"为人民服务",俨然成了全团合影照的专业摄影师。这时,我和代表团成员们的感觉都发生了变化:日方陪同人员不是愿意加班加点、早出晚归,而是他们服务意识之强、敬业精神之佳,令人赞叹。

5月16日,代表团到达东京。当日拜访了日本公司的总部,与日方总公司社长等高层人物会面后,参观了该公司的技术研发中心和呼叫中心。连续三四天的全程陪同,使我感到有些劳累,看到50多岁的日本公司上海事务所所长同样面呈疲惫,我想,今晚他大概不会再执意跟随代表团去拍照了吧?

有这样一种规律:主动活动和被动活动的疲劳程度是不同的。也许代表团大多数成员是首次访日,走到哪儿都感到新鲜,虽然日程很满,连日活动,但个个精神抖擞。这天,一行人不顾旅行和会议的劳累,晚餐之后途经闹市,被东京银座四丁目大街的繁华和气派所吸引,于是要求下车,希望在银座大街上"溜达溜达"。

这次,代表团的秘书长非常郑重、也非常诚恳地对日本公司上海所长说:一天的工作已经结束,实在不好意思让所长先生继续陪着,请所长先生先回宾馆休息;请所长放心,这儿离宾馆不远了,他很熟悉方位,大家一起散步之后将乘出租车或乘地铁回宾馆,不会出事的,他保证把大家平安带回。代表团的团长也说:代表团的成员都会英语,秘书长还会日语,都是多次出过国的,请所长放心。其他团员也东一句、西一句地劝日本所长,让所长和我跟车早些回宾馆休息,这样,大伙儿才能安心地自由走走,否则实在不过意,不好意思下车了。

我把大伙儿的话翻译给日本所长听,原以为在如此"攻势"之下,所长会点头同意,不料他听后,把头摇得像拨浪鼓似的。

日本所长先是这样对我说:"不行,我们是这批重要客人的邀请方和接待方,上海代表团在日本期间,我方负有法律责任。每天陪同客人并安全护送他们回到宾馆是我的责任,也是本公司的惯例。"接着,他让我把以下的话翻译给代表团团长:"让她(指我)先跟车回去,把大家的行李带回宾馆。这几天,她又翻译,又陪同,很辛苦,让她先回去休息。我不累,我会英语,我跟着大家一起散步吧。你们只管安心、自由地散步,我不会影响大家。如果大家要拍合影照,我还是个能派上用处的摄影师呢。如果碰到紧急情况,我能帮助大家及时处理。"

日本所长讲完这番话,再没有人劝阻他了。因为大家明白:为代表团拍照是日本所长的客套话,担心代表团在异国他乡的安全,为了能在紧急情况下及时地提供帮助,这才是日本所长跟随代表团的真正理由。代表团的人员心领神会地说了一句:"所长先生是为我们保驾护航。"随着话音刚落,上海代表团的团长说:"请所长先生和我们一起散步吧。"

就这样，大伙儿下车在东京银座大街上散步，而我按照日本所长的意思，暂时脱离团队，跟车先回到宾馆，安排好代表团成员的住房，寄存了大家的行李。

直到这会儿，我才真正明白日本公司上海所长几天来执意跟随代表团，积极主动帮助大伙儿拍照的真正目的和原因。工作敬业，热情待客，固然是个原因，但不辞辛劳地陪同外国客人，主要还是为了履行MOU（备忘录）交流协议的义务，接待外宾时严格按照国际惯例，代表本公司承担起邀请方应有的法律责任，为确保应邀来访的外国客人的安全而"保驾护航"。

这家日本公司是个国际大公司，其工作人员，尤其是负责国际业务和海外部门的负责人，法律意识很强。他们一般不轻易对外发出访问邀请函，尤其是作为签证审核依据的邀请函。如需发出，必将经过法律部门审核，层层审批，最后由业务条线的最高负责人和公司法人代表同时签名盖章，方可发出。一旦发出，他们就负责地履行所有与之相关的法律义务。自然，在此期间，如果受到邀请来访的一方在日本发生任何问题，日本国的外务省（相当于中国的外交部）和日本各相关机构必定追究邀请方日本公司的法律责任。日本是个法制很强的国家，因此接待、陪同人员从不敢掉以轻心。上海代表团的全体人员意识到这点后，不再嫌弃日方工作人员跟随其后，也不再提出"自由散步"的要求。入乡随俗，到了外国，就尊重当地的法律和规章制度。

这些经历，给我上了一课，增强了我的涉外法律意识，使我明白了一些国际事务的基本规矩，我不再认为日本人是多此一举、小题大做。同时，我明白了外交邀请权的重要性，懂得了对外邀请审批具有重要意义。

（记：写于2008年，曾收入2010年旧版《风从海上来》）

二十世纪九十年代作者赴日本外事活动掠影

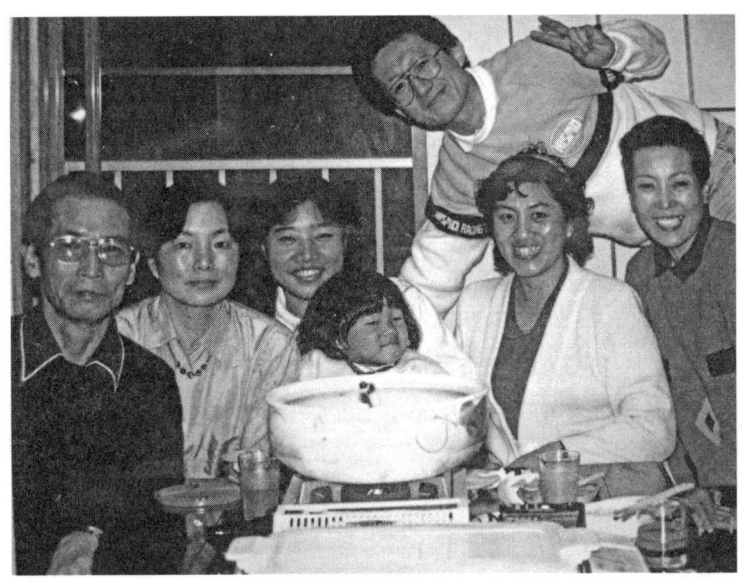

图1:作者1991年10月赴日本东京研修,参加家庭体验活动与日本友人合影

图2:作者(中)1997年1月随团赴日考察,为日方宴请作翻译(右2:NTT副社长铃木,右1:NTT中华区总代表佐谷宏)

外事工作中的"衣食住行"

改革开放早期的那些年,中国刚打开国门与外界接触,许多基层单位并不了解国际惯例和一些发达国家的习惯,而那时的对外交流和对外合作又异常活跃,犹如海潮扑面而来,在猝不及防的涉外活动中,曾发生过许多趣事。

地方外事工作,总体上可分为"外事服务"和"外事管理"两大功能。外事服务工作通常总是与涉外活动的"衣食住行"密切相关。以下讲的正是我所经历过的外事工作中的"衣食住行"小故事。

衣着文化应重视

大概是2003年秋天的某个周五,美国微软公司高级副总裁来访我所在的单位。这次高层会晤涉及商谈当时最新的数字终端研制合作问题,因此双方的会面显得庄重、严肃。为了方便双方的交流讨论,我方出席人员中,除了公司总经理、总部相关负责人外,还有个别基层单位的负责人。

事前我向出席人员提前发出了外事活动通知书,通知书上写明了时间、地点、会议内容、来访公司名称、双方出席人员名单,还专门在"备注栏"中注明:"请带名片,请着正装"。

当双方人员在会议桌旁坐定后,我看到微软公司一侧齐刷刷全部身穿藏青色西服套装,只有领带的颜色各不相同。而我方一侧,虽绝大部分身着西服,但西服颜色却深浅不一,有人身着浅灰色夏季西服,有人身穿深灰色秋季西服,还有人穿着冬季深蓝色或深褐色的西服,五颜六色。还好,都穿着西服,系着领带,算是正装,无可挑剔。但要命的是,我的眼睛很快被一位穿着长袖T恤衫的身影吸引住了。

这位先生是我方基层某单位的负责人,他的T恤衫是红白相间的横条图案组成,非常抢眼。我方总经理看着他,皱起了眉头。微软公司副总裁一面致辞,一面不断地用眼瞟着这位T恤衫先生,就连对方的翻译也不时抬眼打量他。估计来宾们在心里嘀咕:这位是什么特殊人物?他的着装为什么这样特别?

这位身着T恤衫的同志,开始时并未意识到什么,只是感到自己的服装与众不同,有些不好意思。当他意识到大家都在注视自己后,似乎觉得自己做错了事,低着头,直至会议结束未抬头。

散会送走客人,总经理让我和这位穿T恤出席会议的先生"谈一谈"。

会议室里只留下我和他。我问他:"您没收到外事活动通知书吗?"

他说:"收到了。但不是我收到的,办公室人员口头通知了会议时间和地点。"

我接着问:"会议内容、来宾身份、着装要求等,没有传达到吗?"

他接着答:"没有,不清楚这些。"

"即使不清楚,通常外事活动要着正装的常识,也不知道吗?"

"知道。但是,今天是星期五,公司曾通知周五可穿便装。"

"明白了!不怪您。但您是负责人,能否回去后转告办公室的同志:第一,会议通知,尤其是外事活动通知一定要转告清楚所有要求,以免因小失大。第二,周五可穿便装上班,是公司的通知。但如果周五有外事活动,在正式的外事场合,仍需着正装。企业文化与国际礼节并不矛盾,需要区分场合。第三,便装不是休闲装。便装可以不穿西服外套,只穿衬衣;也可着西服,不系领带,以此区别正装。在重要的外交场合或涉外高级商务会谈时,穿T恤衫、牛仔裤、运动鞋等休闲装不合适,不符合国际惯例,容易被人误会,这种场合应着正装。办公

图1: 2002年4月中俄信息通信高级研讨会(主席台左2: 俄罗斯信息通信部副部长巴甫连科; 右2: 时任中国信息产业部部长吴基传)

室工作人员应了解这些基本常识,这样才能为单位领导提供良好的、正确的外事服务。今后我们将组织涉外礼仪讲座,补上这一课。"

"我一定来听课,让办公室的同志也来听课。"

在外事接待和出国访问的活动中,有时因天气太热(或因节电),室内温度不适合穿西服,外方主动与我方,或我方主动与外方协商,改变一下惯例着装习惯。这种情况虽不很多,但也时有发生。这时,需要双方的工作人员做好沟通和协调,既要理解、满足对方的希望,又不能太随便、太离谱,其中的分寸拿捏很有讲究,需要外事人员具备服务意识和礼节知识,细心做好工作。

各国领导出席 APEC 首脑峰会时,身着东道主国家的民族服装,具有特殊意义,非常合时、合适。在有些外交外事场合,需要身着民族服装,我国涉外人员可着唐装。还有一些特殊的涉外场合,需要身穿制服或工装,体现企业文化。企业文化和国际礼节是不矛盾的,就看服务者怎样服务,管理者如何管理。

食之有益添情趣

"食"是外事接待工作中碰到较多的一项服务工作,如何做好这项工作,学问可就多了。为外宾提供良好的餐饮服务,使来宾食之有趣、食之有益,是对外交往工作中不可忽略的一个环节。

提到食之有趣,我想起在宴会中外宾通过与中方人员交流,知道了中国各地方菜系的特点:东甜(江浙一带)、北咸(冀鲁一带)、西酸(晋陕一带)、南辣(川赣一带),他们不仅大饱口福,而且大饱眼福和耳福,了解到中华美食传统文化的特点,感到食之有趣。

1998年陪同日本某软件公司负责人福井先生访问山东,山东省邮电管理局老局长设宴招待福井先生。餐桌上摆放了几道富有地方特色的"菜",其中有红枣、花生等土特产食品。老局长风趣地介绍了中国民间办喜事吃红枣、花生的习俗,寓意外事宴请寄托着中外合作"早生贵子"(取得合作成果)的愿望。福井先生听后哈哈大笑,连连点头称赞。

当然,也有不成功的例子。例如,2003年秋天,一批来自欧洲的外宾参观了我方某单位,中午就在该单位餐厅就餐,该单位特意准备了上海大闸蟹招待来宾。外宾们因午餐后要赶飞机,没心思慢慢品尝,本不想动大闸蟹,但盛情难却,只好胡乱嚼上几口。由于欧洲人不会吃带壳螃蟹,加上心急,有人咬破舌尖,有人戳破了手指,还沾了一手腥味,弄得不太开心,接待部门也很尴尬。这个教训很深刻:花钱没效果,外宾不领情,还觉得吃相不雅。从此,"宴请不吃大闸蟹"

图2：2002年5月APEC电信部长级会议在沪举办（欢迎宴会）

成为我们内部不成文的外事规定。

当然，"宴请不吃大闸蟹"不是绝对的，招待外宾品尝地方菜肴和特色小吃也是外事工作的一项重要内容，只是应该根据实际工作需要和环境来决定取舍。我们曾陪同外宾到上海福州路603号的"王宝和"蟹餐馆，利用非正式宴会的工作餐，在配备食蟹工具的特色餐馆请外宾品尝大闸蟹，让外宾体验江南美食文化。

同样，我们也曾因工作需要，应外方邀请品尝外国美食。法国厨师在圣诞宴中口若悬河地介绍葡萄酒的酿造过程、吧台后面的调酒师令人眼花缭乱地摇出彩色鸡尾酒，让人充分感受到西方酒文化的精彩；日本料理中的"铁板烧"也让我印象深刻——"铁板烧"师傅与其说是在做菜，不如说是在表演，其操作手法同样具有魔术般的表现力。各国饮食文化的"食之有趣"，就是这样在各种涉外文化交流活动中被栩栩如生、丝丝入扣地表现出来的。

住哪儿合适很重要

外事服务中，"住"的方面又会碰到什么问题呢？

1989年冬天，我奉命去机场接来了日本专家组一行5人，把他们安置在"兴国宾馆"住下。安顿好客人,还没走出宾馆大门,就被日方专家组的组长叫了回去。原来专家组组长住的房间设施陈旧老化,浴缸长久没人使用,管道里流出的水全是铁锈黄水,怎么也流不干净,日本专家很不满意。

  日本人有泡澡的习惯,特别是在冬天,旅行之后的热水浴更是必不可少。当时的项目咨询合同写明:日方专家在华期间的住宿和办公费用全部由中方负担,但上海方面的接待经费有限。兴国宾馆的价格适中,而且距离单位较近,可省去每天接送的交通费,所以他们被安排在兴国宾馆了。专家组组长被安置在刘少奇曾居住过的大套间,这是我方能给予对方的最高礼遇了。但这个套间偏从管子里流出黄水,日本人要洗澡,嚷嚷着要换房间。他想不明白:刘少奇怎么能在这种地方洗澡?!孰不知,这地方已很久没人住了。

  那时还是改革开放的早期,兴国宾馆已少有贵宾光顾,缺乏维护,呈现出破败凋敝的模样。办公室订房的同志事先没有"踩点",未注意到这个细节。无奈,我们只好给日方专家组长调整了另一个套间,但管子里流出的还是铁锈黄水。怎么办呢?经与专家组组长协商,他表示只要能泡澡,一般标准间也行。我们连夜给他调整了一间水管不流黄水的标准间,总算解决了"住"的问题。由此,日本人爱泡澡在兴国宾馆出了名。

  这种"亏欠"心理成了我们的心病,我们担心得罪了日方专家组长,会影响对我方项目咨询评估的结论,多少有些忐忑不安。后来日方专家组到上海进行项目调研和评估,曾一度自费住在"新锦江饭店"(四星级)。之后,又住到"花园饭店"(五星级),他们认为日本人经营管理的"花园饭店"服务最好,而且那里使用日语,感到方便舒适。但不久,我们按照咨询协议,从工作出发,仍把专家组安置在"兴国宾馆",并向他们说明:我们是发展中国家,正在省吃俭用地建设国家经济信息系统,没有大笔资金作为接待经费,希望专家们体谅。兴国宾馆经过抢修,水管问题已经解决。这样,专家们又住回兴国宾馆,直到咨询项目结束,没有因此影响双方的合作关系。

  今非昔比,现在的兴国宾馆早已修缮一新,设施完好,庭院美观,鸟语花香,成为了上海屈指可数的花园宾馆,与"丁香花园""西郊宾馆"等齐名。

  外事接待中的"住"无疑很重要,但不一定都要住最好的房子。关于外事接待的住宿安排,应该把握的基本原则是:礼貌和节约,住得合理,住得合适。事实上,许多普通日本人、欧美人在国外出差办事,只住很一般的商务旅店。日本的商务旅店又窄又小,欧洲的三星级宾馆也很简陋,美国的商务旅店很多是配备厨房,让旅客自我服务的。大多数外国公务人员并不追求奢华,倒是我们的一些外事接待人员唯恐"怠慢"了外商,这种虚荣浮夸的心态和作风应该改变。经过多年改革开放,这种状况已逐渐改变,我国宾馆的硬件条件也早已今非昔比,中国人与外国人的心态也大不一样了。当然,在重要的外交接待任务中,是要讲究"对等"原则的,这是另一个话题了。

行车路线有讲究

最后说说"行"。行,首先离不开交通工具。

也许很多人以为外事接待的用车,一定都是官方的高级名牌轿车,特别是正式的高规格外交活动,一定是使用官方交通工具。其实不然,小国文莱曾在举办APEC首脑峰会时,动用民间力量,为官方高规格外交活动提供接待服务。各色各款高级私人轿车作为国宾车队,在文莱街头形成了一道五颜六色的风景线。当然,文莱是个小国,资源有限,举办APEC首脑峰会这样的大型活动,全民动员,倾举国之力,实为可叹。

行,还会涉及行车路线问题。

为了展现祖国改革开放新面貌,陪同外宾参观的行车路线,如能充分反映祖国变化、看到新旧对比的路线,是最好的。那么,外事行车是否必须一概走光鲜体面的大街?那倒不一定,根据不同的任务要求,我们会制定不同的行车路线。

2007年,我单位接待了联合国开发署的一位干事长。该干事长前来上海考察,是为了在亚洲国家中选点投资建设"亚太信息科技网络中心"。我方有关部门希望联合国的这个项目落户上海,因此陪同外宾视察各区环境。但两天陪同下来,联合国开发署的这位干事长不尽满意,他感到没有看到真实的上海,无法做出准确判断。他说:"如果上海到处都像外滩那么美丽,都像陆家嘴那样高楼林立,那么联合国就应该把资金投入到那些更落后、更贫困、更需要资金的国家去发展信息科技。"

这时,陪同人员才恍然大悟。第三天,立即改变参观内容和行程路线,陪同该干事长参观了一些亟待拆迁、改造的落后小区。车子穿小街、走小巷,将上海更真实的另一面展现了出来。该干事长参观后,在离沪前表示:把联合国亚太区的"信息科技网络中心"建在上海是合适的,他会为上海积极争取这个项目。

其实,走大街还是穿小巷,本无所谓,但在外事工作中,根据需要做出灵活应变的选择,能够收到更好的效果。

在曾经的改革开放年代里,我们学习和实践外事服务工作的"衣食住行",留下了许多难忘的故事和回忆。

(记:发表于2018年2月期《档案春秋》杂志)

境外导游面面观

讲到出国团组，离不开境外导游。我国的行业分工及社会服务，已逐步与国际接轨，出国团组在境外的衣、食、住、行，都需要境外旅行社来提供服务支撑，其中包括境外导游提供各类信息服务。说到"衣、食、住、行"，离不开境外导游的帮助，一点儿不过分，不夸张。

首先，"衣"，境外导游能够提供当地的气候情况、天气预报，建议出国人员携带什么衣物合适；还能提供当地的风土人情信息，指导出国人员在什么场合如何着装比较得体。其次，"食"，境外导游能够帮助出国人员预约就餐点，推荐当地风味菜肴，根据中国人的口味调整餐饮安排，还可指导出国人员如何购买具有当地特色的食品礼物，以便回国馈赠亲朋好友。再次，"住"，境外导游熟悉当地环境和地理位置、宾馆服务水平及房价等，可根据团组的经费标准和活动时间，按路程远近恰当安排住所，能够介绍住地附近的名胜景点及交通服务设施，方便出行人员。最后，"行"，境外导游能协助团组落实行程路线以及行程中所需的交通工具，能够帮助团组按时赶到所要到达的目的地。此外，导游最重要的职责就是帮助初到陌生国度的人们不迷失方向，防止迷路发生意外事件。

列举以上种种，说明我们在境外活动、生活，离不开随行导游的指导帮助。有时，导游和团组人员朝夕相处，时间长了，会亲如一家，导游就是我们在国外的眼睛、耳朵、嘴巴、双脚。既然导游如此重要，我们是否可以完全依赖他（她）们，是否可以完全相信他（她）们？在回答这个问题之前，首先应该知道以下几点。

第一，导游是一种职业，导游职业构成一种服务行业。这个行业有其规范。

第二，导游为团组提供的服务是有偿服务。导游与客人之间的关系是契约关系、经济利益关系。但也不完全绝对。

第三，有人的地方，就会有左、中、右，就会有是非好歹。导游是人，自然也会有敬业爱岗的和唯利是图的。

第四，导游的作用和功能具有双重性，境外导游是把"双刃剑"。

为什么说境外导游是把"双刃剑"呢？这是从多年出国经验中总结出的体会。

我们在国外活动，需要联系地点、协调沟通、保证接送，离不开导游的帮助；

碰到意外事件、突发情况的处理，会麻烦境外导游并得到他们的帮助；在我们参观游览时，多数导游认真介绍，有问必答，提供了历史、文化、地理、环境等各方面知识……这些时候，我们感到导游的职业道德令人感动，这些道德把那种契约关系演绎成朋友关系。

如果我们再次来到曾经到过的某个国家，而境外华人导游竟是上次接待和陪同过我们的家乡人，那么"他乡遇故人"，双方都会高兴得语无伦次，马上用自己熟悉的家乡语言进行交流。这种深深的中华情结会把契约关系演绎为老乡关系。

但是，也有这样的导游，克扣团组费用（特别是在没有其他陪同人员的情况下），例如客人在飞机上没有正餐，下机后也不给饭吃；因为自己要办私事，随便请人顶替接送（不按服务协议办事）；强行带客购物，如不服从便指责客人（在近年出国旅游团组中尤为严重）；夸夸其谈，胡乱解说，心思不放在认真讲解上……差劲的导游会弄得全团人员心情不佳，还会节外生枝引出许多麻烦。这其中，也不乏很多是华人导游所为。这时候的契约关系，平添一层紧张关系。

朋友关系和乡亲关系，能在契约关系上1+1大于2，而紧张关系，却可能使契约关系变成1-1等于0。这里，需要分析一下导游的来源和种类。

境外华语导游主要由当地华侨、留学生构成，当然也有部分会说中国话的外国人作为华语导游（他们有的曾在中国留学，有的干脆自学成才；有的是娶了华人太太或嫁了华人先生）。总之，成分复杂，情况不一。

华人导游中，还有专职、兼职、留学生、打工仔、生意人等各类人员；有喜爱导游业务的，也有闲极无聊做导游玩玩的；有为了家庭生计拼命挣钱的，也有迷失职业方向的，更有为了子女而留在国外不得不找份工作的。他们中有老老实实的，也有油头滑脑的；有热爱祖国的，也有对祖国不满或抱有敌意的；有业务精通的，也有半吊子水平的；有操守规范的，也有玩世不恭、不负责任的。

中国让中国人的生活好起来了，而水涨船高，全世界都让境外导游的挣钱机会多起来了。中国的发展，中国人大量出国旅游，给世界各地的华语导游带来了就业机会和发财机会。曾几何时，随着中国出国人数增多，许多人也趋之若鹜。世界各地的华语导游对来自中国的客人更热情、更殷勤，他们八仙过海，各显神通。想起他们，一个个活灵活现，呼之欲出。

一位日本男导游（2005年）为人忠厚稳重，是日籍台侨。他出生在台湾，从小跟随父母到日本奋斗，人到中年，仍对导游工作兢兢业业。那年我曾两度随团赴日考察爱知世博会，他都担任我们团组的导游，任劳任怨，帮我们做了许多超出导游工作以外的事。例如，帮助购买饮用水，帮助包装礼品，布置会场，查阅信息资料,等等。他为我们介绍参观景点,深入浅出,娓娓道来。

一位瑞典女导游(2009年)待人诚恳热情,不仅有真才实学,一路上恨不能把她在瑞典所学到的知识全部讲给我们听,还热情帮助大家收集原来的瑞典硬币作为纪念;在我们离开瑞典后还非常守信誉地帮大家寄出明信片。

大多数境外华人导游都十分友好,富有人情味。但也有少数华人导游因生活的剑雨刀风,变得唯利是图,冷酷无情。多年前某省曾有一个出国团组因境外导游私下克扣团组餐费而发生矛盾,没有处理好与境外华人导游的关系,加上拒绝导游建议的购物安排,双方发生争执,关系陡然紧张。代表团团长警告导游回国后要向其总部投诉,炒其鱿鱼,结果矛盾激化。境外华人导游反戈一击,一纸状告寄到有关部门,揭发该团在旅途中闲聊时的"泄密"问题,还扬言要向国内外媒体曝光,拼死一搏,出口恶气。结果弄得沸沸扬扬,影响恶劣。上面一声令下查处,不仅该团组的团长受到处分,团组其他成员也受到处理。

"煮豆燃豆萁,豆在釜中泣,本是同根生,相煎何太急。"有什么问题非要弄到剑拔弩张的地步?出国团组有什么事不能与境外导游和气协商,非要砸人饭碗、断人后路?境外的华人导游来自祖国,又为何小肚鸡肠克扣国人,为了一星半点而置"血浓于水"不顾,以致授人以柄,被人讥讽,忍无可忍破釜沉舟?境内外华人相斗,双双元气大伤,于谁有利?于谁无益?究其根本,出国团组应负主要责任,千不该万不该,不该把洋相出到国外去,教训深刻。

从另一方面讲,目前境外华人导游的成分复杂,良莠混杂,素质参差不齐。例如某团在美国,洛杉矶一站的华人导游擅自把一整天的活动委托给司机安排,自己跑开去办私事,差点儿耽误了航班机票的确认。再如某旅游团在迪拜旅游,华人导游采用哄骗、欺瞒的手段敲诈中国旅客在"七星帆船酒店"的餐费,不是收取必要的手续费或服务费,而是为了牟取暴利不择手段,把中国游客当作钱匣子砸,当傻子骗。当然,这往往与国内旅行社及派出的领队有关系。另外,前不久电视报道我国香港某华人导游强逼大陆游客购物,遭到拒绝后恶语相加……这些,都是旅行中令人气愤、令人遗憾的事。

并非华人导游都不好,华人导游好的例子也很多。例如前面讲到的瑞典女导游,还有我们接触过的其他许多导游,大多数华人导游是很好的。导游的素质,与其个人所受的教育、文化修养、经济状况有关,同时与我们国内旅行社的实力、经验、水平,也有很大关系。因此,出国办事或旅游,应善于选择有实力、有信誉度的旅行社。

外国人导游也有好的、差的。例如,前些年到中东某国,这个阿拉伯国家的一位年轻女导游显示了开放、自由的性格。这个导游姑娘不信奉伊斯兰教,而是一个基督教徒,因此不戴头巾,剪着短发,敞着脖子。好的方面是性格开朗活泼,差劲儿的是个性太强,而且"利欲熏心"。她陪同我们去专卖店买东西,非要由她来限定还价的折扣率,还要由她代表全团与店方交涉。结果大家没理她,直接与店方商量,店方的让利折扣率大大低于她的限定,买卖双方都愿意、都高兴(让价多,买得多),可她不高兴,拼命阻拦(估计没拿到中间赚头),当场变脸,大发雷霆,搞得大家很不开心。不过我们采取克制态度,不与她正面碰撞。她骂她的,我们买我们的,办完事就走,她也奈何不了。最后井水不犯河水,大家客客气气道声谢谢,与她"拜拜"。

讲起境外各国导游,形形色色,参差不齐,此君非彼君,不足为怪。有时导游就像"天使",给我们带来福音,而有时个别导游变成"魔鬼",使我们困难重重。如何用好这把双刃剑,是一门学问。人生百态,各地导游不可能千篇一律。爱岗敬业,应是导游职业的高尚品德,而尊重导游也是出国人员应有的品格。

出国在外,与各类导游打交道,需要注意团结一切可以团结的力量,不使团组与导游的关系紧张、恶化。具体说,应注意以下几点:1. 以诚待人,相互体谅;尊重导游,相互配合。体谅境外华人导游的处境和心情,他们既希望祖国同胞多多出国,又不愿有"低人一等"的心情。2. 在境外碰到紧急情况和困难,应依靠当地导游帮助解决。3. 出国应遵纪守法,严于律己。与导游交谈应内外有别,注意保密。4. 如果碰到"刺头"导游,应灵活应对,尽量不激化矛盾。不要因个人利益或局部利益影响全团。

(记:写于2008年,曾收入2010年旧版《风从海上来》)

生如夏花
（外事干部夏永芳的故事）

［题记］上海有个"上海市外事翻译工作者协会"（以下简称"上海外事译协"）。协会的成员，来自上海各行业涉外工作人员和翻译，通常口译水平都不错，也有人笔译文学作品，并有译作发表。虽然在上海优秀的"双料"翻译人才不少，但有外事工作经验、能文能武（口译、笔译都过硬）的人才还是很有限的。他们不称自己是"翻译家"，只称自己是"工作者"。这群工作者，很多人具有多年（甚至一辈子）的外事工作经历，外语是他们的工具。他们的故事天南地北、海阔天空，各自的经历都很精彩。我曾在散文集《故乡在何方》中写过一篇"啊，朋友再见"的纪实文，介绍了已故罗马尼亚语翻译周明德先生的故事。今天，我选择另几位不同语种的外事翻译为代表，讲述他们的故事。首先介绍的是一位曾经担任过"上海外事译协"常务副会长的夏永芳女士。

——2022年6月记

图1：1992年，夏永芳（右）与著名美籍华人陈香梅女士合影

一、再上一次大学

"周总理指出:'站稳立场,掌握政策,熟悉业务,严守纪律。'这是每一个外事干部都应遵守的……" 2004年10月的一天,夏永芳女士正在上海"复旦外事培训中心"给我们参加培训班的人员讲话。

她的讲话有条不紊,条理清晰,重点突出。特别是在每一节讲座结束后,她都能马上对讲师的发言作出总结性、提纲性的梳理,用精辟的语言高度浓缩发言的精华要点。她的提炼简明扼要,语言流畅,没有废话。经她提炼总结后,培训内容及案例变得生动易记,听讲者能够快速消化,融于脑中。于是,她给我留下了深刻印象。不仅如此,她的着装也很讲究,非常符合外事接待工作的要求,给人以大方、美丽、端庄的良好印象。我认识夏永芳女士,正是从这天开始。

根据我的经验,具有这种迅速提炼大意并能准确表达要点能力的人,一定是接受过语言教育和培训的人! 后来,因工作关系,我和夏永芳接触多了,对她有了进一步了解。果不其然,在走上外事工作岗位前,她1962年毕业于上海师范学院中国语言文学系,担任过语文教师;1964年秋天调入上海市外事办公室后,于1974年至1976年插班进入上海外国语学院英语系学习,是一位新中国培养的语言能力和写作能力较强的外事干部。她的故事,就从她调入上海市外办,改行做外事工作说起吧。

夏永芳在她的著作《外事人生》中记录了自己走上外事工作第一步的经历和完成英语学习的过程。1964年秋,夏永芳第一次走进上海市外事办公室的大门,接到的第一个任务是上级要求她写一份有关中国与巴基斯坦通航情况的调研报告。可当时,她不懂外事工作,不懂涉外政策,更不懂中外通航的基本业务,不知如何才能写好这个调研报告,急得她额头冒汗。作为外事干部必须掌握一门以上的外语,而她当时不懂外语,在涉外场合既无法听懂外方人员的讲话,也无法直接采访,只能在同事们的帮助下开展工作。夏永芳意识到,这种情况严重影响自己独立完成任务。她根据周恩来总理对外事干部的要求,一边收集信息,编写简报,了解情况,学做调研;一边开始学习英语,每天清早6点起床听电台的英语广播。

经过工作实践,加上原有的中文底子厚实,夏永芳很快提高了编写简报的能力和水平,能运用一般的英语语法和词汇写作外事文件。虽然经过自学,有了英语基础知识,但在外语方面还是未能达到熟练运用口语、自如地与外宾对话的程度,这使她很苦恼。1971年,夏永芳接待来访的美国乒乓球队和随团记者,之后又参加接待随尼克松访华的新闻记者,在机场接送、陪同参观、出席宴会中,夏永芳也成了来宾和外国记者追踪采访的对象。在与外宾交谈中,谈及上海老百姓的生活情况,涉及房租、交税、饭菜、食堂、菜场、工资、储蓄、退休等一系列问题时,夏永芳的英语储备很快就"弹尽粮绝"了。在美国人的追问下,她无言以对,心急火燎。对方十分失望,对她说:"希望下次见到你时,你的英语能说得好一点!"这件事让她深刻认识到掌握外语的重要性,外语是外事工作者的重要工具!

1974年秋天,夏永芳得到了一个脱产学习英语的机会,到上海外国语学院英语系插班学习。再次走进大学,她很高兴,也很兴奋,但也感到"亚历山大"!因为第一学年缺的课程必须尽快补上。强烈的紧迫感促使她起早摸黑、夜以继日地拼命学习。在严冬季节,她天不亮就爬出热被窝,来到寒风凛冽的大操场背单词。为了避寒挡风,排除干扰,她把一件棉大衣套在头上,"没头没脑"地踱来踱去,结果被好奇的同学揭开"盖头"揭穿秘密,由此得了一个"外语疯子"的雅号。就这样,凭着一股执着的学习精神,夏永芳终于赶上了全班的步伐。1976年秋天,她顺利完成学业,捧着英语专业毕业证书回到市外办。在此后的工作实践中,她克服了将中文与外文"对号入座"以及英语连贯表达能力差的弱点,在外事接待工作中不断提高口译水平,终于能够独当一面,承担经济座谈会的口译任务,并且充分发挥自己优秀的中文水平,在各类外事讲座和座谈会、研讨会中善于快速提炼、总结发言要点,真正起到了语言沟通的"桥梁"作用。

无数外事翻译都曾有过类似夏永芳这样的"淬炼成钢"的经历,她的故事和经历使我产生了强烈共鸣。在她的影响下,我也把我的外事人生故事"翻译是这样炼成的""外事人生忆趣"等写进了我的著作《故乡在何方》。几乎所有外事翻译光鲜美丽的背后,都有一段刻骨铭心的"破茧成蝶""脱胎换骨"的痛苦经历,这种经历正是奠定成长的基石。

二、难忘接待尼克松的经历

几十年来,夏永芳从一个普通的外事工作人员成长为一个富有外事工作经验的干部,直至走上领导岗位。在她的外事人生中有许多难忘的经历,其中,1972年接待美国总统尼克松的工作具有特殊意义。

1971年12月,上海市启动了接待尼克松访华的接待准备工作,成立了领导小组,下设办事组、安全保卫组、电信通讯组、新闻组、专机接待组、参观活动组、生活后勤组等七个小组,各项准备工作持续了三个月,工作包括向基层接待单位宣传国际形势和外事方针政策,准备工作全面充分。夏永芳经历了准备工作和接待工作的全过程。1972年2月,尼克松的"破冰之行"取得成功,改变了中美关系,震惊世界,也给上海留下许多趣闻。

尼克松一行来访期间，上海民航先后承担了51架次的美方专机的飞行导航，保证美机在虹桥机场顺利着陆。电讯部门确保上海与美国之间全部通信线路畅通；接待办公室调集了英语翻译到宾馆总机间工作，国际电话在2—3分钟间即可接通；首次在上海兴建通信卫星移动地面站，从土建、安装到调试、开通不到20天。一切有条不紊，给美方人员留下高效的好印象。

夏永芳在几个月的接待工作中，观察到大部分美国人对中国充满神秘感、新奇感，对中国文化具有浓厚的兴趣。有些美国人把餐桌上的筷子、客厅里的香烟悄悄"藏"起来，带回美国去。还有的美国人对中国表达好感和友好，说："中国人民是一个有着古老文化的民族。""中国菜非常好吃，有一道菜是用鸭子做的汤，神奇的是盛汤的碗竟然是用南瓜做的。"有的美国人幽默地说："这次回美国后不准备吃饭了，要饿到下次来中国多吃点中国菜！"

尼克松来访前，夏永芳参加接待了几批由美国高官率领的先遣组人员，印象深刻的是以美国总统国家安全事务副助理黑格准将为首的先遣组。他们一行27人于1972年1月初来华，在有上海市领导出面的宴会上，当我方主人祝酒后，黑格未回祝，气氛有些别扭。事后我外交部礼宾司司长向美方提及此事，美方十分敏感紧张，支支吾吾未说出所以然。第二天，美方全体去了杭州，双方关系变得越来越冷。此事向中央报告后，毛主席指示上海准备向美方每人赠送5公斤糖果。上海益民食品一厂接到这个任务时，糖果和糖果盒都不够，全厂克服困难，夜以继日加班加点，终于在两天时间内赶制了九种精美的糖果和漂亮的糖果礼盒，出色完成了任务。1月10日，黑格一行由杭州返沪，上海两位市领导到机场迎接并设午宴招待，美方变得情绪高涨。中方主人祝酒后，黑格立即起身回祝，并带领几位主要成员走到每一桌和中方陪同人员碰杯，提议为祝尼克松总统访华成功干杯。

1972年2月21日，尼克松乘坐"空军一号"专机抵达上海虹桥，短暂停留后去北京。为了这次访问，尼克松做了不少功课，读毛主席诗词是其中一项。在北京的宴会上致辞，他引用了毛泽东主席的诗词"多少事，从来急，一万年太久，只争朝夕"。2月27日上午，尼克松一行278人在周恩来总理亲自陪同下自杭州抵达上海进行一天的访问。当天上午，尼克松参观了上海工业展览馆，心情大好，主动帮周总理脱大衣，说："我的血和总理先生的一样热。"在观看一部开式双柱冷挤压机的操作表演时，尼克松试着按了一下启动电钮，当即取出了加工件，周总理笑着说："你这是按了建设性的一钮！"尼克松高兴地说："对，对，我按的一钮是建设性的。"

当天下午2时许，尼克松总统在参观活动结束后回到他下榻的锦江饭店贵宾楼第16楼卧室外客厅，自己点了三道菜：芙蓉鸡片、草菇蚕豆、干烧明虾球，全部吃完,并说:"非常好吃!"锦江饭店以一流的服务,配合中央做好接待尼克松的工作,尼克松说:"上海锦江饭店是我住过的世界上最好的宾馆之一。"

27日下午5时许,基辛格在锦江小礼堂就中美双方会谈的成果举行新闻发布会,宣布中美两国签署了联合公报(又称《上海公报》),标志着两国关系正常化的开始。在当晚的宴会上,尼克松总统祝酒时说:"联合公报只是一个开始,今后要做的更重要事情是建造一座跨越16 000英里大洋和分隔了我们22年敌对情绪的桥梁。而要做到这一点,就需要做比公报里所写的多得多的事情。"

尼克松在1972年以后,先后在1982年8月和1993年4月两次访华。1993年,上海锦江饭店贵宾楼大修,尼克松住在别处,仍要求专程到锦江饭店看一看。车子一进大门,他就指着小礼堂,说这是他和周总理携手"改变了世界"的地方。他说:"我要告诉在场的每一位,21年前,中美《上海公报》从北京开始起草,在杭州进一步磋商和讨论,最后在这里举行记者招待会,正式发布。可以说,中美关系的正常是从这里起步的!"

夏永芳把这段难忘的经历写进了她的著作《外事人生》,又在2019年庆祝新中国成立70周年时,写进了上海外事译协的专辑特刊。2022年2月,是《中美联合公报》签订50周年,夏永芳回忆起亲历过的这个重大外交外事工作,说:"今天,我们重温历史,更加感到当年党中央决定接待尼克松总统访华,是一件具有重要历史意义的事情。上海在中美关系中留下了许多重要的史实和珍贵的记忆,值得我们回顾、研究和记载。"

三、岁月如歌的绚美人生

青春,像一团火;人生,似一首歌。在外人看来,外事工作者的人生,尤其女性外事翻译和女外交官的人生如同她们靓丽的外表、迷人的气质和漂亮的着装那样,繁花似锦。其实,在这个群体中,由于每个人的经历和命运不同,并不千篇一律。然而,夏永芳的人生因其职业的特殊性,确实表现出了绚美的一面。

在夏永芳的外事人生中,她参与接待过上千位外国领导人、国际知名人士、各国来宾;1995年9月,她曾以大会观察员身份出席第四次世界妇女大会;20世纪90年代后期起从事关于外国领馆和外国媒体的管理工作,并参与接待美国总统克林顿、'99全球财富论坛、"上海五国"和"上海合作组织"国家元首会议、2001年亚太经济组织(APEC)第九次领导人非正式会议、中国申办2010年上海世博会等重大外事活动,先后出访过欧美、中东、大洋洲及亚太地区的20多个国家。

夏永芳曾经陪同美国前国务卿舒尔茨游览上海豫园,接待过美国参议员(前旧金山市市长)范因斯坦;接待过美国"出版巨子"福伯斯父子、著名美籍华

图2：1988年，夏永芳（左1）接待美国"出版巨子"福伯斯父子

人陈香梅女士、著名英籍女作家韩素音；参加过接待塔吉克斯坦总统、科特迪瓦总统、印度副总统一行、澳大利亚前总理惠特拉姆、以色列总理拉宾、摩尔多瓦总理、古巴外长佩雷斯、瑞典哥德堡市副市长等；还陪同过各国首脑的夫人参观上海，例如：吉尔吉斯斯坦总统夫人、玻利维亚总统夫人、乌拉圭东岸共和国总统夫人、文莱苏丹夫人、西班牙总理夫人等。

1987年，夏永芳参与发起成立上海外事译协。2010年她担任上海外事译协常务副会长，正赶上上海举办世博会。在市外办的统筹安排下，上海外事译协有160多名各语种的会员作为翻译和志愿者参加了世博会的服务工作。世博会结束后，夏永芳组织会员们编写了外事译协的"世博专辑"。其后的多年里，在她的领导下，协会成立了"译友沙龙""摄影沙龙""合唱沙龙""旅游沙龙"等，各语种小组经常开展各种"主题沙龙"活动，大批年轻人活跃在翻译第一线，协会工作搞得有声有色。三十多年来，夏永芳在外事工作岗位上兢兢业业，热忱奉献，她为自己是一名外事工作者、是上海外事译协的一名成员而自豪。

夏永芳在繁忙的外事工作中度过了青春岁月，度过了生命中宝贵的几十年。如今，她已退休，而她的人生犹如繁花似锦的夏花，绚美灿烂，永含芬芳。

（记：2022年3月写于上海。参阅资料：夏永芳的著作《外事人生》和上海外事译协2019年庆祝新中国成立70周年的《译友》特刊专辑）

走向联合国的翻译
(英语翻译周晓峰的故事)

周晓峰,曾任上海市政府外事办公室翻译室负责人,我认识他是在2007年7月,周晓峰和他的同事应我所在单位邀请,前来帮助我们培训兼职英语翻译。这段故事在我的散文集《故乡在何方》中有所记载。身材并不高大、但充满青春活力的周晓峰,有一双充满智慧的明眸,显得格外机灵。他英语功底扎实,口译水平高,是市外办翻译室的骨干力量。培训中,他率领授课团队认真备课,细致讲授,严格训练,态度热诚、负责,把培训班办得生动活泼,得到受训人员好评,也给我留下非常好的印象。

培训班结束后不久,得知周晓峰被派驻联合国,去了美国,担任联合国的专职中文同声传译(以下简称"同传翻译")。后来,他从美国传回了一些工作情

图:2007年8月,上海市外办翻译室主任周晓峰(右1站立者)在授课

况,其中,通过他的介绍,我们知道了一些外交翻译在联合国安理会工作的趣事。"从口译工作的角度看,在联合国的'会海'中,安全理事会的会议恐怕算不上是最难的。但如果说安理会的会议是压力最大的,相信我的同事们不会提出异议。为什么这么说呢?请看我亲身经历的几则轶事。"周晓峰如是说。

最漫长的一次加班

周晓峰在《联合国口译员的一天》一文中介绍:联合国对口译员的工作时间有明确规定,一般情况下,如果会议超时,口译员可以在征得主席同意之后离场休息。不过这块"免加班金牌"在少数情况下并不管用,安理会就是其中之一。只要主席不宣布休会,无论会议持续多久,译员们都必须坚持到底。

每次遇上国际政坛的突发事件,安理会就会临时召集紧急会议,晚上或周末开会是家常便饭。为了应对安理会的需要,口译处每个周末都会安排一个待命小组,随时准备"为世界和平服务"。这种任务,周晓峰遇上过几回,还曾连续加班足足十二个小时,光荣地成为口译处有史以来耐力最强的"劳模"!

这个最漫长的一次加班,让人发笑。事情发生在2010年5月31日,那天是美国的国定假日,联合国也放假。将近中午时分,周晓峰接到办公室的电话通知,说安理会有紧急会议,让他下午一点钟之前赶到安理会磋商室。

接到通知,周晓峰连忙上网查新闻,才知中东又出事了:当天早些时候,一支从土耳其出发、计划向加沙地带运送人道主义救援物资和建材的船队,在公海上被某国军方拦截。双方冲突造成多人伤亡,死者中有多名土耳其公民。事发后,土耳其常驻联合国代表立即致函安理会主席,要求安理会对此进行谴责。当时土耳其是安理会非常任理事国之一,而当月的安理会团轮值主席国是黎巴嫩,所以安理会如此神速地做出了反应。

下午一点半左右,会议正式开始。因有保密规定,这次会议的讨论内容在此略去。总之,关于安理会对此事应当如何表态,各国代表无法达成一致。会议开了三个小时,主席见陷入僵局,于是宣布暂时休会15分钟,让有关代表团进行双边磋商。没想到15分钟的休会却变成了无限期休会!双边磋商一直没有下文,包括口译在内的所有会务人员只能干等,各代表团的外交官们也只得陪练。

这种情况要是发生在工作日,口译处会安排其他同事前来接班,确保每班译员工作时间不超过三个小时。但是休息日的情况比较特殊,很难临时组织接替的团队,所以当值的组长向周晓峰转达了领导指示:坚持到底!

眼看时间一个钟头一个钟头地过去,饥肠辘辘的各国外交官已经把会场外自动贩卖机里的存货基本扫清。周晓峰和同事们只好轮流溜出去匆匆吃些东西,做好了打持久战的准备。

好不容易熬到凌晨一点半左右,终于复会了!一听到主席敲槌,周晓峰和同事们立即强打精神,准备开工。他们朝会场里定睛一看,发现一件怪事:刚才宣布休会的主席是黎巴嫩大使,怎么现在变成了墨西哥大使?仔细一琢磨才明白过来:原来已是2010年6月1日了,黎巴嫩的任期昨天午夜已经结束,从今天开始安理会轮值主席就是墨西哥了。这种横跨两个月的会议在联合国的历史上即使不是绝后的,恐怕也是空前的。

由于艰苦的谈判已经在场外完成了,所以复会后没有再掀波澜,安理会很快就通过了一份主席声明。主席一锤定音宣布休会时,周晓峰抬腕看表,时间是凌晨一点五十分,距离会议开始已经过去了整整十二个小时!

最精炼的一门语言

安理会的会议不仅议题密集,发言也很密集。为了确保在有限的时间里完成会议议程,安理会主席经常提醒各国代表遵守发言的时限。代表们为了赶在时限内完成发言,无不口舌如簧地飞快读稿,给口译员带来了巨大的压力。无论对哪个语种的译员来说,语速快的发言都不好对付。但是在把中文发言翻译成外语时,汉语的语速问题显得尤为突出。在安理会的几次经历,令周晓峰对此感触颇深。

某一天,周晓峰和中文厢(中文同声传译工作间)的同事们收到了科长的一封邮件,说中国常驻联合国代表团最近向我中文口译科提了意见,希望我们能够加快翻译速度。为什么常驻团会提出这样的要求呢?经向科长打听,方知是因为前几天在安理会发生了一些"情况"。出于好奇,周晓峰从网上找到了那场会议的视频,并下载了中国代表的发言稿和会议的英文记录稿,仔细研究了一番。

会议视频显示,中国代表的发言只有三分多钟,而译员明显未能跟上发言者的速度,落后了50多秒钟才结束。50多秒钟啊!对于争分夺秒的同传翻译来说,简直太长了!在中国代表结束发言后的这50多秒钟里,各国代表出于礼貌,认真听完了全部英语译文。时任安理会主席的法国大使为了缓和气氛,半开玩笑地说:"中文是我听过的最精练的语言!"

为什么会发生这个令人尴尬的情景呢?是中国代表发言速度太快吗?似乎不像。周晓峰粗略计算了一下,中国代表的语速每分钟不到200字,远低于中央广播电台每分钟260字左右的播音速度。那么是口译员翻得太慢吗?也绝对不是。那位口译同事的语速超过了每分钟120个英语单词,相当于中国国际广播电台的英语播音速度。考虑到译员手中没有现成的英文译文,而是根据中文讲稿做同传翻译,能达到这样的速度已经很不容易了。

说来说去,正像法国大使感慨的那样,汉语的确是一门"精炼"的语言,或者说是一门"高效"的语言。根据北京外国语大学李长栓老师的分析,按照汉字和英文单词1.4∶1的比例,假设中央台以260字的速度播音,如果同步朗读英文译稿,则每分钟必须读完约185单词,大大超出英语的标准播音速度(BBC和VOA标准英语的播音速度大致为每分钟140个单词)。即使英文译文高度精练,达到汉英1.7∶1的比例,英语语速也需要超过每分钟150个单词才能跟上汉语的广播速度。李长栓还认为,英语适宜同传的发言速度是每分钟120个单词。以此推算,汉语适合同传的速度应为每分钟168字,也就是应当明显慢于所谓的"正常速度"。周晓峰分析完这件事,感叹地说:"如此看来,为了让50多秒钟的冷场不再重演,一方面我们做翻译的应当苦练基本功,努力做到译得快、译得巧,另一方面咱们的外交官也应当体谅翻译工作的难处,适当地放慢语速,有话慢慢说,让中国的声音在联合国的会堂里更响亮!"

通过以上的故事,我仿佛看到周晓峰那双聪明灵动的眼睛,也感受到他这些年作为联合国大会的同传翻译的辛苦和不易!我会把你们的故事告诉上海,告诉国人。加油吧,为了"让中国的声音在联合国的会堂里更响亮",优秀的译者们,努力吧,坚持吧!

(记:写于2022年3月。参阅资料:上海外事译协会刊2012年第2期《译友》杂志)

扶桑归去来

（归国华侨日语翻译俞彭年的故事）

俞彭年，上海市外事翻译者协会会员（曾任协会副会长），现已80多岁，是一位资深日语翻译，也是一位归国华侨，曾任上海外国语学院日语教授、上海市政府外事办公室副主任等。他的故事，就从他的童年说起吧。

一、少年励志回祖国

俞彭年的父母，是来自中国浙江宁波的侨民。1937年7月7日，卢沟桥事变，生逢乱世的旅日华侨不仅在战时物资供应上受到歧视，在人身安全上也面临危险。俞彭年的外公是宁波一家油行的账房先生，心急如焚地给俞彭年的母亲汇去买船票的钱，要她立即带孩子回国。可是母亲收到钱后，拖着怀孕的身子连夜赶去排队买票，却怎么也买不到。这年的11月3日，俞彭年出生在东京。

1945年4月，俞彭年进入日本小学读书。日本战局失利，国内民生供应越来越紧张，粮食和盐的配给量很少，俞彭年常和二哥一起去附近的护城河边挖野菜拿回家充饥。上学没多久，5月美军开始空袭东京，俞彭年失学在家。夜里突然响起空袭警报，父亲打工还没有回家，母亲急忙叫孩子们穿上衣服，带好事先准备的小包，离

图1：2018年春，俞彭年接受《译友》编辑部采访

家奔向防空洞。挨到快天亮时,警报解除,跟着母亲匆匆回家。沿途,俞彭年看到隔街对面的房子全烧了,一片废墟,有辆电车被烧得黑乎乎,马路上有几具烧焦的尸体。好在俞家两边的三四十家房屋安然无恙。如果家被烧,可就无家可归了。战乱年代的景象深刻在俞彭年童年的记忆中。

艰难度日,终于等到抗战胜利,华侨的生存条件得到极大改善。1946年,因战争停办的"东京中华学校"复校,俞彭年进入这所学校,一直读到小学毕业。小学毕业后,又读了三年初中,直到1953年3月初中毕业,4月考上高中。

图2:学生时代的俞彭年(于日本)

那时,东京华侨总会定期出版报刊,介绍祖国大陆解放后的新气象。1953年8月的一天,俞彭年从华侨报上看到大批旅日侨胞回国的消息,16岁的他便悄悄跑到东京华侨总会了解回国事宜。听了华侨总会工作人员的介绍,俞彭年非常高兴,热血沸腾,心想:"新中国在大建设,要强大起来,中国人不再受外国欺负了!"年少的俞彭年渴望回到新中国,他独自琢磨了好多天,最后决定回国。他知道父母不会同意他独自一人回国,便瞒着父母偷偷报名回国。

第二学期开始,俞彭年没去上学,在家等待华侨总会的通知。父母觉得不对劲儿,追问怎么回事。在父母的逼问下,俞彭年只好告诉家人:自己已报名回国。果然,全家都感到惊诧,父母说什么也不舍得16岁的俞彭年独自回国谋生。他和父母一直僵持到行李托运截止日期不足一周时,父母见他去意坚决,终于同意。就这样,年轻的俞彭年告别了父母和家人,只身一人踏上回国之路。

图3:俞彭年在天津第一次穿棉衣拍照

俞彭年乘火车从东京前往舞鹤市,第二天傍晚从舞鹤港登上日本轮船,他是第三批回国人员。乘坐日本船"兴安丸"。"兴安丸"在茫茫的大海上航行,俞彭年离父母和家人越来越远,离新中国和新生活越来越近。经过几天的海上航行,"兴安丸"于1953年11月3日凌晨,在汽笛声中缓缓靠上中国天津塘沽新港。这天正好是俞彭年的生日,他实足16岁。

轮船抵达塘沽新港,上岸后,住进天津的招待所等待分配。11月初的天津气候渐冷,俞彭年利用在招待所等待分配的时间,上街买了一件领上有毛的棉衣,穿着这棉衣,拍了一张照片,寄回日本给家人报平安。

这年11月底,俞彭年被分配到"北京归国华侨学生中等补习学校",当时北京成立了这个学校,专门帮助华侨学生补习中文,还学习政治和数理化。后被分配到南京市第九中学读高中二年级。1956年,俞彭年高中毕业,8月,考入上海复旦大学哲学系,从此与上海这座城市结下不解之缘。

二、苦尽甘来吐芳华

1961年夏,俞彭年大学毕业,系里56名同学都分配了工作,而俞彭年的工作去向迟迟没有确定。因为他的父母和家人都在日本,海外关系敏感,组织上对他的工作分配慎之又慎。8月终于等来了通知,分配到上海外国语学院工作。头两年,他被分配在"马列主义教研室"当哲学教员,第一年见习,第二年开始上课。1963年6月,外国语学院的院长找他谈话:"听说你会日语?我们学校1960年开办了日语专业,缺老师,你可否转到日语专业教书?"俞彭年服从组织需要,1963年9月调入日语教研室任教,直到1983年8月,一直在日语教学岗位上。

回国后,经过补习中文,读高中、上大学,大学毕业后又工作了几年,俞彭年在学习和工作中成长起来。但生活中孑然一身,身边没有亲人。1963年俞彭年26岁了,上海的舅舅和舅母介绍了一位在中学教书的女青年与他相识交往,促成了他们的婚姻。1965年结婚,俞彭年将结婚照寄给母亲。母亲将他们的结婚照放大,装入镜框,然后手捧镜框拍了照片寄回给俞彭年。俞彭年收到母亲寄来的照片,看见母亲捧着他们的结婚照合影,不禁感叹:"这是母亲同意并祝贺我们结婚的证书啊!"至今,俞彭年把母亲这张照片一直放在家中客厅里,看到照片就想起母亲。

独自一人在祖国大陆,与海外亲人天各一方,亲情永远是心中的思念。结婚后,俞彭年在上海有了小家,有了亲人,幸福感油然而生,工作干劲也跟着高涨起来。调到日语教研室后,第一年俞彭年跟在老教师后面见习,学习语法教学,主要靠自学,经常泡在图书馆里查资料、看参考书、做笔记。第二年开始正式教学,先上简单的广播课。当时,大学外语专业的教学模式主要以"三大件"(发音、语法、词汇)的传统教学方式为主,原来只有阅读课,教学改革后开始增加听说课。第三年,即1965年,学校推进教学改革,加强会话和口语教学,需要编新教材。

日语专业来了一位日本专家,俞彭年负责协助专家编写"会话体"新教材,从1965年新学期开始,使用新教材上课,边上课边写教材,编写了一年,俞彭年得到很大的锻炼和提高。

正当俞彭年在工作和事业上不断进步之际,1966年"文革"停课搞运动。随着越演越烈的大批判,俞彭年在学校受到了批判。事情的起因是:他曾在某个周六上午带学生去外滩,用日语实地讲述外滩大楼。校外讲课结束后,正值午餐时间,俞彭年招呼几个外地同学一起吃饭,他掏钱请学生们吃面,不料这家小面馆做的面不好吃,太难吃了,俞彭年就讲起了日本的面如何好吃,介绍了日本的各种面。没想到在"文革"大批判中,学校里贴大字报,有学生把这事抖搂出来,说他"抹黑社会主义""资产阶级思想严重"……那段时间,俞彭年很苦闷,感到委屈,有口难辩。就在俞彭年的人生低谷,又受到丧亲之痛。1969年2月,突然收到二哥来信告知父亲去世,当时的情况下他无法前往东京奔丧,只想为父亲戴黑纱表示哀悼,但妻子劝他不能这样做,"你已被戴上'资产阶级孝子贤孙'的帽子挨批斗了,再这样做岂不是自己往枪口上撞?"无奈,他只好放弃戴黑纱,装作若无其事,却心如刀绞。

1971年11月,俞彭年在干校劳动,收到从上海转来的信,得知母亲要到上海看望他。因为母亲从一位同乡那儿听到了俞彭年的情况,很不放心。俞彭年向干校军代表请假,得到批准。赶到上海,母子相见,千言万语,却都沉默寡言。俞彭年不想诉苦让母亲担忧,而母亲已从俞彭年妻子那儿知道了一切,不想让儿子难堪难受。虽然沉默无语,但母子的心是相通的,在最困难、最绝望的时候见到不辞辛劳,从国外赶来看望他的母亲,俞彭年重新燃起了生活希望。母亲见儿子家房间窄小,买东西都要凭票证,不忍打搅,告别儿子,返回日本。

1972年,学校开始招收"工农兵大学生",需要教师,2月俞彭年被召回学校。回到久违的教学岗位,回到熟悉的专业领域,俞彭年情不自禁地全身心投入到自己喜爱的工作中。当时日语系已开始"听说领先"教学,但教材还是老的语法教材,不适于"听说领先",于是俞彭年提出:自己编写听说补充教材。得到上级同意。最开始,编写的补充教材只用于俞彭年自己教学的班级,但另两个班也要求使用俞彭年编写的听说补充教材。后来,系领导对俞彭年说:"干脆按你的思路,编一套教材吧!"

1976年下半年,"文革"基本结束;1978年下半年开始改革开放,俞彭年获得施展自己才华的空间。从1979年起,俞彭年开始专门编写教材,于1980—1981年,编写完4册《日语》教材。当时编写教材基本都在家里写,由于家中房间小,没有书桌,他只好把床垫子捎开当桌面,坐在小凳子上写作。暑天没有电风扇,只有扇子,俞彭年穿一条平角短裤,上身赤膊搭一条湿毛巾,伏案疾书,一

图4：俞彭年编写出版的四册《日语》教材

写就是十几个小时。当时最大的困难就是时间紧,要赶写出来给下学期上课用,半年多时间就要编出一册,其中还包括评审、讨论、修改。有两次等不及出版社送书到学校,俞彭年只好自己骑上自行车,去印刷厂把印好的书运回学校上课用。激励他完成这项工作的想法,就是不能耽误上课,无论如何都要按时赶出来。知识分子的良心告诉他,答应下的事,再苦也要做好。没有喘气的时间,没工夫和精力多想其他,编写这套教材,连他自己也没想到一口气赶出4册书。这套教材被国家教育部纳入全国普及教材,被全国各地许多院校采用,《日语》教材奠定了俞彭年在学术界的地位,他成为日语学术界的中坚力量。

1982年2月,学校同意俞彭年去日本进修。踏上阔别29年、自己的出生地——东京,俞彭年恍如隔世,见到老母亲,叫一声"妈",就再也说不出话了。这次回到母亲身边,母亲问他是否愿意留在日本,不再走了。这时的俞彭年已从人生的沉沦中走了出来,祖国改革开放的发展使他看到了国家的希望,也看到了自己的希望。拂去浑身的尘埃和心中的雾霾,他明白个人的命运与国家的命运紧密相连。俞彭年想到上海的妻子和女儿,想到自己工作的学校,上海这座城市已与他的生命相融,他与上海难分难舍。望着母亲,他如实告诉老人:一年进修期满后,还要重返祖国。通情达理的母亲再次理解他,尊重他的选择。

1983年1月,回国的日期到了,俞彭年依依不舍地告别母亲,带上为学校购买的东西踏上归程。当时学校的教材全部靠打字机打出后油印,时间长了铅字磨损,印出的字迹模糊不清,所以他买了3套日语假名铅字带回学校,还自费购买了日语录音录像带教材送给学校。当俞彭年出现在学校的同事面前,许多人感到惊讶,他们以为他不会回来了,可他真的回来了,而且给学校带回教学需要的物品和资料。这年,最令俞彭年激动和高兴的,是他回校后看到了1982年年底组织上发出的关于对他彻底平反的通知。俞彭年得到了"解放",过去忍气吞声、破帽遮颜的那十余年像一场噩梦,彻底结束了。正当俞彭年兴致勃勃准备9月新学期在日语系开设"日语表达方式"的新课时,1983年6月,他接到上海市政府外事办公室的调令。

三、而今迈步从头越

1983年，上海市政府外事办公室急需外语过硬的外事干部，市政府决定从大学抽调几位不同语种的教师来充实外事岗位，于是俞彭年离开了外语学院，改行去做外事工作。工作调动后，他从头学起，在外事岗位兢兢业业，勤勤恳恳。刚到市外办时，他担任外办主任助理，1985年升任为市外办副主任，曾分管新闻文化处的工作，后来分管国际友好城市处的工作，也分管过综合处，除此之外，还分管上海国际问题研究所和上海友协等工作。在市外办工作期间，俞彭年主要做了以下几个方面的工作。

1. 积极开展国际友好城市的文化交流

改革开放前，上海已与一些国家的城市建立起"国际友好姊妹城市"的关系，改革开放后，与上海缔结友好城市关系的外国城市更多了。与国际友好城市开展有意义的文化交流活动，是上海市外办的重要任务。

"上海电视节"的诞生：上世纪八十年代中期，在改革开放的年代里，上海有个说法："让世界认识上海，让上海认识世界"。俞彭年认为市外办应有所作为，他想到上海已有不少外国友好城市，都有电视台，如果能邀请国际友好城市带电视作品来上海交流展示，岂不是"让世界认识上海，让上海认识世界"的好机会嘛。他将这个想法告诉了时任上海市电视台台长的龚学平，龚台长听了很赞成，于是与俞彭年商量好活动的报批和对外联系工作由市外办负责，将来活动的具体操办由电视台负责。初步把活动定名为"上海国际友好城市电视节"，由市外办友好城市处打报告呈送分管外事的市领导审批。但是，报告并没有得到市领导的批准。有一次外事宴请，分管外事的市领导出面招待外国代表团，俞彭年见到市领导后，提出这项活动的建议，希望得到市领导同意。副市长说之前的报告没有写清楚活动的好处，"重新再报一次吧"。俞彭年提着的心放了下来。重新上报，终于得到市里批复同意，俞彭年高兴极了。由于活动固定为隔年举办一次，需要市人大批准。俞彭年和龚学平出席市人大常委会质询会，回答人大代表的提问，审议顺利，得到通过。

"绿灯"一亮，各项具体工作忙开了，市外办这边，友好城市处拟订邀请函，定稿后发送给各国际友好城市，初步拟订接待计划。上海电视台那边更忙，建立筹委会，制定电视节内容及流程，设立相关机构，选定主题歌，等等，大家忙得不亦乐乎。"上海国际友好城市电视节"终于在1986年12月10日隆重开幕，为期一周，16个国家18个友好城市的23家电视台前来参加。一炮打响，激活了全市对外文化交流的热潮，"上海国际电影节""上海国际魔术节""上海国际旅游节"

图 5：俞彭年外事工作照片，为市领导做翻译

等，如雨后春笋，相继出台，上海迎来了大规模中外文化交流与合作的高潮，影响了全国。前来参加的外国电视台越来越多，突破了友好城市的范围，于是活动名称做了修改，删除了"国际友好城市"字样，改为"上海电视节"。

2. 制作"白玉兰"奖

随着上海改革开放的深入发展，在沪外国友人增多，为了向那些对上海经济建设、文化发展有突出贡献的外国专家表达感谢，1988年，俞彭年和市外办综合处的同志们策划、制作了奖励外国友人的"白玉兰铜质纪念奖"，于1989年1月第一次授予有功的外国友人，表彰他们的贡献。这项工作，后来经报请市政府同意，奖项分为"白玉兰纪念奖"和"白玉兰荣誉奖"两种，以更隆重的方式向那些对上海城市发展有突出贡献的外国友人表达上海的真诚谢意。

3. 协助外方在沪确立纪念性遗址

上海是国际大都市，有很多国际性历史遗迹，俞彭年感到，这些历史资源应发掘出来为对外开放服务。

解决大韩民国临时政府遗址问题：在上海马当路302—304号，有一幢房子，现作为"大韩民国临时政府"所在地遗址保存着，来自境外的韩国人到了上海，常常会去这个地方参观。但在上世纪八十年代中期，这个地方并不是这样的。

当时卢湾区外事办报告,有居民反映:经常看到一些韩国人来此地探寻这座房子,并请求这幢楼里的居民打开门让他们进去看看。市外办接到报告后,俞彭年很重视,建议由友城处牵头,与卢湾区外事办一起进行调查,终于搞清了事情原委。原来那幢楼是韩国人认定的"大韩民国临时政府"的遗址。1919年韩国被日本占领,流亡到上海的韩国临时政府几经迁移,于1926年搬到马当路这幢房子里,因此韩国人认为这是韩国政府的重要历史遗址,来到上海总要到此一游。处理这件事比较棘手,因为市外办没有解决居民搬迁的经费,卢湾区外事办也没有,很犯难。那时韩国已与我国建交,上海与韩国釜山也缔约成为国际友好姊妹城市,来沪投资经商的韩国大企业不少,市外办联系上韩国在华大企业,经过反复协商,由韩方大企业出资解决这幢楼居民搬迁住房的资金,由卢湾区外事办出面动员居民迁出,总算解决了这件事。这幢楼房经过整修后,正式作为"大韩民国临时政府"所在地遗址保存了下来。

建立"上海犹太难民纪念馆":前些年在上海虹口区长阳路上,曾经发现犹太人在那一带转来转去寻找二战时期居住过的地方。后来,市外办友城处和虹口区外办合作,整理了二次大战期间两万多犹太难民在上海长阳路居住的历史,筹划建立纪念馆。在市外办友城处的配合下,以虹口区外办为主,协助以色列在长阳路原犹太教"摩西会堂"的旧址,建立了"犹太难民纪念馆"。这个纪念馆的建立,记载了犹太难民在上海生活过的一段真实历史,保留了珍贵的历史资料。

落实韩国义士尹奉吉纪念地:1932年4月29日,在上海虹口公园,发生了一件震惊中外的事件。这天,日本人聚集在虹口公园庆祝"一·二八淞沪大捷",朝鲜义士尹奉吉为了抗击日本帝国主义的侵略、争取民族独立,在虹口公园用手榴弹炸死炸伤日寇,成功刺杀日本高级将军,尹奉吉当场被捕英勇牺牲。中国改革开放后,尹奉吉的兄弟每年都带领一批亲友来到上海虹口公园,寻找当年尹奉吉义举之地进行祭奠。市外办派人周到接待,同时感到没有一个固定点给尹奉吉家人祭奠,很不方便,而且尹奉吉的义举在历史上是个著名事件,应该有个纪念碑。俞彭年对此十分关注,主张妥善解决。最后,由市外办、虹口区外办、鲁迅公园(原虹口公园)三家共同协商,在公园一角辟出一块"梅园",造了小亭子,立了纪念碑,纪念尹奉吉。"梅亭"的"梅"字取自尹奉吉的号梅轩。此后每年尹奉吉的亲友来鲁迅公园,就在这个地方举行祭奠。

4. 妥善处理涉外突发事件

1988年3月24日傍晚,在南翔附近发生了列车相撞事故,列车上的日本高知学艺高中修学旅行团的26名师生不幸遇难。这起重大涉外事故,震动了上海市领导,牵动着日方遇难师生的家属。日方家属纷纷从日本赶到上海辨认尸体,

图6：俞彭年的外事工作照片，纪念中日友好城市缔约15周年

等待善后处理。由于事发突然，现场比较混乱，死亡人数一时难以准确统计。当晚9时许，俞彭年接到市委来电要他立即赶到市委。当他赶到时，市委书记黄菊正在生气，因几个口子上报的死亡人数不一致，黄书记要俞彭年立即核查，精确统计遇难者人数。俞彭年当夜与日方学校一位老师赶往南翔和市区的3家医院的太平间，一一验查遗体、核实姓名，直到第二天中午完成任务。紧接着在市外办会议室召开新闻发布会，通报遇难者的具体情况，公布事故原因。当时的外交部新闻司司长李肇星也专程从北京赶到上海，参加听取情况说明。由于及时妥善处理，日方家属很快携带死者遗体回国。遗体回国后，俞彭年和上海铁路局、上海青年旅行社的人员特意赶到日本高知市——拜访罹难家庭，表示慰问。慰问结束后，俞彭年又独自留下，出席了日方学校举行的追悼会。此后相当一段时间，每年3月24日，高知县学校的校长和死难学生家长都会来到上海，到南翔铁路边出事的地方祭奠。因为铁路边不安全，也影响秩序，铁路局不赞成他们在铁路边搞祭奠，可又提供不出其他地方，很尴尬。俞彭年想了一个办法，他向日方人员建议：不要再去铁路边搞祭奠，请上海旅行社协助买一块墓地，作为今后定点祭奠的地方。日方人员接纳了这个建议，在上海嘉定买了一块公墓，这个棘手的事总算尘埃落定，后来，日方人员再到上海祭奠就去这个墓地进行。

5. 增进中日友好，促进两国相互了解

俞彭年认为，中国和日本之间的文化源远流长，两国之间的文化交流应成为中日之间的友好纽带。

插花、时装，美化生活："文革"结束后，曾提出"美化生活"的理念，俞彭年到市外办工作后，积极推进中日文化交流，推广"插花"活动。上海与日本关西地区的大阪，是缔结国际友好关系的"友城"，俞彭年与上海市园林局合作，成立"插花协会"，由市园林局分管。在上海植物园组织过一次"国际插花活动"，举办插花艺术讲座，邀请日本大阪的花道流派池之坊圣流的掌门人山本玉岭先生来华讲课，反响很好。之后又共同举办了几次插花艺术作品展览会，1996年与上海市插花协会蔡仲娟会长一起成功举办"上海国际友好城市插花艺术交流展",全国各地都来人参加,这项中外文化交流活动正是从上海开始的。

作为"美化生活"活动的另一项,是举办中外时装表演。这个活动得到国际友好城市日本横滨市的支持,与横滨的岩崎洋裁学院合作举办。时装表演不仅让人们开阔了眼界,增强了美化衣着意识,还推动了服装行业的时装意识。

四、岁月如歌夕阳红

20世纪90年代后期,俞彭年正式从外事工作岗位退了下来。退休后,他于1999年去长崎讲学,讲授"中国情况课"。再渡扶桑,母亲已故,葬在日本横滨中国人墓地。俞彭年常常想念母亲,他知道母亲的"乡愁"在梦中!

1. 客观公正地宣传中国的改革开放

俞彭年是从日本回国的华侨,精通日语,了解日本人的思维方式,既有战争时期的苦难经历,也经历过中日友好条约缔结的年代,又目睹了近年来中日两国关系的变化……他深感两国人民之间的相互了解多么重要,和平合作多么重要!

俞彭年退休后,受聘于日本长崎县立西博尔德大学,在该大学讲述中国改革开放的情况,自己编教材。作为归国华侨,他见证了中国改革开放的成果,为祖国的发展进步感到骄傲。当日本学生问他什么是"中国特色的社会主义"时,他明确地回答:"中国特色社会主义的本质,就是在中国共产党的领导下开展市场经济活动。"为了让日本人了解中国,他简明扼要地用外国人能够理解、能够听懂的语言讲述。他说:"中国的历史,中国的改革开放,中国共产党走过的路,不是'故事',而是经过实践检验、符合中国国情的道路。"此外,他在长崎教学还增加了语言课,讲述"表达方式",为增进两国人民的相互了解尽心尽力。

2. 撰写著作《了解日本 了解日语》

在日本讲学九年,70岁时,俞彭年从日本再次退休回到中国。他是上海"日本学会"的会长,在日本时他努力让日本人正确认识中国和中国人;回到中国后,他希望尽己绵薄之力让中国人全面了解日本和日本人,于是他开始著书,写作《了解日本 了解日语》。此书于2010年完成写作,种种原因拖到2016年才出版。2016年11月,日本政府表彰他为增进两国人民的了解,以及对中日友好事业所做出的贡献,授予他"旭日小绶章"。

正如《了解日本 了解日语》一书扉页中所写:"了解与被了解的能力、包容与接受的意愿,能拯救陷于纠结中日关系中的我们……关于中日先天所结之缘的文化救赎与转化,它会在你胸中回荡而深省。"俞彭年说:"我这一辈子都在从事中日友好事业。"

3. 为上海市外事翻译工作者协会尽心出力

1987年1月17日，上海市外事翻译工作者协会成立，俞彭年担任协会副会长。结束日本长崎县立西博尔德大学的讲学回到上海后，为了增进中日之间的相互了解，俞彭年为上海市外事翻译工作者协会的会刊《译友》写过许多文章，例如：

在了解日语和翻译技巧方面，他写了《日本人喜欢自动词方式思维和表达》（2009年）；《"上善若水"：如何给老外解读？》（2011年）；《新时期汉语借入日语词汇盘点》（2015年）；《"Washler"是"马桶盖"吗？》（2017年）等。在了解日本文化、沟通中日交流方面，他写了《歌曲〈北国之春〉是民工游子之歌》（2016年）；《日本名歌曲〈荒城之月〉表达无常意识》（2016年）；《帮助日本人解读中国》（2011年）等。在分析国际形势和中日关系方面，他写了《人若犯我 我必犯人 胜利者的大度》（2012年）；《钓鱼岛事件也是不正视历史》（2012年）；《故伎重演"暴支膺惩"吗？》（2013年）；《"没有输给中国"变成了"不能输给中国"》（2013年）；《反制挑衅与推进友好并不对立》（2014年）；《中日关系还提"友好关系"吗？》（2014年）；《中日博弈何时了》（2017年）等。

以上这些文章紧密结合形势，帮助读者了解日本人的思维，对日语及其翻译进行实例说明，沟通文化交流；从外事角度出发对中日关系进行有针对性的点评分析。多年来，俞彭年笔耕不辍，以学者风范体现归国华侨的爱国情怀。

2022年是"中日邦交正常化"50周年，在这个特殊时候，讲述俞彭年这样的归国华侨的人生故事以及他作为新中国外事翻译的成长历程，讲述他为增进中日两国人民之间的理解和友好，推进中日之间"永不再战"的和平理念，是一件有意义的事情。"前事不忘，后事之师"。

岁月如梭，流年似水，转眼，俞彭年80多岁了。老年俞彭年，仍旧热爱学习、热爱读书，关心时政新闻，关心国际形势，关心中日关系的发展。他每天早晨五六点钟起床，想一想前一天的新闻，捋一捋思路。早餐时听新闻，早餐后开始看书、学习、写诗、写文章。俞彭年希望年轻的外事翻译工作者：珍惜今天的大好时光，多看书，多学习，多思考，掌握好外语这个对外交流的工具，多做对祖国、对人民、对世界有益的事。

俞彭年结束了自述，好像走过漫漫人生长河。

午后的斜阳从窗外照进客厅，照在他历尽沧桑的脸上，照在他学者风度的灰白发上……

（记：初稿2018年4月写于上海，压缩稿刊发于上海《档案春秋》杂志2018年第8期；2021年10月补充。本文照片由被采访者提供）

"沙漠骆驼"的中东之旅
（阿拉伯语翻译杨达聪的故事）

"早上到了码头，走不了，只好等到下午撤离。上船时已是傍晚，乘夜船，风急浪大，打着船咣当咣当地响。船摇得厉害，很多人都吐了。周围臭气熏天，我憋着不能吐，准备着翻船时还能游一阵，所以要保持体力。抹着清凉油，深呼吸，不管怎样，总算逃出来了！回头望着夜幕中的码头，许多在利比亚打工的黑人小伙急得一个个往海里扎，他们想赶上这条马耳他的小船……"

身着格子上衣的杨达聪，想起2011年在利比亚撤侨的经历，至今心有余悸。

杨达聪，上海市外事翻译工作者协会会员、阿拉伯语翻译，他的微信昵称是"沙漠骆驼"。我第一次见到这位"骆驼"是在2018年协会组织旅游的大巴车上。当时他正眉飞色舞地对同伴讲述他在利比亚的"逃生记"。惊险、刺激，让我记住他了。事后，我专门约他见了一次面，请他介绍在中东工作的经历，打算

图1："沙漠骆驼"杨达聪，1990年8月于埃及

为他写一篇采访稿。可后来不知怎的,忙忙碌碌一拖几年未能完成,我心里挺不过意。这次要出书,我找出当年的采访笔记,决心完成这篇,把它收入我的纪实文集。故事就从20世纪70年代初,杨达聪学习阿拉伯语开始吧。

一、吃上了阿拉伯语这碗饭

周恩来总理曾说:世界上,唯汉语和阿拉伯语最难学。的确,杨达聪一到北京大学就彻底感受到阿拉伯语(简称"阿语")难学,从发音到书写(从右向左写),从单词到语法,都难!阿语发源自阿拉伯半岛的也门一带,属闪语语系,有悠久历史,语言复杂,土语难懂。要学好阿语非得下更大的苦功才行。

1970年,杨达聪作为第一批工农兵学员,被送到北京大学学习阿语。他这批学员的老师里,许多人都为毛主席和周总理当过翻译。在名师培养下,他的阿语得到长足进步。在北京大学期间,除了学习,杨达聪最喜欢的运动就是游泳和田径,他为母校多次在高校田径赛和游泳赛上取得过不俗的成绩。杨达聪的体育爱好和专长,在他日后派驻中东工作时发挥了作用。

从北京大学毕业后,杨达聪回到上海。"大学生毕业办"把他分配到外轮代理公司,后来他又调到手工业局援外办。从1976年开始,杨达聪被市里借用,以市外办的名义参加外事接待和谈判工作,接待过埃及的纺织工业部副部长,谈尼罗河三角洲的服装项目。中国纺织部陪同人员是两位英语高级翻译,杨达聪被叫去当联络员。外宾从北京来,一见面就使用阿语。杨达聪心里有点打鼓发抖,但这种实战锻炼给了他机会。他暗自决心:一定要对得起所学的阿语,要对得起母校和老师。他悄悄请求外宾"别说土语",硬是把整场翻译任务扛了下来。

当时的领导是陈锦华,是位老同志、老领导,对年轻人很爱护,他对外经委的领导说:"小杨不容易,很上进。要为年轻人多创造使用业务的机会。"在这以后,上海外经公司有需要阿语时就叫他去翻译。机会多了,门类广了,行业词汇量不够用,他就突击学习,谈判前做足充分准备。功夫不负有心人,翻译是在实战中练成的。

1980年,中国纺织部在叙利亚德尔祖尔有个纺织厂,是我国的援建项目。轻工部和纺织部原是一个部,知道上海手工业局有阿语翻译,就把杨达聪借到该项目任翻译。

二、在叙利亚建棉纺厂

1980年7月,杨达聪抵达叙利亚。中国使馆经济处的参赞谢武元(上海人),

图2：1981年杨达聪在叙利亚，背景是德尔祖尔的棉纺厂

是上海纺织局高工。当时经济处缺阿语翻译，谢参赞在其他同志处侧面了解后，就让杨达聪留下来，借在使馆工作。中国大使馆在大马士革，靠近阿萨德总统府。大马士革被誉为"挂在空中的美丽城市"，北京大学外语专家就是叙利亚的知名作家和诗人，他所讲的大马士革给杨达聪留下极深印象。

杨达聪在使馆工作了4个多月，感到是个好平台，学到了很多。三秘程同生回国后，杨达聪就顶替他的位置工作。谢武元参赞带杨达聪外出了解所有项目情况。谢参赞英语极好，他先让杨达聪翻译，然后再用英语谈。杨达聪接触到当地的军工部、工业部等机构，还有哈马高射机枪军工厂、医疗队等。大使馆收到信后，要送到项目组，杨达聪多次当起了信使。

德尔祖尔，是叙利亚靠近伊拉克的省，4个月后，杨达聪去了这个项目所在地，是棉纺厂项目，在幼发拉底河右侧。去时天气热，厂房还在盖。杨达聪参加劳动，盖食堂，扛木头，上大梁，把腰扭伤了，压迫到了腰椎神经，腿肌肉萎缩，不能动。杨达聪那时年轻，硬扛着。他想起自己16岁时在港务局扛200斤的大米，扛不动，但最后还是咬着牙顶过来了。吃过苦，耐过劳，锻炼过的人，干活儿不惜力。

当时，住的是活动板房，干净，没空调，有风扇。生活条件比较简陋艰苦，杨达聪把自己比喻成"沙漠骆驼",耐旱、耐干,不怕风沙。有一次项目组来了一批技术专家,他们的12个行李都找不到了。杨达聪多次联系航空公司找行李,结果是航空公司发错了城市,直到晚上21时才拉回行李。

为赶上信使第二天送信去大马士革,他给女友和母亲写信,弄得一天没吃饭,光喝冰水,把胃弄坏了。胃疼得直打滚,从床上滚到地上,隔壁的人见状,赶紧叫来队医(专家组20人有队医),给杨达聪打了阿托品止痛药。过了3个月后,杨达聪陪人去大马士革体检,自己也查了一下,方知落下了十二指肠球部溃疡的病。直到两年后才好起来。

那时,叙利亚对中国挺好,中国专家受尊重,与当地关系好,叙利亚的省长和北方军区司令多次在一起喝"狮子奶"(茴香酒)。"阿拉克"酒劲很大,北方军区的司令和省长喝了酒就说要给中国人找姑娘成家。专家组长(大连人)说已经有老婆了,中国是一夫一妻制。叙利亚人就指着杨达聪说:"杨翻译没结婚,可以找4个姑娘。"杨达聪连忙说:"我养不起。"大家哈哈大笑,这么说说笑笑,觉得叙利亚人挺友好。

在叙利亚,经常翻译到这句话"阿拉伯人的舌,中国人的手,犹太人的脑",这是当地著名的名言。阿拉伯人能说会道,能言善辩,谈判连续8小时,就讲些具体的技术问题,而中方谈的都是重要的合作问题。连续4小时会谈后,杨达聪已累得脑子断片了。他喝了咖啡,让自己清醒些,继续耐心谈、耐心译。谈的结

图3:20世纪80年代初,杨达聪(中)摄于叙利亚大马士革的大市场

果还是些细节问题,还得耐心谈。"咱们中国人援外是真的坦诚相待啊。"几十年后的今天,杨达聪想起当年的谈判经历,发自内心地感慨。

杨达聪在"两河流域"的河里游过泳,水凉、流急。他去过"新娘泉"洗过脚;也去看过台德穆尔古迹(现已被恐怖分子炸毁)……当地人挺友好,人民是友好的。

杨达聪在叙利亚两年工作期满,这时中国使馆参赞换成方南君先生,方参赞动员杨达聪去使馆工作。但杨达聪回国结婚生子,接踵而来的是二轻局在伊拉克军服组的项目急需翻译,杨达聪去了伊拉克,因此没去成使馆经参处工作。

三、伊拉克的合作项目

1983年年底,因二轻局的项目,杨达聪再次出征中东,去了伊拉克。

伊拉克的合作项目是劳务输出项目。当时很多中国人在伊拉克建路、修汽车,在纺织厂、变压器厂做工……有几万劳务人员在伊拉克,搞成套设备厂等,需要大量阿拉伯语翻译。杨达聪所在单位是在巴格达办军服厂、办皮鞋厂,在摩苏尔办童装厂,这三家是由二轻局派出劳务。上海在伊拉克的项目很多,还有机电局在巴格达的汽修组、在迪亚莱的电器组,在纳西里耶的毛纺厂、铝合金厂等,都

图4:1984年杨达聪于伊拉克"一千零一夜"雕像前

是成套劳务项目。

刚到伊拉克时,工作很难开展,要见对方伊拉克总经理至少约三次才能见到。杨达聪第一次赴中东做援外项目是去叙利亚,中方是专家,叙方很客气、很友好,但这次到伊拉克怎么了?难道是之前的关系没搞好吗?

杨达聪在巴格达,带着30多名中国劳务工去伊拉克移民局的"中国科"办手续,个别劳务工在那儿唧唧喳喳,"中国科"的官员反感,科长说"要给中国人下马威"。于是一个背着枪的伊拉克老头就对中国劳务人员粗暴地呵斥,并动手推搡。杨达聪劝阻他不要这样:"你们国家在跟别的国家打仗,我们是来帮助你们的,请你友好点……"结果话没说完,那人就把杨达聪的护照没收了。

杨达聪等30多人回到公司,见到伊方总经理,他对总经理说:"按合同规定,我们是配合办手续的,移民局是一个国家的对外窗口,怎么这样对待你们的朋友呢?"伊方总经理是个较有修养的军人,他另派伊拉克本地的女职员去移民局办手续,这样,中方人员都不需要再去移民局了。

伊拉克年年征战,男丁稀缺,当时连16岁的男孩,60岁的老头都上前线了。这个巴格达的"军服组"(即"巴格达缝纫总公司"),中国劳务工给他们做普通军服和特殊军服,外加民用猎装。当时在打仗,经常导弹会飞过来,防空警报一响,就得马上跑防空洞地下室,服装厂女工多,她们吓得直哆嗦。

在伊拉克工作,会碰到各种各样的问题和困难。"军工组"和"毛纺组"的食堂靠在一起,"毛纺组"的阿拉伯人司机跑到"军工组"食堂用手抓起食品尝了尝,吃不惯又扔回到大盘里,引起了中方人员极大反感。杨达聪作为翻译,与其交涉讲理,对方操刀要干架。第二天,杨达聪把情况做了汇报,那个毛纺组的司机被开除了。

在巴格达的日子提心吊胆,但也有趣事。伊拉克战地壕沟里有水有鱼,大鲤鱼有的长1米。杨达聪曾是北京大学游泳队的队员,就自告奋勇当了"捉鱼队"的队长。他们用扔石头的办法,把鱼赶到一头,杨达聪游过去把丝网拉过去,鱼撞进网后就收网,弄回鱼来给大家改善生活。总之,自力更生,苦中作乐。

伊拉克的椰枣树很多,遍地都是,有一次杨达聪出差去纳西里耶毛纺厂,顺便爬上树去摘椰枣。因怕伊拉克蜜枣有肝炎,不敢多摘。巴格达的高架路很好,很结实,路两旁都是椰枣树。伊拉克的基础设施原来不错,绕城的高架公路很好。有一次,上海外经公司的领导来巡访,去了纳西里耶,行李还放在巴格达,结果领导日程有变,不回巴格达了,让杨达聪把服装和行李送过去。杨达聪和司机老周开上一辆皮卡走了6个小时,把东西送到后又连夜赶了回来。

在伊拉克的日子就这么一天天过去。1986年杨达聪赴北也门工作。

图5：1989年，杨达聪于埃及萨达特城工地

四、在埃及的"历险记"

1989年、1990年，杨达聪被派往中建公司，借调去埃及参加"埃及萨达特城"的新建项目，这是个承建项目，在首都开罗和亚历山大城之间。

在中东工作，突发事件常有发生。有一天，公司买了辆皮卡车，杨达聪和司机去开罗申领车牌。开车回来途中，在尼罗河大道上发生了撞车事故，碰上当地持枪"警察"。"警察"把枪顶在司机的胸口，抢走了他的驾驶证。司机是湖北小伙子，火气大，解开衣衫胸口对"警察"说："打啊，朝这儿打！"

杨达聪找地方打完电话回来，发现不好，几支卡宾枪正对着同伴。他不知道对方持枪者是否是真警察，连忙说要给中国大使馆打电话，又说"你们警察局长我认识，是朋友"，暂时唬住了对方。接着他向"警察"要他们的警官证，说："我们杨（尚昆）主席刚来过埃及，'开罗国际会议中心'一个亿是我们帮助盖的，援助的，送给你们的。你们怎么能把枪对准朋友？！"这么一说，吓得那"警官"把司机驾驶证往地上一扔，扭头就跑。司机小伙子不干了，追上去抓住对方肇事司机理论，这才知道那几个拿着卡宾枪的是外交公寓的守楼门卫。司机小伙子那个气呀,僵持不下。整个一条尼罗河大街堵塞了,看热闹的人越来越多。这时来了一个出租车老板,对杨达聪和司机又抱又亲,表示友好,说:"看在友谊的分上,算了吧。"双方这才散去。

中东不是太平的地方,真不知什么时候会有祸从天降。

2001年至2005年,杨达聪被派往科威特,参加"北方公司"的军工项目,干了4年。2014年至2015年,杨达聪又应邀去阿尔及利亚做军工项目,干了6个月。这段经历一笔带过,在此略述。

五、在利比亚的"逃生记"

图6:2007年秋,杨达聪摄于利比亚班加西

2006年,杨达聪去苏丹工作。从苏丹回来后,2007年被派往利比亚参加建筑工程项目。自诩"沙漠骆驼"的杨达聪,这时自嘲是"老骆驼"了。长年在中东出差,沙漠的阳光把他的皮肤晒得黝黑,沙漠的风沙把他脸上吹出道道沟痕。

中国在利比亚的建筑项目,有11家单位在当地承包工程。杨达聪他们的建筑工地在班加西,这是利比亚"颜色革命"的发源地。

项目工作出差多,工程人员在风口浪尖上做开拓性工作,困难很多,尤其是项目管理工作很难做。外方经理没有法治观念,依仗自己是业主,蛮横无礼,非常霸道。他把自己的子女亲戚都弄进公司,要好电脑,要最好的办公设备,但都不干活儿。一个外方项目经理偷盗工程钢筋,这事发生后,杨达聪被授权拍下了照片和视频,交给业主负责人看,与外方交涉。在杨达聪坚守中方利益,有礼有节的投诉下,最后利比亚方面开除了那个项目经理。

2010年年底至2011年年初,动乱从班加西开始了。动乱开始于西方国家在中东策划的"茉莉花革命"。卡扎菲在电视问答中胡言乱语,对老百姓说:"我们造了很多房子,你们随便住、随便去拿吧……"结果老百姓就开始乱抢了。卡扎菲把所有工程项目包给中国人做,却不把中国人当回事,所以当地人就拿着大刀长矛对中国承包的工地开抢,见盖到一半的房子就抢,兄弟几人用油漆喷到墙上,涂写谁谁的"家",占地为王,占房为家。

动乱开始前,杨达聪在米苏拉塔办事处工作。一天半夜,一帮利比亚人冲进了班加西的中国人院子里,打、砸、抢,中国人不敢出房门。杨达聪在米苏拉塔听说班加西出事了,急忙给老总打电话,在电话中喊:"别出来!一个人千万不要出门!"他让公司严加管理,避免发生影响人身安全的大事件。

后来,杨达聪从米苏拉塔赶到首都的黎波里,因为"高访团"在首都,他忙着陪同翻译。紧接着大规模的动乱开始了,当天夜里电话打不通,与中国使领馆联系不上,但网络还通。办事处没人敢睡觉,轮流守着电脑。送走"高访团"后,集团领导层决定撤侨。因为法国人先行动了,轮船会越来越紧张。2011年1月开始,在利比亚的中国建筑单位开始撤侨,从班加西走,从海上走,先走的乘大游轮。中建八局副局长张作合任总指挥,统一调度这个方向的撤侨工作。局长说了:"尽量让兄弟单位先走。"

当地警察协助维持码头秩序,其他国家的侨民也要冲上中国船跟着走,中国人还是很照顾他们的。凡是在中国工地上干活的外国员工,中建集团都带他们走,带到希腊。大船接走了几批后,没船了。杨达聪还在首都,走不了。他给使馆打电话,得到回复是"自己先想办法吧"。使馆那时实在顾不上零星人员,很无奈。

中国大使馆的大使夫人在危急关头,充分利用与外国使节太太之间的朋友关系,联系到了马耳他的小游艇,请求游艇带些中国人出去。杨达聪从朋友处得到消息,一行5人赶到码头,还是出不去、走不了。最后所有人都掏钱,凑齐钱给码头上的当地民兵,约每人3万人民币(5人),作为外交人员才让登船。中建公司的副总正巧在动乱之后从国内休假回来,与他们几人一起走,一上船就吐,吐了整整9个小时。这就是本文一开头提到的场面。

从的黎波里走的小船是使馆太太之间认识的马耳他小游艇,总算逃了出来。逃到马耳他后,中国外交部驻瑞典的一个小伙子,帮中国人员安排车,并告诉他们:"这里是安全的,请放心!让工人们先走。"杨达聪笑着说:"可以,我们久经考验了。"他觉得外交部的年轻人在这种时候在这种地方工作,真不容易!

中建八局的一位常务副经理带了几人赶到马耳他接杨达聪等人,请他们吃饭压惊。原本杨达聪是帮人带钱回国的,但在码头登船时都给了利比亚民兵,这时真是身无分文,这笔"救命款"公司决定帮他还给原主。

在的黎波里杨达聪有一次机会本可以先乘飞机走的,但他把这个机会让给了别人。有个员工因父亲年纪大,急着要求先走,杨达聪把自己这个名额让给了他。杨达聪的家人也是盼星星盼月亮盼他早日平安回到家。在马耳他等待时,杨达聪遇到一位大学同学,也是逃出来的。这位同学是天津的,撤离时不敢走陆路突尼斯,陆路50多个关口,钱掏光了还可能送命。当地的司机被打死,没人敢开车,沿途各个当地家族设岗……最后,这个同学和公司的留守人员也设法走水路到马耳他。经历过这样的磨难,所有人深深地感受到战乱的悲苦、和平的美好。

杨达聪他们在马耳他等待了5天,回国飞机先让小孩、妇女、年纪大的先走,管理人员让工人们先走。杨达聪他们最后5人同乘最后一趟航班飞回上海。那位天津同学和杨达聪一起从马耳他登上回国的飞机。同学4年的朋友,在逃难路上又做了一路的难友,缘分不浅啊!

飞机降落在上海虹桥机场,中建八局派车派人到机场迎接。在机场,那位副总接受记者采访,讲着讲着哭了。杨达聪也泪流满面,回到上海,他有一种游子归乡的感觉。他发自内心地说:"祖国是我们海外工作人员的坚强后盾!"

利比亚的项目原计划复工,但该地区战后武器未回收,太危险。派人去探查后得知,施工的塔吊、车子、埋在沙地里的电脑等都被当地人弄走和损坏了,短期内难以复工。利比亚动乱对中国企业和中国经济造成了不小影响和损失。

如今,杨达聪已退休多年,不再去沙漠中行走了,但这匹"老骆驼"给我们留下了行走沙漠风暴的故事。他一直认为,外事翻译在海外项目中承担着重要的桥梁作用。上,关系到领导层的决策;下,连接着每个员工的利益和生命财产,当好外事翻译不容易。外语是必不可少的工具,而外事翻译的责任心和敬业精神则更加重要。

(记:采访于2018年4月5日;完稿于2021年7月28日。发表于2022年3月期《上海滩》杂志。本文照片由被采访者提供)

第五辑 风吹稻花香两岸

【时代履痕】

代第五辑开篇辞

赵丽宏

  读容子的散文,给人的感觉是温婉平和,波澜不惊。她以一个知识女性优雅的姿态,细声慢语,不慌不忙地讲着自己的故事,抒发着发自内心的感情。在她平平淡淡的叙述中,读者能感觉她的质朴和诚恳,以及她对生活的热爱。她的文字,如蜿蜒的泉水,缓缓流过起伏的原野,以自己的清澈映射着斑斓天光。

  容子并不是专业写作者,她的职业曾是外语翻译和外事干部。写作只是她的业余爱好。这爱好,却成为她的一种生活方式,坚持了数十年。因为钟情于文学和写作,她不停地阅读,不停地观察思考,对自己所处的时代和环境,有很多自己的见解。她的作品涉猎范围很广,目之所及,信手拈来。中外古今,天文地理,人间万象,自然天籁,似乎没有什么不能成为她描绘叙说的目标。对自己经历的一切,社会的变迁,个人的遭遇,家庭的历史,亲情,爱情,友谊,天南海北的见闻,她的文字中都有生动记录。

  容子这样兢兢业业地用文字记录表达,用散文抒写自己的经历和心情……写作似乎成了她生活中最重要的内容。我欣赏容子这样的写作态度,正是因为有这样的态度,她的文字才真实亲切,可以轻轻地叩动心灵之门,引起读者的共鸣。

  (摘自《故乡在何方》序一,2019年7月7日作于上海)

注:赵丽宏,诗人、散文家、中国作协全国委员会委员、中国散文学会副会长、上海作家协会副主席、《上海文学》杂志社社长。

  《故乡在何方》是本书作者的一部散文集,于2019年10月出版。

本辑辑封图:上海苏州河畔居民区一景

走进赣南红土地

如今走进赣南大地,眼前的画面是:风吹稻花香两岸,遍地英雄下夕烟。

遥远的记忆被唤醒,曾经的往事从沉睡中醒来……

1971年,父亲的工作再次调动,家人搬迁到江西赣州。那时我已参军入伍,自1971年至1985年的14年间,我几乎每年往返江西探亲。走进赣南,使我认识了这片红土地。

一、青春记忆:初识这片红土地

提起江西,人们自然会想到风景如画的庐山,烟波浩渺的鄱阳湖,杜鹃红遍的井冈山,浪击崖壁的石钟山……同时,人们还会想起,工农武装革命打响第一枪的南昌城,"喝水不忘挖井人"的瑞金县……人们亲切地称呼江西老乡为"老表",把这块红土地称作"星星之火,可以燎原"的红军故乡。

赣南地区,是我党我军最早建立苏维埃政权的地方,也是工农红军长征出发的起始地。仅仅一个兴国县当年就有几万人跟着红军北上抗日,出了一百多位将军,被誉为"将军县"。肖华将军那时是"红小鬼",他创作的《长征组诗》感动了整整几代人。我常想:当年是什么力量使那些最最赤贫的工农大众自愿背井离乡,跟随红军北上、爬雪山、过草地,"高原寒、炊断粮","千锤百炼不怕难",出生入死走过万水千山?是什么力量,使方志敏这样的革命志士写下了《可爱的中国》,无畏白色恐怖,甘为人民的解放事业抛头颅,洒热血?究竟是什么信仰、什么力量,使他们这样?当你踏上赣南这片红土地,当映山红开遍的时候,你不能不问自己这些问题。

1972年春,我入军校学习,暑期放假,第一次探亲。乘火车前往江西南昌,又从南昌转乘长途汽车前往赣州。赣南山区,交通不便,那时从南昌到赣州要坐10多个小时的长途汽车,路况很差,旅行就是千辛万苦的体验。为了回家团圆,我拿出了"红军不怕远征难"的勇气,不远万里,长途跋涉,来到了赣州。

章水和贡水,犹如两条巨蟒盘踞赣南,在赣州汇成一条大河——赣江,此地故名"赣州"。赣州是个中等城市,当时的中心街道不长,两侧人行道有顶棚屋

图1：作者夫妇1981年夏于南昌（八一纪念碑）

檐，颇具闽粤赣边区特色。印象深的还是初见这片红土地时，看见那些光屁股跟着长途汽车奔跑的孩童。

汽车在公路上颠簸，映入眼帘的是雨后放晴的乡野，除了绿色的植物，就是红泥巴的道路，孩子们只挂着小肚兜，赤脚追赶着汽车嬉戏。在这片红土地的下面蕴藏着丰富的矿产，尤以钨矿为赣南宝藏。这里的土壤是红的，稻米也是红米。本地的大南瓜很出名，因此红军时代的歌谣"红米饭，南瓜汤……"脍炙人口。出于土壤的原因，赣南粮食产量很低，但盛产柑橘，还有一种像冬瓜那样圆长的大西瓜。

暑假期间，我在南昌、赣州、兴国、吉安、瑞金等地旅行，参观了许多纪念馆和博物馆，见到大量珍贵历史资料，了解到中共早期苏维埃政权的那段历史，理解了那代人的理想与信念。红军是真正的工农革命军，是老百姓自己的军队，军与民是鱼水交融的关系，所以红军受到贫苦百姓的拥戴。

寒假回家探亲，体验到赣南地区过年的民俗。春节前夕，条件稍好的家庭都忙着灌肉肠，腌制腊肉、腊猪肝、腊鸡、腊鸭，还酿制米酒。年三十晚，部队食堂会餐，大厨师做了许多赣南特色的菜肴，例如粉蒸肉、烧芋头、炒冬笋、辣子鸡、猪血旺等。赣南地区的"乌骨鸡"也颇具地方特色，后来我在赣州生孩子时没少吃这种鸡的汤，的确味道鲜美，很有营养。

大年初一开始走家串户拜年。我的一些战友是"老表"，到他们家中探望，家家户户的桌上都摆好了酒菜迎客。酒是白酒或米酒，下酒的菜就是香肠、腊肉、腊猪肝等。会喝酒的一定要喝上一杯两盏才能走，不会喝酒的也要吃个水煮荷包蛋才能走。有趣的是，一个碗里装两个荷包蛋，应该吃一个，留一个。起初我不懂，盛情之下就把两个蛋都吃了，后来才知道当地习俗只吃一个。当然，不知不为过，可至今也不明白这个习俗有什么寓意。

讲到当年往返赣州探亲，赣南地区落后的交通状况令我终生难忘！那种无可奈何、惊心动魄的故事太多了。结婚后,我和丈夫回赣州探亲,假期结束返队,途中碰到一件有趣的事。长途汽车上要选一位"旅客代表",看到我丈夫穿着军装,司机就"指定"他当旅客代表。没想到这个"代表"真就碰到了需要发挥作用的事情。半路上,我们乘坐的长途汽车与一辆运输公司的货车发生追尾,还好,都没大碍。但货车司机不让我们的司机走,要他赔偿,担心运输公司追究责任。客车司机拿不出对方要求的赔偿金额,请求"旅客代表"帮助协商解决。我丈夫好说歹说,请对方通融,以便全体乘客尽早到达目的地。货车司机要求:到了南昌一定要让客车司机到他单位走一趟,向他的领导证明事故责任不在他。我丈夫只好"责成"客车司机同意,这样两部车的司机才结束争吵,一起重新上路。

后来,赣州至南昌之间有了"小飞机",算是进步了。但即使这样,仍有许多不便。有一回探亲假结束时,正巧父亲去省军区开会,他让我一起乘坐小飞机飞往南昌。"小飞机"就是当年空军退役的苏式小客机,最多只能坐10人左右,飞不高,在空中遇到气流就颠簸得吓人。乘坐这种小飞机,许多乘客都呕吐。我倒是不吐,但谁也没想到,途中飞机发生机械故障,机长叫大家写"遗嘱",吓得我们魂都飞了。胆战心惊地坚持飞到吉安小机场,安全降落后不敢再飞了。机组忙着抢修飞机,全体乘客要么另想办法自谋出路,要么住在吉安等候飞机修好,什么时候能修好,谁也不知道。父亲因赶会议,请吉安县武装部帮助,连夜弄了一辆吉普车把我们送到南昌,到达南昌已是半夜12点半了。

二、刻骨铭心:渗透生命鲜血的红土地

结婚时,我已调到上海工作。两年后的12月,我回赣州娘家生孩子。生孩子是喜事,却也是苦事,更是性命攸关的大事。分娩前一天的晚上肚子阵痛,住进父母家附近的医院待产,妈妈和我丈夫一直陪伴身边。但是羊水破后一直生不下来,折腾了一整夜死去活来,直到凌晨6点,奄奄一息,已听不到孩子的胎心。我们要求马上剖宫产,但值班护士居然找不到值班医生,急呼我丈夫帮助推氧气瓶来给我输氧。之后的事,我一会儿清醒,一会儿昏迷,基本不省人事。孩子因脐带绕颈难产,而值班医生不在现场,无法处理。妈妈急得不知所措,丈夫吓得脸色铁青。最后还是妈妈当机立断,跑回部队找来两位邻居妇产科女医生。那天她们不值班,凌晨把她们从被窝里叫醒。两人赶到后,认为做剖宫产手术已为时太晚,于是合力用产钳夹住孩子头部,硬生生地把小生命拖了出来。一个白白胖胖7斤4两的小女孩,落地之后没有哭声,两位医生口对口地吸出孩子嘴里脏物,做人工呼吸,倒吊着孩子的双腿,拍打她的背部,甚至用针扎来刺激孩子,最后总算听到一声"哇——",孩子涨红着小脸放声大哭起来。所有人舒了一口

长气,我的心像一块石头落了地。

我想抱抱这个可怜的孩子,但是医生不同意,只让我看了一眼,就把孩子抱走了。幼小的生命处在危险期,医生马上给孩子注射消炎药、抗菌药,然后把她放到保温箱中观察了10多天。我的第一口奶水没能喂给自己的孩子,因为需要隔离,孩子不能吃我的奶。奶水涨得直流,护士抱来其他没奶吃的孩子,让我把奶喂给别人的孩子。寒冷的冬天,萧瑟的医院,窗外的树枝飘零着落叶,赣南红土地留下我永生难忘的记忆。

我们母女在医院里度过了新年元旦。我在危重婴儿保温箱病房的窗外,隔着玻璃看望孩子,泪水蒙住了视线,什么也看不清,只见孩子一头黑发,安静地睡着。从那时起,我就知道今后抚养这个孩子、培养这个孩子会非常艰难,我要比常人付出更多。面对孩子我很愧疚,没能生好她,使她从小体弱多病,这是我一生的遗憾。这本是医院的问题,当晚值班医生擅离职守,使我失去了剖宫产抢救孩子的最佳时机,但后来两位女医生及时赶到,竭尽全力挽救了小生命。事情既已发生,到了这个地步,再去追究那位失职的医生已无法挽回。责难不如感恩,与其对那位擅离职守的医生发怒,不如感恩那两位救人于危急的女医生。于是父母代表全家给医院写了感谢信,感激那两位医生。

产后回到娘家坐月子,母亲对我们母女呵护备至。因是母亲要求我回到她身边分娩,而赣州医院当时的条件欠佳,她一直感到歉疚。她为这个难产的孩子流尽泪水,耗费精力,付出了全部心血,她把对我的爱全部倾注到了这个孩子身上。每天给孩子洗澡,做婴儿操,和孩子说话,放音乐给孩子听……所幸孩子长大后,除了体弱多病,仍能正常大学毕业,参加工作,终让我母亲放下了心事。

我在赣州生下女儿,母亲声声唤着外孙女"毛毛"(小毛头、小孩子的意思),"毛毛"成了女儿的小名。毛毛还未满月,在她26天的时候,我丈夫不得不返回部队,在这节骨眼上,部队抽调他到北方工作,作为技术骨干去执行任务。我们从此分居两地,丈夫一去就是9年,9年后才调回上海全家团圆。

那年5月上旬,在赣州休完

图2:1984年夏作者女儿小毛毛于赣州

产假,带着5个月大的毛毛返回部队。毛毛太小,加上丈夫调到北方工作,我既要工作又要独自喂养孩子,困难太多,母亲不放心,决定和我一起去部队帮我带孩子。我们计划从九江乘船返回上海,父亲送我们到九江。这样,全家乘坐一辆吉普车,在春天杜鹃红遍的季节,沿着赣江,从赣州前往九江。

车子在山花烂漫的路上行驶,景色优美,但路况太差,颠簸得让人头疼。进入九江地界后,道路开阔平坦,但天空下起了雨,越下越大。距离九江市不远的山路,虽有不少弯道,但道路较宽,车辆不多。正当我们放松之际,我的眼前突然感到山崖迎面扑来,车身猛地朝黄土砂石的岩壁冲去。"啊——"我刚叫了一声,吉普车已撞上了山岩。瞬间,车前窗的挡风玻璃粉碎,我被车子的惯性从后座上甩到了两个前座的当中。车子急转弯180度掉头,朝着反方向的下坡滑出几百米,车头冲着路边的深渊,停在了大路当中。

一时车上寂静无声。我嗖地爬起来,知道自己还活着,急忙去摇妈妈,因为妈妈抱着小毛毛坐在前排司机右侧。只见毛毛掉在妈妈脚下的车斗里,妈妈闭着眼不省人事,她的脸上、身上都是血。顷刻,毛毛发出了响亮的哭声,我知道孩子还活着,就拼命喊"妈妈"。停了一会儿,妈妈睁开了眼,我激动地大叫:"还活着!"再看爸爸和司机,他们也还活着,尽管伤得不轻,但神志清醒,还能动。全车只有我的伤最轻,我赶紧下车,冒着大雨拦车。

瓢泼大雨中,远处开来一辆运货的大卡车。车在我面前停下,开车的工人师傅见我们血水滴答,明白发生了交通事故,连声急呼:"快上来!"父亲叫我和母亲先走,他和吉普车司机随后另拦车再走。于是我和妈妈抱着毛毛坐进驾驶室,工人师傅把我们送到九江171部队医院救治。事故原因是方向盘失灵(操纵杆螺钉不知怎么松了),好在没有重大伤亡,及时送到医院。

忙乱和慌乱中,忘记问那工人师傅的姓名,等我想起来,从救护室奔出来找他时,已人去车无,不见踪影。我和妈妈心里难过了很久、很久,人民群众是我们的救命恩人!

孩子这么小,难产之后又遭车祸大难,途

图3:1984年秋作者的女儿于赣州

中被大雨淋湿引起并发症,小生命在医院里再次与死神擦肩而过,我痛心不已!全家在九江医院住了近一个月,丈夫接到电报,日夜兼程从北方赶到九江照顾我们,帮助我们渡过难关。

终于,我们出院离开九江,继续上路,前往上海。

改革开放以后,江西的经济得到发展,道路交通设施得到改善,现在赣州通了火车。我想起江西,就会想起赣南杜鹃泣血的美丽春天,同时,免不了想起那场车祸。人生有时像旅行,赶上艳阳天,路边的杜鹃花姹紫嫣红;赶上阴雨天,路滑坡陡,不知道什么时候就会翻车遇险。跨过了坎,翻过了山,前面又见阳光大道,山花烂漫,风和日丽;再向前,可能又有沟沟坎坎,风风雨雨……路好也罢,路差也罢,要想到达目的地,只能一路向前。摔倒了,爬起来,继续走。

三、灵魂拷问:脱贫致富的红土地

之后的三年里,孩子基本上一直跟着我父母,因为母亲又把体弱多病的毛毛带回赣州,并为孩子找了一位江西小保姆做帮手。小保姆刚来时只有15岁,个头不高,读过小学,认字,姓康,我们叫她"小康"。小康是赣南农村孩子,身世可怜,家境贫困。父亲病故,母亲改嫁,撇下她们姊妹三人,寄养在叔叔家。叔叔婶婶自己有两个孩子,还要养活她们姐妹三个,实在困难,因此嫌弃这几个女孩。正巧我父母需要帮手,经人介绍就把小康领进了家门。

母亲同情这个姑娘,收留了她。小康的叔叔像是见到大救星,对我父母谢天谢地。每个月,这个叔叔都以看望小康的名义,带着几个孩子来到我父母家饱吃一顿,然后拿走小康的全部工资。母亲感到这样不行,于是给小康加了工资,让她不要告诉叔叔婶婶,增加的部分由母亲帮助小康保管,她要用钱时从母亲这儿支,多余的就替她存起来。慢慢地,她叔叔家的情况有所改善,不再带孩子来我父母家吃喝,只要求小康定时回去送钱。就这样,小康和毛毛一起成长起来,长高长胖也长白了,变成了城里姑娘。每当这棵"摇钱树"回乡时,妈妈都会让她给叔叔一家带去大包小包吃的、用的、穿的,还另外包了红包(钱)带回去。从此叔叔婶婶对小康另眼相看,在亲戚邻居面前非常自豪。这就是从红土地走出来的乡下姑娘,经济基础可以决定一个人的命运啊。

毛毛3岁半那年,我父亲卸任离休,决定回到故乡江苏定居。因为毛毛还小,征得小康同意,决定带她一起走。离赣之前,我和丈夫请假回去帮助父母搬家,陪同小康一起回乡告别。这是我第一次真正走入这片红土地的深处,第一次深入到赣南贫苦农民的家中。伏尔加牌轿车开到田边就开不进去了,前面没有路,只有细细窄窄的田埂小道。小康在前面带路,我和丈夫拎着糕饼点心、罐头、一大包衣物跟着她,高一脚、低一脚,歪歪斜斜地走进了田中低矮的茅草屋。

昏暗的草屋里,小康的叔叔婶婶正激动地等待我们。寒暄了一阵,门外站满了左邻右舍的人。当我们起身告别,给叔叔婶婶留下一些钱时,叔叔拉着小康哽咽地说:"等小毛毛长大些,你就回来吧。"小康点了点头,转身对两个妹妹说:"好好读书!"

我们走出茅草屋,走上田埂小道,回头挥手作别,只见小康的叔叔婶婶不停地向我们挥手。不仅他们,前来送行的村民越来越多,全都向着我们挥手。贫瘠的土地,破旧的草房,一群衣衫褴褛的男女老少在向我们挥手。这个画面长久定格在我的视线中,震撼着我,远远望去,叫我难忘。

为什么这块革命老区的红土地如此贫瘠,人民还生活在贫困线上?当年他们送走红军,跟着共产党闹革命为了什么?这是改革开放以来,经常触及我们灵魂深处的问题。"夜半三更哟盼天明,寒冬腊月哟盼春风,若要盼得哟红军来,岭上开遍哟映山红。"映山红什么时候再开?什么时候能开遍岭上?电影《闪闪的红星》的插曲不止一次在耳边回荡……当我认识到自己的责任时,无论是在改革开放的一线参加对外合作的谈判,还是回到家中和父母一起向贫困地区捐款捐物,都会想起离开小康家时,送行人群殷殷期盼的目光……

又过了两年,毛毛已上幼儿园了,小康要回江西与她的对象结婚。我在上海为她送行,帮她置办了嫁妆。这个姑娘回乡后一年多,就生了胖小子,第二年又生了一个女儿,很快成了两个孩子的母亲。她用带回去的钱做些小生意,资助两

图4:江西的油菜花田

个妹妹读书,自己在家养鸡养鸭、带孩子,丈夫在广东打工挣钱,小家庭的日子过得不错。从她寄来的照片和信看,赣南比以前富裕了,经济有了很大发展,公路修好了,火车开通了,生活条件大大改善了。

赣江流水滔滔不绝,风吹稻花香两岸。改革开放的春风吹进了这片红土地,赣南人民的生活越来越好,越来越兴旺。多年来,国家的"扶贫"政策在这块红土地上见效,映山红开了,开遍了千山万岭,开遍了赣南大地,赣南的老百姓有了盼头。2020年,中国大地上终于实现了全面脱贫,这片红土地发生了天翻地覆的变化。

"一送红军下了山,秋风细雨缠绵绵。山上野鹿声哀号,树树梧桐叶落光。问一声亲人,红军啊,几时人马再回山。三送红军到拿山,山上苞谷金灿灿。苞谷种子红军种,苞谷棒棒咱穷人搬。紧紧拉住红军手,红军啊,撒下的种子红了天。五送红军过了坡,鸿雁阵阵空中过。鸿雁能够捎书信,鸿雁飞到天涯与海角。千言万语多嘱咐,红军啊,捎书多把革命说。七送红军五斗江,江上船儿穿梭忙。千军万马江畔站,四万百姓泪汪汪,深情似海不能忘。红军啊,革命成功早归乡。九送红军上大道,锣儿无声鼓不响。双双拉着长茧的手,心像黄连脸在笑。血肉之情怎能忘,红军啊,盼望早日传捷报。十送红军望月亭,望月亭上搭高台。台高十丈白玉柱,雕龙画凤放光彩。朝也盼来晚也想,红军啊,这台名叫望红台。"

——引自江西民歌《十送红军》

当映山红开遍山谷,杜鹃啾啾鸣叫春天,井冈葱郁,庐山苍翠,鄱阳湖波光粼粼,章水贡水汇入赣江,那久违的山歌就会随风而来,穿越山谷,穿过江河,穿透我的胸膛。

江西,中国革命的根据地,星星之火从这里燎原。父母在这片红土地上工作过,我们的女儿出生在此,这里留给我许多难忘的故事。从这片红土地上走来了亲人、战友;走来了邻居、保姆;走来了许许多多老表乡亲……忘不了南昌广场的雕塑,韶关车站的长椅,赣水河上的浮桥,兴国县的老樟树;忘不了石钟山的涛声,庐山上的瀑布……忘不了女儿出生的产房,转运木材的驿站,小飞机的颠簸,去往小保姆家的田埂小道……

(记:写于2014年,收入作者散文集《守望家园》;2021年初修改补充,2月发表于上海松江文联《云间文艺》杂志)

舌尖上的年货

"北风那个吹,雪花那个飘,雪花那个飘飘,年来到……"年将来到,该准备年货啦。准备年货,去外地父母家过春节。提起去父母家过年带年货,总觉得是件喜庆而有趣的事。但近年来,这事让我有些纠结:给父母带什么年货好呢?

20世纪70年代初我在山西当小兵,新兵没有探亲假,到了快过年时,父母从老远的南方给我寄来包裹:糖果、奶粉、白砂糖,还有一包妈妈亲手炒熟的"炒面粉"(开水冲泡即可作面糊充饥)。父母怕我在部队吃不饱,在北方吃不到精粮,为了让我过年吃个饱,千里迢迢寄来"年货"。收到父母寄来的包裹,心里暖洋洋,其实那时在野战军虽吃不好,但还是能吃饱的。吃着父母寄来的年货,读着父母的来信,先是喜滋滋地高兴,但想起父母,想家了,不由得眼泪汪汪。

待我把糖果分给战友们享用后,他们七嘴八舌地建议我也给父母寄点"年货",并帮我凑了些山西特产。于是我用自己为数不多的津贴,给父母寄去了我人生走上社会后的第一份年货:大红枣、柿饼,还有山西特产"闻喜煮饼"。尽管数量不多,但父母收到后喜出望外,对我的工作生活状况放心了。我从一个曾在物质上完全依赖父母的人,变为可以独立生存,并对父母和家人有所回馈的人,颇有了些"成就感"。这是"年货"首次赋予我的意义和感悟。

到军校学习后有了寒暑假。每年寒假回父母家过年,动身之前和同学们一样,或多或少会准备些年货带回家。北方的小米是父母最喜欢的,于是千方百计买些小米带回南方送给家人。

过完年,同学们从四面八方回到学校,女同学聚在宿舍里分享各自从家中带回的特产,有北京的茯苓夹饼、天津的大麻花、湖北的麻糖、成都的灯影牛肉、江西的辣椒酱、福建的拷扁橄榄、上海的牛轧糖……那是我们冬日里最快活的时光。从这时起,我对年货有了新的认识:年货是中国人过年时舌尖上的好货,它是全国各地最富有地方特色的土特产品。

毕业后分配在浙江,后调到上海工作,这期间我的工资收入比刚入伍时和当学员时多了些,加之江南一带是鱼米之乡富庶之地,回家过年带给父母的年货品种选择余地大了,更丰富了。浙江的西湖藕粉、龙井茶、金华火腿、宁波年糕片、萧山萝卜干、绍兴老酒;上海的五香豆、大白兔奶糖、酒心巧克力、桂花年糕、玫瑰年糕、崇明糕、各种西式点心……应有尽有，琳琅满目。回家过年总是大包小包，带上各种年货，虽然每种数量不多，但毕竟是我所在地的土特产，带回家去年味很浓。

上海物流业发达，是全国各地土特产的集散地。我母亲是广东人，又在福建工作生活过多年，她特别喜欢广东香肠和福建的线面、肉燕皮和"兴化粉"。记得上海延安中路石门路口，曾有一家福建土特产专卖店，我每年都去这家老店采购妈妈喜欢的年货。

转业到地方工作后，随着国家的改革开放和发展变化，物资丰富起来，过年的年货多种多样，层出不穷。20世纪八九十年代，地方单位发的年货实惠得惊人：发鱼、发猪肉。年前总是忙着炸带鱼，然后带上生猪腿回娘家。"左手一只鸡，右手一只鸭，背上还有一个胖娃娃"，这是当年的真实写照。进入本世纪，公务出差和个人出国多了，带给父母的年货也从"本地化"发展为"国际化"：日本的各式点心、意大利的费列罗巧克力、澳大利亚的葡萄酒、西班牙的橄榄油、俄罗斯的鱼子酱、以色列的芝麻酱……年货见证了我们这个时代的发展，见证了我们这代人的生活变化。

带给父母的年货，他们总是舍不得自己吃，经常把我带去的年货分送给左邻右舍和好友。开始时我不理解父母，心想我辛辛苦苦从大老远背回来的年货是孝敬父母的，你们怎么送人呢？后来随着年龄增长，渐渐悟出了人生许多道理，慢慢理解了父母：他们觉得把子女带来的快乐分享给亲友，比吃到自己嘴里还幸福。这让我知道了年货对老人来说，不只有物质作用，更有精神作用，它传递着父母的自豪感和幸福感。孝敬父母，就尊重父母的意愿，让他们高兴吧。

有了私家车，过年回家带年货更方便了。可是父母年纪大了，身体欠佳，许多东西不能吃了，过年给他们带什么年货好呢？我有些纠结了。问父母需要什么，他们说："什么都不需要，你们回来看看就好，就够了。"年货，在我心中就是一份亲情。回家探望父母，就是送给双亲二老过年的最好礼物！

春节，是深扎在中国人心底的一份传统文化亲情。

（记：2020年1月24日《新民晚报》发表）

大年三十的万家灯火

记得在我奶奶那个年代,农村不通电,也没电视,晚间靠煤油灯照明。为了省油,家家户户一到天黑就早早吃完饭上床睡觉。只有到了大年三十那天晚上,各户人家才不吝灯油,在灶间和厅堂点亮灯火,准备过年的大餐。

到了我父亲这辈,有了电灯和电视,但平时家中人少时,父亲绝不允许家人随便浪费电,哪个房间有人开哪个房间的灯,没人的地方一律关灯。到了大年三十的晚上,他才允许家中大放光明。从年三十到初五,子女们都回家了,老人高兴,晚上让家人把所有房间的灯光打亮,亮亮堂堂地过年。

说来奇怪,这种情况似乎不止我们一家。大年三十晚上,向窗外望去,楼前楼后,左邻右舍,原本只有零星灯光的人家,通常朝北的厨房晚餐后不久就熄灯,平日里暗淡无光的窗户,这时就像是谁一声令下,全都亮堂了起来。窗内灯火通明,人影在灯下晃动,不时传出欢声笑语。哈,要过年了,仿佛朝北的厨房最亮、最忙。

如果年三十的夜晚你在赶路回家,你会觉得旷野中的那些村庄和平日不同,天空下的村庄灯火闪烁,在夜色中与公路相连。车灯前方连接着故乡烟火,让你想起家乡的火把和灯笼,家人正在灯下等你归来。年三十的晚上,如果你在路上,你会看到轮船灯火通明,火车灯光明亮,车站码头亮如白昼,机

图:上海苏州河畔住宅区

场港口灯火辉煌。啊,美丽的都市,银河星空,路似火龙,万家灯火,地如金毯。

有一年,我接父母来沪过节,年三十的饭菜早已预定,送餐上门,无需母亲操心劳累。酒足饭饱,家人聚在客厅聊天、看电视,唯独不见母亲。挨个儿房间寻去,只见母亲搬把椅子坐在大晾台上观景,观看小区里佳节夜晚的"万家灯火"。高楼顶上的探照灯摇曳生辉;河岸边的景观灯妩媚迷人;路边树上的小彩灯五光十色;高楼人家的灯光晶莹透亮。

"妈,您在看什么呢?"我好奇地问。

"看万家灯火,看节日夜景。这灯火的背后会有不同的故事。"

是啊,万家灯火的背后会有不同的人生和故事。母亲的话,让我想起上世纪四十年代的影片《万家灯火》。这部1948年7月放映的剧情片,由沈浮执导,由蓝马、上官云珠、吴茵等主演,讲述了抗日战争后国统区小资产阶级和底层人民的生活。蓝马扮演的小职员胡智清一家的艰难生活,成为当时社会的一个缩影:由于通货膨胀,物价飞涨,公司解雇,失业无助,胡智清几乎被逼上绝路。在万般无奈之下,他在公交车上拾到一个钱包,心绪矛盾,最后还是把钱包归还了失主,却不料反被诬陷为窃贼而遭毒打。望着万家灯火,胡智清羞愤交加、茫然无措,又被汽车撞倒,幸由路人送往医院……影片讲述了万家灯火中的人间苦难。

2009年9月上映的另一部剧情片《万家灯火》,由安战军执导,由刘烨、辛柏青、冯千等主演,该片以北京南城人家的生活为主线,讲述了金鱼池胡同大杂院和筒子楼的拆迁以及居民安置工作的故事,通过何老太太一家三代的喜怒哀乐,展现了改革开放时期"万家灯火"中的京城人家生活变迁。

万家灯火,每个亮灯的窗里,有着不同的故事;每盏路灯下的行人,有着不同的人生。不同时期的《万家灯火》,正是人间万象的不同窗口。那些有着生活经历的老人,他们透过夜晚的窗口,可以看到人生的深处,自然会对大年三十的万家灯火感慨万千。

万家灯火!大年三十的晚上,万家用电,万户通话,有多少电力工人坚守岗位,又有多少电信职工值守待命,他们保护着电网和通信网络万无一失,让节日的万家灯火明亮,让祝福的电话畅通无阻。万家灯火!新年到来,人间的灯火格外耀眼。人们在心中默默祈祷:让苦难远离,让幸福降临,祝福吧!

(记:2020年1月除夕发表于上海《松江报》;2020年2月10日上海普陀作家公众号转发)

"拜年"的时代感

关于春节拜年，古人有许多说法，民间有许多习俗，但这不是我今天要谈的主题。我想谈谈儿时、少时、现时的大年初一拜年给我留下的鲜明深刻的时代感。新春佳节到来，唤醒我心中沉睡多年的"拜年"往事。

大年初一"早"拜年

从我记事起，大年初一的拜年，就像一幅幅生动的画面，在脑海中挥之不去。

记得小时候的年初一，从来不敢睡懒觉。年三十晚上妈妈就再三交代我们小孩子：初一早晨要早起！初一清早换上新衣，准备迎接前来拜年的客人。家中的墙上贴上了喜庆的年画，窗台上摆放着水仙花；小方桌铺上漂亮的勾花台布，摆上糖果和"灶糖灶饼"各种点心、水果，还有家中平时舍不得用的景德镇漂亮瓷器茶壶茶杯、平日里父亲招待贵客的龙井茶叶罐。

全家人吃的春节第一顿早餐，是妈妈睡半夜、起拂晓准备的。初一的早餐格外丰盛，有汤圆、油条、炸年糕片、咸鸭蛋和干炸咸带鱼，还有肉松，这些东西平时绝不可能同时上桌，只有初一清早才能统统吃到，对小孩子来说，这就是"过大年"。爸爸是军人，吃饭速度快，他放下筷子，和妈妈说声："我先去向邻居们拜个年！"披上干净整洁的军呢大衣就出门了。

见到这么多好吃的东西，小孩子自然高兴，吃饭速度快不起来，没等我们小姐妹俩吃完饭，第一批前来拜年的客人就已敲响了家门。大清早前来拜年的客人多是邻居，他们和爸爸一样，是各家的"拜年代表"，到邻居家串门，恭贺新年。没人要求必须大清早就串门拜年，可那时邻里间的友善就表现在这种"约定俗成"的礼仪和礼节中：清早拜年显示祝福的诚意、关系的亲密。来拜年的叔叔、阿姨，喜气洋洋，新装隆重，有的穿中山装，戴鸭舌帽；有的着中式袄，系漂亮围巾……进门作揖，面露笑齿，口吐吉言："拜年，拜年，新春快乐！"拜年佳句不绝于耳，邻居大婶还送来热腾腾的北方饺子……那时邻里间的关系真是亲密。

图1：1958年，作者（前左）与父母及妹妹于福州

送走第一批拜年的客人，紧接着第二批、第三批拜年的客人登门，他们都是父母的老乡、同事、朋友……这时妈妈已收拾了饭桌，爸爸也回到家中，为客人沏上好茶，连说："同喜，同喜，恭贺新年！"这天，妈妈也格外整洁漂亮，烫过的短发自然弯曲，米色羊毛衫配上花色真丝围巾，大方得体，不乏节日气氛。她让我们小孩学着大人的吉言向客人问好："叔叔好，给您拜年！""阿姨好，祝新年快乐！"在欢声笑语中，客人们多数只坐10分钟左右就起身告辞，说是赶着去下一家拜年。到了上午10点钟，妈妈给我和妹妹的小脸蛋抹上胭脂，涂上口红，让爸爸带着我们小姐妹去"军人俱乐部"拜年，妈妈留守家中接待其他客人。

上世纪五十年代末，我5岁，妹妹3岁，我扎着两根小辫，妹妹剪着娃娃头，我们俩穿着一式一样的大红色灯芯绒小外套，跟着穿军装的爸爸去拜年。初一的"军人俱乐部"熙熙攘攘，人头攒动，爸爸抱着妹妹，牵着我，和他的朋友们一一握手、拜年。那些佩戴肩章的军人叔叔，给我和妹妹的口袋里塞满糖果。他们有的在喝茶，有的在喝啤酒，有的嗑瓜子，有的吃花生，也有的在吸烟，他们和爸爸热情地聊天，好像有说不完的话。爸爸放下妹妹，任由我们姐妹俩在他的军呢大衣下钻来钻去尽情玩耍。这是早期的"团拜"。

初一的下午，我们陪妈妈在家接待陆续前来拜年的客人，而爸爸骑上自行车，带上妈妈为他准备好的新年礼物：红枣、水果、糯米粉，去探望那些家庭困难或有病的老同事、老战友，赶在大年初一拜个年。

初二，爸爸换上便装，和妈妈一起带着我们，全家出门拜年，去拜访他们的老领导、老朋友。登门拜年，聊天说话，有时中午受邀做客。在人家家里吃饭，小孩子得规规矩矩，我和妹妹觉得不如在"军人俱乐部"好玩……初三中午，我们家请客，请父母单位的年轻单身汉吃饭；傍晚全家去观看部队文工团的演出。

那时的拜年活动，只有农村人口和当地城镇居民才有"婆家""娘家"这样的民间拜年习俗。凡以工作单位为主体的人，无论是家中来客，还是拜访人家，基本都是来自五湖四海的同仁。拜年，就是在特定群体中走亲访友、问候祝福。这是那个年代春节拜年的时代感。

乔装打扮"偷"拜年

上世纪六十年的拜年,也充满苦涩和艰难的回忆。在那个特定的历史时期,拜年是一种奢侈,若得到它,犹如寒冬里得到温暖。透过苦难中的拜年,可以看到人性中宝贵的正直、真诚与善良。

1961年11月弟弟出生,我们家添了一口人,正处三年困难时期。部队食堂里军人们吃香蕉皮为主食的混合饭,省下口粮给幼儿园的孩子。妈妈在地方食堂和同事们一起用空心菜、野菜和着地瓜干煮汤充饥。

1962年春节,小弟弟刚3个月。大年初一拜年的习俗还保留着,面黄肌瘦的人们虽食不果腹,但还是热情地互祝新年平安。一位空军飞行员叔叔把军队特供的奶粉和一个黄豆肉骨头小罐头,送给了妈妈。爸爸的老战友看到我妈妈产后缺乏营养全身浮肿,骑自行车到郊外乡下,用自家省下的粮票和农民换来20个鸡蛋,作为新年礼物送给我妈妈。这20

图2:1963年,作者(后中)全家合影于福州

个鸡蛋的恩情,妈妈记了一辈子,直到她70多岁时,还专程去济南看望久违的老友,答谢他当年送鸡蛋的恩情。

1967年和1968年的冬天,是我们家最寒冷、最难熬的冬天。妈妈因大舅的问题和其他亲戚的"社会关系"被隔离审查了一年多,父亲被调到外地工作,家中的保姆跑了,只有我带着妹妹弟弟"小鬼当家"。父母的老领导、老朋友,乃至我们邻居中的许多人被关进"牛棚",个个自身难保。"武斗"频发,持械的造反派大卡车三天两头从街上呼啸而过。那个年代,人性中的善被压抑,人性中的恶被放纵,物资极度缺乏,人情寡淡如水,谁还有心情过年啊。

父母不在家的这段日子,我们提心吊胆度日。有一回爸爸的老部下利用到省城办事的机会来家看望我们,当晚住在我家客房。半夜里他听到凉台上有动静,起身开灯大吼,凉台上的人影即刻顺着水管仓惶逃逸。估计是小偷,如果歹人入室,家中没有大人,后果不堪设想。这位叔叔临走时不放心,拜托楼下邻居老魏关照我们。老魏是妈妈单位的老司机,他二话不说,当晚就搬到我家客房住了几晚,确保再无小偷敢来后才撤回自家。

1968年春节,节前清晨4点,我和妹妹把弟弟锁在家里,去菜场分头排队,在寒风中站了一个多小时,凭票买到一块肥肉,还有一条鱼,这是仅有的年货。寒冬虽冷,但还有暗火在悄悄温暖人间。妈妈单位的军代表念着妈妈是军属,放她回家过年。随后爸爸也突然回到家,因怕造反派跟踪,爸爸"化装"得像地下工作者,穿一件深灰色棉袄,鸭舌帽的帽檐压得很低,大围巾围住嘴和鼻,几乎看不到五官,敲门时声音很轻,生怕惊动邻居。年三十晚上,妈妈用我们买的肥肉炸出一茶缸猪油,用猪油渣拌上酱油做成一道菜,又清蒸了那条鱼,煮了点米粥。然后用猪油和葱花做了葱油饼,在铁锅里抹点油,烘熟葱油饼。全家人吃了这顿团圆饭,过了年。爸爸笑着说:"有鱼(有余)就好,明年会好。"

大年初一,楼下的老魏和他老婆来看我们,带着一个用毛巾包裹的大茶缸。意外见到我父母,高兴地拜年。父母握着他们的手,感激不尽。老魏夫妇反复安慰我父母:请放心,他们一定会关照我们姐弟三人。以前老魏收入低,家庭生活困难,得到过我父母接济,他们知恩图报。现在看到我家困难,他们主动关照我们几个孩子。老魏夫妇说完话,放下大茶缸走了。妈妈解开毛巾,揭开大茶缸的盖子,大茶缸里是热腾腾的鸡汤和鸡肉。这个意外的拜年,让妈妈落泪了。

这天午餐,吃着老魏夫妇送来的鸡肉和鸡汤,爸爸感慨:"困难之时见真情。"妈妈对我们几个孩子说:"要记住别人对我们的好!困难之时,往往是这些普通人在帮助我们,不要忘记这些最普通的人!"母亲的这段话,在我后来的成长过程中反复在耳旁响起,成为我的人生座右铭。年是什么?拜年,拜什么?幸福又是什么?当我走过寒冬,熬到冰雪融化、晴空万里时,懂得了冬天里的那把火多么温暖、多么深情。

人世间许多事会忘记,但总有一些事无法忘怀。这天下午,爸爸和妈妈悄悄商量着一件事:他们挂念一位老领导,那位周伯伯是战争年代的军队领导干部,后任地方高级法院的院长。他虽已"靠边站",但尚未失去自由时,听说我们家三个孩子没人管,而外面的"武斗"愈演愈烈,两派对射实弹,流弹经常在我家楼前飞过,他不放心我们几个小孩的安全,多次自己一人摸到我家看望我们,仔细检查我家的窗户插销和门锁,叮嘱我们:听到枪声,躲到走廊里,因为走廊两侧都有房间,各有两层墙做掩护,最安全。父母听说后,既感动又感激。现在周伯伯失去自由,病倒了,父母很惦记他。爸爸决定继续化装成"地下工作者",摸到医院去给这位老头儿"拜年"。

大年初一就这样过去了。父母悄悄地回家,初二又悄悄地走了。临走前他们交代我这个当姐姐的:"不要害怕,有急事就找楼下的老魏叔叔帮忙。"

1969年春节前,母亲获得自由。开春后形势好转,外面的"武斗"已平息,父亲也回到省城工作。这年年底,我14岁半,参军入伍去北方当了小兵。后来老魏跟随省单位去非洲也门参加援外项目,我父母再次工作调动去外地,搬家走了。周伯伯病重,后病故。我们几家分开了,但我们永远记着老魏叔叔和周伯伯。

图3:1979年,作者与父母于江西赣州

便捷文明"微"拜年

我参军后,在部队过年都是大会餐。部队领导讲完话,向大家拜了年,会餐开始,官兵们大快朵颐,大碗干杯,好不热闹。初一、初二、初三,有家的老同志轮流请客,请单身年轻人来家吃饭,或一起包饺子。这是部队的好传统。

多年后转业到地方工作。改革开放以来,地方兴起"团拜式"拜年,而这时的"团拜",物质条件已大为改善。单位年末的迎新大会,不仅有歌舞表演,还有抽奖活动,奖品小到电动剃须刀、手机、MP3、电饭煲,大到电视机、洗衣机、电冰箱……真正的点对点拜年是走访重要客户,请客吃饭。待到年后第一天上班,单位领导到各办公室看望大家,拜个晚年,"接见"一番。

新的"团拜风"盛行时,上世纪五十年代至八十年代的那种传统式互访拜年习俗,在悄悄退化、渐渐减弱,乃至慢慢消失。一是因为城市的改造和新住区的形成,新的生活方式打破了以往那种邻里关系。高楼林立的小区里,各家过着各家的日子,"鸡犬相闻,老死不相往来"比比皆是。二是由于科技发展,便捷的通信手段改变了人际交往模式,大年初一打个电话问候亲朋好友,既方便又简捷,成为文明拜年的方式。这种"电话拜年"改变了人们观念,那种大清早敲门拜年的老习俗,已不太适应快节奏的时代变化;影响他人节假日休息也恐被视作"不文明"。由此一来,大年初一能够见面作揖拜年,当面聆听对方"恭贺新年"的祝福,虽然还有,但已少之又少了。这不免让人感叹当代拜年少了点人情味,人际关系淡漠了。

父母老了,父亲耳背,每年的"电话拜年"任务就落在母亲身上。从年三十

图4：2019年庆祝建国70周年，父母合影于江苏的军休所

晚上到年初一上午，妈妈就像忠于职守的"值班员"，守在电话机旁接电话，父母的老同事、老朋友，还有亲戚们一准儿会从四面八方打来拜年电话。他们在电话中互致问候，各自介绍近况，说到开心处，开怀大笑；若讲到哪位老友走了，会潸然泪下……老妈伏在老爸耳边，将这一切转告父亲，父亲跟着同乐、同悲。在父母心里仍保留着拜年的滋味，这滋味是他们晚年对人生的回望和纪念。

值得安慰的是，每年的年三十晚上，央视的"春节晚会"不管节目内容怎样、水平如何，它毕竟向全国老百姓拜年了。这种仪式感无可替代，老父母必端坐在电视机前收看。此外，在我们上海的小区大楼里，居民们自发组织了春节联欢会，楼上楼下原本互不相识、并不熟悉的邻居们，会聚在大堂里演节目，有孩子们唱歌、年轻人拉琴、老年人唱戏，自娱自乐的"团拜"密切了邻里关系，不能不说是人情味的积极回归。

科技的发展，带动了电话拜年和短信、微信拜年的方式，这种方式在特殊时期发挥了意想不到的作用。2020年春节，正是新冠病毒横行的时候，在突发的传染病灾难面前，为了防疫，人们自觉停止了聚会和登门拜年。但春节仍是中国人的传统节日，拜年的方式变了，但人们互祝平安吉祥的心愿未变。庚子年的初一，来自远方的祝福电话、互相鼓励战胜灾难的拜年微信、亲友间的短信问候，如温暖的阳光随着电波穿越寒冷的冬日，洒向人间，让人感到满满的温情。

回望几十年来的春节拜年，犹如打翻五味瓶，酸甜苦辣辛，个中滋味一言难尽。啊，冬天过后是春天，春天就要来了，天气会慢慢转暖，一切都会好起来。

（记：发表于2020年3月期《上海滩》杂志，题为"不曾远去的'拜年'"）

黄浦江畔浦东情

一

暮色中,来到延安东路外滩的过江摆渡码头。黄浦江畔,人们来去匆匆。

天际线上的乌云压得很低,江岸阴沉。随着渡口的铃声响起,上船的门打开了,从浦西前往浦东的下班人群蜂拥而入,不少人推着自行车一起登上了渡轮。我虽然家在浦西市区,但这天下班后要去浦东看望从外地来沪的老战友,便随着人流上了渡轮。这是二十世纪八十年代中期,1985年秋的事。

呜……渡轮起锚,朝着黄浦江的对岸驶去。站在船舷一侧,顿觉江风迎面而来。身后的浦西灯光闪烁(仅是闪烁而已,那时称不上"灯火辉煌"),而前方的浦东暗淡无光,什么也看不见。

渡船在浦东陆家嘴渡口靠岸,随着人流走出码头。人们很快四散,周围安静了下来。在昏暗的灯光下,未见码头有像样的建筑,倒是看见一座座等待装运的小"煤山"。乘公交车前往战友家,还算方便,不远。沿途望着窗外,听到远处传来犬吠,觉得好像到了僻静的乡下,朦胧中的景致与浦西完全不同,似有天壤之别。这是我第一次踏上浦东土地,留给我的第一印象。

战友的婆家在东昌路附近,如今那里属于繁华的陆家嘴新区,可当时的街区实在与"繁华"搭不上边。战友婆家的房子是过去留下的老房,楼上楼下,比起浦西人家的住房条件要宽敞,家中收拾得很干净。我和战友在部队是好友,已有10多年未见,见面后很开心,有说不完的话。她的婆婆善良朴实、和蔼可亲,按照浦东人家的待客之道,做了"四碗四碟"招待我,让我今生难忘。

因为我的孩子还小,当晚寄托邻居照看,我不放心,和战友匆忙见过一面,又乘摆渡船返回浦西。那晚来去浦东,月色苍茫,江风拂面,记忆犹新。

大约过了一年,战友从外地转业回到上海,工作单位就在浦西外滩的外贸公司大楼里。她丈夫的工作单位在浦西延安中路上的仪表局,离我家不远。他们两口子每天乘渡轮往返浦江两岸,来往于浦西和浦东。得知我丈夫在北方工作还未调回上海,我一人又工作又带孩子,生活中碰到不少困难,战友委托她丈夫经常利用午休时间到我家看望,帮我修理家中的水龙头和水管之类,有时给我捎来些浦东的新鲜蔬菜。

这年国庆节放假,战友全家邀请我带着孩子去浦东做客,晚餐后送我们回到浦西外滩一起观灯。这样,我和孩子再次来到浦东人家,与他们全家一起吃了国庆家宴,又一同乘渡船返回浦西。在渡船上,我抱着孩子从浦东一侧眺望浦西的夜景,只见国庆夜晚的外滩霓虹灯大放光明,绚美灿烂。孩子兴奋地拍着小手,欢呼雀跃。晚间摆渡过江,江风习习,从幽暗的浦东向灯火辉煌的浦西前进,一江之隔,恍若隔世。国庆夜晚的情景,至今留在记忆深处。

1989年5月1日,第一条延安东路江底隧道开通,大大方便了往来浦江两岸的交通。但许多人还是习惯摆渡过江。

二

时光到了1996年,第二条延安东路隧道开通。

这时,距离我第一次到浦东已有10年了。浦东已于1990年4月正式开发开放,正以惊人的速度发生着天翻地覆的变化。

这年国庆前夕,我陪着外宾从外滩观赏浦东一侧的夜景,东方明珠电视塔已建成,成为浦东陆家嘴的重要标志,也是上海的重要地标建筑。夜晚的游轮从黄浦江面驶过,江岸对面的大广告牌五光十色,从前幽暗的浦东此时已灯光四射。

陪同外宾从新开河外滩游船码头出发,乘坐浦江观光游轮观赏两岸风景。站在游船甲板上,想起10年前第一次到浦东见到煤码头的情景,不禁感慨万千!

"浪奔,浪流,万里滔滔江水永不休。淘尽了世间事,混作滔滔一片潮流。是喜,是愁,浪里分不清欢笑悲忧。成功,失败,浪里看不出有未有。爱你,恨你,问君知否,似大江一发不收,转千湾,转千滩,亦未平复此中争斗。又有喜,又有愁,浪里分不清欢笑悲忧。仍愿翻百千浪,在我心中起伏够。"

游船上传来电视剧《上海滩》的插曲,月色苍茫,让人忽然有些怀旧。

1997年,浦西过江渡口改至金陵东路码头。1999年浦东撤销原陆家嘴渡口,保留东昌路过江码头。上海滩的新故事在发生着、延续着。

我丈夫早已调回上海,孩子也长大了。老战友的丈夫已调浦东新区政府工作多年,他那慈祥的老母亲去世了,他们一家原来的老房已拆迁,分了新房搬到梅园新村,新家装修得很漂亮。

多年后,当我陪同外宾站在浦东一侧的滨江大道上眺望浦西外滩时,告诉

图：1996年2月，作者（左1）陪同外宾游览外滩

外宾们上海的种种变化：交通干线四通八达，城市建设蒸蒸日上，浦西外滩金融街和浦东陆家嘴金融区已被环路光纤光缆连接成最发达的国际大都市金融通信网，外宾们无不发出赞叹，他们对上海的认识从此开始。

认识上海，首先从外滩开始，了解上海，似乎也从外滩开始。百多年以前，上海外滩只是黄浦江西边的一片杂草、芦苇丛生的荒滩，沿江只有一条纤夫们艰难行走的小道。然而，自二十世纪初开始，"外滩小道"逐渐成为上海城市的标志性区域，作为"远东第一金融街"而闻名遐迩。外滩建筑风格迥异，造型别致，被誉为"万国建筑博览群"。

上海外滩，许多中国人和外国人对它并不陌生。长长的防汛堤上，观光客络绎不绝；夜幕之下，一对对情侣携手漫步。浦西一侧，金融街的万国建筑群就像一首散佚在霓虹灯下的诗，向人们吟诵十里洋场的老故事。浦东一侧，东方明珠电视塔和国际会议中心的风景线，构成一幅现代画，向世人展示着上海改革开放的今天。一江春水向东流，上海的母亲河黄浦江带着岁月的痕迹，沿着外滩一泻而下，奔向大海。我不知多少次来到外滩眺望浦东的变化，又不知多少次站在浦东向外宾讲述外滩的故事。

三

时光穿越到2005年,又过了10年。

我所在单位的总部已从浦西搬到浦东,位于陆家嘴世纪大道上的新办公大楼。我每天往返浦东和浦西,在浦东上班,成了新浦东人。

国庆前夕,世纪大道街边鲜花绽放,每座大楼都窗明几净,彩旗飘飘。高大时尚的陆家嘴,无论从空中航拍朝阳升起的时候,还是黄昏凝望楼宇背后的晚霞落日,我都会为浦东的发展变化感动不已。

在浦东,我曾和上海技术团队与外国大企业一起研讨智能大楼建设的项目;我曾和同事们一起推进国际先进水平的无线技术网络;我曾接待过出席APEC部长会议的政要和外国记者……我曾在金茂大厦开过会,曾在香格里拉饭店吃过饭;见过我国第一个海缆登陆站(南汇登陆站),也见过南汇大团的桃花开……浦东,曾留下我多少足迹和记忆。

虽然那时我已有了私家车,可以方便地驾车通过江底隧道来往浦东,也可以搭乘地铁自由地穿梭于浦江的东西两岸,而我总是想起当年延安东路的过江码头,想起曾经月色苍茫的陆家嘴渡口,更会想起最初去过的浦东人家。

几十年过去了,我的老战友已退休。很可惜,她的丈夫(当年帮助我修理水龙头的好心人)没能熬到退休,在一次会议上突发心脏病,讲着话头一歪就过去了,为了浦东的发展操心劳累,鞠躬尽瘁。我从浦西赶到他们浦东的新家,帮助料理后事,无法抑制难过的心情,陪着好友掉泪……浦东人家,你们在我的记忆深处饱含着挥之不去的深情厚谊。

又过10年,到了2015年,这时浦东早已今非昔比,更加让人刮目相看!

宏伟的大桥横跨浦江两岸,陆家嘴摩天大厦高耸屹立;金桥保税区蒸蒸日上,张江科技园日新月异;世博园区中国馆红色不褪,东方艺术中心人文荟萃;乡镇遍野似花园,临港新城鱼虾鲜……寒暑几十度,倏尔三十多载,"宁要浦西一张床,不要浦东一间房"的时代已一去不返!

我的老战友已坚强地走出丧偶之痛的阴影,参加了浦东老年大学的合唱团。她的女儿结婚时在浦东购买了新房,现在她和女儿女婿生活在一起。2020年1月,当年我们在外地当过兵的女战友为纪念参军入伍50周年,邀请她一起参加上海的战友聚会,大家相见欢快无比。

如今,我也退休多年,根据政策规定,现在我的人事档案保存在原单位所在地档案局的档案馆,因此我虽居住浦西,但我的人事档案存放在浦东档案局的档案馆,我也算是"浦东人"呢。退休后,我开始写作,承蒙浦东作协文友邀请,我写下这篇纪实散文留作纪念。

四

老上海,十里洋场灯红酒绿;大上海,高楼大厦车流如织;新上海,浦江两岸世纪新貌。多少蔷薇夜来香,多少老歌唱不完,月色苍茫黄浦江,忘不掉摆渡过江的老码头,挥不去浦东吹来的世纪风。陆家嘴的霓虹灯啊,让我在滨江大道望长堤,一望再望,江水流,奔流不息入海洋。

每个城市都有它的象征地,如果这个象征地的审美价值能与国际上大多国家的审美观一致,它的感召力就更强。

穿越大都市的河流是各国人民审美价值曲线上的一个共同点,黄浦江由于它厚重的文化底蕴和杰出的代表形象,成为上海最主要的象征地。在上海讲述黄浦江和浦东的故事,我感到是这座城市的魅力感召。浦东开发开放三十年来,它的象征力量对于新时代的上海来说,具有特殊的历史意义。

(记:发表于2021年9月7日《新民晚报》App)

聊聊上海的大饭店

上海的大饭店,是上海的一道亮丽风景线,也是这座城市的地标和名片,它承载着历史的变迁,铭刻着时代的印记。在改革开放的年代,20世纪80年代至本世纪的前十年间,因工作关系,我经常光顾这些大饭店,至今记得在这些大饭店中发生过的一些趣事,当然,也发生过一些憾事。

我在这里听老市长作报告

上海外滩,素有"万国建筑博览会"之美誉。这些建筑多姿多态,历久弥新。它们有的古典,有的现代,有的风雅,有的孤傲……伴一江春水,与日月同辉。

外滩2号"东风饭店",曾是上海最豪华的俱乐部——"上海总会",具有"东洋伦敦"之称,仿效英国古典主义,参照日本帝国大厦建成,已有百年历史。在"东风饭店"顶楼餐厅与海外归来的友人共进午餐,穿过长长的"远东最长吧台",阅尽五颜六色玻璃隔断的斑斓装饰,落座在临窗的餐桌边,望着窗外悠悠东去的黄浦江水,仿佛自己从遥远的过去走来,又随着江风漂向远方。

外滩12号大楼曾是上海市人民政府所在地,距"东风饭店"不远。记得20世纪80年代末至90年代初,我常走进外滩12号大楼,去市政府计划委员会开会、听报告。当时徐匡迪同志接任上海市计划委员会主任,他是学者出身的政府官员,从北欧进修回来,走马上任的第一件事就是给计划委员会系统的人员上课。那天我在外滩12号楼里端坐着,聆听了徐匡迪先生关于北欧科学发展的情况报告。后来,徐匡迪升任为市长,上海市政府为了顺应改革开放的需要,还原上海外滩金融街的历史风貌和作用,把市政府办公地点搬到了人民广场的新大楼里,浦东发展银行进驻外滩12号大楼。

讲起外滩12号大楼,有一件具有历史意义的趣事。1949年以前,这里原是英国汇丰银行的中国总部,大楼内的天花板用马赛克贴片装饰得美轮美奂。汇丰银行撤离时,用石灰把那些西洋画图案贴片全部封掉了,打算今后如有机会返回,再除去石灰让艺术品重放光芒。但汇丰一去几十年,上海金融界几乎无人知晓此事。等到上海改革开放搞市场经济时,市政府以3亿英镑的价格向海外金融大亨发出邀请,但汇丰受香港金融危机影响,加上对中国大陆改革开放缺乏远见卓识,没有应标,坐失良机。市政府又向国内银行浦发招标,浦发银行上市后筹集16亿元人民币接手外滩12号大楼。接手大楼后浦发进行装修,铲去天花板上的石灰,意外发现隐藏在内的马赛克西洋画图案,那些藏匿几十年的精美艺术品终于"重放光芒"了。现在,经过30多年的发展,驻外滩12号楼的浦发银行,总资产已近8万亿元人民币。

外滩19号至20号是和平饭店,分为南楼和北楼。南楼原为"汇中饭店",北楼原名"沙逊大厦",被誉为"远东第一楼"。南楼的"九霄厅",是著名的VIP宴会厅,克林顿等许多世界名人曾在这里就餐,我也曾在这里接待过东盟等国的重要宾客。

和平饭店还有个"老年爵士乐队",当年乐队成员多是70多岁的老人。20世纪30至40年代时,年轻的他们都是和平饭店酒吧厅的爵士乐演奏者,或是爵士乐爱好者,会摆弄长号、黑管等乐器,是常到酒吧来演奏爵士乐的"老克勒"。如今一把年纪了,他们依旧"头势清爽"(沪语:发型整齐),衬衫整洁,打着领结,穿着吊带裤,皮鞋锃亮,丝毫不减当年派头,引来那些拿着威士忌刻花玻璃酒杯的老外阵阵喝彩。音乐响起,灯光幽幽的酒吧乐池中传出爵士乐老曲子,弥漫出老上海特有的海派味道,加上老乐手们随着乐曲微微摆动的身姿,真叫一个"嗲"!

这座大厦曾惊出我一身冷汗

在北外滩,靠近苏州河与黄浦江的汇合处,有着上海的地标建筑外白渡桥,这里是许多电影和电视剧的取景拍摄地。在"外白渡桥"的北面,伫立着一座古朴端庄的大楼——上海大厦。

2000年冬季的一个傍晚,在上海大厦18层,我所在单位与亚洲某电信运营商举行双方MOU交流协议的签字仪式。当天下午,我早早来到上海大厦,仔细检查了签约场地及相关的准备工作。一切就绪,我望着整洁的会议厅、摆放有序的鲜花、红底白字的横幅、铺着墨绿台布的桌子、插着双方小国旗的签字台、台面上的协议文本和签字笔,感到万无一失,长舒一口气,坐在自己的席位上,阅览签约仪式的流程,等候双方人员的到来。

下午5点40分,我方领导及其他出席人员、对方参加签约仪式的来宾,陆续来到会场,而唯独不见我方签字代表。签约仪式计划在下午6点开始,但已经过了5分钟,还不见我方签字代表到场,给他打电话也打不通,真把我急出一身冷汗。眼看已经6点10分了,所有中外人员都在现场等候,可签字代表没有出现。又过了5分钟,还不见人影。在场的我方领导立刻决定:改由介绍双方合作项目

图：作者1998年10月于上海外滩（背景：上海大厦）

的另一位负责人作为代表签字。于是，我立即将手机设置为静音，招呼中外人员入席，按照原定流程实施MOU交流协议的签约仪式。由于双方出席人员对彼此合作背景比较熟悉，合作关系友好，签约仪式得以顺利进行。

晚间的庆祝宴会于7点10分准时开始，虽比原计划推迟了10分钟，但席间氛围热烈友好，交谈气氛活跃。到此为止，我与那位"失踪"的原定签字代表还没联系上。直到晚宴即将结束，我终于收到他打来的电话，原来这位同志参加了一个重要的业务会议，忙得把当晚的签约仪式忘了。会议中他关闭了手机，所以我无法和他取得联系，直到会议结束，在回家的路上他才猛然想起今晚的签字仪式。但即使这时赶过来，"黄花菜都凉了"，只好来电说明并表示歉意。

第二天，这位项目负责人来到外宾下榻的上海大厦，诚恳地拜见了外方有关人员，为自己的过失向外方致歉。他说：正因为是友好合作协议，更不该失礼，即便"亡羊补牢"也要表示道歉。他的登门致歉，获得了外方人员的谅解，外宾连连赞扬上海人懂得国际交往礼节，这是成熟的开放型国际大都市的重要标志。上海大厦也因此给我留下了难以磨灭的特殊记忆。

在北外滩，还有浦江饭店、海鸥饭店（原是"海员俱乐部"）等老饭店。从上海大厦和海鸥饭店南面顶层宴会厅的露台向外眺望，外滩、黄浦公园、外白渡桥、上海市人民英雄纪念塔、苏州河和黄浦江，尽收眼底。

"借"个长辈来赴约

上海市中心茂名南路上的花园饭店，在20世纪80年代至本世纪初的十年，是日本大仓集团经营管理的五星级大饭店。现在日资经营管理期已满，改由中资锦江集团接手经营管理。

1993年冬天，一个日本专家组为了感谢我在日元贷款项目工作中付出的辛劳，特意邀请我和家人与他们一起在花园饭店共进晚餐。日方专家组组长特别强调：想邀请我父母一起参加晚餐。可我的父母在外地，无法赶来。当时中日关系较好，经济合作项目很多，请示领导之后，领导说："为了增进协作关系，顺利通过日方专家组对项目的评审，不要拒绝外方的邀请，可以'借'个长辈代表你父母出席，协助促进合作交流。"

于是，我向上海的一位长辈亲戚发出了邀请——这位长辈是我父亲的表弟，我的表叔。表叔和我父亲从小一起长大，感情很亲，两家一直保持联系。我在上海工作，得到这位表叔的许多帮助，表叔就像父亲一样无微不至地关照我，我也希望有个机会答谢他。就这样，我"借花献佛"邀请表叔和表婶代表我父母，出席了花园饭店的晚宴，共同品尝了一次高级日本料理。

这顿饭，日方可没少花钱，地道的日本料理被一道一道地端了上来：前菜、萨西米（生鱼片）、天妇罗（炸大虾）、鱼子酱、炝虾、什锦、色拉、烤鱼、烤肉、焖茄子、炖萝卜、烧芋头、银杏蛋羹、豆腐海鲜、寿司、荞麦面、鳗鱼饭、纳豆酱汤……还有日式清酒。煎炸煮炖、蒸炒烧拌，应有尽有，简直就是日本料理厨艺的大汇展。日本料理看着小碟小碗每份量不多，但统统吃下，还是酒足饭饱。

表叔第一次来到这种五星级宾馆做客，穿得整整齐齐，但他西装里白衬衣领口还是露出了棉毛衫的领子。尽管如此，他还是颇有风度地讲了一段"中日两国一衣带水，两国应该友好互助"的大道理。我一边吃，一边忙着为表叔翻译。日方人员频频点头，不断地说："前事不忘，后世之师。"而婶婶却认真吃菜，努力记住吃了多少道菜。日本料理油腻少、清淡，很适合老人，加上换了口味，两位老人很高兴。

那些年，在茂名南路花园饭店，中日双方举办过许多活动和宴会：合作项目签约仪式、合资公司开业典礼、研讨会、交流会、忘年会……可以说，留下了很多宝贵的记忆。

因我的幼稚，吓退一名军官

在南京西路上，靠近陕西北路口，有座锦沧文华大酒店，其原址是座老饭店，名沧州饭店。新中国成立前，沧州饭店曾是达官贵人进出之地，蒋介石和宋美龄结婚时，曾在此举办过舞会。新中国成立后沧州饭店由军队管辖。大约是20世纪90年代后期，老沧州饭店被拆除，取而代之的是由新加坡人投资建造的四星级宾馆锦沧文华大酒店。

1977年春的一天中午，我和两位男同事路过沧州饭店，正值午餐时间，就一起走进饭店就餐。两位同事去买饭、端饭,我负责找座位。餐厅里人很多,我找到墙角的一张小圆桌,便坐下等候。不一会儿,来了一位戴口罩的陌生军人,也在桌边坐下。他低着头,摘下口罩,一张不堪入目的烧伤面孔出现在我面前。当时我被吓傻了,大张着嘴,瞪着惊恐的双眼,不知所措,差一点儿就要尖叫出声。只听对方连说"对不起",迅速戴上口罩,起身疾步走开。

另一位中年军官快步走到我面前打招呼:"对不起,让你受惊了。我是这位烧伤同志的战友,我们从大西北来。他是我们部队的劳模,为抢救军队物资财产被烧伤的,是我们的功臣。这次部队专门派我陪同他到上海做整容手术。刚才找不到座位……不好意思,吓着你了,对不起啊……"说话间,我的同事端着饭过来了,这位军官笑了笑,匆匆离去。

见我傻愣着说不出话,男同事在桌边坐下,一边吃饭一边笑着对我说:"没思想准备,的确会害怕。不过,你的反应把人家也吓得够呛,把他们都吓跑了。"

我那时很年轻,人生的经历阅历太少。这天沧州饭店的午饭我着实没吃好,不是后怕,而是内疚。得知那位烧伤军人是因公负伤的功臣,我心里很不是滋味,怨自己太不懂事,对不起这位英雄。唉,人生有许多遗憾,有些遗憾悔之已晚。沧州饭店在我心中留下了一段特殊记忆。

离锦沧文华大酒店不远的南京西路上,还有座五星级大宾馆波特曼大酒店,酒店的恢宏气势给人印象深刻。那时在波特曼酒店4楼的演出大厅里,经常举办杂技表演,我所在单位曾在波特曼酒店举行中秋联欢会,招待外宾看杂技。精彩的杂技表演具有中国传统文化特色,却不需要语言翻译,很自然就能博得外国友人阵阵喝彩。

深受外国记者青睐的"上海窗口"

位于浦东新区松林路的通茂大酒店,于1997年11月19日正式开张营业,原名"通贸大酒店",是由中国信息通信行业投资建设的四星级宾馆。2000年国有电信行业改制后,"通贸大酒店"也逐步改制,改变经营策略和经营方针。股份制改革后,该宾馆于2004年6月更名为"通茂大酒店",寓意宾馆生意随中国信息通信行业一起繁荣茂盛、茁壮发展。

20世纪90年代后期,浦东陆家嘴地区的五星级宾馆和四星级宾馆还不多见。由于通茂大酒店距离东方明珠附近的国际会议新闻中心不远,开张以来承接过多次上海市举办的重大外交外事活动接待工作。例如,2001年10月上海市举办APEC(亚太经合组织)首脑峰会;2006年6月上海市举办上海合作组织首脑峰会;2007年10月上海市承办"特奥会"等。在以上重大活动中,通茂大酒店作为国际会议定点接待宾馆,相继接待了大批来自世界各地采访报道的外国记者。

2001年10月,上海市举办APEC首脑峰会,会议级别高,来自各国的新闻记者很多。为了完成这次重要的涉外接待任务,峰会之前,通茂大酒店邀请市政府外事办新闻文化处负责人到酒店进行"怎样做好接待外国记者的工作"讲座,对宾馆工作人员进行涉外工作知识普及教育。市外办同志从正、反两个方面介绍了境外媒体和记者的作用和影响,强调了在开放形势下做好境外记者接待工作的重要性。浦东的涉外宾馆是上海的重要开放窗口,宾馆的服务态度和管理水平对APEC会议的成功举办至关重要。

通茂大酒店没有辜负市政府委托,从经理室到销售部、客房部、餐饮部、安保部;从总经理到服务员、保洁工、保安员,个个振作精神,人人忠于职守,加上通茂大酒店在浦东陆家嘴地区较早实现了宾馆宽带上网,大大方便了记者工作,因此博得各国记者的好评。有一位智利记者忙乱中将重要的摄像设备遗忘在走廊里就离开了宾馆,通茂大酒店的服务员不仅及时上交保管,还积极寻找失主,最终这位记者失而复得,喜出望外。智利记者对宾馆的服务大加赞赏,在报道中国上海时还将此事作为素材发稿宣传。

通茂大酒店接待外国记者的工作首战告捷,为后来的涉外接待工作,特别为接待境外记者工作积累了宝贵经验。从此之后,不仅上海市政府在后来的许多重大外事接待工作中屡屡委托或推荐通茂大酒店接待外国记者,一些境外记者再次来沪出差也主动找到通茂大酒店投宿。通过重大外交外事活动接待工作的锻炼,这个电信行业投资建设的宾馆,赢得境内外宾客的好评。

历数上海的大饭店,回顾上海在改革开放时期走过的足迹,从浦西到浦东,从过去到现在,几十年间,上海各大宾馆向国内外张开臂膀,海纳百川。上海虽没有雄伟的名山大川、奇峰异谷,也缺少名扬海外的名胜古迹,但上海一直以其独有的风韵吸引着无数中外宾客。上海是中国近代史的缩影,是新中国的窗口,70多年的艰苦创业,特别是浦东的开发开放,使上海成为一座集商业和文化于一体、集古色古香和现代潮流为一脉的国际大都市,而上海的大宾馆,正是这座大都市的光彩夺目的标签和名片。

(记:2021年3月期《上海滩》杂志发表,题为"我印象中的上海大饭店",本文系该杂志"百年上海滩"征文选登)

安得广厦千万间

为人民谋幸福,为民族谋复兴,这是中国共产党的初心和使命。

在大都市上海,政府把民生工程、安居工程放在了城市建设的首位。经过几十年的建设发展,上海人民的居住条件有了很大改善,如今,"城市,让生活更美好"正在成为现实。

一房难求,令人尴尬的"蜗居"

东方露出鱼肚白,弄堂里已响起阵阵脚步声。当霞光穿过云层射入石库门的天窗,朝阳冉冉升起在楼宇之间,大街小巷已经苏醒。提篮买菜的阿婆,端着饭盒买早点的爷叔,骑自行车上班的成人,挎着书包上学的孩子……一个接着一个,走进走出弄堂。互相打着招呼,柔软、亲切的上海话,似晨露洗面,如春风拂耳。上海的早晨——一道难以忘怀的里弄风景线。

20世纪70年代至本世纪初,上海静安区延安中路一带,周围都是老式的里弄石库门房子。这条大街的"腹地"深处,布满了老上海的里弄小巷。那些里弄小巷的"怀抱"里,隐藏着浓浓的上海韵味。

延安中路是茂名南路和茂名北路的分界,茂名北路属静安区,茂名南路那时属于卢湾区。靠近茂名南路的进贤路,是条小马路,让人印象深刻的是进贤路小巷里的那家大澡堂。那时,家中没有洗浴设施,就去进贤路的澡堂洗澡。澡票开始是2角钱,后来涨到了5角钱,再后来1元、2元。冬天去洗澡,买了票,手腕上套个存衣箱的钥匙圈,走进大淋浴间,在热气腾腾的淋浴喷头下洗个痛快。

直到上世纪末,市区老百姓家家户户都还是住房拥挤。夏日的傍晚,路过进贤路,可见弄堂里的人们吃罢晚饭后,三三两两地来到街边纳凉。一杯茶,一把大蒲扇,一个小凳子或一张躺椅,一眼望去,好一派纳凉的大阵容。有人说笑,有人交头接耳,有人听收音机,也有人打扑克,街坊邻居集体纳凉。如今家家户户都有空调了,这种集体纳凉的阵势再也看不到啦。

1994年,我被借调到外资公司工作。那家日本公司的上海事务所刚成立,事务所的所长让我陪同他去上海锦江集团的车队办理租借高级轿车的事宜。上海锦江集团车队有两辆凯迪拉克,一辆黑色,一辆白色。这天,我们把那辆黑色的凯迪拉克及它的司机一起包租了回来。上海事务所有辆凯迪拉克,看得出所长美得很,他坐着凯迪拉克进进出出,有意无意总想炫耀炫耀。

凡是跟所长外出办事,或加班出席社交晚宴之后,所长总是坚持用凯迪拉克送我回家,而且他很希望被我的家人或邻居看到,他觉得这样我一定会很高兴、很得意。那时上海毕竟没有什么单位有凯迪拉克,更没有凯迪拉克的私家车招摇过市。然而,那时我家房子十分狭小,我不愿让日本所长知道我的家址。(如果他要进我家看看,看到如此窄小的住房,我该多狼狈!)我也不想让邻居们看到我坐着外国老板的高级轿车回家,不想让别人知道我在外企工作。总之,种种原因,我很保守,一点儿也不想"风光"。

所长并不知道我的想法,我不愿,也不能对他和盘托出,真有"难言之隐"。

所长是个热心肠,他一如既往地要用高级轿车送我回家,弄得我盛情难却。为了应付所长,不使他失望或难堪,也为了保住自己这点"隐私",我想出了一个万全之策的周旋办法。每次所长用凯迪拉克送我回家,我就让所长把车停在靠近家附近的一个弄堂口的大街边,告诉所长到家了,车子开不进去,只好在弄口下车。然后,我假模假式地和所长招手、再见,向巷子里走去。

所长总是好奇地从车窗里伸出头,向外探望,看着我走远。我只好硬着头皮向前走去,不时回头看看,直看到所长的凯迪拉克开走了,我再赶紧转身往回走,走出小巷后再绕道回家。尽管我知道所长很好奇,但我不想让他知道我的"秘密",所以那些年,他压根就不知道我家在哪儿。

在市区一房难求,许多上海人都过着窘迫的"蜗居"生活,要想改善居住条件真比登天还难。我穿梭在上海的里弄和高楼大厦之间,一会儿是狭小弄堂里的匆匆路人,一会儿是坐在气派写字楼里的"白领"。这正是改革开放时期上海的一个缩影,是当时许多上海人实际生活的真实写照。

时代变迁,李师傅"鸟枪换炮"

20年前的秋日,为了扩大居住面积,改善住房条件,我家从市区搬到了苏州河畔。从原来市中心的"上只角"搬到沪西的"下只角",当时新建小区的配套设施还不完善,生活有许多不便,我百般不习惯。

初秋的小雨把河水两岸笼罩在阴冷昏暗中,新建小区的附近没有五光十色的商店,没有美味可口的餐厅,小区建筑在一片废墟中拔地而起,高楼孤傲地挺立,冷眼望着苏州河。秋风掠过河面,窗前飘过苏州河的异样空气。一阵秋雨一阵寒,想做几条睡裤,附近却找不到裁缝店。

好心的邻居带我穿过中山北路,走进北面那片尚未拆迁的棚户区,寻找她认识的裁缝李师傅。踏入棚户区狭窄小巷的第一步,就见巷口堆满垃圾,污水横流挡住去路。闭着眼睛踩过去,狗屎猫尿接踵而来,令人作呕。矮小的棚户不见天日,这里的人们站在屋外洗菜烧饭。

走进李师傅的家,光线昏暗,四下环顾,只见一张裁剪台子占据大半房间,靠墙摆着两台缝纫机,中间只剩一条窄小过道。没有床,也没有其他家具,只有两把椅子,李师傅的儿子趴在缝纫机边写作业。过道那头是个矮矮的隔间入口,李师傅的老婆坐在那儿钉扣子。无法站立进入隔间,晚上睡觉,李师傅的老婆只好弯腰钻进去,李师傅和儿子则爬上裁剪台挤在一起过夜。

老实厚道的李裁缝唉声叹气地说:苏州河沿岸棚户区的人们就是这样几十年如一日地过日子,多么盼望政府尽早启动拆迁工程,改造棚户区居民的住房状况,解救他们"出苦海"。那次,我一口气做了十几条睡裤,不打算再走进这个地方。

图:苏州河畔美丽家园一景,作者2015年12月摄

没等我把这些睡裤用完,传来了棚户区拆迁项目启动的消息。李师傅全家伸长脖子天天等、夜夜盼,终于等到2010年世博会这年,政府正式通知棚户区的居民分期分批搬迁出去,中山北路以北的旧区改造工程即将全面启动。

过了一年,李师傅突然打来电话,告诉我他搬到镇坪路的两室两厅新居去了。"鸟枪换炮啦!"他高兴地说,给了我新地址,让我需要做衣服时去新家找他。

与此同时,苏州河畔新建小区的周围也发生了巨变。首先是苏州河经过多年治理,河水变得清澈,没了那股难闻气味。如今的苏州河,河道两岸鸟语花香,树木成林,河畔的商铺、超市、银行、车站、茶馆、餐厅……鳞次栉比,人气很旺;远景路以北盖起了新的写字楼,住宅区的万家灯火、河岸上的景观灯光,倒映在河面,五颜六色,斑斓夺目。昔日的"下只角"变成了今日的美丽家园,成为大上海的一个时代侧影。

2020年年底,苏州河沿岸再次启动综合治理的"贯通"工程,"城市,让生活更美好"正在成为现实。安得广厦千万间,安居方能乐业。如今的苏州河像是换了新装,犹如辛苦一辈子的母亲褪去旧衣,素颜换新貌,越活越年轻了!

勤劳致富,钟点工安家立业

退休前我因工作太忙,经常出差,周六周日常加班,顾及不上家务,于是朋友向我推荐了东北籍钟点工小张,每周六到我家半天,帮我家搞卫生。小张来时30多岁,个子不高,圆脸盘,做事卖力,为人爽快。她在一位外籍外教人家帮助带孩子,兼做我家钟点工,那边为主,我家为副。

小张夫妇来自黑龙江,跟着做生意的亲戚来到上海多年,老公做二手车生意,她做钟点工。两口子起早摸黑,辛勤苦干,对人和蔼,多年来我们相处得很好。看到他们两口子不容易,我们也尽量帮衬他们。后来,小张老公的生意做大了,夫妻俩苦干多年积攒了些钱,就在昆山花桥买了一套二手商品房,投资了50多万元,把女儿也接到上海了。由于家搬远了,加上要协助丈夫开店做生意,小张恋恋不舍地辞去了钟点工。临别前,他们夫妇盛情邀请我们去他们的新家看看。

这对外来工,男的原先在东北林场扛木头,女的在家养奶牛,来到上海后,二人打拼,靠劳动致富,很不容易。他们乔迁之喜,我们理当祝贺。于是,我们夫妇带着贺礼,乘坐地铁11号线到达"安亭站"(那时11号线还未通达花桥),小张的丈夫开车来地铁站接我们去他家。

走进他家小区,感到环境不错。多年家政工作经验,使钟点工开阔了眼界,变成了城市人,小张把新家布置得很美观。她在家里忙了一上午,做了一桌丰盛的菜肴,搞得我们很不过意。但他们夫妇非常高兴,说我们的光临是他们的荣幸。午餐后，小张两口子开车陪我们去附近的"千灯古镇"游览。老实说，"千灯古镇"离上海不远，但这么多年来我们没去过，托这位钟点工的福，我们才有机会走进这个江南古镇。

游览古镇后，小张两口子又开车把我们送到地铁站。挥手告别，依依不舍，他们再三嘱咐我：有事别客气，只要打电话给他们，他们就会赶过来帮忙。回来的路上，我不禁反躬自问：上海，到底是谁的人生驿站？是谁的家？家，是居住的地方，是我们心中有归属感的地方。上海，对小张来说，意味着什么？

小张辞工后不久，我也退休了，家务活儿自己干，没再用钟点工。2019年春节前，忽听有人敲门，开门一瞧，哇塞！小张呼哧呼哧跑得满脸通红，拎着大包小包来送年货——她丈夫去河里钓的新鲜鱼、她切好的崇明年糕片，还有一纸箱烟台大苹果。几年不见，小张变了，变得洋气了。

"怎么？发财啦？"我打趣地问，小张却认真地答："真发了点小财。"

"还做二手车生意吗？"

"哪儿呀！早改行了。环保车、智能车都上市了，二手车生意难做，我们改行开饭店啦。在启东海边开饭馆，生意很好，夏天旅游旺季一天能有1万多元进账呢。在启东全额付款买了一套房，又贷款买了另一套房，把东北的父母和公婆都接来了，他们帮我们包东北饺子，都包掉了两吨面啦。"

"开饭馆辛苦啊，累吧？"

"这算什么！比起以前在东北扛木头、养奶牛，这算不上累！"

"怎么跑到启东去了？不想在上海做生意了吗？"

"上海固然好，但我们还要奋斗，不能守着上海不动。孩子留在上海了，女儿在'不夜城'卖手机，有工资，不用我们养，花桥的房子留给她结婚用。上海，我们不会忘记，这是我们闯世界的第一站。你们是我们在上海遇到的第一家好人，日子好了要来告诉你们，给你们报个喜、拜个年，下午再乘火车回启东……"

事先不知小张会来，没有准备，想临时包个红包给她，可她坚决不收。

小张走后，我丈夫在客厅里来回踱步，沉默许久，忽然激动地说："劳动人民，自主创业，劳动致富！"

的确，改革开放给多少人带来了希望、带来了机会，也带来了发展和财富。这种收益，得益于党的好政策、国家的好政策；这种变化，存在于经过勤奋努力和艰苦奋斗的生活中，存在于人民普遍认同的现实中，也存在于上海社会发展的历史履痕中。大上海，曾是许多人的人生驿站，来来去去，有人在这里留下了家，有人从这里走向了远方。

（记：发表于2021年7月期《上海滩》杂志）

畅游小洋山深水港

2018年是我国改革开放40周年,回顾几十年来祖国的发展变化,感慨万千。

上海是中国第一大港口城市,上海港的货物吞吐量和集装箱吞吐量均居世界第一。举世闻名的洋山深水港,正是改革开放中发展起来的著名大港。

洋山深水港位于小洋山岛,地理上原属浙江嵊泗,作为上海港建设的延伸,现成为国家和上海的重大工程。2008年6月,我们全家陪同父母游历了"小洋山深水港"。记得那天天气很好,我丈夫驾车携全家老少通过东海大桥前往小洋山。东海大桥全长32.5公里,极其壮观,车在桥面奔驰,大桥两侧碧海蓝天,海面无垠,长桥飞越,天堑变通途,父母赞叹不已。

进入小洋山港区后,抬头四顾,首先映入眼帘的是海岛山巅的标志性建筑——通信铁塔。女儿首先兴奋起来,用手指向山巅的铁塔,骄傲地告诉外公外

图:作者全家与父母2008年6月于小洋山深水港

婆：中国电信的中继站已连通小洋山，通讯信号覆盖整个码头，山巅上造型美观的通信铁塔就是当时她所在单位设计的。外公外婆听了，笑呵呵地竖起大拇指，和外孙女一起以通信铁塔为背景合影拍照留念。

  两位老人兴致勃勃地随我们拾级而上，登上小洋山山顶眺望。海的那面是浙江沿海，大大小小的船只散落其中。低头回望小洋山港，只见集装箱码头五颜六色，驳船、龙吊、集装箱、车辆……望不到头。繁忙的码头，热火朝天的运输场面，让我们倍感振奋。国家的快速发展，经济实力的增强，不仅中国人目睹，连国际上也公认中国的惊人变化。父母深深感叹：不虚此行！"没有改革开放，就没有中国的今天！"

  数据表明，截至2017年，洋山港是世界上最大的深水港。洋山港于2014年开始四期工程建设，2017年完成时，上海港的年吞吐量突破4 000万标准箱，这个数字是当时全美国所有港口加起来的吞吐总量，也是全球港口年吞吐量的十分之一。十年前全家参观小洋山深水港的一幕至今留在我们的脑海里，洋山深水港正是中国改革开放的一项成果，是上海港的骄傲。

（记：2018年对上海《军休天地》的投稿）

趣谈"金砖国家"的进口食品

"进口"商品,有两层意思。第一层狭义概念,指从国外输入(进口)的食品类商品,是可以进口吃的东西;第二层广义概念,是泛指国际贸易进出口业务中的输入贸易项目(即从海关口岸进口的贸易业务)。

中国是"金砖国家"(BRICS)组织成员,"金砖国家"天然资源丰富。

自古以来,中国的瓷器、丝绸、茶叶就是重要的传统出口商品。改革开放初期,中国人民曾省吃俭用,把最好的农副产品、水产品、畜牧业产品出口海外,换取外汇用于进口国家建设急需的机器、设备、钢材、原料……正如中国老百姓说的:"当年中国人是从嘴巴里抠出外汇,盖起一幢幢新楼,修起一条条铁路,建起一座座大桥。"经过几十年艰苦奋斗,今非昔比,中国外贸进出口产品的结构已有很大变化。

作为金砖国家重要成员的俄罗斯,其特色食品很多,印象较深的有鱼子酱。俄罗斯拥有许多世界级文学巨匠,在一些世界名著中见到描写"鱼子酱",十九世纪在俄国贵族眼里鱼子酱是高级食品。鱼子酱分为两种,一种是大马哈鱼的鱼子,颗粒稍大,金红色;另一种是鲟鱼子,颗粒细小,呈深咖色,后者稀有,价格较贵。俄国人喜欢把鱼子酱拌在蔬菜色拉里吃,或者夹在面饼和面包里吃。据我所知,许多外国朋友特别喜欢鱼子酱。

相比上流社会,在俄罗斯普通老百姓眼里,"伏特加酒"是平民所爱。那年旅行,我们住在莫斯科时,宾馆附近有个超市,回国前在那里买到了小瓶装(半斤装)的伏特加酒。瓶子是扁状形挺好看,便于装在口袋里携带,价格不贵,作为礼物赠送亲友较合适,所以想再多买些。但第二天再去时,找不到这种瓶装的。商场的一位年轻售货员会说几句"一、二、三、四""你好""谢谢"之类极简单的中国话,这位小伙子去仓库帮我们找,但没找到。凭着他的热情劲儿,硬是在他比比画画,叽里咕噜的说明下,我们明白了"没了"(卖完了),"还有"(还会进货),"再来"(明天再来看看)。第三天再去时,果然有货了,我们又买了几瓶,乐得小伙子直对我们说"谢谢",我们也对他"西巴西巴"(谢谢)。伏特加就像北京的二锅头,爱喝白酒并有俄罗斯情结的人,是会喜欢的。

俄罗斯与上海缔结国际友好城市关系的是圣彼得堡市。俄罗斯的花茶和果茶很好喝，采用天然花果原料，烘干混制成茶干，一小袋可泡一壶茶，茶水粉红色，香味扑鼻，喝了欲罢不能，我国北方、南方的朋友都会喜欢。

印度是文明古国，印度与上海缔结国际友好城市关系的是孟买市。2018年年初我去印度旅行，印度飞饼和其他各种面饼给我留下了较好印象。印度红茶极有名气，质量较好，是该国重要的出口商品之一。印度料理多辛辣、多香料，我不太习惯，故在印度旅行时经常就着红茶吃饼。但是，喜欢辛辣口味的朋友可能会青睐印度的咖喱饭菜。我们平时在国内烧菜用的咖喱，通常是黄咖喱，而印度咖喱多是黑咖喱，比黄咖喱的味道冲。作为特色食品，喜欢印度风味的朋友不妨在今年"进博会"期间，关注一下印度的红茶和咖喱以及各类食品香料。(注：印度红茶的品牌有"阿萨姆"和"大吉岭"。)

南半球的巴西和南非，自然资源丰富，是水果和各类食品的输出国。巴西盛产可可，是可可输出大国，著名的阿雷格里港是可可出货大港。我的一位已故舅舅是巴西华侨，生前曾从遥远的巴西寄来质醇味香的朱古力、可可粉、巧克力等，那时国内少见这些食品，感到珍贵。这些东西在如今中国市场上已不稀缺，但那种醇香的记忆还留在嘴边和心里。巴西的特色出口食品有：圣多斯咖啡、被誉为"国酒"的卡沙萨甘蔗酒（已有500年以上历史，是世界五大名酒之一）、瓜拉那野梅（亚马孙地区的特产），这些都是世界各国的进口商品。

南非，最著名的产品当然是黄金和白金。不过，由于南非动物、植物品种繁多，以天然动植物原料制成的护肤品和营养品、食品，是当地土特产商品的代表。例如芦荟护肤品、南非红酒、南非果汁、南非博士茶、南非水牛肉、山羊肉干、鸵鸟蛋、黑蜂蜜等。今年是我国与南非建交20周年，南非也是今年主办"金砖国家"首脑峰会的东道主，南非是我国重要的经济合作伙伴，期待在上海"进博会"上能见到南非的优质进口商品。

世界各国的美食产品和进出口商品很多，无法在此一一列举，以上一二供读者参阅，为上海"进博会"打气，添点情趣。祝愿上海"进博会"成功举办！

（记：2018年11月2日《联合时报》发表）

开学第一天的礼物

2018年9月3日星期一,新学期开学第一天。下午1点时分,虹口区车站南路28号,复兴高级中学的大门口,走进一队队身着校服的"澄衷高级中学"的学生。为了纪念"澄衷高级中学"建校120周年,由上海市教育发展基金会英盛教育基金、上海市澄衷高级中学主办,上海梦陶艺术剧社创排演出的历史话剧《天下之利》,在复兴高级中学的来歌堂隆重首演。这是开学第一天,主创及演出人员送给"澄衷高级中学"的一份好礼物,也是送给社会各界的一份厚礼。

话剧《天下之利》,由上海作家叶良骏女士创作编剧,讲述了清末著名实业家、"澄衷蒙学堂"(现澄衷高级中学)创办者叶澄衷先生艰苦创业、爱国兴邦、乐善好施、捐资办学的感人故事。帷幕拉开的瞬间,在背景"四明公所"画面的投影下,剧名"天下之利"四个大字,赫然醒目。这个剧名,正是来自本剧主人公叶澄衷先生的警世名言:"兴天下之利,莫大于兴学"。

全剧情节生动,节奏有序,层层推进,表演酣畅。剧情并不复杂,以简洁的脉络,把历史人物叶澄衷从一个舢板少年成长为商业巨子的一生,栩栩如生地展现出来,把教育与救人、救国的历史使命紧密联系,带给人们的启迪是多层次、全方位的,是一部促善、育人、爱国题材的好作品。

难能可贵的是,我们观看的首场演出,全部由"澄衷高中"的高一、高二34位学生出演。不仅如此,学生们还担任剧组场记、道具和服装管理、排演统筹和宣传、部分道具制作等工作。尽管舞台上学生演员的表演略显稚嫩,个别小演员的举手投足略欠自然,但总体来说,学生演员们经过排练,基本吃透了剧本精神和要求,能够进入角色。尤其是担纲主要演员的男女学生,表现出色,言谈举止恰到好处,使演出大获成功,非常不易。

作品面向学生,由学生参加话剧实践,正是这部话剧的两个精彩看点。

作为叶澄衷家族的宗亲,叶良骏女士在其成长过程中,深受家族前辈优良品德和教育理念的熏陶,立志弘扬公益精神,继承前辈的教育事业。多年来她致力于面向学校的文学创作,身体力行,倾心尽力,推出了一部又一部适合中学生观看的话剧。这些话剧传播中华历史文化,展现爱国主义情操,反映出当代知识分子的良心和责任感。这次为了创作《天下之利》剧本,她夜以继日,埋头苦干,在排练和筹备演出的过程中,不分分内分外,亲力亲为,呕心沥血。功夫不负有心人,《天下之利》的首演成功,以各界的关注和好评回报了整个剧组及编剧和导演的辛勤付出。

　　宁波人叶澄衷原名叶成中,在清末状元、南通籍实业家、教育家张謇的建议下,叶成中更名为叶澄衷(引自人物传记《叶澄衷画传》)。一百多年以前,中国处于半封建、半殖民地的年代,像张謇、叶澄衷这样的民族工商业实干家,为改变中国积贫积弱的状况,高举教育救国的旗帜,摒弃商人一切"唯利是图"的陈旧观念,身体力行,捐资办学,其精神令今人敬佩。我为《天下之利》的成功首演感到高兴,也为叶良骏女士感到欣慰。这是孩子们开学第一天,叶老师送给学生们、送给朋友们的一份难忘礼物。叶澄衷先生早年的理想,今天通过叶良骏老师的作品接力,成为一种感召力量:写出让孩子们心灵净化的作品,是我们这代人的责任和义务。这是开学第一天叶老师送出的最好礼物,这份礼物有着一种精神力量!

　　　　　　(记:写于2018年9月5日,10月9日发表于上海《松江报》)

图:本文作者与《天下之利》剧作家、陶行知研究学者叶良骏女士(右)于2018年4月合影于上海崇明(上海作协采风活动中)

（附）
从《天下之利》的剧情结构看人物境界的升华递进

2018年9月3日下午，我在虹口区复兴高级中学的"来歌堂"，观看了一场由高中学生演出的话剧《天下之利》。这个话剧主要是面向中学生，为纪念清末著名实业家、"澄衷蒙学堂"（现澄衷高级中学）创办者叶澄衷先生而创作的，由作家叶良骏女士编剧。

剧情并不复杂，但是，要在有限的一个半小时的五幕剧中，还原叶澄衷从一个摇舢板的少年成长为商业巨擘的一生，塑造出主人公艰苦创业、爱国兴邦、乐善好施、捐资办学的精神境界，着实不太容易。那么，剧作家是怎样完成剧情构思，巧妙穿越时空跨度，将历史人物的真实命运与全剧主题紧密结合，最终完成人物精神世界的升华呢？静心细品，可从该剧表演中看到一些有效的创作手法。

全剧的结构和剧情是这样的：

序幕：背景是现实中的上海市澄衷高级中学，当代学生出现在学校大门口。接着，背景切换成上海老虹口区，学生孩子们唱起了宁波老童谣……时光穿越时间隧道，学生们看到了清末时期的少年叶澄衷，围上去打量，好奇地喊："乡下人哟，乡下人……"灯光暗，换背景，当代学生们退下，少年主人公立于舞台中央。作者采用时空和人物错位的手法，将观众从现实拉到清末年代。

第一幕：14岁的少年叶澄衷，在母亲洪氏的鼓励下，"吃勒奉化芋艿头，去走三江六码头"，痛别病母亡弟，只身前往上海滩闯码头。离乡背井，是因为家徒四壁，穷困所迫，最初的愿望就是为了改变命运，"要挣很多很多的钱"，这是清末宁波人闯上海的真实写照。这对台下观众是一个历史知识的回顾。

第二幕：年轻的叶澄衷在黄浦江边摆摊、摇小舢板为生。半殖民地的旧上海，做生意的洋人来往于浦江两岸，为了便于沟通，叶澄衷一边摆摊，一边拿着辞典刻苦自学英语。一天，英国商人劳勃生在码头遗落装有巨额现金的皮包，叶澄衷发现后守在岸边，被几个抢皮包的无赖打得遍体鳞伤，仍旧抱着皮包要物归原主。劳勃生返回码头,皮包失而复得,喜出望外,他要酬谢叶澄衷,却被年轻的叶澄衷坚拒。洋行经理劳勃生被穷小子叶澄衷感动,遂介绍叶澄衷到洋行谋生,从此改变了叶澄衷的命运。这是叶澄衷年轻时最精彩的一段故事,是叶澄衷的人生价值从最初单纯的"挣钱",逐步走向也要"挣尊严"的过渡,以话剧的形式告诉今天的学生们:诚信是做人之本,加上善良、勤奋、好学的优秀品质,是叶澄衷获得他人尊重并因此有了成功机会的根本。

第三幕:"顺记洋行"开张,叶澄衷成了美孚石油公司的中国总代理。由于伙计们多是文盲,常致经营受阻。加之缺乏科学知识,把汽油桶放在高温的太阳下暴晒,引发油桶自燃爆炸,险些酿成大祸。叶澄衷痛定思痛,认识到唯有知识才能改变命运,要想办好实业,工友们不能没有文化知识,由此产生办学念头。这时的叶澄衷,已从个人"挣钱""挣尊严",升华到要为工人们"挣知识""挣文化"。这个情节交代了叶澄衷办学的初衷,同时启迪观演的学生们感悟:知识就是力量,学习至关重要,没有文化知识、没有科学知识,难成大事。

第四幕:中年叶澄衷事业有成,发财后将母亲洪氏接到上海享福。在母亲六十大寿时,要为母亲操办盛宴祝寿,被洪氏劝阻。洪氏反对大操大办、铺张浪费,还要在大寿之日做件有意义的善事:拿出她个人的积蓄捐赠济贫。母亲乐善好施的行为对叶澄衷触动很大。正在这时,商行的秦师傅开口借钱,因其子毒瘾发作要钱救命,秦师傅痛悔自己对爱子缺乏教育,叶澄衷深感教育重要。在母亲善举感召下,叶澄衷愈发感到:幸福生活不只是吃饱穿暖,精神强健才能远离腐朽,成为社会真正需要的有用之人。这个情节的深化,揭示了叶澄衷日后捐款办学的思想基础:教育救人,唯有兴学。

第五幕:叶澄衷成为商界巨子,享有很高声誉,是上海宁波人商会领袖。"四明公所"是上海宁波人的墓园,埋葬着许多宁波人。法国租界当局为了霸占这块土地,要明火执仗地拆毁"四明公所",制造血案,叶澄衷愤怒地喊出:"不以寸土尺地让人。"但赤手空拳抵挡不住洋人的枪炮子弹,结果宁波人死伤30余人。此刻,英国公使又前来趁火打劫……叶澄衷在法国人的枪声中、在英国人的威逼中觉醒,终于大彻大悟:中国积贫积弱、任人宰割,是因为民众没有觉醒,要唤起民众觉醒,唯兴学能救国,他喊出了警世名言:"兴天下之利,莫大于兴学。"从"教育救人"到"教育救国",叶澄衷的人生境界再次升华。老年叶澄衷捐款办学付诸行动,直至生命终结。

尾声:舞台上的时空回到当代,在"澄衷高级中学"120周年校庆时,叶澄衷仿佛回来了,他站在校园的花丛中看见一个全新的世界,那些曾在"澄衷学堂"留下过足迹的名人:蔡元培、胡适、丰子恺……在他眼前一个个走过。最后,现"澄衷高中"的学子们齐声朗诵:"兴天下之利,莫大于兴学。做人要做叶澄衷……"

在此,编剧再次采用时空错位的创作手法,将观众从清末年代拉回到现实中来。

落幕,全剧终,台下掌声响起,我还沉浸在故事里。

这个舞台剧,采取了五幕主体内容全部采用按时间顺序推进情节的现实主义纪实手法,但在全剧的一头一尾,先后两次采用了时空错位的浪漫主义写作手段。用五幕主体完成全剧的核心内容,以层层递进的方式及每一层次的典型情节,一步步推进故事发展,在发展中不断提升人物的思考和新境界。随着每一幕、每一个层次的变化推进,不断告诉观众主人公的新认识、新觉悟:从最初为了个人"挣钱,挣很多钱",到"要尊严、要尊重",再到后来"要知识、要文化";从个人要知识、要文化,发展到为他人"挣知识、挣文化",再发展到为了救国、救民而要兴教育、办学堂,每一次进步都有真实的故事作基础,每一个情节都是人物命运递进的必然过程,正因如此,每一次升华都有充分的说服力。

序幕和尾声,一头一尾的时空错位表演,以辅助手段拉长了时间跨度、拓宽了空间距离,使全剧贯穿"兴天下之利,莫大于兴学"的主题,展现了"澄衷高级中学"的前世今生及创办学堂的叶澄衷的历史功绩,给予今人启迪和纪念。

《天下之利》不愧是一部促善、育人、爱国题材的历史剧作品,编剧为此下了许多功夫,倾注了几年的心血。观剧、学习、感悟,在祝贺此剧成功首演之时,也向编剧致敬!

(记:写于2018年9月)

守护家园，尽职敬业

2020年年初，正当人们准备迎接春节之际，忽然传来武汉因新冠病毒肺炎肆虐而封城的消息，人们的心情陡然间不安、紧张起来。伴随着武汉抗疫阻击战和全国各地防御战的展开，上海，我们居住的这座城市——我们的家园，也经历了极其特殊的另样时光，留下了无数普通人匆匆走过防疫之路的足迹。

2月初的一个晚上，寒气袭人。夜幕中上海某小区家家户户都熄灯了，居民们自觉地宅在家中防疫，这会儿都睡了。黑暗中，有个人影在悄悄地向某楼靠近，正准备溜进大门时，忽然被等候已久、不知从哪儿冒出来的社区工作人员拦截住了。原来，这个从武汉疫区偷偷回来的居民，没有按规定向所在社区报告，想趁夜深人静悄悄溜回家藏起来，没想到被社区工作人员许晓霞等堵住了。

许晓霞，一位干练的中年女士，是退役军人事务局派往社区支援防疫工作的"下沉"干部。她从当事人邻居处得知相关消息后，及时通知了社区管理人员，一起在居民楼附近"守株待兔"，终于拦住了"潜回者"。经耐心说服，这位来自疫区的居民终于同意到指定隔离点观察，确保了该居民区防疫无死角。尽心尽职，为

图1：2020年年初防疫期间上海某小区大门口掠影

保一方平安,不惜在寒夜里出勤蹲守的普通社区工作者,正是这次抗疫战斗中严防死守、不让疫情蔓延的骨干力量。

根据区委要求,自2月1日起,军休所的全体工作人员深入到基层,分别前往不同的居委会协助工作,支援各居委会开展防疫工作,为街道社区分忧解难。前面提到许晓霞拦住从疫区潜回人员的故事,就发生在这期间。许晓霞是某区军休所所长,这次在基层居委会协助工作,担任过小区门岗执勤。仅2月16日这天,从上午10点到下午6点30分,进出人员367人次,逐一对进入人员测量体温、确认身份、登记信息,宣传防疫知识,规劝不戴口罩人员,对不配合人员晓之以理、动之以情,苦口婆心地纠正,得到住户居民的支持和配合。

不仅许晓霞一人,其他工作人员也同样在各自的岗位上兢兢业业做着琐碎细致的社区工作,其中不乏年轻工作人员,到处可见他们在基层工作的身影。开展"地毯式"信息摸排,统计小区"未离沪、出沪、返沪"人员情况,门岗登记,测量体温,上门分发购买口罩凭证,张贴告示提醒返沪人员主动联系居委会报告,协助发放小区出入证,将各类信息录入电脑、建立电子档案,协助小区保安和志愿者耐心向外来人员说明禁入规定、帮助解决具体问题,帮助街道和居委会制作"疫情防控作战图",统计更新每天的隔离数据……千头万绪,事无巨细,大量工作压在他们身上,风里雨里,饥一顿饱一顿,经常加班干到夜晚,不能按时下班回家。他们的辛勤付出换回了社区平安,也得到社区居民们的感激。位于澳门路上的一家新疆菜馆,为他们送来了几大包热腾腾的新疆烤馕大饼,希望用这种方式慰劳感谢为防疫工作做出贡献的社区工作者。

在我所居住的小区,也有不少感人的事情。

疫情早期,人们比较慌乱,尚未理出应对头绪,小区没有实行出入证管理。这时周围环境比较杂乱,进出车辆和外来人员较多。如何有序控制外部人员进入?正当大家着急之时,我们住宅楼的"楼长"和其他几位热心的志愿者组成了"6人小组",自觉自愿排班,每天在一楼大堂轮值,检查进入大楼人员。他们在大堂门外摆放一张桌子,请前来送件的快递小哥一律把快件放在门外台子上,通知收件人下楼取件,家中无人的,他们帮助登记并代领转交。在最困难、最混乱的时候,他们坚持了三周,直到小区正式实行进出大门通行证管理。

这几位志愿者还通过楼群微信,通知楼内居民领取购买口罩凭证的时间,为外出的居民代购口罩,热心为大家服务。这些志愿者们曾在去年垃圾分类工作中,自愿协助垃圾分拣,受到居民好评。这次防疫,本楼上到80岁的老先生,下至10岁的小学生,都行动起来了,真是困难之时见真情。6年级小学生小鑫和他2年级的妹妹小阳,在父母的支持下,用自己的压岁钱为全楼居民从网上订购

图 2：2020 年年初防疫期间，志愿者在小区大门口执勤

了手套，可手套迟迟未能交货，急坏了小兄妹俩。这天，人们走进大楼电梯间，见到小兄妹俩用他们稚嫩的笔迹在电梯壁上贴纸留言："塑料袋里的餐巾纸不是擦嘴用的，是给大家按电梯用的。"这么小的孩子有这样的爱心和公益精神，真让我们感动。有人说"上海人最怕死"，我觉得这不是怕不怕死的问题，而是珍重生命的理念，不仅珍重自己的生命，也珍重他人的生命；这也是遵守规则的良好素质，不仅自己遵守，也督促他人遵守；这是一种"人人为我，我为人人"的社会公德。

那些日子，小区保安和志愿者们24小时值班，居民们在家过年，可他们不能回家。这些普普通通的人，为了防控小区发生疫情，日夜站岗，常常因为严格管理饱受委屈，他们忍辱负重履行着自己的职责。身边这些普通人的故事，经常让我感动。

经过全国人民三个月的煎熬和奋战，抗疫形势已大大好转，四月的春光终于带着希望的曙光照进千家万户。一场寒潮正在退去，那些让我们感动的人和事如暖阳一般温暖着我们。这场疫情，让我们看到了身边许多普通人的良心、善心、爱心、热心。社区工作人员和志愿者们用他们无怨无悔、尽职敬业的精神，用他们质朴的爱心和奉献精神，筑起了基层防疫工作的钢铁长城。在此，向这些守护家园的卫士们致敬！

（记：写于2020年4月；选自上海市外事翻译工作者协会2020年10月《众志成城，抗击疫情》专辑）

召之即来，来之能战

（海军军医大学附属医院驰援武汉纪实片段）

2020年1月24日，大年三十的晚上，从电视中看到人民解放军陆、海、空赴鄂驰援的医护人员在夜幕下集结。他们身着迷彩战斗服，背负行装和医疗器械，列队停机坪。空军大鸟"运20"战略运输机在停机坪上发出轰鸣。登机，起航，勇士向前方。国有难，在召唤，军人去，待鏖战，义无反顾赴疫场，不获全胜不归返。看到这一幕，我无法平静。我对军队医护人员赶赴武汉驰援的场景和后续情况格外关注。

图1：除夕夜，上海海军军医大学及附属医院援鄂医疗队整装待发

"妈妈去救人,你长大后会明白"

位于上海虹口区的海军411医院,现名为海军军医大学附属长海医院虹口院区。该院女军医王春淑(已退休)是我的朋友,她告诉了我许多她的战友同事的感人故事。

411医院麻醉科副主任盛睿方女士,曾先后赴驻港部队执行任务4年;曾经执行亚丁湾护航等重大维和卫勤保障任务10余次,在海上度过800多个日夜。2010年盛睿方随海军"和平方舟号"在海外执行"和谐使命"任务,舰船刚抵孟加拉国,就接到当地紧急求援:需要给一位患有二尖瓣狭窄的孟加拉产妇做手术麻醉。尽管手术难度较大,但在盛睿方和同事的努力下,顺利接生下一名女婴。女婴父母感激中国医生,视中国海军的女医生是孩子的"中国妈妈",给女孩起了英文名字叫"China"。多年后,8岁的孟加拉小姑娘"China"来到中国北京,在中央电视台的节目中见到了她的"中国妈妈",留下这段佳话。

这次,庚子年初的这场举国抗击新冠病毒肺炎的战役中,在驰援武汉的队伍里再现当代女军人的身影。海军军医大学附属长海医院虹口院区抽调了精兵强将驰援武汉,除夕夜出发的队伍中有不少女性,她们是女儿,是妻子,是母亲,但这一刻,她们只是军人、是战士、是医生、是护士。她们和男战友们一起整装待发,启程奔赴危难中的武汉去救死扶伤。

图2:除夕夜

该院ICU护士长刘芬、放疗科护士长杨丽英、分泌科护士长张茜等,都是第一批援鄂医疗队的队员。张茜是参加过汶川地震抢险救灾任务的女军人,她有个年幼的儿子。这次,她对不谙世事的儿子说:"我穿着防护服的样子,像不像超级英雄奥特曼?妈妈是在打病毒怪兽,等到打败病毒怪兽就能回家了。"

刘芬有个7岁的儿子,除夕夜出发时,儿子哭了,抱着她不让走。刘芬对儿子说:"妈妈是去救人,好多小朋友的爸爸妈妈都去了。"虽然舍不得儿子,但她还是坚定地离开家人上了一线。30天后,她给儿子写了一封信,在信中她写道:"……妈妈是军人、护士长,军人是在危难时刻挺身而出,而护士更是要在紧急时刻救援,这两个身份中的任何一个,都让我在得知支援任务时必须主动报名参加……这次出来救援是妈妈应尽的职责,还有就是妈妈想做你心中的英雄,想让你和别的小朋友提起妈妈来也能为妈妈自豪……在没有生你以前,妈妈也执行过很多任务,抗震救灾,神舟飞船保障,'和谐使命',现在你可能还不懂这些代表什么,等你以后长大了,你就会了解这些任务背后的意义所在。"

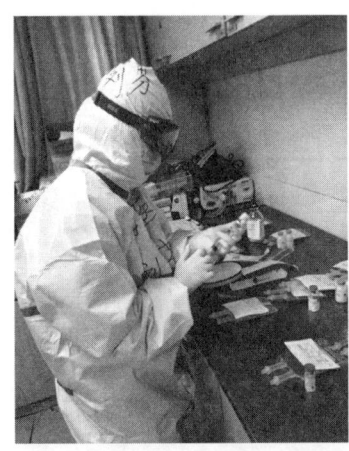 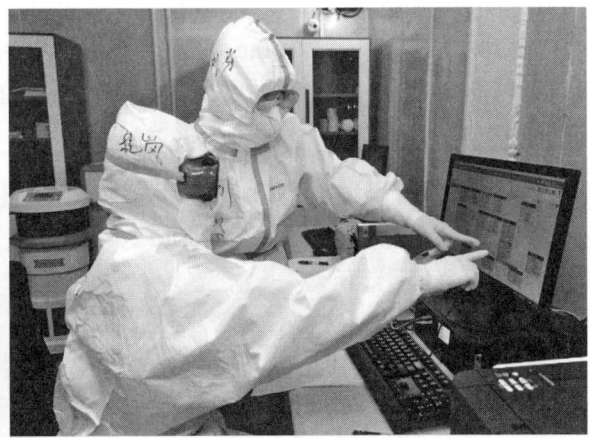

图3、图4:刘芬和同事在武汉抗疫一线

是什么样的情怀和勇气,让这些女军人毅然走向抗疫的最前线?是责任,是担当,是对同胞的大爱,是对"救死扶伤"职业价值的认同。

"医院是战场,白衣是战袍"

经中央军委批准,军队抽调组织了1 400名医护人员于2月3日起承担武汉火神山医院的救治任务。武汉的火神山医院,现在是举世闻名的10天赶工建成、收治新冠病毒肺炎重症患者的医院。前去支援的解放军医疗队接手火神山医院后,杨丽英就在这家新建医院里开展工作。

火神山医院按照隔离病区划分为三个区,医护人员日常活动的区域为清洁区,即"绿区"。"零感染"是打赢这场战役的前提和保证,而"绿区"依然存在被污染的风险,杨丽英他们时刻保持"走钢丝状态",一刻不敢大意。半污染区为"黄区",是医务人员的办公区。住院病房为"红区",是医务人员与病魔激烈交锋的战区,也是杨丽英的主战场。作为组长,杨丽英率先进入"红区",以自身表率激励带动年轻护士。

治疗时,他们采用以老带新、两人协同的方式,一人辅助固定肢体安抚患者,另一人执行穿刺,既提高了效率,又避免了患者可能因躁动导致的针刺伤。穿着厚重的防护服,戴着两层手套,原本灵活的手指变成了艰难的"一指禅";护目镜上蒙着雾气,透过雾气的缝隙辨别穿刺位置,每一个动作都是挑战。凭借平时练就的过硬护理技术和沉着冷静的工作作风,杨丽英和她的战友们一次次完成了规定动作,真正做到了"召之即来,来之能战"。在这"三重色"病区里,他们最高兴的就是能看到患者从"红区"走向"绿区"。

医疗队抵达武汉后的那些天,武汉降温,下班路上又冷又黑。黑漆漆的岔路口,一道道手电光为医疗队的队员照亮前方的路,耳边传来一句句叮嘱"当心脚

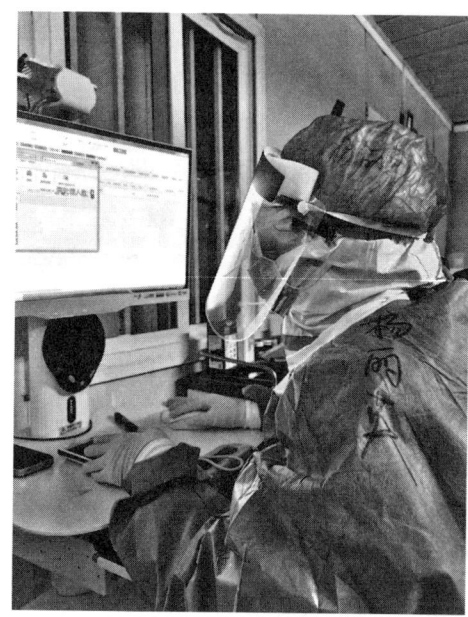

图5:杨丽英在火神山医院

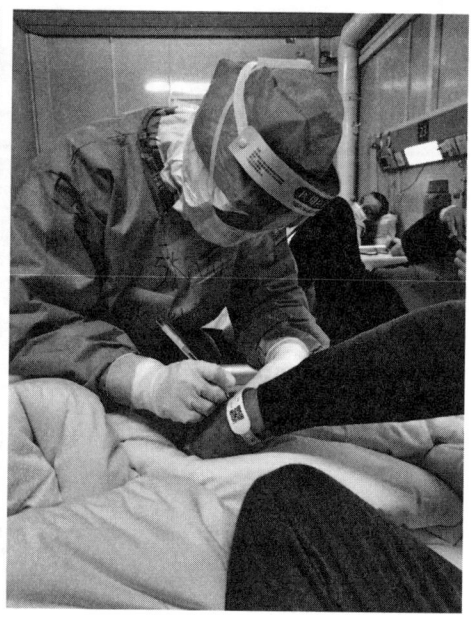

图6:张茜在火神山医院

下",那是整夜执勤的战士们穿着防护服站在风口中,提醒他们小心夜路。医院病房的水管漏水了,维修师傅穿上防护服后对张茜说,这是他第一次踏入传染病房,他的家人甚至不知道他究竟在做什么,虽然心里害怕,但也要尽绵薄之力。修好水管后,维修师傅向张茜鞠了一躬,张茜向他敬了个军礼。"疫情是可怕的,但身边每个人的真、善、美就像黑夜中为我们照亮夜路的灯光。这一道道光必定汇聚在一起,冲破这黑暗,照亮这片天空。"张茜这样说。

"你若生命相托,我必全力以赴"

"你若生命相托,我必全力以赴。"这句掷地有声的话是援鄂医疗队队员们的共同心声。赵峰,长海医院虹口院区心内科副主任医师(原411医院副院长),来到武汉后,他随医疗队先是在汉口医院的6楼呼吸病区工作。开始时医疗队接管两个病区,医护人员每个班次4小时,但后来收进来的病人多了,又增开了一个病区。接管三个病区后的任务重了,每个班次进入病区工作的时间长达6小时以上,最紧张的时候就是抢救危重病人。穿着厚厚的防护服,不能喝水,不能上厕所,体力消耗极大。赵峰每次走出病房都大汗淋漓,打扫卫生的医院职工大叔见了,忍不住落泪。

李奕,长海医院虹口院区呼吸内科副主任医师,是一对双胞胎的父亲,有着大爱之心,加入了造血干细胞自愿捐献团队。除夕之夜,他也登上了飞往武汉的飞机。到达武汉后,先到汉口医院支援,眼前的情景让李奕震撼:医院里的许多医务人员也被传染了,但其他医务人员仍然继续在一线奋力工作,没有一个因为恐惧而退缩。"就好像是在战场上,身边的战友倒下了,而剩下的人依然冒着炮火在冲锋。这炮火肉眼无法看见,弥漫在周围的空气中,如影随形,让我们非常震撼和敬重!"读着前方记者发回的报道,仿佛看到李奕医生战斗的场景,不禁让人感慨:在苦难和灾难面前,医疗队的队员们没有工夫去哭泣,他们必须把悲痛转化为战斗力。

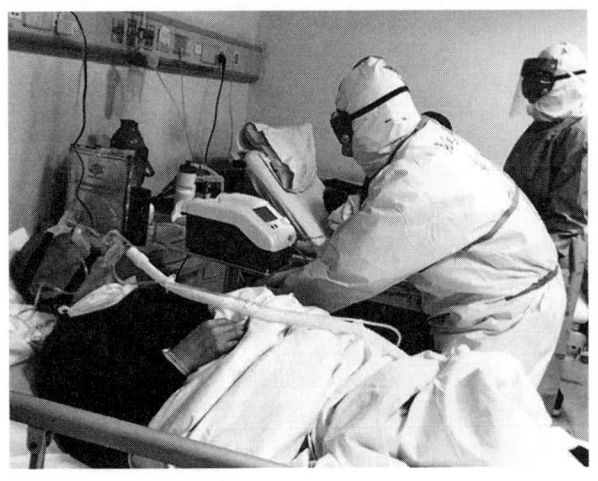

图7:李奕在武汉抗疫一线

图 8：汉口医院

医疗队 100 多人基本都扑在一线，24 小时翻班，经常加班。病区收治了一位年轻的新冠肺炎患者，小伙子的母亲死活不肯离开隔离病房，要陪着儿子。可是，当她看到李医生防护服上写的字，突然问李奕："你们是上海来的解放军医生吗？"得到肯定的回答后，她拉着李奕的手说："有你们在，我放心！我把孩子交给你们！拜托了！"经过李奕他们的治疗，果然不负这位母亲的托付，小伙子的病情得到控制，症状明显好转，有望治愈。

在医生救死扶伤的时候，武汉出租车志愿者司机也在感动着医疗队的人员。李奕他们到达武汉后，为了防止交叉感染，驻地和医院病房不在一处，每天"两点一线"不与外界接触。从医院到驻地，来接转的司机都是志愿者，医疗队根据排班，制定了固定班车时间。可是紧张忙碌，加班是常态，李奕等人经常赶不上班车。为了不让医疗队的人员在寒风中等待，志愿者司机都给他们留了手机号码，只要给司机打电话，随接随走。这些事不断地感动着、激励着赵峰、李奕和其他战友，每个人在这场特殊的战役中都在用自己的行动证明：召之即来，来之能战，顽强坚持，胜利指日可待。

王毛毛，海军军医大学附属长海医院神经外科副主任医师、副教授、援鄂医疗队成员。抵达武汉后，他和李奕以及长海医院心血管外科的乔帆等队友，一起先在汉口医院工作。汉口医院，距离华南水果海鲜市场仅3公里。报名参加医疗队时，有人问王毛毛："你一个脑外科医生跑到武汉去能干什么？"殊不知，王毛毛年纪不是很大，却已是参加过汶川抗震救灾、世博会安保、索马里亚丁湾护航、神舟9号载人飞船发射保障、柬埔寨援助等重大项目的"老将"了，立过三等功。他说："我们脑外科医生能在无影灯下开颅手术，处理各种各样围手术期重症病人的问题，所以深静脉穿刺、气管切开、动脉血气、呼吸机调节等，十八般武艺样样精通，不然 hold 不住我们 NICU（神经外科重症监护室）的。我有绝招，能耐渴、能挨饿、能憋尿。养兵千日，用兵一时，服从命令、保卫人民是天职。"从踏进病房的那一刻开始，王毛毛就告诉自己："战斗开始了，这是真正的战场。"半夜接班，他看到重症病人、发热病人大都没睡，他调整了呼吸机，开药处理，然后他安慰病人,不断地鼓励他们尽量吃点东西,吃下去。他明白营养支持对于这些病人很重要,鼓励病人挺过去。看到有些病人已经吞咽困难了,他想起自己还有奶粉和蛋白粉,提醒自己第二天一定带来给病人。

2月初,医疗队统一转场进入火神山医院,王毛毛任火神山医院感染二科一病区副主任医师。他发现一个问题:医护人员都捂得严严实实,患者看不清医生的面容,很难和医生建立起稳定畅通的交流渠道。于是,他主动向病人提出加微信。"患者需要我时,我得让他们在第一时间能找到我。"王毛毛决定把自己病区的患者微信全加上,入院一个加一个,一加就加了38位火神山医院的病人微信。

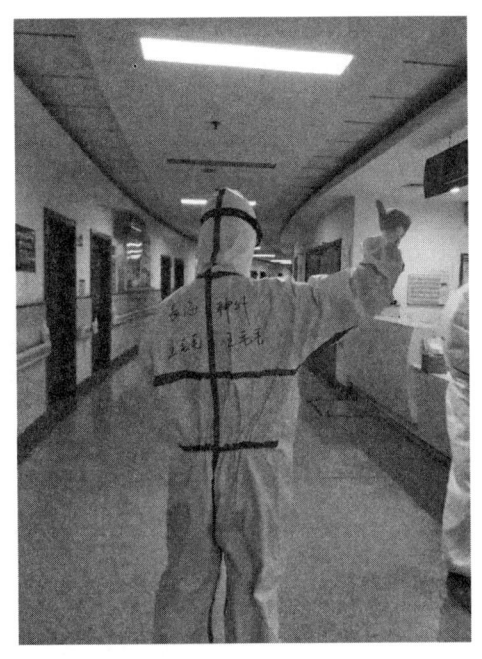

图9:执行过多次重大任务的王毛毛

刚开始,病友们半信半疑:从上海大医院来的教授医生,能及时回复他们的微信吗?没想到王毛毛对每位病人的来信和留言都及时回复,一天少则十几条,多则几十条,不厌其烦。有患者说:"我今天感觉还好,就是有点腰酸背疼。"王毛毛回信:"起来走一走,活动一下,看看怎么样……"又有患者问:"我昨晚有点冒冷汗,今早起来还有点头晕……"王毛毛赶紧回信:"轻微头晕不要紧张,我昨天夜里看了你的生命体征,都挺平稳。"还有的患者会连珠炮似的发问:"我的病情到底如何?什么时候能做核酸检测?什么时候可以出院?"王毛毛来者不"惧",一条一条地回,一句一句地答,最后总不忘记加个"笑脸"或"拥抱"。别人的手机一天充一次电,他的包里随时装着充电宝。在紧张繁忙的工作情况下,他能做到这样,实属不易。王毛毛不仅通过微信耐心答复病人的问题,还不断安慰病人、鼓励病人。

医者,仁者也!在突如其来的疫情面前,在没有特效药治疗手段的紧急时刻,医生能做的就是坚持治疗,经常关怀,不断安慰,尽力帮助。心有大爱,倾注医学人文关怀。王毛毛在武汉工作期间,除了治病救人,关怀患者,还挤出时间写下了大量日记,成为记录医疗队员奋战武汉的珍贵纪实资料。王春淑建议我好好读读王毛毛医生的日记,我尚来不及读完他的日记,但我会抽空接着读。

我知道,像王毛毛、李奕、赵峰、刘芬、张茜、杨丽英这样的医护人员还有很

图10：海军赴鄂驰援医疗队武汉战"疫"日记

多、很多。有很多无名英雄为这场抗疫之战做出了贡献。

最最紧张、最最艰难的寒冬过去了，时至三月，即将春暖花开。虽然在武汉的街头，尚不能看到曾经的茫茫人海，但在我的心里，似乎看见了茫茫人海中无数救死扶伤的医者。有一首歌叫《祖国不会忘记》，歌词作者是张月潭。许多老军人都很喜欢这首歌，他们每每唱起这首歌，就会心潮澎湃、热泪盈眶。听到这首歌，就会想起茫茫人海中无数为祖国、为人民默默奉献的无名英雄。时代需要英雄，更需要成千上万的无名英雄。一位英雄，是沧海一粟，而无数的浪花便可汇集成波涛汹涌的海洋。

今天，我想稍稍修改一下这首老歌的歌词，把它献给危急时刻召之即来，来之能战的抗疫英雄，献给战斗在一线救死扶伤的当代军人。

> 在茫茫的人海里，你是哪一个；
> 在奔腾的浪花里，你是哪一朵？
> 在征服疫情的大军里，那默默奉献的就是你；
> 在惊涛骇浪的长河里，那勇敢奔腾的就是你。
> 不需要我认识你，不需要我知道你，
> 你把生命融进祖国的怀抱。
> 山知道你，江河知道你，
> 祖国不会忘记你。

（记：发表于2020年3月16日上海作家协会网刊"上海纪实"公众号；同年10月上海外事翻译工作者协会"抗疫专辑"转发）

2022年的上海春天

[题记] 临时想起给这本书补充一篇收官之作,却一时想不起怎么下笔、如何开篇。好在我的老伴(老李)写了一篇文章《志愿者》,挺合适,便将其原封不动放到此文开头,作为开篇吧。老李很少写文章,但这次,可能他感触太深,是一种另样的难忘经历,故一气呵成《志愿者》。此文代表了我们全家的心声,特收入此书。

——容子2022年6月10日记

一、志愿者

(作者:老李)

2022年,几乎整个春天,上海这个魔都被"新冠病毒"的乌云笼罩,大有"黑云压城城欲摧"之势。在这至关重要时刻,党中央审时度势,下决心、下狠心做出了果断决定:上海封城!

在中央的指挥下,上海政府和各级组织领导全体上海人民展开了一场声势浩大的"全民抗战",严阵以待,"全城静默"!一个2 500万人口的超大城市,从昔日车水马龙,灯红酒绿,熙熙攘攘,突然进入到"足不出户"的"静默"状态,刚开始各种不适应、各种矛盾、各种需求、各种意见……此起彼伏,层出不穷,应接不暇。城市"静默"了,但抗疫的战斗和行动不能静默,城市基本保障不能静默,广大市民生活的基本需求不能静默,生老病死不能静默!除了各级政府的精心策划,奋力拼搏外,一支必不可少的力量——志愿者队伍,应运而生!说到志愿者队伍,他们在此次"抗战"中给我留下了前所未有、难以磨灭的印象!

在我的印象中,"志愿者"这个概念,大概是在2008年"5.12"汶川大地震和北京夏季奥运会时才开始在全国大面积普及的,后来在上海2010年世博会期间又得到大规模推广。但总的印象是"自愿报名,政府组织,统一制服,上下班有序"。而此次上海抗疫中的志愿者,无论从形式上还是内容上,无论从组织方法上还是表现形态上,都较前有大的丰富,五光十色,流光溢彩,令人过目难忘,并

图1：2022年4月，在居民楼门口值班的志愿者

赞叹不已。就我所居住的楼栋亲历的情景，就可见一斑。

抗疫伊始，居委会征召志愿者，要求65岁以下，我所在的军休所就有多名退休军人踊跃报名，光荣上榜，进入防疫第一线。他们大都超过65岁，却勇敢走上前线，成为自豪的"大白"！后来再次征召志愿者，又有退役军人"一往无前"，自带"小蓝"上阵。不只军人，全楼各"阵营"的男女老少也踊跃报名，"我是党员……""我打过三针……""我是男的，有力气……"，奋勇争当志愿者。

这些志愿者在楼组长的带领下，协助核酸采样员为居民们做检测，叫号排队，维持秩序，刮风下雨，坚守岗位；平时为楼栋居民分发抗原，分送街道下发的保供物资，代替居民去医院取药；前后奔走，上传下达，不辞辛劳，成为楼栋居民和基层居委会之间的重要桥梁。

除了以上提及的"政府组织，统一服装"的"正规军"志愿者队伍，还有一支"毛遂自荐，各自为战，自备服装"的"民间"志愿者，如雨后春笋般地涌现出来，他们就是为大家每日吃喝保供的各类"团长"们。这支职务最低也是"团长"的队伍，彻底刷新了"志愿者"在我脑海中的形象！他们大都是30—40岁左右的年轻人，思路新，手脚灵，爱心足，身体好，还很有办法，在"抢菜"保供中发挥了决定性作用，为本楼栋130多户居民的"衣食无忧"做了大量"白领"和"蓝领"工作。特别是在"静默"的初期，在上海由"平时"突然转为"战时"的社会"阵痛"期，"团购"成为维持生计的"华山一条路"，"团长"们成了维护民生的勇士。这些志愿者不需要"上级批准"，自我"任命"，火线上岗。"蔬菜团长""面包团长""牛奶团长""肉肉团长""鸡蛋团长"……一时"各自为政"又"联盟作战"，为了一个共同的目标——"保境安民"而不懈努力！

在忙乱中总不免会出现这样那样的错误与矛盾，丢失，短少，拿错，损坏……"团长"们大都大公无私，高风亮节，损失自己承担，方便留给他人，毫无怨言；对商家的错误，他们据理力争，甚至通宵电话联系，为居民讨回公道；有些物数不吻合的"疑案"，他们连夜召开手机"案件分析会"，直到"破案"水落石出；谁家缺什么，他们倾囊相助，互通有无……他们的"英雄形象"彻底改变了我这个曾认为"80后一代眼高手低"的"老古董"的认识。一众"团长"中不乏"女团长"，她们"巾帼不让须眉"甚至胜过"须眉"，令"须眉"汗颜。

在志愿者们的带领下，全楼居民都进入了互帮互助，互谅互让模式，"正能量"得到褒扬。过去"鸡犬之声相闻，老死不相往来"的邻居，现在变成了"我不知道你是谁，但我知道你为了谁""我不知道你叫什么名字，但我知道你住在哪里"的邻居。一方有难，八方支援，你送我一只馒头，我送你一根黄瓜，守望相助，共度难关！在这个大集体中，全楼居民活成了"命运共同体"，我们家也不例外，拿出自家有限的蔬菜支援邻居，主动为居民运送保供物资，经常忙到深夜……

从3月下旬到5月下旬，我们共克时艰，终于盼来了全上海6月的复工复产。

2022年的春天，我们坚持住了，战胜了病毒。在这场有点"旷日持久"的"抗战"中，我看到了这么好的基层干部和党员队伍，这么好的志愿者们，这么好的群众；我看到了上海的希望，看到了上海的春天天高云淡，上海再次沸腾起来！

二、来自远方的菜

（作者：容子）

2022年3月下旬，由于"新冠肺炎"在上海迅速蔓延，中央决定上海全城进入封城状态，以阻断病毒传播链，避免出现医疗资源挤兑无法救治的局面。为此，中央从全国各地紧急抽调援沪医疗队赶赴上海，帮助"足不出户"的上海人民进行核酸检测，并快速收治感染者，尽快做到社会面"清零"。这个前所未有的举措，一下子使上海"静默"了下来，也改变了我们全家的生活状态。

在这种突发状况下，我们家准备不足。从3月30日开始，市面上的新鲜蔬菜和水果几乎已被买空。封城后眼瞧着家中的蔬菜很快就要消耗殆尽，绿叶菜一根不剩，只剩两个土豆和一根胡萝卜，作为家庭"主厨"的我不免心慌抓狂。就在我们面临断菜之时，传来了街道居委会要下发第一批保供物资"大礼包"的消息，犹如天旱喜逢及时雨，全楼居民热切期待着。

4月6日上午，几辆集卡满载来自浙江省的援沪物资"蔬菜大礼包"来到我们小区大门口。我们小区是上海市区环线内的特大居民区，整个小区共有四个居委会，96栋居民楼，11 599户居民。我们所在的第一居委会就有27栋，3 033户居民，约7 500人，光我们所住的居民楼就有130多户人家，可见全小区发放保供物资可不是一件容易事啊。街道运菜的集卡停在小区大门口，"最后一公里"的运输成了问题。但是，在街道和居委干部的指挥下，在社区民警的协助下，在小区物业公司和全体居民的配合下,终于攻克了"最后一公里"的难题。物业公司动用了所有"小电驴",居民们开动了多辆私家豪华越野车,志愿者司机身着防护服,组成无比壮观的短驳运菜车队。一箱箱消杀过的蔬菜大礼包就这样运到了各居民楼前,又由各楼的志愿者把物资发送到各户居民手中。在困难面前,团结就是力量!

看到浙江"大礼包"中的卷心菜、莴笋、娃娃菜、菌菇、萝卜、洋葱,还有颇具浙江特色的春笋和"杭味香肠",我激动得眼泪快溢出了眼眶,这不仅是对浙江人民"雪中送炭"的感恩,也是对自己曾工作过三年的浙江省的怀念。

说来也巧,第二天上午,前来为我们做核酸检测的正是浙江省的援沪医疗队,他们白色防护服上写着"浙大四院"的字样(意为:浙江医科大学第四分院)。这天凌晨天不亮,浙江医疗队的人员就集合出发赶往上海,一直忙到中午12点多才收工,下午1点还没吃上饭,就马不停蹄返回浙江,不给困难中的上海增添麻烦。

中午吃着浙江援供的菜饭(我用莴笋叶和杭式香肠给全家做了顿菜饭),我的心情久久不能平静。想起浙江的山山水水,想起年轻时生活过的浙江,想起当年的同事、邻居……我感到格外亲切,就像见到久违的亲人,吃上了家乡的饭菜。

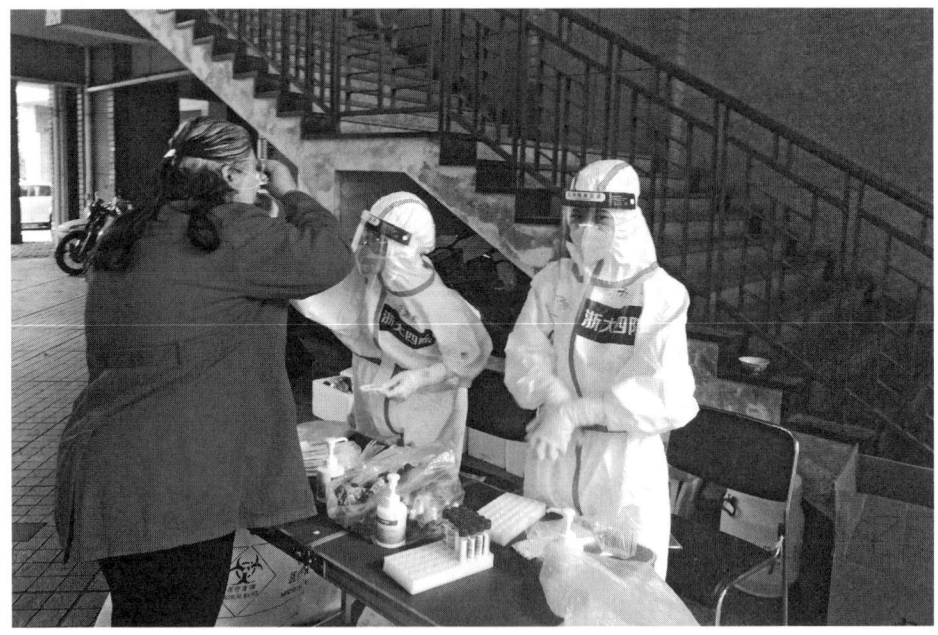

图2:2022年4月7日,来自浙江"浙大四院"的医护人员在为上海居民做核酸检验采样

之后的一周,仍是省吃俭用,浙江援供的菜有限,眼看又快吃光了。我们参加楼内居民自发组织的团购群,但"蔬菜团长"抢了三天蔬菜都没抢到。虽然家中还有备用的土豆和咸菜,但这时也已快坚持不住了。到了第四天,"蔬菜团长"通宵没睡,打了100多个电话,终于在第五天搞到一批高价绿叶菜,总算续上了一口气。十多天没见到绿叶菜,见了绿菜我的眼睛都发绿了。青菜、芹菜、青椒、西兰花、西红柿,还有卷心菜和葱姜蒜,虽然每种菜的数量不多,但这时成了"极品"。我们刚把青菜和西兰花吃了,就看到楼组微信群里有人求助。

楼上两位老年夫妇不会操作手机购物,没能参加团购买到菜,他们在楼组群里发出了求助声。我们和他们平日没有来往,素不相识,但这时我想起在外地的老父母也不会网购,生活多有不便和困难,动了恻隐之心。我想从家中为数不多的蔬菜中分些菜给楼上的老人,这得到了老伴和女儿的支持。我切了半个卷心菜,分了一把芹菜和一捧菌菇,还有一个西红柿、一根红萝卜和一个洋葱,用塑料袋装好,让女儿给楼上的老人送去,给他们解决燃眉之急。两位老人十分感动,要给我们付钱,我们哪里能收啊。我说:"有些菜是政府发的,要谢就谢浙江人民吧。邻居之间不用客气。"

不知不觉中,楼内的居民们纷纷开启了互助互帮的活动。有一天,我家门外的把手上挂着一袋切片面包,原来是楼下邻居送来的,说是看到我家团购的面包还没到货,她家有多余的就送来一袋给我们应急。另一位楼上的邻居送来了她家自制的手抓饼,好吃极了。这样,我家早餐主食告急的问题得以缓解。又一天,听见有人敲门,打开家门却不见人,只见门把手上挂着一袋热腾腾的大馒头。原来是邻居老战友自家发面蒸了一屉馒头,知道我家老李是北方人爱吃馒头,封控期间买不到馒头,就给我们送来了5个大馒头。事后得知,他们自己只留了几个馒头,那一次就把他们家中的面粉用光了,正着急团购面粉,还没着落呢。老李感动得不知说啥好,舍不得多吃,每天晚餐喝米粥时吃半个,5个馒头吃了一周。类似的事在其他邻居之间也在发生,在这段蔬菜和食品紧缺的日子里,我们真切地感受到了楼上楼下邻居之间的友善。虽然生活不易,但在困难之时感到了温暖。

楼里的各位团购团长在积极行动,除了团菜,团肉、团蛋、团奶,还团面包,一时间,热闹非凡。因为分掉了一些菜给楼上的邻居老人,我们自家的菜也捉襟见肘。晚间,夜深人静的时候,我不免为第二天的餐食安排费神焦虑。4月13日,传来了街道要下发第二批保供物资的消息,全楼居民又兴奋起来,翘首期盼。可是,等到第二天,菜没有来,老天爷却下起了瓢泼大雨。雨越下越大,望着窗外的风雨,我心想:完了,街道的送菜计划要"泡汤"了吧。

一直等到晚上天黑,忽听楼下院里阵阵喧腾,原来是运菜的集卡大车开到

图 3-1：菜来了！

图 3-2：来自东北的菜

图 3-3：雨夜卸货

了小区大门外。我跑到凉台向小区大门口的方向张望,只见远处灯火阑珊。接着,我的手机亮了,是支部群里弹出了朱书记发的照片:"菜来了!"微信说明只有三个字,但书记发出的照片鼓舞人心。4月14日这天,我们的书记朱忠海(也即居委会主任)在雨中整整等了一天,他和居委会、物业公司的人员及志愿者们严阵以待,随时准备着运菜车一到就马上组织力量卸货。果然,晚9点多钟,朱书记冒雨带领大家接车,把菜下发到各居民楼。

自小区封控以来,朱书记愁居民们所愁,急居民们所急,为各楼居民的防疫工作和解决居民生活中的困难操碎了心。他顶着压力,忍着委屈,事无巨细,身体力行,从早忙到晚,夜里就睡在居委会的办公室里。作为基层干部,他吃苦耐劳,尽心尽力,总是出现在居民最需要的时候和最需要的地方,居民们亲切地称他是"我们的好书记"。那天晚上,朱书记冒雨站在集卡车旁等待卸菜的身影,久久印刻在我的脑海中。

打开送到家门的蔬菜大礼包,取出菜来,发现纸箱内有张红纸,上面印着几行大黑字"辽沪一家 携手抗疫 同舟共济 共克时艰 物质虽轻 真心一片 偶有破损 敬请谅解",方知这批蔬菜是来自远方的辽宁省的援沪物资。困难之际,兄弟省再次向上海伸出了援助之手。望着饱含东北气息的土豆、洋葱、大萝卜、大茄子、大板豆和长尖椒,我再次心情难平。这些蔬菜跨山越水,带着东北人民的深情厚谊,风尘仆仆,冒着大雨来到我家"雪中送炭",这是什么样的情分呀!社会主义祖国好!一方有难八方

图4:来自辽宁省的援沪蔬菜

支援,我们有什么坎迈不过去?!

　　来自东北的蔬菜虽没有绿叶菜,但耐放久存,在当下是最实惠的东西。在我们家紧缺蔬菜的时候,是这些菜帮我们度过了最艰难的半个月。在这批蔬菜中有13个土豆,给我留下难忘印象,这13个土豆让我们连续吃了11天。结合团购到的肉、蛋及其他菜,我变着花样每天做一道"土豆菜",作为家中正餐的主菜,生生把自己炼成了厨艺"巧妇"。我把这些"土豆菜"拍成照片,用微信传给楼里的邻居朋友分享,受到好评。

　　这"13个土豆"的11道菜是:(1)土豆洋葱丝炒杭州香肠;(2)醋熘土豆丝配午餐肉片;(3)土豆片烧肉糜茄子;(4)咖喱土豆鸡块;(5)土豆西葫芦炒肉片;(6)土豆尖椒丝炒肉丝;(7)土豆丁黄瓜丁午餐肉丁拌黑木耳;(8)红烧土豆狮子头(肉丸);(9)鸡蛋炒韭花土豆丝;(10)红烧肉油豆腐烧土豆块;(11)卷心菜煮土豆红萝卜番茄红肠汤("乡下浓汤")。与此同时,邻居朋友也教会我其他几种土豆的吃法:土豆红萝卜丝煎鸡蛋饼("太阳饼");土豆泥拌沙拉;土豆拔丝;烤土豆(像烤红薯那样吃)。说实话,东北土豆品质真好,色黄微甜,让我这个南方人大开眼界。我和邻居的"土豆菜"交流,成了我们大家在困难中互相鼓励的温暖回忆。

　　每当我想起"13个土豆的故事",就会想起来自远方的菜,我眼前仿佛看见浙江、辽宁的援沪车队满载蔬菜,司机们昼夜兼程,风尘仆仆赶赴上海;我会想起来自浙江的医疗队,来自辽宁援供物资中的那张温暖人心的红纸;我忘不了朱书记在大雨中焦急等候车队的身影,志愿者们冒雨卸车的场面。当然,我也忘不了夜深人静时我的家人还在楼下大堂里帮助分菜、运菜;高楼窗外的石板弹硌路上,传来物业人员拉着小推车走过的响声……

　　啊,难忘的2022年春天!

结束语

　　2022年,从3月下旬至6月初,我们和全体上海人民一样,度过了不同寻常的封城之日。在长达两个多月的时间里,感触最深、最难忘的是4月。"人间四月天",从最初的焦虑无措到慢慢平静下来,"坚持就是胜利"的信念一直在暗暗鼓励着我们。4月并不完全是阴晦的日子,也有艳阳天。4月里的纪念日都很有意义:4月22日是世界地球日;4月23日是人民海军节……在4月的某个晚上,小区里忽然有人在高楼上唱起歌,那首歌叫《明天会更好》。到了5月,我们逐步适应了"静默"状态,在全社会的努力下,随着物流业得到恢复,团购更加便捷,"宅家"的日子比之前好起来。

图5：2022年6月2日，朱忠海书记（左）关注着居民们做核酸检测

注：6月1日上海刚解封，居民外出刚需和防疫需要的场所码、核酸码有效期同时叠加撞击，当晚我们小区出现居民们排长队等待做核酸检测的井喷高潮。情况紧急，令人堪忧。朱忠海及时向上级汇报情况并积极协调解决小区定点检测亭开放延长采样时间，连夜落实了次日移动采样车前来小区支援，并紧急发布全区各医院24小时可作核酸检测的通知，有效缓解了小区居民做核酸检测难的问题。

  静默在家两个多月，除了日常做核酸检测、抗原自测，我花了不少精力琢磨怎样做好饭菜，既节省食材又保证家人营养。此外，我还读了一些书。正值俄乌之战爆发，台海局势紧张，国际形势复杂多变，那首耳熟能详的"一条大河"的歌声再次响起："……朋友来了有好酒，若是那豺狼来了，等待它的有猎枪"。
  我把家中的11本"二战经典著作"系列藏书重读了一遍，重点详读《血捍莫斯科》和《核击日本》。我相信"坚持就是胜利"，当今世界没有什么困难能够吓倒中国人民，也没有任何力量能够阻挡中国走向繁荣富强，人类战争不能，自然界的病毒也不能。只要中国人自己不气馁、不懈怠，有信心、有志气，政府和民众一条心，科学管理，群策群力，明天会更好！

6月1日上海解封后,我得以静下心来,继续整编因疫情影响而中断的书稿,从"静默期"的日记中选出几个小故事收入此书。前面老李着重记述了"志愿者",我就写写自己感慨最深的"来自远方的菜"。

很快又到了稻子和麦子成熟的季节,"一条大河波浪宽,风吹稻花香两岸",这首《我的祖国》,伴随着6月的阳光再次在上海响起。但是,这首歌的词作者乔羽先生于6月20日凌晨在北京去世了(享年95岁)。在他去世的前三天,6月17日,传来喜讯:我国第三艘航母"福建号"在上海(长兴岛)江南造船厂下水了。

春夏之交,上海市区的街头,重现车流景象,更多的人正在走出家门复工复产。上海正在复苏,明天会更好!

(记:此文补写于2022年6月20日)

尾辑 关于《风从海上来》

【作品品读、读后感、编后语】

代尾辑开篇辞

　　容子出身于军人家庭,长大后她也当了兵。她的家国情怀,源自父辈与祖国命运的紧密相连,这份责任与担当,在她的笔下化作了浓浓的情。

　　正如她女儿芊寻为《五色花》写的读后感所说:"一花一世界,一叶一菩提,组成了五彩缤纷的世界。"花儿浪漫多彩,容子的作品犹如鲜花,以不同的色彩和姿态,向读者呈现她对人生的解读和理解。

　　正如这本文集所有的文章一样,意犹未尽,一片光明。

　　作者说,这是为亲人写的书,其实,这也是一本适合青少年读的书。在阅读中,孩子们会感受到字里行间满满的正能量;看到天南地北,浓缩的世间百态,从中,学会观察、思考、做人。而作者优美的笔触,纯净的初心,充满诗意的文字,都是激情燃烧的青春岁月最好的助燃剂。

　　作者的文字质朴柔和,犹如从心里流出的一泓清泉,使人得到滋养。这是容子行文的特点,也是她创作的最佳境界。

　　（摘自《五色花》序文,2022年1月19日晨作于上海）

注:叶良骏,作家,陶行知研究者,上海市教育发展基金会理事。

　　《五色花》是本书作者于2022年3月出版的文选集（集小说、散文、游记、诗歌、译文五种体裁的选文为一书的作品集）。

本辑辑封图:新西兰奥克兰港湾帆船（作者摄）

值得一读的纪实文集

(作品品读)

亲人：老李

《风从海上来》(新版)，共约56篇文章，约40多万字。为了完成这部纪实文集，作者自2019年下半年开始筹备，至2020年年底基本完成全书主要内容，后又陆续补充了一些新作品。原计划2021年内出版，因故延至2022年下半年出版。虽然这本书的出版筹备时间经历了两年多，但全书作品的形成远不止这两年。收入此书的文章，有的跨度几十年，最早的作品可以追溯到20世纪80年代初期。可以说，作者完成这部作品的过程，本身就具有纪实意义。

新版的《风从海上来》有两个特点：一是沿用了2010年旧版(内部版)《风从海上来》的书名，并将旧版中的一些文章修订补充后收入这个新版《风从海上来》中，使改革开放时期的故事从30年间跨越到40年间。二是新版《风从海上来》全书分为五辑不同内容，展现了更加开阔的时代背景和社会变迁。

一、简介《风从海上来》的结构和特点

1. 作品的整体结构

全书作品反映了以下几个方面的内容：

第一辑《大风起兮云飞扬》(历史风云)：主要以发生在上海的场景回顾了大革命时期的历史；回顾了在中国共产党领导下风起云涌的社会变革以及革命者走过的道路。

第二辑《风展红旗如画》(军旅征程)：主要以父辈的革命经历为主线回顾了人民军队从战争年代到和平时期的丰功伟绩；记录人民军队英勇顽强、战旗不倒的可歌可泣的英雄主义精神；反映了和平年代中国军人继承优良传统的奉献精神。

第三辑《风从海上来》(改革大潮)：结合作者自身经历回顾我国信息通信行业的发展历史；回顾改革开放时期我国电信行业对外交流与对外合作的经历；

展现海纳百川、百舸争流的新上海风貌。

第四辑《风吹过如歌飘》(外事人生)：反映新中国培养的一代外交外事工作者的成长经历，生动讲述他们的亲身经历和所见所闻以及成长中的经验教训；通过他们的翻译人生经历和外事工作贡献，展现新中国外事人员的风采。

第五辑《风吹两岸稻花香》(时代履痕)：从多个角度、多个层面描述不同历史时期作者个人及家庭的人生经历、社会状况，从而反映中国、上海的社会生活及时代特征。

旧版《风从海上来》是一部行业外事工作的"经验谈"，主要是为纪念改革开放30周年而作。而新版《风从海上来》虽与旧版同一书名，但题材更广泛，内容更丰富，时间跨度更长。既有战争题材的革命历史故事，又有近代以来重大事件的记录；既有军旅题材的作品，又有行业题材的纪实文；既有新中国和平年代的人物故事，也有作者本人的成长经历和往事回忆。同时，从作品内容的多样性和作者筹备出版的过程看，新版《风从海上来》兼具了2018年纪念改革开放40周年，2019年庆祝新中国成立70周年(也是纪念上海解放70周年)，2020年纪念"抗美援朝"70周年，2021年庆祝中国共产党成立100周年、纪念辛亥革命110周年等重大历史事件的深刻意义。这正是新版《风从海上来》的出版立意和出版价值。

本书由一系列重要的历史故事、现实故事、时代故事、行业故事、个人故事，纵横交织起《风从海上来》的不同历史阶段和不同领域的侧影，以写实手法记录中国的变革和发展、上海的变迁和新貌。从风格上说，新版《风从海上来》更接近作者2019年出版的《故乡在何方》，可以说，新版《风从海上来》是旧版《风从海上来》的延续和扩充，也是散文集《故乡在何方》的姊妹篇著作。

2. 作品的主要特点

（1）具有真实性和史料性

作者的父亲是位老军人，作者本人也有过20年的军旅生涯，她会自觉不自觉地对军事题材、军旅题材产生关注，发生兴趣，并有所积累。本书中的历史题材、战争题材、军事题材的纪实作品，有不少是作者亲人或作者本人的亲身经历，因此具有真实性。此外，作者从军队转业到地方后，在改革开放的年代投身涉外工作，在一线亲力亲为翻译工作和项目工作，具有较丰富的人生经历和生活体验。那些从工作实践中获取的写作素材具有相当的真实性，这种真实性奠定了纪实文的写作基础。由于以上的特点，《风从海上来》也具有一定的文献资料价值。因此，真实性和史料性是《风从海上来》的一大特点。

（2）具有知识性和专业性

作者特殊的人生经历和专业素养，使其在信息通信行业，在电信专业知识方面比一般的文科作家更具有独特的视角,加之长期的外事工作锻炼,又在外语、外事领域形成了自己的专业知识。这些专业知识在写作中能够帮助作者轻车熟路、驾轻就熟地讲述科技行业和外事领域的真实故事。通常来说,专业性较强的纪实作品比较难写,因此这类作品并不是很多。今天的世界已进入信息化社会,信息通信技术的高科技已发展到5G时代。然而,有多少人了解电信科技发展沿革的历史?有多少人知道中国电信业的先驱者们是如何一步步艰苦奋斗走到了今天?又有多少人知道在国门打开之后,市场经济的浪潮是如何汹涌而来,国家主体经济的国有企业经历了怎样的裂变和变革?这本书将从一个侧面告诉读者这些历史知识和科技知识,以及外事工作曾经在这个行业的重要作用。因此,《风从海上来》具有不同寻常的知识性和一定的专业性。

(3)具有趣味性和可读性

作者及其同事朋友的外事人生,给本书读者带来了妙趣横生的故事,在这些故事中蕴含着较强的可读性——或深深地回味,或浅浅地回望;或无奈,或感叹;或大起大落,或平平淡淡。人生是一部交响曲,也是一首独奏曲,个中滋味只能在五味杂陈的往事中去感悟、去思索。《风从海上来》带给读者趣味性的同时,也让我们从现实人物的命运中品味到风云变幻的世界和疾风劲草的人生。

综上所述,这本纪实散文集具有真实性、知识性、趣味性,我以为这正是这本书的可读性所在。作者的写作题材较广,在同一本书里展现了不同专辑的纪实文。历史题材的作品中,既有平实客观的叙事,也有让人慷慨悲歌的情感,语言风格凝重、冷静、悲壮。而在现实题材的作品中,纪实叙事的语言质朴、热情;随笔式的语言轻松、自然。

二、例举《风从海上来》的代表作

1. 历史纪实文的代表作

《艰难的旅程》《沪上风云录》记录了早期中国共产党人追求真理,探寻革命道路,领导人民斗争的光辉历程,闪烁着共产主义理想的信仰光芒。不仅让人看到中国共产党来时的路,更让人理解未来的去向。

记录上海军民抗日斗争的《烽火与悲歌》给人留下深刻印象。中国共产党领导的工人阶级义勇军以及工人阶级先锋战士,其奉献牺牲精神感天动地。

《从叶大村打到吴淞口》直面上海战役中惨烈的战争场面。259团的官兵从叶大村一直打到吴淞口,血战月浦镇,一批批勇士倒在胜利即将到来的血泊中。那些有名有姓的烈士为了今天的新中国,长眠于上海这片土地上,其中包括他们的团长胡文杰。"唯有牺牲多壮志,敢教日月换新天",新中国来之不易!

《林遵起义和人民海军的诞生》讲述了在决定中国命运的重要历史时刻,林遵毅然率部起义加入人民海军的真实故事;记述了人民海军的诞生以及在解放一江山战斗中,中国人民解放军第一次陆海空协同作战的经过。

《胜利进军中的悲歌》讲述了当年人民解放军因没有强大的海军和军舰,在金门战役中失利,在新中国军史上留下永久遗憾。但那些献出宝贵生命的参战人员,其英雄精神永远活在后人心中。正因如此,回望《百年沧桑 中国航母梦》,方知祖国强大来之不易,中国的强大是多少代中国人的梦想。

记述抗美援朝战争的《为什么战旗美如画》,通过主人公王直将军赴朝征战的经历,"剑山岭追击""冰雪长津湖"等,让我们了解到朝鲜战争的残酷,志愿军官兵浴血奋战保家卫国,英雄儿女浩气长存。

"大风起兮云飞扬",此类历史纪实文的厚重感,让人掩卷长思。

2. 电信行业改革开放的代表作

《上海电信业发展回眸》介绍了上海电信业起源于1871年上海外滩一带,发展至今已有百年历史。新中国成立后,电信业的发展经历了几个跨越式阶段,其中外交事业促进过电信业的发展。1972年2月美国总统尼克松访华,上海建成最早的国际卫星通信地面站;同年9月日本首相田中角荣访华,促使上海于次年建成我国第一个海底通信电缆登陆站……20世纪70年代上海市内电话还是传呼电话;从80年代开始普及住宅电话;到了90年代开始出现BB机和"大哥大";接着开始投资建设移动通信网络,从2G开始,到3G、4G,一直到现在的5G,上海电信业在历史洪流中飞速发展前进。

《大潮推浪》一文,以散文式的开头描述改革开放扑面而来的海外风潮,又以纪实笔法讲述电信业的变革如大潮扑岸向前推进,在伟大的历史变革中打开了国家的门户,用"引进来""走出去"的对外交往方式,快速吸纳来自发达国家的先进科学技术和进步的科学管理理念。

《夸父逐日》一文,也是运用散文式开篇的笔法,写出上海电信业国有企业在重要的历史转型期,面临怎样的挑战和困难,形象地把传统电信运营商比作是一艘古老而负有崭新荣誉的巨轮;是一列在急速行驶中一边更换老旧零件、一边装卸货物的时代列车……"风从海上来"的时代感、使命感、历史感是作者想要对读者倾诉的真实情感。同时,作者使用当年的数据和工作报告资料告诉读者,那时的外事部门是以怎样的一种姿态在为企业服务。

《非洲工地》讲述了电信工程人员在非洲项目中的艰辛不易、惊险困难……以上这些故事,从一个个侧面证明中国的改革开放成果不是谁恩赐给中国人民的,而是千千万万的中国人经过苦干换来的。几十年的改革开放,是中国人民迎着风暴砥砺前行的奋斗史,是一幅幅波澜壮阔的变革史画卷。

3. 外事人生、外事人物的代表作

《兑换券的故事》《咖啡伴侣光了》《在日本乘车》等,是作者根据改革开放早期的亲身经历写下的小故事,生动而深刻,读来酸甜苦辣,五味杂陈,让我们理解了这代人的奋斗史,也看到了曾经筚路蓝缕的前行过程。

《如此保驾护航》《外事工作中的"衣食住行"》等,讲述的是作者本人在外事工作中的经验教训。作者通过以上这些改革开放年代的小故事,道出了富有哲理的外事人生感悟。

在姊妹篇著作《故乡在何方》中,作者曾描写了已故罗马尼亚语翻译周明德的故事。周明德谨记周恩来总理的教诲,身残志坚,用毕生精力致力于中外友好文化交流,鞠躬尽瘁,死而后已。

这次,在新版《风从海外来》中,作者又写下了《揭开尼科尔斯基之谜》《生如夏花》《走向联合国的翻译》《扶桑归去来》《"沙漠骆驼"的中东之旅》等人物纪实,描写了几位不同语种、不同岗位的外事翻译的人生故事。上海外事干部夏永芳1972年参加接待尼克松访华的重要工作,英语翻译周晓峰在联合国大会担任同声传译的特殊经历,记述了他们在我国外交外事战线上锻炼成长的足迹。归国华侨俞彭年先生16岁只身回到祖国,在新中国培养下成长为一名日语翻译和外事干部,在市政府外事办公室任职期间和同事们共同努力,创办了"上海国际友好城市电视节";策划制作了"白玉兰铜质纪念奖",授予对上海有特殊贡献的外国友人,鼓励和促进外国友人为上海的发展做出贡献。俄语翻译王利亚女士协助中共一大会址纪念馆与俄罗斯历史学家交流,不辞辛劳,勤勉敬业,终于揭开了中共党史上参加一大会议第15人的身份之谜(即"尼科尔斯基之谜"),为完善中共党史的重要文献做出了贡献。阿拉伯语翻译杨达聪先生在改革开放年代,曾在中东地区几个国家工作,亲历了中东国家的战乱环境,最后在"利比亚大撤离"中经历了惊险时刻……

这些不同人物的故事,有一个共同点:往往是在艰难的生存环境和工作环境中顽强拼搏,努力开拓,他们从不同层次、不同角度呈现出不同的外事人生。这些生动而鲜活的人物,让我们得以一窥上海外事翻译这个特殊群体,同时记述了新中国的某些国际关系的真实情况。

4. 富有时代缩影的代表作

《走进赣南红土地》讲述了作者和母亲、女儿、小保姆的故事。透过她们的人生经历和人生变化,乃至改革开放给整个赣南地区带来的变化,让我们较深入地认识了赣南革命老区,认识了改革开放的意义和全国取得"全面脱贫"攻坚战胜利的不易,以及这个攻坚战的必要性。

《黄浦江畔浦东情》讲述了作者与上海浦东的缘分,通过作者和战友的浦东情结,揭示了浦东开发开放后的巨变。文章从摆渡过江的角度切入,作者层层递进描述浦江两岸交通事业的发展带动了浦东地区的经济发展,浦东由原来比较落后的"乡下"演变成如今的发达新区,尤其陆家嘴一跃成为"魔都"象征地,这种巨变体现出《风从海上来》书名的隐喻:海上吹来了世纪风。浦东巨变就是新时期改革开放成果的见证。

同样,在《聊聊上海的大饭店》《安得广厦千万间》等文中,作者的笔触深入到上海这个大都市的内部,深入到我们熟悉的这座城市中的人和事,既有昔日的回忆,也有今日的展现,深入浅出,以聊天的方式讲述自己和周围普通市民的生活变化。以上这些文章涉及城市建设、交通发展、住房改善等民生问题,从不同的侧面让读者感同身受,体会到上海这座城市所发生的变化和进步。

在人类社会进步发展的过程中,会碰到各种各样的问题和困难,近几年的新冠病毒大流行,就是来自自然界的严峻挑战。《守护家园,尽职敬业》《召之即来,来之能战》《2022年的上海春天》讲述了在这种极端艰难的时候发生的感人故事。无论是我们身边坚守岗位的基层干部,还是普通人家的邻居,或是大年夜挺身而出赶赴疫区增援的军队医护人员,他们身上闪现出人性真、善、美的光芒,成为我们这个时代的主旋律和一道道亮丽的缩影。

阅读《风从海上来》,留给我的感想、感动和感悟,有很多。

无数革命烈士为新中国的今天献出了生命,例如作者父母的战友和亲人,在白色恐怖中牺牲的战友,梁一飞烈士英勇就义;例如淮海战役、上海战役、金门战役、抗美援朝战争中的烈士们……他们的牺牲换来了今天和平年代的岁月静好。和平年代的那些先进模范人物,为祖国的安宁和发展,奉献了青春和汗水,例如"春蚕到死丝方尽"的当代军人;例如在非洲工地、在中东项目中任劳任怨的劳动者们;例如在外交外事战线上默默奉献的翻译们,奋战在抗疫防疫第一线的许许多多无名英雄……

纵观《风从海上来》,感受到时代的大风大浪和大时代中的人物风范。这部纪实作品带着我们从历史深处走来,一直走到二十一世纪的今天,是一部值得阅读的纪实文集。作为本书作者的亲人,谨作介绍和推荐。不妥之处,敬请各位专家和读者指正。衷心感谢!

2022年6月写于上海家中

图：2002年夏，作者全家合影于上海

感受时代的大风大浪
（读后感）

芊 寻

"浪奔,浪流,万里滔滔江水永不休,淘尽了,世间事,混作滔滔一片潮流;是喜,是愁? 浪里分不清欢笑悲忧。成功,失败? 浪里看不出有未有……"翻开《风从海上来》一书,顿觉四海借力风帆劲,大风起兮云飞扬。

风,历史风云,从海上吹来。

一、星火,烽火,星空

上海,是中国共产党的诞生地,也是众多革命志士在风起云涌的社会大变革中以星星之火燎原,开启革命航程的起源地。从老上海滩的十里洋场租界再到苏州河畔的沪西地区,革命的火种已被悄然点燃。20世纪30年代初,在苦难中挣扎的沪西工人与社会各界的有志青年们,在中国共产党的领导下,展开了轰轰烈烈的抗日救亡运动。他们以怒放的生命和无怨无悔的青春年华,谱写了苏州河畔星火燎原的岁月之歌。《烽火与悲歌》是一篇记录淞沪抗战、义勇军抗日救亡的慷慨悲壮的历史纪实文。哪里有压迫哪里就有反抗,抗日战争是中国人民记忆中抹不去的历史,这段历史告诉我们:在中国共产党的领导下,中国人民觉醒了,汇成了反帝、反侵略的汪洋大海,为民族独立而战,正义和胜利属于人民。

"国家兴亡,匹夫有责"。我的外公正是在"打倒日本法西斯侵略者,宁死不当亡国奴"的想法下,投身革命,携笔从戎。抗日战争结束后,外公又在中国共产党"反内战,保和平,打倒反动派,建立新中国"的号召下,参加了解放战争的各次战役。外公的一辈子可以说是坚定不移跟党走的一辈子,面对"还乡团""白狗子"的疯狂扫荡与迫害,外公当时所在的县委精减疏散人员,分散隐蔽,自谋出路。面对人生转折的大风大浪、生死攸关的时刻,有的人选择了退缩与放弃,渐行渐远脱离了党组织,有的人在分散转移中不幸被捕遇害。而我的外公,在"永远跟党走"的坚定信念下,度过了那段最为艰难黑暗的日子,最终在战争中迎来了解放的曙光,在海岛阵地上见证了新中国的成立。外公的1949年,是见证新中国诞生的1949年。在解放上海的月浦战役中,外公的团长(29军87师259团的团长)胡文杰英勇作战,不幸牺牲。如果没有先辈们的浴血奋战,哪有如今的和平盛世?通过《归队》一文,我读懂了:战争本是不幸的,伴随战争的爆发会有巨大的伤亡牺牲,岁月留给人们磨难与伤痛。但是,以抗争与牺牲为代价换来的解放与和平的结果,是历史必然,众人当珍惜。以史为鉴,居安思危,警钟长鸣,忘战者必危。老一辈无产阶级革命者们的坚定信仰、执着信念,无畏牺牲、无私奉献的精神,令人敬佩、敬仰。这种精神需代代薪火相传,成为当今年轻一代肩负的职责、使命与担当。

"星星点灯,照亮家门"。仰望星空,寻找那颗最闪耀的星。空中的星,地上的心,象征着亲人最思念的情愫。《仰望星空,寻找那颗星星》一文,梁一飞先生是我表舅的生父。他是个有骨气、有理想、有信念的旧时军人,因对国民党的腐败透顶极度厌恶和失望,对蒋家王朝风雨飘摇的世道不抱希望,认准只有中国共产党才能救中国,自觉自愿投向光明。梁一飞与中共取得联系后从事对国民党保安部队的策反活动,被捕后于1949年5月30日在广东潮州被国民党杀害。他牺牲在新中国即将诞生的前夕,英勇就义在血色黎明,1953年被中华人民共和国中央政府追认为革命烈士。革命不分早晚,英雄不问出处。由中国共产党领导的革命队伍中,从来不缺来自社会各界的英雄豪杰和仁人志士,这体现出中国共产党的核心价值观具有感召力,中国共产党是具有先进性、代表性、包容性的政党。在历史沉浮、时代更迭的大风大浪中,中国共产党屹立在世界东方,犹如启明星般闪耀,在民族生死存亡的最困苦、最迷茫的时候,为无数困惑的路人指明了前行的方向。

《风从海上来》以这些生动有力的纪实为我们揭示了大时代的历史风云。

二、军旅,军人,军魂

"风烟滚滚来天半,钟山风雨起苍黄",向前、向前、向前,红旗指处,所向披靡。人民军队忠于党,从战火纷飞的年代,到和平时期的岁月,铁打的营盘流水的兵,时代在变,人也换了一茬又一茬,但始终不变的是人民军队的宗旨:"全心全意为人民服务。"

《表叔的木刻画》一文,所展示的各类版画,入木三分,惟妙惟肖,栩栩如生。这些极有时代感的木刻画,反映出各时期革命活动的主旨及大事件,值得一观。作品《担架队在前线》《看炮》《出发攻打据点》《1946年秋收》《欢迎解放军进城》《1949年5月庆祝上海解放》《1949年开垦生产》《1949年秋捉匪特》《红旗谱》《勇士图》等，非常生动，既体现当时部队作战、生产的情况，又反映了当年军民关系；既充满战争年代军队文化工作的质朴风格，又留下了版画作者军旅生涯的履痕。从当年条件有限、全靠自力更生的战争年代到新中国成立初期，老一辈军旅文化工作者一边作战，一边要宣传，军事政治两手抓，通过木刻画的创作进行政策宣传，作品别有风味，苦在其中，乐在其中。看到这些木刻画，我不由地会想起荀汉庭爷爷生前的音容笑貌，他留给我们的精神财富激励着我们这代人不忘来时的路。

《胜利进军中的悲歌》是震撼人心的纪实文，记录了金门战役的始末历程。我的外公是金门战役的幸存者，记得我年少时爱听外公讲述战争年代的故事，每当听他讲起金门战役的往事，年少的我虽不明白为何，却总能感到他老人家言语中流露的悲痛与遗憾。在我长大成年之后，有幸成为他的回忆录《忆金门岛战斗》的读者，随着大量史料呈现，我对"金门战役"有了较为深入的了解，终于理解了外公的悲痛所在：风萧萧兮易水寒，壮士一去兮不复返！金门战役之惨烈，一曲悲歌，天人两隔，弹尽粮绝的解放军官兵宁死不屈，生命不息，战斗不止，直至最后一刻。那日那时，他们的鲜血染红海面，染红沙场，染红天边的晚霞，那情那景，催人泪下。登岛作战的勇士们义无反顾地渡海参战，一腔热血洒海疆，然而壮志未酬身先死，怎能不"长使英雄泪满襟"？外公的悲痛在于：逝者已去，生者如斯，战友们英勇牺牲在金门岛，而祖国统一大业至今未完成，台湾与大陆仍天各一方。"天若有情天亦老，人间正道是沧桑"，96岁的外公多么盼望海峡两岸早日统一。

军旅生涯，有苦有乐。在艰难困苦面前，不言苦累，保持乐观积极的精神，是人民解放军的宝贵优良传统。爱岗，敬业，奉献，进取，是新时代军人楷模。《生命之歌》（报告文学）的主人公陆建忠，是一位扎根某部队基层单位的业务技术骨干，是新中国的革命军人，他用平凡的一生，默默奉献于本职工作，又以不凡的举动，感动身边的人。他对自己的工作热爱负责，全情投入，把一辈子的大部分时间奉献在条件艰苦的海岛山头，忘我付出，将全部精力投入到攻克技术难题的工作中，不辞辛劳，忽略了身体健康，终因积劳成疾，确诊为肺癌晚期。在他住院治疗期间，他仍想着要将工作上的一些关键问题写成资料交给同事们，以便他们接手开展后续工作。临终前他和妻子商量，将自己的遗体贡献给科学事业用于医学研究，去世时年仅38岁。平凡的岗位，平凡的人生，却有不平凡的精神境界，这是新时代职业军人的形象，也是时代楷模的真实原型。虽然他的故事发生在20世纪80年代，但这篇报告文学留存至今，这就是榜样的力量。

三、电话,手机,信息时代

"等闲识得东风面,万紫千红总是春。"改革开放的春风在新中国吹遍了四十余年。上海,与世界接轨的国际大都市,因其特有的魅力,引领着时代的潮流之风。风,从海上来,来到了上海。申城,在迅速发展的同时发生着日新月异的变化,人民获得生活质量幸福指数明显上升。

中国电信业的发祥地,在上海外滩。浦东大发展,又助推了上海在电信行业的技术革新和经济腾飞。《上海电信业发展回眸》一文,提到改革开放加速了对外合作,推进了移动通信发展,对此,我深有感触。记得上小学前,家中尚无固定电话,每次与外地的外公外婆通话联系,要跟着母亲前往长途电话局排队打长途。家中有事急需联系时,只好去邮局发电报。大约上小学四年级时,家里终于安装了固定电话,与本地亲友和外地亲人通话大大便捷,不再受限于时间和地点,跑到电话局打长途的日子成了过去时。那时,"大哥大"之类的移动设备,对于普通工薪阶层的人家而言,是可望而不可及的"奢侈品",家庭固定电话的普及解决了老百姓"通讯难"的问题,是时代的进步,是改革开放的成果。

我的第一部移动手机,是在上大学时买的模拟制式手机,而那时完全没有什么G多少代的概念。大学毕业后参加工作,单位给员工配发了"小灵通"手机(国产移动手机3G运营网前的一种过渡模式),初步对"蜂窝集群网络模式"有了大致概念。若干年后,我国移动通信网络迅速发展,几乎每隔两至三年就会升级,而智能功能也在不断添置到各类手机中。在岁月的流逝中,从使用手机的人凤毛麟角,到如今几乎人手一部智能手机,通信运营网络早已从最初的2G时代发展到现在的4G、5G时代,通讯方式出现了多样化趋势,"鸟枪换炮"不断使老百姓的手机更新换代,可供个性化选择;C网,G网,T网,我国电信运营商早已实现了多网融合的技术革新;大数据时代的到来,云技术的开发,科技含量越来越高,给人们带来了更快、更大容量的信息体验。在一波接一波的技术革命浪潮中,上海始终走在全国前列,无愧于电信业发祥地的称号。

如果说,《上海电信业发展回眸》讲的是在改革开放中如何"引进来",那么《借船出海》(走出国门拓展海外业务)这篇文章,讲的就是如何"走出去"。电信主业和电信实业的海外拓展队伍,最先是依靠"借船出海",搭乘中国通信厂商大大小小的"船只",带着自己的服务产品,勇敢地走进了国际合作的领域。上海电信工程公司、上海邮电设计院、中英海底海缆公司、通贸国际供应链公司等,先后搭乘了这样的"船只"开拓海外市场,足迹遍布大洋两岸,先后在亚、非、拉、欧开展国际合作和援外项目,在百舸争流的国际市场扬帆远航。如今回顾改革开放走过的路,我们无法忘记中国信息通信行业在大风大浪中挺进的历程。

在《我所亲历的上海世博会》一文中,作者围绕"城市让生活更美好"的主题,描述了通信产品在世博会中发挥的作用,介绍了信息化社会丰富多彩的生活在世博会中的展现,充分证明上海世博会是科技含量高、艺术水平高、主题立意好的成功盛会,它不仅留在上海人民心中,也留在全国人民、世界人民心中。往事远去,却历历在目,三生有幸生活在上海,参观过上海世博会,享受到科技发展让生活更美好。读这篇文章,让我顿生亲切感。那年,我有幸成为世博志愿者"小白菜",与同伴们一起在世博园区内工作。"志在,愿在,我们在你身边",几乎就是我们当时的服务宗旨。当年的双休日与节假日,高峰时每小时通过园区入口处的客流量超十万,日客流量过百万是常态。有几次我们值勤的岗亭被蜂拥而至的人群"挤爆棚",当时的工作量之大,可想而知。面对进入园区游客的各式各样询问,我们及时地进行耐心解答,帮助他们顺利通过闸机验票进入园区。即便劳累,但为了分流引导游客有序进入园区、避免出现踩踏事故,我们喊哑了嗓子,依然保持微笑服务。在那几个月的时间里,我结识了一群年岁相仿的志同道合的青年朋友,也与岁数相差较大的"大白菜"成了忘年交。志愿者服务工作使我们彼此结下了深厚友谊,成为我人生难忘的一段经历。

四、外语,外事,外经工作

风从海上来,风儿沙沙作响,歌声悠悠飘过。国际交流的大潮,打开了对外合作的大门,新的世界格局、多元文化谱写新的海派华章。海派文化与国际文化融合,中国元素与世界元素相遇,琴瑟合鸣,铿锵有力。《风从海上来》的"代前言",写得好!这个时代,是博览古今,横观中外,纵览前后,蕴含丰富知识且非常有趣的时代。

正如前外交部部长李肇星先生曾为旧版《风从海上来》所序:外事工作者的人生案例,"既是个人对往事的亲切追忆,也是可供后来者学习借鉴的影集。"本书中《外事工作中的"衣食住行"》一文,对外事出访活动及外事接待工作的着装要求、礼仪规范、饮食餐点的安排、住宿规格、行车路线的预设以及注意事项,一一记录下小故事的趣闻,以小见大,形成外事工作案例,极具工作指导性与实用性,并有时代掠影,是难得的经验之谈和历史履痕,值得一读。《在日本乘车》一文生动有趣,案例深刻,与上文具有异曲同工的作用。

《生如夏花》和《走向联合国的翻译》,介绍了上海市外事办公室的两位干部,运用英语为我国外交工作服务,故事感人,"外语疯子"和"口译劳模"的形象让人挥之不去。

《扶桑归去来》讲述了上海外事译协资深日语翻译、归国华侨俞彭年先生的故事。俞先生出生日本东京,少年立志回到中国学习,青年和中年从事日语教学工作,后转行做外事工作,积极开展国际友好城市的文化交流活动。俞老师退休后继续发挥余热,前往日本长崎讲学,讲授中国情况,客观公正地介绍中国改革开放,并撰写著作《了解日本 了解日语》,为增进日本人民对中国的了解,尽心尽力。在这个归国华侨人物的身上,我看到他报效祖国、热爱事业、热爱和平的一片丹心。俞彭年先生少年离家,思念母亲,曾有多次前往日本出国定居的机会,但他热爱祖国,热爱上海,每次都毅然回国,谱写了一曲"归去来兮"的外事人生篇章,富有传奇色彩。若非真诚真情,又怎能矢志不渝地致力于增进中日两国的和平友好事业?

《"沙漠骆驼"的中东之旅》讲述了阿拉伯语翻译杨达聪先生在中东工作的人生经历。杨先生作为上海派出的阿语翻译,在长达数年的涉外翻译工作中,他的行程几乎遍布中东各国:叙利亚、伊拉克、埃及、科威特、北也门、苏丹等。工作环境艰苦,翻译工作量大,责任重大,经常面临复杂、危险的环境。最惊险的,是他亲历了2011年利比亚撤侨的过程,堪称"沙漠骆驼"的"逃生记"。行走在沙漠风暴中,外事翻译的责任心和敬业精神,是支撑他走完这段人生旅途每一程的坚实动力。通过杨先生的故事我们可以看到这些年来,我国在中东地区的经济合作情况,看到海外项目人员的奋斗历程,所有的经济效益都是靠勤劳吃苦换来的。这种吃苦耐劳、坚韧奋斗的精神是中华民族立于世界不败的根源,也是中国经济高速腾飞的根本。

风吹过,如歌飘,每一个外事翻译,都有他们与众不同的故事,他们是人类沟通、国家交往的重要桥梁。除了以上几位,本书中还讲述了其他外事翻译的感人故事,包括我母亲在内,许许多多不同语种的外交外事翻译,他们的人生丰富精彩!我知道,还有许多可歌可泣的外事翻译故事,还有许多素材存在妈妈心中,无奈精力和时间有限,妈妈只能先写出这些。但仅这些普通人的故事已颇具代表性,《风从海上来》生动讲述了他们的亲力亲为和所见所闻,反映了新中国培养的这一代外交外事战线工作者的成长经历,通过他们的贡献展现出新中国的外交成果,这是我母亲写作这类纪实文的意义。

五、故土,故事,家园

"一条大河波浪宽,风吹稻花香两岸……"耳边响起这首动听的歌《我的祖国》。故乡的云,飘过赣南红土地;故乡的风,刮过黄土高坡;故乡的雨,下在江南田园;故乡的景,在祖国各地。故乡,这个话题是妈妈的乡愁,因此她写了《故乡在何方》这本散文集。这次出版的《风从海上来》，仍可看到书中留有乡愁的影子。家国情怀，是这本纪实文学的主旋律。

我出生在江西，祖籍在山西，成长在上海，定居在上海。成长的经历使我知道：祖国，处处有我家；祖国，处处是我家。家所在的地方，便是家乡；亲人所在的地方，便是家园。赣南的红土地，是我生命起始的地方，也是我与厄运开始抗争的出发地。我母亲在分娩时因为难产，造成了我深度窒息，从出生的那一刻开始，医生就对我进行急救，挽救了我幼小的生命。母亲休完产假，带着5个多月的我返回部队，从赣州出发，途经前往九江的山路，吉普车方向盘失灵，车子撞向山岩，发生了车祸。小小的我，再次住进医院，经过救治又活转了回来。冥冥之中，我的生命与这片红土地结下的"不解之缘"是源于两次灾难性事件。母亲在《走进赣南红土地》一文中记录了这段经历，而文章中的主人公不只有我，还有幼年时记忆里的"小康阿姨"（小保姆），她的老家就在赣南。自3岁半以后，我随外公外婆举家迁到江苏，之后的几十年里，我未再踏上赣南红土地。听老一辈人讲，赣南是个穷地方，因此当年"小康阿姨"才来到外公外婆家"讨生活"。

再次走进江西，是在2013年的春天。当时我所工作的单位，组织我们前往江西婺源游览油菜花田。婺源，因其油菜花田出名而成为旅游景点，这时我才知道江西发生了巨大变化。中国共产党领导贫困地区的人民打响了脱贫致富攻坚战，社会主义新农村在希望的田野上，向着小康社会迈出了坚定的步伐。如今，赣南红土地早已今非昔比，通往乡村的小道不再泥泞崎岖、颠簸难行，取而代之的是拓宽铺平的柏油马路，车辆可以直接停靠在农户家门口。老区人民活出了精气神，在发家致富的道路上过起了好日子。"小康阿姨"早已为人妻、为人母，脱贫致富，生活美满。

《安得广厦千万间》一文，讲述的是母亲视为第二故乡的上海，随着社会变革和经济发展，老上海人的住房条件得以改善，新上海人凭借勤劳致富落户上海的故事。20世纪七八十年代的上海城市，住房条件非常有限，不少老上海人的家里几代同堂，蜗居斗室。许多人家蜷缩在里弄阁楼、小巷棚户，没有独立的厨卫设施，家中来个客人都没有落脚之处。20世纪90年代末至本世纪初，上海市政工程建造延安中路高架路，又在苏州河北岸建起大片新型居民住宅区，不少居民从原来居住地"上只角"的静安区，迁往曾经被人称作"下只角"的普陀区，见证了上海城市格局的变化和时代的发展进步。在天翻地覆的市政建设和房地产改造中，昔日的"下只角"棚户区变成了今天的美丽家园，成为大上海巨变的一个时代亮点。曾在我家当过钟点工的张姐和她丈夫老铁，来自黑龙江，他们两口子起早摸黑辛勤苦干，后来生意做大了，积攒了些钱，在离上海不远的昆山花桥买了一套二手商品房，投资50多万元，把女儿接到上海，全家在上海团聚工作。

几年后,他们改行开饭店,在江苏启东全额付款买了一套新房,又贷款买了另一套房,把在东北的父母和公婆都接来了。张姐和老铁,从农村进入城市,从打工仔变身餐馆老板,从寄人篱下的"外乡人"变为买房定居的"新城里人",这种变化不可谓不大!劳动人民自主创业,勤劳致富,凭着自己的努力,改变了命运。这个故事非常具有代表性,也很深刻,妈妈最初发表这篇纪实文时,被广大读者热烈转发。这个故事,透射出上海这座城市的巨大变化,也说明上海伴随着自身发展不断呈现出它特有的海纳百川、多元层次的接纳性与包容性。

时代在发展,城市在发展,人类命运也在不断发展变化。2020年初的新冠病毒大流行,对人类生存是极大的挑战和考验。在灾难面前,白衣天使们谱写了大爱无疆的新赞歌。《召之即来,来之能战》一文,是一篇纪录上海海军军医大学附属医院的医护人员在新冠疫情暴发后,于第一时间驰援武汉,以生死时速救死扶伤的纪实文学。医者,仁心。救死扶伤是白衣天使义不容辞的职责。在除夕之夜,援鄂医疗队的人员告别家人,毅然出征,奔赴武汉。他们当中有母亲、有妻子、有女儿,也有父亲、有丈夫、有儿子。在武汉,医院就是战场,白衣就是战袍,在与死神争抢生命权的时候,他们拼尽全力、竭尽所能,将生的希望留给病人。"你若生命相托,我必全力以赴"是所有援鄂医疗队成员的庄严承诺;"召之即来,来之能战"更是他们永葆不变的军人本色。他们,是真正战斗在抗疫一线的无名英雄。在大灾大难面前,义无反顾默默奉献;在抗击疫情的生死战中,征服死神消灭病魔。在茫茫人海中,无私奉献的就是你;在奔腾的浪花里,救死扶伤的就是你;你是人民的儿女,祖国和人民不会忘记你!这篇纪实文写得慷慨昂扬,鼓舞人心,不愧是为时代而写,为无名英雄立传。

"迟日江山丽,春风花草香",待到山花烂漫时,她在丛中笑。"海上升明月,明月照归帆"。阵阵海风拂面吹过,潮起潮落星辰变换。读《风从海上来》,品东西南北风,悟时代变迁史,想未来人生路。体会着时代更迭的风起云涌,感受着时代变革的大风大浪,静观时过境迁的人生百态,享受城市让生活更美好的点点成效,乘风又破浪,人生快哉,城市快哉!

《风从海上来》是我母亲继她的散文集《故乡在何方》之后,又一部风格相近的著作,与2019年10月出版的《故乡在何方》可谓姊妹篇著作。这两本书虽然风格相近,但各有特点,各有千秋。我感到《故乡在何方》散文多些,而《风从海上来》历史性纪实文多些,喜欢纪实文的读者朋友不妨读读这本书。

且谈以上这些读后感,以飨读者。如有不妥,敬请多多包涵。

作者女儿2022年1月16日写于上海

2022写在上海

(编后语)

容 子

  日子过得真快,一转眼到了2022年6月。新版《风从海上来》全部脱稿。放下一桩心事,感到轻松许多。

  为什么要出版这本《风从海上来》呢?有几点需要在此说明。

  一、2008年正值纪念我国改革开放30周年,在单位的支持下,我开始以随笔方式写一本"外事工作100案例"的书。这本书写成后,经过单位领导批准和办公室、业务部门、法律部门、宣传部门,还经过市里的外事管理部门、宗教事务管理部门、对台工作管理部门,内外共七个部门的审核通过,于2010年10月冠以《风从海上来》书名印制,在行业系统和外事系统内部发行。

  时隔12年,我已退休。虽时过境迁,但在纪念改革开放40周年、庆祝新中国成立70周年之际,我萌发了将改革开放时期波澜壮阔的历史中那些鲜为人知的真实情况写出来、以供后人参考的念头。于是,我选取了当年《风从海上来》中的部分案例,进行加工补充,形成新的纪实文,并摘要当年为《风从海上来》作序的原外交部部长李肇星先生和我的老领导黄奇帆先生的序文内容,作为这次新版《风从海上来》相关内容的"开篇辞",仍以《风从海上来》作为新书书名进行筹备,等待时机正式出版。

  二、2019年是新中国成立70周年,也是上海解放70周年。我的老父亲(今年96岁了)是战争年代的幸存者,这位老军人目睹了战争中许多战友为了新中国的建立牺牲在战场上,深知新中国来之不易。父亲讲述的战争年代故事,是我写作的第一手资料,我将这些史料以及其他一些历史事件的资料整理后,形成了部分纪实文稿。此外,我长期在上海工作和生活,对上海这座城市有着深厚感情,我写过一些对上海回忆的文章及上海发展变化的纪实文,包括以上海为中心辐射开来的人生故事。我是在新中国出生、在新中国成长的,是新中国培养的外事工作者,我将自己的成长经历以及在海内外游历的见闻写成了散文。这样,我将这三方面的内容汇编后,于2019年10月出版了散文集《故乡在何方》。尽管这本书比较厚,有385页,但还是有许多纪实文未能收入其中,故感遗憾。当时就想:待以后有机会再编一本纪实文集,将那些"流浪在外"的文章收入新书。

三、我退休后加入了上海作家协会,写作机会多了,发表的文章也多了。特别是在一些重要的时间节点,根据上海作协和上海外事译协的要求及任务,写了一些"重磅"题材的纪实文。例如:描写上海苏州河沿岸发展变迁的纪实文;记录新中国外事翻译工作者的人生经历(人物采访),这个题材与我10多年前编写旧版《风从海上来》的思路一脉相承;上海人民在新冠病毒来袭时万众一心防疫抗疫;纪念英勇的志愿军抗美援朝胜利70周年;庆祝中国共产党成立100周年回顾早期共产党人的奋斗史,回顾中共领导下的沪西抗日斗争……加上以往积存的一些文稿,再次出版新书的时机成熟了。水到渠成,呼之欲出,继《故乡在何方》之后的"姊妹篇"《风从海上来》就这样诞生了。

四、上海是中国重要的大城市,许多重要的历史事件发生在此;上海也是我国经济发展的中心城市,涉外经济活动异常活跃,是改革开放时期对外合作的桥头堡;上海地处我国长江出海口,人称"海纳百川"的地方,是八面来风的国际化大都市,中外信息畅通,新思想、新理念如潮水般汹涌澎湃。用《风从海上来》作为新书的书名应该能够体现我的写作立意。外事人生故事将为这本新书增加可读性,给读者带来阅读的愉悦。我相信,经过退休后的写作锻炼,新版《风从海上来》的纪实文和散文,其可读性会得到大大增强。

此外,时代在发展,上海在变化,上海每时每刻都在发生新的故事。2022年3月至5月,上海人民度过了一个不同寻常的春天。因疫情影响上海被迫封城两个多月,我们经历了"足不出户"的日子,原定出版《风从海上来》的时间也不得不推后。借此机会,我和家人在全书正文最后,又补充了一篇记述这段时光的纪实文,权作纪念。

很高兴我的老父亲能在96岁高龄时读到我的新作,尽管他老人家的阅读速度越来越慢了,但他还是喜欢我的书。父亲属虎,这本书我原想送给他作为新年礼物(也是送给父亲96岁生日的礼物),因为他老人家的生日就在春节前夕。但遗憾的是实在来不及,没能赶上这个时间点。

我感谢我的亲人为新版《风从海上来》写下了"作品品读"和"读后感"。衷心感谢他们对我写作的支持和帮助!迄今为止,女儿继《走出国门》《守望家园》《故乡在何方》《五色花》之后,为我的正式出版物写下了第五篇"读后感"。看到女儿的思想一次比一次成熟,文笔一次比一次老练,我为她的成长和进步感到由衷地高兴。亲人们的支持,承载着我们之间的深厚感情,语言无法表述这份情意和我的感激之情。

特别感谢为本书作序的上海市作家协会党组书记、副主席王伟先生；感谢本书的责任编辑——文汇出版社的熊勇先生，前后两次为我的散文集《故乡在何方》和《风从海上来》担任责任编辑，没有你们的辛勤审阅和认真编辑，我的书很难高质量如期面世。真诚地感谢你们！感谢桂国强先生为这本新书题写书名；感谢曾经为旧版《风从海上来》和《故乡在何方》作过序的各位老领导和老朋友，衷心感谢你们曾经的鼓励和支持。在此特别说明：本书借用几位老领导、老朋友曾经作序的内容作为新版《风从海上来》各辑的"开篇辞"，这是珍贵的纪念，由衷地感谢。

我也非常感谢接受过我采访、为我提供写作素材和资料的朋友们，希望这本书能给你们留作纪念。

借用曾在旧版《风从海上来》编后语中写过的一段话结束此文："人之相敬，敬于德；人之相交，交于情；人之相随，随于义；人之相信，信于诚；人之相处，处于心。"在余下的人生中，我将记住这个座右铭。

我期待读者朋友们喜欢这本新书，在阅读中能得到你们希望了解的东西。我愿和你们分享阅读的快乐。谢谢读者朋友！

2022年1月写于上海，2022年7月补充

生活有时比电影更精彩

  我扮演了许多不同的角色,角色之间有时难免互相借用,但我对我所扮演的每一种角色都是尽了力的,从而是有信誉的,这也就足够了。

——引自赫伯特·西蒙的话

  注:西蒙,美国心理学、计算机、经济学等方面专家。西蒙是世界上第一个人工智能程序师(这个程序第一次证明了计算机之父图灵的猜想——机器可以有智能)。1975年,凭借在人工智能领域的诸多贡献,西蒙获得计算机领域的最高奖项——图灵奖,成为世界公认的"四大人工智能之父"之一。1978年,西蒙获得诺贝尔经济学奖。2001年,西蒙因病去世。

图书在版编目(CIP)数据

风从海上来 / 容子著. —上海：文汇出版社，
2022.8
ISBN 978-7-5496-3841-3

Ⅰ.①风… Ⅱ.①容… Ⅲ.①散文集-中国-当代
Ⅳ.①I267

中国版本图书馆CIP数据核字(2022)第131363号

风从海上来

著　　者 / 容　子

责任编辑 / 熊　勇
封面装帧 / 薛　冰

出版发行 / 文汇出版社
　　　　　上海市威海路755号
　　　　　（邮政编码200041）
经　　销 / 全国新华书店
排　　版 / 南京展望文化发展有限公司
印刷装订 / 上海新文印刷厂有限公司
版　　次 / 2022年8月第1版
印　　次 / 2022年8月第1次印刷
开　　本 / 720×1000　1/16
字　　数 / 450千字
印　　张 / 24（彩插4）

ISBN 978-7-5496-3841-3
定　　价 / 45.00元